Illustrierte Geschichte der Menschheit

Die ersten Menschen

Die Ursprünge des Menschen bis 10 000 vor Christus

Herausgeber: Göran Burenhult
Vorwort von Donald C. Johanson

Bechtermünz

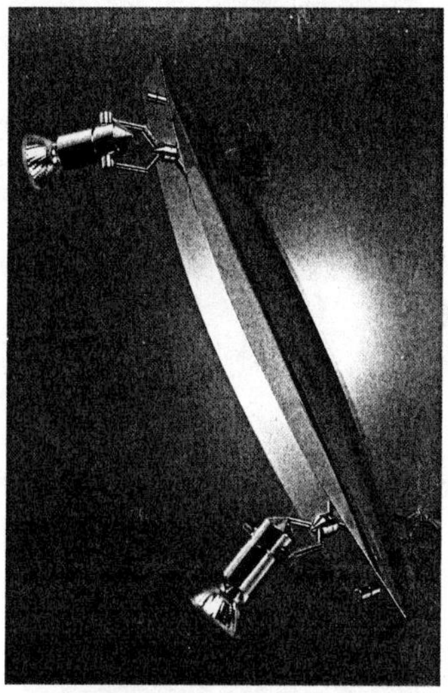

332138
Balken 2 flg.
Nickel
B 4,5 cm, H 16,5 cm
L 55 cm
HI-Spot ES 50
230 V 50 W
GZ 10

332141
Balken 2 flg.
Magic Silver
B 4,5 cm, H 16,5 cm
L 55 cm
HI-Spot ES 50
230 V 50 W
GZ 10

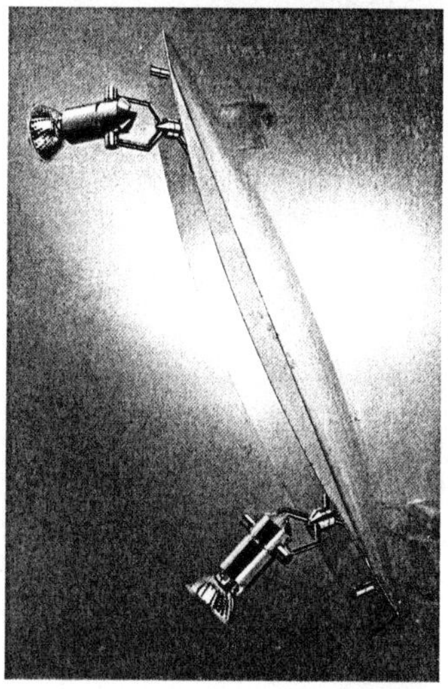

332132
Balken 2 flg.
Messing poliert
B 4,5 cm, H 16,5 cm
L 55 cm
HI-Spot ES 50
230 V 50 W
GZ 10

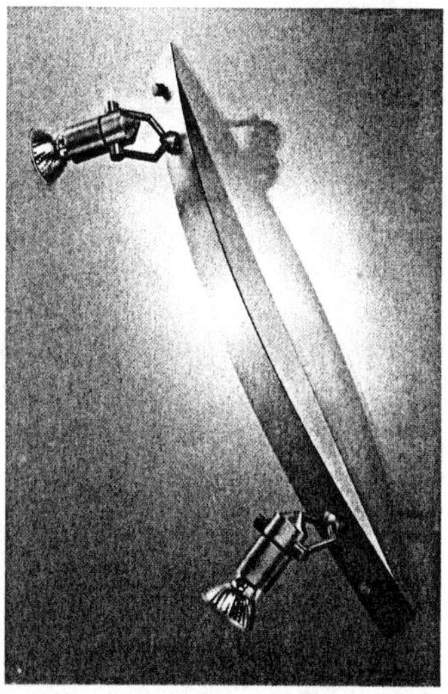

332135
Balken 2 flg.
Messing brüniert
B 4,5 cm, H 16,5 cm,
L 55 cm
HI-Spot ES 50
230 V 50 W
GZ 10

ILLUSTRIERTE GESCHICHTE DER MENSCHHEIT

Die ersten Menschen

Die Ursprünge des Menschen bis 10 000 vor Christus

Titel der Originalausgabe:
THE FIRST HUMANS: The Illustrated History of Humankind
Originalverlag: Weldon Owen Pty Limited/Bra Böcker AB

Genehmigte Lizenzausgabe
für Weltbild Verlag GmbH, Augsburg 2000

Übersetzung: Dr. Derek Vinyard
Umschlaggestaltung: Studio Höpfner-Thoma, München
Umschlagmotiv: Höhlenmalerei, Lascaux,
jüngere Altsteinzeit (Foto: AKG, Berlin)
Gesamtherstellung: Druckerei Appl, Wemding
Printed in Germany
ISBN 3-8289-0741-5

Seite 1:
Neandertalerschädel aus Le Ferrassie (Frankreich).
DAVID L. BRILL, 1985

Seite 2–3
Ein Blick über die Weite des
ostafrikanischen Grabens bei Hadar/Äthiopien.
DAVID L. BRILL/NATIONAL GEOGRAPHIC SOCIETY

Leitender Herausgeber

Göran Burenhult
Professor für Archäologie an der
Universität Stockholm (Schweden)

Die Herausgeber

Dr. Peter Rowley-Conwy
Dozent an der archäologischen Abteilung
der Universität von Durham (Großbritannien)

Dr. Wulf Schiefenhövel
Professor am Forschungsinstitut
der Max-Planck-Gesellschaft für Humanethologie,
Andechs (Deutschland)

Dr. David Hurst Thomas
Kurator der anthropologischen Abteilung
des American Museum of Natural History,
New York (USA)

Dr. J. Peter White
Dozent für Archäologie,
klassische Geschichte und Altertumsforschung,
Universität Sydney (Australien)

Die Autoren

Dr. Björn E. Berglund
Professor für Geologie des Quartärs
an der Lund-Universität (Schweden)

Dr. Svante Björck
Professor für Geologie des Quartärs
an der Lund-Universität (Schweden)

Dr. Jean Clottes
Conservateur Général du Patrimoine,
Kultusministerium Frankreich

Dr. Richard Cosgrove
Dozent an der archäologischen Abteilung
der Universität La Trobe, Melbourne
(Australien)

Dr. Jean Courtin
Directeur de Recherches, Centre National
de la Recherche Scientifique (Frankreich)

Dr. Iain Davidson
Professor für Archäologie
und Paläoanthropologie
an der Universität von Neuengland,
Armidale (Australien)

Dr. Irenäus Eibl-Eibesfeldt
Leiter des Forschungsinstituts
der Max-Planck-Gesellschaft
für Humanethologie,
Andechs (Deutschland)

Dr. Timothy Flannery
Leiter der Säugetierabteilung
des Australian Museum, Sydney (Australien)

Dr. Roland Fletcher
Dozent für Archäologie,
klassische Geschichte und
Altertumsforschung, Universität
Sydney (Australien)

Dr. George C. Frison
Professor für Anthropologie
an der Universität Wyoming (USA)

Dr. Ian C. Glover
Dozent an der Abteilung
für prähistorische Archäologie
des University College London
(Großbritannien)

Dr. Christopher Gosden
Dozent an der Abteilung für Archäologie
der Universität La Trobe,
Melbourne (Australien)

Dr. Donald K. Grayson
Professor für Anthropologie
der Universität Washington (USA)

Dr. Colin Groves
Dozent an der Abteilung für Archäologie
und Anthropologie der Australian National
University, Canberra (Australien)

Dr. Michelle Lampl
Assistentin an der anthropologischen
Abteilung der Universität Pennsylvania
(USA)

Dr. Walter Leutenegger
Professor für Anthropologie der Universität
von Wisconsin-Madison (USA)

Dr. Ronnie Liljegren
Leiter der Abteilung für Faunengeschichte
des Quartärs an der Lund-Universität
(Schweden)

Dr. Tom Loy
Assistent an der prähistorischen Abteilung
der Australian National University, Canberra
(Australien)

Dr. Moreau Maxwell
Emeritierter Professor für Anthropologie
der Michigan State University (USA)

Dr. William Noble
Professor für Psychologie der Universität
von Neuengland, Armidale (Australien)

Dr. Richard G. Roberts
Assistent an der Forschungsabteilung für den
pazifischen Raum der Australian National
University Canberra (Australien)

Dr. Olga Soffer
Professorin für Anthropologie der University
of Illinois in Champaign-Urbana (USA)

Dr. Paul Tacon
Wissenschaftler am Australian Museum
Sydney (Australien)

Inhalt

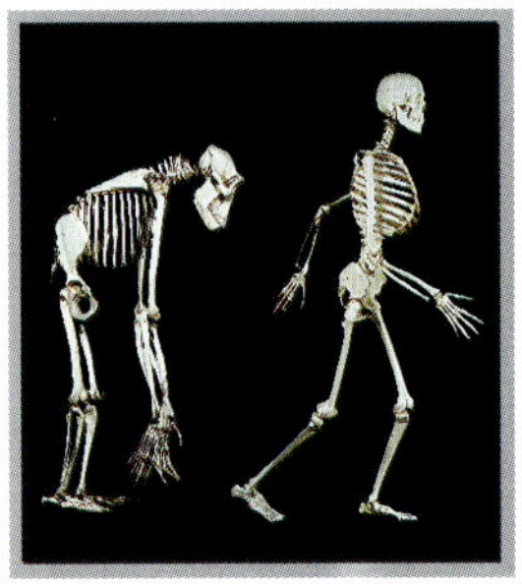

IRA BLOCK, 1989

Vorwort

Die Forschung der Paläoanthropologie beschäftigt sich mit den Ursprüngen des Menschen – eine ganz spezielle Suche nach den Umständen, die uns zu *Homo sapiens* machten.

Die letzten vier Millionen Jahre der menschlichen Entwicklungsgeschichte sind den Paläoanthropologen in groben Zügen recht gut bekannt. Mit jedem Jahr, mit jeder neuen Entdeckung und jedem neuen Erklärungsansatz beginnen wir langsam, auch die Einzelheiten zu klären. Da die archäologischen und paläontologischen Funde ganz unwägbar verteilt sind, werden wir jedoch die entscheidenen Hinweise wohl niemals finden.

Ein ganz bedeutendes Ergebnis steht allerdings fest: In jedem Stadium der Menschheitsentwicklung spielte Afrika eine entscheidende Rolle. Vor vier bis zehn Millionen Jahren, während des Miozän, entwickelten sich die Hominiden in Afrika aus einem bisher unbekannten Menschenaffen-ähnlichen Vorfahren. Und etwa vier Millionen Jahre ist es her, daß ein primitiver, aber aufrecht gehender Hominide mit dem Namen *Australopithecus afarensis* erstmals in den geologischen Schichten Ostafrikas auftaucht. Aus dieser Art entwickelten sich offenbar zwei ganz unterschiedliche menschliche Entwicklungslinien. Eine davon setzte sich aus robust gebauten Vegetariern zusammen und starb vor etwa einer Million Jahren wieder aus. Die andere Linie, deren erster Vertreter als *Homo habilis* bekannt ist, zeichnete sich durch eine Zunahme des Hirnvolumens aus. Nach dem gegenwärtigen Stand der Forschung dürfte vor 1,5 Millionen Jahren *Homo erectus* entstanden sein, der erste Hominide, der den afrikanischen Kontinent verließ, um Eurasien zu besiedeln. Trotz etlicher noch bestehender Widersprüche spricht vieles in der neueren Forschung dafür, daß der anatomisch moderne Mensch vor 100 000 Jahren erstmals in Afrika auftauchte. Zwar herrscht unter den Anthropologen keine Einigkeit darüber, wieviele Zweige aus unser aller »Mutter«, »Lucy«, entsprossen, doch hat bis heute nur ein einziger Hominide überlebt – das sind wir.

Als Fossilienjäger liegt mir nicht so sehr daran, immer weitere fossile Überreste unserer Vorfahren zu entdecken, sondern vielmehr auch zu verstehen, was uns diese Funde über unsere Herkunft und über uns selber verraten. Die Paläoanthropologie hat sich zu einer beachtlichen wissenschaftlichen Disziplin entwickelt, in die Elemente der Verhaltensforschung, der Molekularbiologie, der Ökologie und der Geowissenschaften sowie der Evolutionsbiologie und vieler anderer Komponenten einfließen und damit das Rüstzeug an die Hand geben, einer Reihe faszinierender Fragen nachzugehen. Wer sind wir? Woher stammen wir? Was bedeutet es, Mensch zu sein? Wohin gehen wir? Auf diese Fragen gibt es keine einfachen Antworten, aber um unser eigenes Wesen verstehen zu können, müssen wir uns um Antworten bemühen.

Noch steckt die Paläoanthropologie tatsächlich in den Kinderschuhen, und das Puzzle unserer Herkunft ist bei weitem noch nicht vollständig gelöst. Besonders schwierig wird dieses Puzzle dadurch, daß wir auf dem Deckel der Verpackung kein fertiges Bild finden. Es ist nicht immer einfach, ein neuentdecktes Fundstück an der richtigen Stelle einzuordnen, und zuweilen ist ein erheblicher Forschungsaufwand nötig, bis die wirkliche Bedeutung eines Fossilfundes feststeht. Dies ist auch der Grund, warum sich das Feld der Paläoanthropologie ständig verändert. Permanent werden Deutungen modifiziert, und wir alle müssen jederzeit gewärtig sein, unsere persönlichen Ansichten über den Ursprung des Menschen umzuwerfen. Auf einige wirkt dies durchaus störend. Ich dagegen empfinde es als motivierend, an der Front einer so dynamischen Wissenschaft zu stehen. Häufig hört man, daß der Weltraum das letzte Neuland sei. Ich halte jedoch auch die Zeit für eines der letzten noch unentdeckten Gebiete – die weitentfernte Vergangenheit, in der unsere Vorfahren den langen Entwicklungsweg antraten, der schließlich zu *Homo sapiens* führte. Es war ein mühsamer und unberechenbarer Weg. Es gab keinen übergeordneten Plan, der garantiert hätte, daß am Ende wirklich der moderne Mensch herauskommt. An jedem Punkt dieses Weges hätten unsere Vorfahren aussterben können, wie am Beispiel der robusten Vegetarier deutlich wird. Bisher haben wir die Reise durch die Entwicklungsgeschichte jedenfalls überlebt, und heute sind wir eine Art, die zur Selbstbeobachtung fähig ist, die, bei allem Vermögen, die Zukunft zu planen, die Neugier nicht verloren hat, über ihre Vergangenheit nachzudenken. Wir wollen hoffen, daß uns die Erleuchtungen aus der Vergangenheit helfen, unseren Weg in die Zukunft sorgfältig und verantwortungsbewußt vorzubereiten.

Dr. Donald C. Johanson
Präsident des Institute of Human Origins
Berkeley, Kalifornien

◁ Ausgrabungen in der paläolithischen Stätte im russischen Kostenki bei Voronesh.

DAVID L. ARNOLD/© NATIONAL GEOGRAPHIC SOCIETY

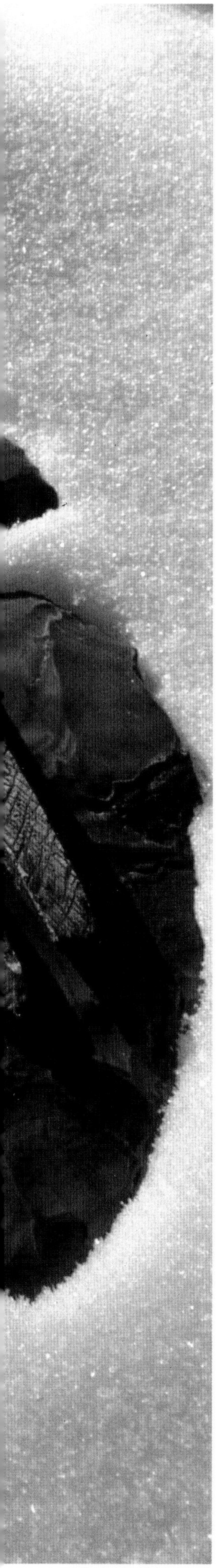

Zum Geleit

Es war eine professionelle Aufgabe und ein persönliches Vergnügen, dazu beizutragen, den ersten Band der *Illustrierten Geschichte der Menschheit* auf den Weg zu bringen. Von Anfang an stellten die Herausgeber ihre Fähigkeit unter Beweis, ein Endprodukt hervorzubringen, das in seinen wissenschaftlichen und graphischen Ergebnissen höchsten Ansprüchen gerecht wird. In der Überzeugung, daß diese Publikation einen langfristigen Einsatz rechtfertigen würde, setzten wir Herausgeber alles daran, wirklich erstklassige Archäologen und andere Wissenschaftler als Autoren zu gewinnen.

Der Text ist lebhaft und unzweideutig verfaßt. Aber der Leser sollte wissen, daß die Autoren viel mehr sind als nur professionelle Schriftsteller. Sie stehen als Wissenschaftler buchstäblich an vorderster Front. Wir haben die führenden Köpfe ihrer jeweiligen Fachgebiete beauftragt: Es waren mehr als 150 Fachleute aus allen Zweigen der prähistorischen Forschung - Archäologie, Anthropologie, Paläontologie, klassische Geschichte, Ethologie (Verhaltensforschung), Geologie und Biologie. Niemals zuvor arbeitete eine derart prominente Gruppe von Archäologen mit Kollegen verwandter Disziplinen in einem so großen Maßstab zusammen.

Hochwertige wissenschaftliche Betrachtungen wie diese sind in der Regel auf ganz spezielle internationale Kongresse beschränkt, deren Ergebnisse selten das interessierte Publikum erreichen. Letztlich bietet die *Illustrierte Geschichte der Menschheit* den Mitarbeitern der wissenschaftlichen Front eine einzigartige Gelegenheit, ihre Befunde in die breite Öffentlichkeit zu tragen.

Die *Illustrierte Geschichte der Menschheit* geht über eine geschichtliche Beschreibung weit hinaus. Diese Seiten legen die fortwährende Geschichte dar, wie der Mensch seine eigene Vergangenheit enträtselt. Das mehrbändige, aber dennoch hochkonzentrierte Werk deckt eine bislang unerreichte Wissensbreite ab. Es behandelt die ersten vier Millionen Jahre der Menschheit und beschreibt ausführlich längst vergessene Tatsachen. Indem diese Bände tief in die Vorgänge eindringen, durch die Wissenschaftler etwas über die menschliche Vergangenheit erfahren, führen sie jedoch weit über die reine Wissenschaft hinaus. Genau so geht Wissenschaft den Menschen an. Auf diesen Seiten sehen wir, wie sich der moderne Mensch mit sich selber, seiner Herkunft, seiner Verschiedenheit und seinen gemeinsamen Erfahrungen auseinandersetzt.

Die *Illustrierte Geschichte der Menschheit* macht keinen Versuch, die Kontroversen herunterzuspielen, die immer dann entstehen müssen, wenn Menschen die Menschlichkeit erforschen. Der Grundgedanke dieses Projektes war vielmehr, den Beigeschmack einer aktuellen Wissenschaft zu erhalten, die Kontroversen und Auseinandersetzungen, die Geplänkel und Dispute vorzustellen. Das Werk sollte ein für allemal den Mythos der wissenschaftlichen Einigkeit über die Vergangenheit des Menschen begraben. Dies ist keine Einheitswissenschaft.

Schon optisch nehmen die Bände in ihrer verschwenderischen Fülle von Farbfotos und Landkarten den Leser gefangen. Das graphische Niveau ist unerreicht. Besonders erfreut bin ich über die archäologischen Rekonstruktionen, die von Wissenschaftlern in Zusammenarbeit mit talentierten Künstlern aus dem Nichts geschaffen wurden und manchmal nie dagewesene Einblicke in die Vergangenheit des Menschen gewähren.

Meiner Ansicht nach vermittelt dieses Projekt ein Gefühl persönlicher Befriedigung, da es verspricht, die Ergebnisse heutiger archäologischer Forschung einem neuen Publikum nahezubringen. Die Summe der archäologischen Funde gehört zu den kostbaren Ressourcen der Welt — nicht erneuerbar und unersetzlich. Wir dürfen hoffen, daß es ein Gefühl dafür vermittelt, wie dringend archäologische Fundstätten überall auf der Welt vor den immer größer werdenden Bedrohungen geschützt werden müssen.

David Hurst Thomas

◁ Diese etwa 11 000 Jahre alten Waffen aus Knochen wurden in Montana/USA gefunden.

Einführung

Während der letzten Jahrzehnte nahm die Erforschung unserer prähistorischen Vergangenheit eine rasante Entwicklung. Heute sieht man die biologische und kulturelle Evolution des Menschen in einem ganz neuen Licht. Überkommene, stereotype Auffassungen verschiedener »Kulturen« und Entwicklungslinien sowie einseitige Versuche, Veränderungen mit der Ausbreitung der Menschen, ihrer Ideen und anderer Kulturelemente zu erklären, sind einem tieferen Verständnis der Tatsache gewichen, daß Manifestationen der menschlichen Kultur eine Folge regionaler Anpassungen an eine Umwelt und deren Ressourcen sind, der Anpassung also an die sich ständig verändernde Ökologie unseres Planeten. Neue Funde und ein höheres Maß an interdisziplinärer Zusammenarbeit ermöglichte einen besseren Einblick in die Entwicklung der Umwelt sowie in die sozialen und ökonomischen Bedingungen, mit denen es unsere Vorfahren zu tun hatten. In vielen Fällen haben modernere, genauere Datierungsmethoden unsere Vorstellungen über umfangreiche Teile unserer prähistorischen Vergangenheit revolutioniert.

In der Archäologie geht es um Fakten: ausgegrabene Reste menschlicher Aktivitäten aus der Vergangenheit. Aber diese Funde sprechen nicht für sich selbst – sie müssen gedeutet werden. Und häufig gibt es mehrere Möglichkeiten, die Befunde zu interpretieren. Das Ziel der archäologischen Forschung besteht darin, das tote, statische Fundmaterial mit der lebenden, dynamischen Gesellschaft zu verbinden, die dieses einst hervorbrachte. Somit wird die Archäologie zu der Wissenschaft, die die sozialen Vorgänge erforscht, die den sichtbaren Überresten vorgeschichtlicher Aktivitäten zugrundeliegen. Jede archäologische Deutung muß daher auf bekannten Fakten basieren. Die einzigen den Archäologen bekannten Fakten sind die archäologischen Quellen, zumeist in Gestalt der Überreste, die wir freilegen.

Gemessen an dem gewaltigen Zeitraum, den die Entwicklungsgeschichte des Menschen umfaßt, ist unsere eigene individuelle Lebensspanne kaum mehr als ein Augenblick. Menschen, die Werkzeuge herstellten, gab es auf der Erde schon vor mehr als zwei Millionen Jahren. Im Vergleich dazu umfaßt die geschichtliche Zeit nur etwa zwei- bis dreitausend Jahre – das sind etwa 0,2 Prozent der Zeit, während der es schon Menschen gibt. Die Blütezeit der Wikinger zum Beispiel liegt nur 30 Generationen zurück.

Während dieser langen Zeit haben sich die Menschen in ihrer Entwicklung den unterschiedlichsten ökologischen Systemen angepaßt, angefangen von tropischen Regenwäldern und Wüsten bis zum Hochgebirge und der eisbedeckten Tundra. Beispiele für diesen Anpassungsvorgang sind die hochspezialisierte Wirtschaft der paläolithischen Großwildjäger, der vergleichsweise hohe Lebensstandard der Jäger und Sammler des europäischen Mesolithikum und die Entwicklung von Ackerbaukulturen.

Erst in diesem Jahrhundert führte die Industrialisierung dazu, daß die Mehrheit der Weltbevölkerung an der Nahrungsproduktion nicht mehr aktiv beteiligt war. In nur wenigen Generationen kam es durch diese Entfremdung von unserer natürlichen Umwelt zu einer grundlegenden, beängstigenden Ignoranz gegenüber dem überlebensnotwendigen natürlichen Gleichgewicht. Durch kurzsichtige wirtschaftliche Interessens- und Beschäftigungspolitik gehen unersetzliche Teile des Welt-Ökosystems zugrunde, und häufig überschätzen wir die Möglichkeiten der modernen Technik, dieses natürliche Gleichgewicht auf künstlichem Wege zu ersetzen.

Eines der vorrangigen Ziele der Prähistoriker muß darin bestehen, allgemein bekannt zu machen, wie sich über die Jahrtausende die Lebensbedingungen des Menschen als eine Folge seiner bemerkenswerten Anpassungsfähigkeit an die Umwelt immer wieder verändert haben. Eine profundere Kenntnis der menschlichen Entwicklungsgeschichte ist die Voraussetzung dafür, die ökologische Rolle des Menschen besser zu verstehen. Sie könnte dazu beitragen, die übermäßige Ausbeutung der natürlichen Ressourcen und die Umweltzerstörung zu beenden.

Zugleich vermittelt uns die Vorgeschichte, – was übrigens auch für die Geschichte gilt – daß soziale Strukturen und religiöse Vorstellungen, ebenso wie verschiedene Formen von Vorurteilen, unmittelbar aus der Gesamtheit der Bedürfnisse einer Gesellschaft hervorgehen. Zugleich werden sie von der Form des Lebensunterhalts und der ökologischen Systeme beeinflußt, die in besonderen Fällen überwiegen. Dies zu wissen bleibt unerläßlich, wenn wir unsere eigenen Probleme, etwa die der Nahrungsversorgung und der Überbevölkerung, lösen und zugleich fähig sein wollen, den Hintergrund kultureller und rassischer Widerstände zu verstehen und zu bekämpfen, die unser Alltagsleben in so starkem Maße beeinflussen. Eine stärkere Einsicht darin, wie sich Menschen in der Vergangenheit ihrer natürlichen Umgebung anpaßten, liefert uns bessere Voraussetzungen, unsere Zukunft in einer immer kleiner werdenden Welt zu meistern. Ohne den Rückblick in die Vergangenheit können wir auch nicht in die Zukunft sehen – ja, selbst das Überleben nachfolgender Generationen steht auf dem Spiel.

Der erste Band der *Illustrierten Geschichte der Menschheit* beschreibt die menschliche Entwicklungsgeschichte, die vor fünf Millionen Jahren in Afrika ihren Anfang nahm. Er erzählt zudem die Geschichte, wie sich der moderne Mensch vor 50 000 bis 2000 Jahren über die Welt ausbreitete – nach Europa, Asien, Australien, über den pazifischen Raum, nach Amerika und zur Arktis.

Die ersten drei Kapitel, die einander zeitlich überschneiden, behandeln drei verschiedene Ansichten der frühen menschlichen Vorgeschichte. »Was ist die Menschheit?« beschreibt die Entwicklung des menschlichen Verhaltens, die eine oder andere Veränderung im Laufe der Zeit und schließlich, wie sich diese Entwicklung in den sichtbaren kulturellen Manifestationen archäologischer Funde ausdrückt. »Die Ursprünge des Menschen« analysiert die Evolution des Menschen aus einer biologischen und anatomischen Sichtweise, angefangen von den ersten Hominiden bis zum anatomisch modernen Menschen. »Dem Homo sapiens entgegen« vermittelt einen Überblick über unseren Kenntnisstand der kulturellen Entwicklung und der Werkzeug-Technologien, wie er aus dem archäologischen Fundmaterial und aus unserer Kenntnis der sozialen und ökonomischen Bedingungen hervorgeht.

»Der moderne Mensch in Afrika und Europa« umfaßt den Zeitraum vor 200 000 bis 12 000 Jahren und deckt die Entwicklung des modernen Menschen in Afrika und seine anschließende Ausbreitung nach Südwestasien und nach Europa ab. »Die Anfänge der Kunst« beschreibt die ersten Beispiele, in denen sich Menschen künstlerisch ausdrückten, sowie die Entwicklung der oberpaläolithischen Höhlenmalerei, die vor 30 000 bis 12 000 Jahren in Europa einsetzte. »Die Verbreitung über die Erde« erläutert die Hintergründe des Zeitraums vor 50 000 und 10 000 Jahren, als sich der moderne Mensch über Asien und nach Australien und Amerika ausbreitete. »Die Besiedlung des Alten Australien« und »Die ersten Bewohner der pazifischen Inseln« berichten Einzelheiten über die ersten Menschen, die ihren Fuß auf australischen Boden setzten und den pazifischen Raum besiedelten. »Der moderne Mensch in der Neuen Welt« beschäftigt sich mit den ersten Bewohnern der Neuen Welt vor 15 000 bis 12 000 Jahren. Und das Kapitel »Pioniere der Arktis« erzählt schließlich die Geschichte der Menschen, die sich vor 10 000 Jahren als erste im eisigen Norden niederließen – es waren die Vorfahren der heutigen Eskimos, der letzten überlebenden Vertreter der oberpaläolithischen Lebensweise.

Göran Burenhult

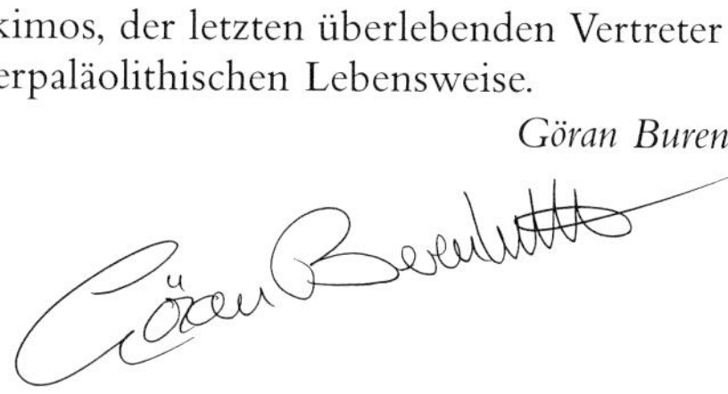

◁ Diese aus Stein gefertigte Venus-Figurine wurde in Laussel, Frankreich, gefunden. Sie stammt aus dem oberen Paläolithikum.

OBERES PALÄOLITHIKUM

MITTLERES PALÄOLITHIKUM

UNTERES PALÄOLITHIKUM

WAS IST DIE MENSCHHEIT?
vor fünf Millionen bis 10 000 Jahren

Kunstwerke und Musikinstrumente

Soziale Interaktion mit den Verstorbenen

Beherrschung des Feuers

Erste Steinwerkzeuge

DIE URSPRÜNGE DES MENSCHEN
vor 20 Millionen bis 100 000 Jahren

Auftauchen von *Homo sapiens* (Afrika)

Homo heidelbergensis in Afrika, Europa und Westasien

Homo erectus in Ost- und Südostasien: Pekingmensch und Javamensch

Auftauchen der Erectinen (Ostafrika)

Auftauchen der Gattung *Homo* (Ostafrika)

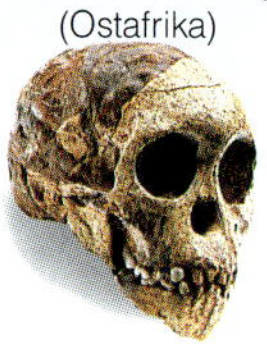

Auftauchen menschenähnlicher Geschöpfe, der Australopithecinen, in Süd- und Ostafrika

DEM HOMO SAPIENS ENTGEGEN
vor 2,5 Mill. bis 35 000 Jahren

Aussterben der Neandertaler

Moustérien-Technologie in Europa

Auftauchen der Neandertaler: Levalloisien-Technologie

Acheuléen-Technologie (Faustkeile) in Afrika, Europa und Südwestasien. Spalter-Werkzeuge in Ost- und Südostafrika

Auftauchen der Erectinen

Auftreten von *Homo* in Afrika. Die ersten Werkzeugmacher: Kiesel-Werkzeuge der sogenannten Oldowan-Industrie

DER MODERNE MENSCH IN AFRIKA UND EUROPA
vor 200 000 bis 10 000 Jahren

Ende der oberpaläolithischen Technologie

Regelmäßige Bestattungen

Oberpaläolithische Technologie in Europa

Der moderne Mensch erreicht Europa

Der moderne Mensch verläßt Afrika zum ersten Mal

Das Auftauchen des modernen Menschen (*Homo sapiens*, Afrika)

DIE ANFÄNGE DER KUN
vor 35 000 bis 10 000 Jahre

Niedergang der Höhlenmale in Europa

Mehrfarbige Bilder

Früheste Höhlenmalerei, einfarbige Bilder

Venus-Figurinen

Aufkommen der frühesten Kunstformen: Vulva-Darstellungen

DIE VERBREITUNG ÜBER DIE ERDE
vor 50 000 bis 10 000 Jahren

Die Besiedlung Nordeuropas

Die Überquerung Beringias: Menschen erreichen Amerika

Ausbreitung über Sibirien: Anpassung an die Arktis

Die Ankunft des Menschen in Australien: Erste Seereisen

Die Ankunft des modernen Menschen in Ostasien

DIE BESIEDLUNG DES ALTEN AUSTRALIEN
vor 50 000 bis 10 000 Jahren

Früheste Kunstwerke in Australien

Älteste identifizierte australische Skelette am Lake Mungo

Der gesamte Kontinent Groß-Australiens wird von Menschen besiedelt

Die Ankunft der ersten Australier

DIE ERSTEN BEWOHNER DER PAZIFISCHEN INSELN
vor 30 000 bis 10 000 Jahren

Indizien für die Einführung neuer Tierarten

Früheste Obsidian-Funde

Älteste Fundstellen im pazifischen Raum: Neuirland

DER MODERNE MENSCH IN DER NEUEN WELT
vor 12 000 bis 10 200 Jahren

Früheste Kulturkomplexe in Nordamerika: Die Jäger von Clovis, Folsom und Goshen.

PIONIERE DER ARKTIS
2500 vor Christus bis 1500 nach Christus

Auftauchen der ältesten arktischen Kultur, des Denbigh-Feuersteinkomplexes

Erste Menschen in der Arktis

Vor Jahren
0
10 000
20 000
30 000
40 000
50 000
100 000
200 000
500 000
1 Million
2 Millionen
3 Millionen
4 Millionen

WIE DER MODERNE MENSCH DIE ERDE BESIEDELTE

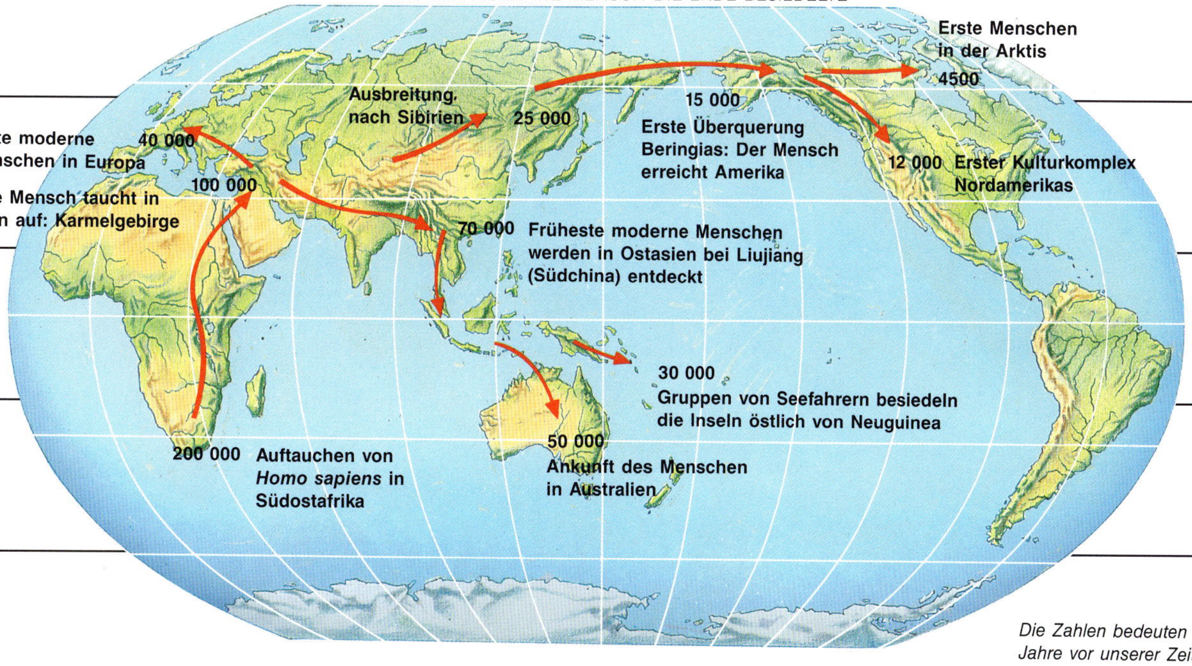

Die Zahlen bedeuten Jahre vor unserer Zeit

FRANS LANTING/MINDEN PICTURES

WAS IST DIE MENSCHHEIT?

Vor fünf Millionen bis 10 000 Jahren

Die Entwicklungsgeschichte des menschlichen Verhaltens

ROLAND FLETCHER

Menschliches Verhalten entwickelte sich im Laufe der letzten drei bis vier Millionen Jahre. Mit dem aufrechten Gang, dem typischen Lagerverhalten und Werkzeuggebrauch der höheren Primaten erlangten die folgenden Hominidengenerationen die Fähigkeit, Feuer zu kontrollieren, soziale Beziehungen zu ihren Toten zu pflegen und ihre Welt künstlerisch darzustellen. Dies sind alles Merkmale, die unsere Art so einmalig machen – umso mehr, da sie sogar in den fossilen Belegen erkennbar sind und damit Rückschlüsse auf unser eigenes Verhalten zulassen (vgl. das Kapitel *Die Menschheitsgeschichte im Überblick*).

Allerdings verfügen wir auch über weniger greifbare Merkmale, so etwa unser charakteristisches Sexualverhalten, eine bemerkenswerte Ausdauer, die Fähigkeit zur Sprache, unsere weitreichenden Moralvorstellungen, die die Bereitschaft einschließen, andere Menschen zu töten und schließlich die ungewöhnliche Fähigkeit, für die Hilflosen und die Alten zu sorgen. Zu welchem Zeitpunkt sich diese Eigenschaften entwickelt haben, ist allerdings schwer zu sagen.

◁ Die frühen Hominiden waren selten und auf den ostafrikanischen Savannen mit ihren zahlreichen Pflanzenfressern, wie Zebras und Büffeln, kaum jemals zu sehen. Einen Rest dieser riesigen Herden findet man noch immer im Ngorongoro-Krater (Tanzania).

△ Ein Spalter aus der Olduvai-Schlucht, 1,5 bis zwei Millionen Jahre alt.

DAVID L. BRILL, © 1985

▷ Das Skelett des Menschen ist dem anderer Primaten sehr ähnlich. Der wesentliche Unterschied besteht darin, daß der Mensch (rechts) den Oberkörper beim Gehen gewöhnlich aufrecht über dem Becken trägt. Im Gegensatz dazu läuft zwar auch der Gorilla (links) manchmal aufrecht, doch kann er diese Körperhaltung nur über kurze Zeit beibehalten.

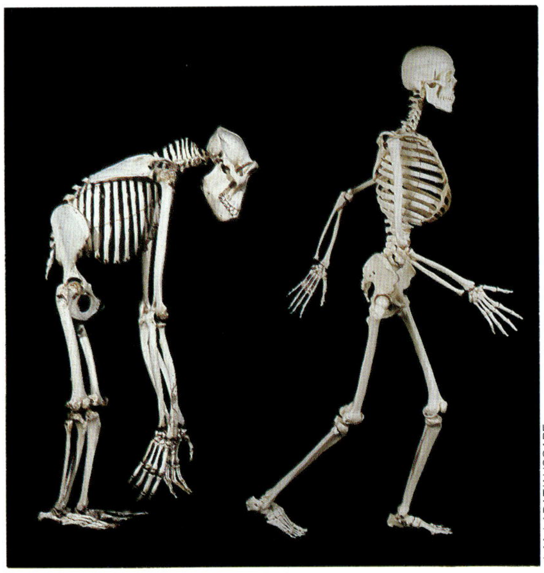

J. M. LABAT/AUSCAPE

Was macht Primaten, beziehungsweise die Menschen, so einzigartig? Etwa die Fähigkeit, weitgehend zu jeder Zeit sexuell aktiv zu werden, unabhängig davon, ob gerade die Empfängnis möglich ist? Oder etwa die fragwürdige Neigung, auch Mitmenschen umzubringen? Wohl kaum, denn zum Beispiel auch Löwen töten ihre Artgenossen. Was uns allerdings einzigartig macht, ist das Fehlen verhaltensgesteuerter Kontrollinstanzen, die derartige Vorfälle normalerweise verhindern (siehe *Aggression aus der Entfernung*, S. 23). Auch unsere gegenseitige Fürsorge ist kein einmaliger Fall, denn auch unter den Tieren übt dieses keineswegs ungewöhnliche Verhalten einen unmittelbaren Einfluß auf ihre Evolutionsgeschichte aus. Es hilft nämlich engverwandten Individuen mit ähnlicher genetischer Ausstattung zu überleben. Natürlich ist die gegenseitige Fürsorge beim Menschen mit moralischen Werten verbunden, doch dürfte dieser Wesenszug erst sehr spät entstanden sein. Um moralische Werte weiterzugeben, benötigen wir die Sprache, doch nichts weist darauf hin, daß unsere gegenwärtige Form der Sprache wesentlich älter als 50 000 Jahre ist. Schon lange zuvor waren wir richtige Menschen. Und unser Menschsein entstand nicht in einmaliger Weise durch unsere neuesten Verhaltensweisen, sondern ist in unserer entfernten Vergangenheit begründet.

DAVID L. BRILL, ©1985

△ Die frühesten Anhäufungen von Steinwerkzeugen (sie sind zwischen 2,6 und 1,5 Millionen Jahre alt) bestanden aus zahlreichen, unterschiedlich geformten Abschlagsteinen und einigen größeren Stücken. Obwohl es sich bei letzteren wahrscheinlich nur um die Reste des bearbeiteten Rohsteins handelt, werden sie gemeinhin als »Spalter« bezeichnet. Bei der Produktion von Steinwerkzeugen fallen viele Trümmer an.

Einer menschlichen Kultur entgegen

Im Laufe der letzten zwei bis drei Millionen Jahre nahm das kulturelle Verhalten des Menschen an Vielschichtigkeit zu. Mit unserer Fähigkeit, auch unter längerem Zeitaufwand Gegenstände herzustellen (vgl. das Kapitel *Die Menschheitsgeschichte im Überblick*) entwickelten wir auch eine größere Bandbreite typisch menschlicher Verhaltensweisen. Eine Zeit, in der wir mehr und mehr lernten, Informationen zu behalten und bei Bedarf aus dem Gedächtnis abzurufen. Und irgendwann erlaubte uns diese Fähigkeit, ganz bewußt festzustellen, wer wir eigentlich sind.

Um Werkzeuge herzustellen, muß man sich an Handlungsfolgen erinnern können. Seit langem schon hat der Mensch einfache Werkzeuge hergestellt (und er tut es auch heute noch), doch mit der Zeit war er in der Lage, die immer komplizierter werdenden Handlungsfolgen auszuführen, die zur Schaffung der zunehmend feineren Steinwerkzeuge erforderlich sind. Ein anderes Beispiel: Vor ungefähr einer Million Jahren brachten wir gerade einen einfachen Windschutz zustande, und am Ende der letzten Eiszeit, vor etwa 15 000 Jahren, konnten wir bereits aus Hunderten von ineinander verkeilten Mammutknochen komplizierte Hütten bauen. Im Laufe der letzten 500 000 Jahre waren unsere Handlungsfolgen immerhin komplex genug geworden, um Feuer zu entfachen und zu unterhalten. Und indem wir uns an Handlungen erinnerten, begannen wir in den letzten 100 000 Jahren, unsere Verstorbenen mit deren Bewegungs- und Ausdrucksweisen im Geiste zu verbinden. Das machte aus den früher bedeutungslosen Leichen Verwandte, an die man sich erinnerte. Im Laufe der letzten 50 000 Jahre schließlich lernten wir, die uns umgebende Welt und unsere Vorstellungen in der Kunst auszudrücken. Trotzdem müssen wir versuchen uns vorzustellen, wieviel Zeit all dies gebraucht hat. Unsere Entwicklungsgeschichte begann außerordentlich langsam, und die meisten Veränderungen, die wir für spezifisch menschlich halten, sind, paläontologisch gesehen, ganz jung.

Aufrecht stehen und Mensch sein

Als wir anfingen, uns zum Laufen auf die Beine zu erheben (mit anderen Worten biped wurden), kam es zu folgenschweren physischen Veränderungen. Unsere neue Haltung verlagerte die Position der Geschlechtsorgane und machte die Vorderfläche des Körpers auffällig sichtbar. Dadurch mußte auch die sexuelle Signalgebung verändert werden. Bei Primaten, die auf dem Boden leben, äußert sich der Beginn des Östrus durch auffällige Veränderungen der äußeren Genitalien. Als die Menschen sich jedoch auf zwei Beine erhoben, waren die weiblichen Genitalien zwischen den Beinen verborgen, und es folgte vermutlich eine ganze Reihe verschiedener Anpassungen. Der Östrus verschwand, es entwickelte sich eine unverwechselbare weibliche Körperform, und die weiblichen Individuen konnten zu jeder Zeit sexuell aktiv werden. Da der Mensch schon sehr früh in seiner

Entwicklungsgeschichte biped wurde, dürfte sich auch unsere besondere menschliche Sexualität in einem sehr frühen Stadium entwickelt haben.

Widerstandsfähige Werkzeuge

Zwar war der aufrechte Gang keine Voraussetzung für die Herstellung und Anwendung von Werkzeugen, doch sorgte er für freie Hände, so daß sich Gegenstände sehr viel leichter tragen und bearbeiten ließen. Primaten sind sehr geschickt, zudem auch verspielt und neugierig. Die Herstellung und der Einsatz von Werkzeugen bei frühen Hominiden überrascht an sich nicht, da auch unsere nächsten Verwandten unter den Tierprimaten über diese Fähigkeit verfügen. Was die Hominiden von diesen unterscheidet, ist, daß sie begannen, widerstandsfähige Materialien zu bearbeiten. Ein derartiges Verhalten ist wohl am ehesten von einem Lebewesen zu erwarten, das in einer wenig bewaldeten Landschaft lebt und sein Lager auf offenem Grund neben Bächen und Seen aufschlägt. Die Nahrungssuche im seichten Wasser oder die Beseitigung abgestorbener Äste und kleiner Felsen für ihren Lagerplatz dürfte daran Schuld gewesen sein, daß die Hominiden mit diesen haltbaren Materialien ständig umgingen. Diese Fähigkeit ist wirklich etwas Besonderes. Zunächst gebrauchten die Hominiden Steine, die auf natürliche Weise zerbrochen waren, und später begannen sie, Steine zu zerschlagen, um scharfe Bruchstücke zu erhalten. Dabei blieb es nicht aus, daß auf ihren Lagerplätzen Stein- und Nahrungsreste liegenblieben. Irgendwann entwickelten sie die Fähigkeit, immer wieder ähnlich geformte Werkzeuge herzustellen. Die frühesten dieser Art fand man in der Nähe des ostafrikanischen Turkanasees. Man darf jedoch nicht davon ausgehen, daß uns die Steinwerkzeuge unmittelbar zu einem Anpassungsvorteil verholfen hätten. Eine Million Jahre lang waren die Arten der Hominiden um nichts erfolgreicher als die der Affen oder Menschenaffen.

Durch diesen Umgang mit widerstandsfähigem Material kam es zu einer grundlegenden Veränderung unseres Verhaltens. Unser soziales Leben wurde durch mehrere neue Faktoren bereichert. So ließen sich zum Beispiel beanspruchte Gebiete, etwa verlassene Lagerplätze, mit Hilfe unbelebter Objekte kontrollieren. Diese Objekte zeigten nicht nur, wo die Hominidengruppen überall gewesen waren, sondern warnten auch Neuhinzukommende vor möglichen Grenzverletzungen. Es entwickelte sich so eine unbelebte, dauerhaft kulturelle Geographie, die die Wege bezeichnete, auf denen sich die Menschen über die Landschaft verbreitet hatten, selbst wenn die Individuen längst verschwunden waren. Auch wenn diese Signalgebung zunächst eher zufällig erfolgte, dürften die Hominiden sie unter dem Druck der Selektion nach und nach absichtlich eingesetzt haben. An dieser Stelle unterscheidet sich unser Verhalten auch von dem höherer Primaten, die territoriale Grenzen überwiegend in der aktiven Konfrontation zwischen einzelnen Tieren deutlich machen.

▷ Bei Laetoli (Tanzania) fand Mary Leakey die in der vulkanischen Asche erhaltenen Fußabdrücke eines Erwachsenen und eines Kindes. Dies ist das früheste Indiz für eine bipede Fortbewegung. Vor etwa 3,5 Millionen Jahren wanderten beide durch den Ascheregen eines nahegelegenen Vulkans nach Norden. Dabei trat das Kind in den Fußstapfen des Erwachsenen. Es kamen noch kleine Hirsche vorüber, und ein kurzer heftiger Regen ergoß sich über die Landschaft, ehe die Fußspuren durch weitere Ausbrüche zugedeckt wurden.

JOHN READER/SCIENCE PHOTO LIBRARY/THE PHOTO LIBRARY

DIE OLDUVAI-SCHLUCHT: EIN FENSTER IN DIE VERGANGENHEIT

ROLAND FLETCHER

△ Dieser Faustkeil der Acheuléen-Tradition wurde vor etwa 400 000 Jahren von *Homo erectus* hergestellt. Jedes Werkzeug erforderte mindestens zwei Produktionsschritte und erforderte einen Handlungsablauf aus etwa 50 Schritten. Derartige Werkzeuge sind sorgfältiger hergestellt als die des früheren Oldowan-Typs.

MARY JELLIFFE/ANCIENT ART & ARCHITECTURE COLLECTION

▽ Ein Blick über die Olduvai-Schlucht und die Serengeti-Ebene auf den Ngorongoro-Krater.

Die Olduvai-Schlucht durchschneidet die Serengeti-Ebene Tanzanias unweit des Ngorongoro-Kraters. Lange ehe die Entwicklung der Schlucht begonnen hatte, befand sich hier ein See, der sich in periodischen Abständen ausweitete und zusammenschrumpfte. An den Ufern sowie an den kleinen Zuflüssen des Sees lebten Hominiden. Als der See über seine Ufer trat, wurden diese Stellen zusammen mit den vielen Skelettresten, die man heute dort findet, unter Schlamm begraben.

Von Zeit zu Zeit wurde die Region von großen Massen vulkanischer Asche bedeckt. Diese sind für Archäologen insofern besonders wertvoll, als sie innerhalb einer Fundstelle eine natürliche Schichtenfolge schaffen, die datiert werden kann. Die Schichtenfolge der Schlucht ist nahezu 90 Meter tief. Ganz unten, in Bett I, wurden die Schichten auf 1,8 bis 1,6 Millionen Jahre datiert. Dagegen stammen die oberen Schichten in Bett IV aus der Zeit vor 200 000 bis 100 000 Jahren. Aufgrund ihrer Tiefe bietet die Schlucht eine außerordentlich günstige Möglichkeit, die menschliche Entwicklungsgeschichte zu erforschen.

R.I.M. CAMPBELL/BRUCE COLEMAN LTD

R.I.M. CAMPBELL/BRUCE COLEMAN LTD

△ Ein Blick in die Schlucht.

◁ Oldowan-Werkzeuge wurden in Bett I entdeckt und dürften mit *Homo habilis* in Verbindung stehen. Neben kleineren Abschlagstücken gehören dazu auch die großen Kerne oder Spalter.

MARY JELLIFFE/ANCIENT ART & ARCHITECTURE COLLECTION

▷ Louis und Mary Leakey begannen ihre Arbeit bei Olduvai in den dreißiger Jahren. Schon bald fanden sie Steinwerkzeuge, die aus Basalt und anderen Arten vulkanischen Gesteins gefertigt waren, sowie Ansammlungen tierischer Knochen. Nach dreißigjähriger Arbeit entdeckten sie die hominiden Fossilen, die sie und Olduvai berühmt gemacht haben.

Hier sieht man Mary Leakey, die in minutiöser Kleinarbeit einen Hominidenfund birgt. Als im Jahre 1959 *Australopithecus boisei* entdeckt wurde, erforderte die Freilegung allein des Gesichts und der Zähne 19 Tage.

R.I.M. CAMPBELL/BRUCE COLEMAN LTD

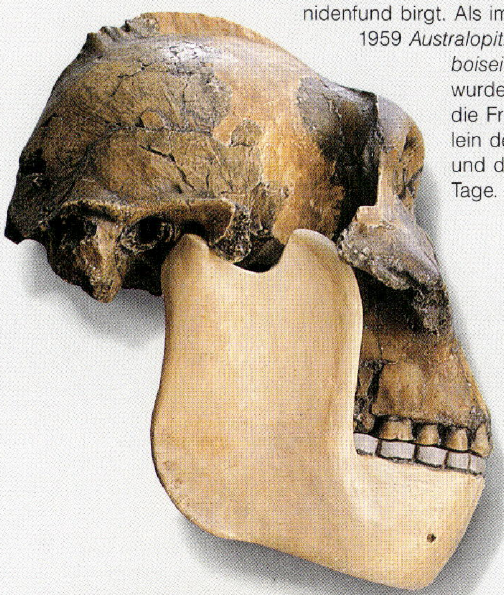

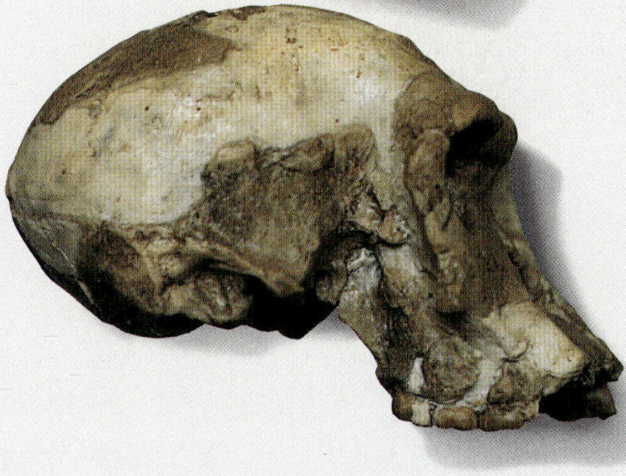

▷ An der Forschungsarbeit der Leakeys war die ganze Familie beteiligt, insbesondere Richard, einer ihrer Söhne, der hier bei der Vermessung hominider Fossilien zu sehen ist. Später wurde Richard Leakey der Direktor des Nationalmuseums von Kenia.

R.I.M. CAMPBELL/BRUCE COLEMAN LTD

◁ Der 1959 entdeckte *Australopithecus boisei* (oben) und *Homo habilis*, der 1961 gefunden wurde. Beide stammen aus Bett I.

OBEN: R.I.M. CAMPBELL/BRUCE COLEMAN LTD

UNTEN: MARY JELLIFFE/ANCIENT ART & ARCHITECTURE COLLECTION

VON TÖNEN ZUR SPRACHE: EINE ENTDECKUNGSREISE

WILLIAM NOBLE UND IAIN DAVIDSON

Die Sprache ist ein System von Symbolen, die entweder aus sichtbaren Mustern (etwa Schrift- oder Zeichensprache) oder hörbaren Tönen bestehen (etwa Sprache) und deren Bedeutung nicht auf sich selbst, sondern auf andere Dinge verweist. Natürlich laufen nicht alle sichtbaren Muster oder hörbaren Töne auf eine Sprache hinaus. Wer immer diese Zeichen von sich gibt und empfängt, muß wissen, wofür sie stehen, und daher müssen diese Zeichen sowohl konsistent als auch leicht erkennbar sein. So können zum Beispiel alle Menschen das deutsche Wort *Katze* , sofern sie es verstehen und erkennen, auf das Haustier beziehen. Während jedoch eine Sprache konsistent gebraucht werden muß, ist sie in anderer Hinsicht unbestimmt: Das geschriebene oder gesprochene Wort *Katze* zeigt überhaupt keine Ähnlichkeit mit dem Tier, auf das es sich bezieht.

△ Diese Mammutfigur aus Vogelherd (Südwestdeutschland) ist ungefähr 32 000 Jahre alt.

STAATLICHE MUSEEN ZU BERLIN/PREUSSISCHER KULTURBESITZ, MUSEUM FÜR VOR- UND FRÜHGESCHICHTE

◁ Diese kleine, etwa 32 000 Jahre alte Figur mit dem Körper eines Menschen und dem Kopf einer Katze stammt aus Hohensteinstadel (Südwestdeutschland). Auch an anderen Fundstätten der Umgebung wurden Statuetten mit vergleichbaren parallelen Marken gefunden, wie sie diese hier an den Schultern aufweist.

K.H. AUGUSTIN/ULMER MUSEUM

Von der Signalgebung zum Zeichen

Obwohl Tiere durchaus auf sichtbare und hörbare Zeichen reagieren, kann man nicht behaupten, daß sie Sprache gebrauchen. Ostafrikanische Meerkatzen reagieren zum Beispiel auf das Auftauchen verschiedener Räuber, wie Schlangen, Leoparden und Adlern, mit unterschiedlichen Geräuschen. Andere Affen der Umgebung antworten sofort und in entsprechender Weise, sobald sie diese Rufe hören. Nach einem »Adlerruf« blicken sie nach oben. Beim »Leopardenruf« blicken sie um sich und beim »Schlangenruf« nach unten. Allerdings scheinen diese Tiere überhaupt nicht zu begreifen, daß ihre Rufe und Körperhaltungen die betreffenden Räuber bezeichnen. Sie stoßen diese Signale nur in Gegenwart natürlicher Feinde aus. Um aus diesen Rufen sprachliche Begriffe zu machen, müßten die Affen sie auch dann anwenden und darauf antworten, wenn die Räuber nicht da sind.

Wir glauben, daß die Sprache entstand, als unseren Vorfahren klar wurde, daß ihre Rufe oder Signale ein Hilfsmittel waren, um auf Merkmale ihrer Umgebung hinzuweisen. Nur als dies geschehen war, ließen sich diese Rufe anwenden, verändern und vermehren, um auf immer mehr derartige Merkmale Bezug zu nehmen. Auf diese Weise entdeckten die frühen Menschen die symbolhaften Möglichkeiten von Gesten zur Kommunikation. Natürlich wurde das Verhalten immer komplizierter. Sie konnten sich zu ihrem gegenwärtigen Verhalten äußern, andere Verhaltensweisen aufnehmen, Vergangenes wieder deutlich machen und zukünftige Dinge planen. Dadurch waren sie imstande, ihre Umwelt – einschließlich ihrer sozialen Umgebung - zunehmend unter Kontrolle zu bringen.

Angeblich wuchs im Laufe der menschlichen Entwicklungsgeschichte auch die Fähigkeit, Arme und Hände visuell zu steuern, wodurch auch der einhändige, gezielte Wurf verbessert wurde. Dadurch wären die Hominiden natürlich imstande gewesen, auf Dinge ihrer Umgebung — etwa Beutetiere oder Feinde — zu zeigen und damit deutlich zu machen. Dies könnte wiederum zur Verfolgung wandernder Beute geführt haben, wobei die typischen Merkmale des verfolgten Tieres ebenfalls über Bewegungen der Arme und der Hände übermittelt wurden oder indem der Gang oder der Umriß des Tieres imitiert wurde. Mit Hilfe dieser geräuschlosen Vorgänge hätten andere Gruppenmitglieder die nötige Information erhalten, ohne die Beute auf ihre Anwesenheit aufmerksam zu machen.

RICHARD WRANGHAM/ANTHROPHOTO

△ Ein Python nähert sich einer Gruppe von Meerkatzen. Hat eines der Tiere die Schlange bemerkt und einen entsprechenden Ruf ausgestoßen, sind die anderen Affen alarmiert. Der Ruf bezeichnet ganz speziell diese Gefahrenquelle.

Von Zeichen zu Symbolen

Der nächste Schritt zur Entwicklung eines sprachähnlichen Verhaltens könnte dann erfolgt sein, als unsere Vorfahren, während sie derartige Zeichen machten, dabei Spuren im Schlamm oder Sand hinterließen. Diese Spuren waren in der äußeren Welt als Objekte sichtbar. Die sichtbare Geste konnte dann als eine unabhängige Einheit mit eigenem Informationsgehalt angesehen werden. Sobald dies geschehen war, war der Weg geebnet, um sowohl sichtbare als auch hörbare Zeichen als Symbole zu betrachten und auszuwerten. In Europa finden sich Hinweise auf derartige Symbole erst vor etwa 36 000 bis 32 000 Jahren. Es handelt sich dabei um dreidimensionale Figuren, die zweifelsfrei unter allgemeinen Konventionen der Darstellung und des Bezuges angefertigt wurden.

Die frühesten Hinweise auf den Gebrauch von Sprache finden wir in der Ankunft von Menschen in Australien, die nachweislich mindestens 50 000 Jahre zurückliegt. Diese Menschen mußten das offene Meer überqueren und zu diesem Zweck seetüchtige Boote besessen haben, und derartige Unternehmen ohne den Einsatz von Sprache zu planen und auszuführen, dürfte eindeutig unmöglich gewesen sein.

Aggression aus der Entfernung

Die Steinwerkzeuge gehören in jeder dieser Gruppen auch zu einem Teil des Imponierverhaltens. Manchmal geht es bei Primaten in dieser Hinsicht recht aggressiv zu. So gibt es bei Schimpansen und Gorillas unter den Männchen und unter den Weibchen eine Rangordnung. Manchmal wird ein dominantes Männchen, das stärkste seiner Gruppe, von einem anderen Männchen zu einem Kampf um ein geschlechtsreifes Weibchen herausgefordert. Dabei bauen sich die Tiere zumeist von Angesicht zu Angesicht gegenüber auf, fletschen ihre Zähne und werden dabei auch recht laut, doch nur selten kommt es zu ernsthaften Verletzungen. Sobald sich einer der Kontrahenten für besiegt erklärt, ist die Auseinandersetzung beendet. Schimpansen werfen auch mit Stöcken, wenn sie kämpfen, überreizt oder unsicher sind. Da die Kontrahenten in der Regel sehr nahe beieinander stehen, sind Zeichen der Unterwerfung im Gesichtsausdruck und an der Körperhaltung nicht zu übersehen.

Wesentlich dramatischer wird es, sobald Steine und andere harte Objekte zum Schlagen oder zum Werfen eingesetzt werden. So waren diejenigen Hominiden, die eine bestimmte Entfernung zum Gegner einhielten und richtig zielten, deutlich im Vorteil. Dadurch wiederum verloren Mimik und Körpersprache an Bedeutung. Die wirkungsvollste Verteidigung bestand darin, den nächsten Schritt eines Gegners vorherzusagen und diesem zuvorzukommen. Individuen, die dazu imstande waren, blieben mit hoher Wahrscheinlichkeit unverletzt und konnten so Nachkommen mit denselben Fähigkeiten hervorbringen. Das Aufkommen harter Werkzeuge mag erklären, warum die menschliche Aggression nicht an offensichtliches Imponiergehabe gebunden ist und warum Unterwerfungsgesten nicht unbedingt die Gewalt unter Menschen beeinflussen.

J-P VARIN/JACANA-AUSCAPE

△ Wenn Schimpansen Angst haben oder aggressiv werden, laufen sie manchmal auf zwei Beinen und tragen dabei einen Stock, um damit einen Eindringling oder ein Raubtier zu bedrohen. Beim Angriff oder bei Rangstreitigkeiten, die aus nächster Nähe ausgefochten werden, ziehen die Tiere laut schreiend lebhafte Grimassen.

Der beharrliche Mensch

Die Fähigkeit, sich an Handlungsfolgen zu erinnern und sie sogar berechenbar zu machen, führte zu der typisch menschlichen Eigenschaft der Beharrlichkeit. Ganz eindeutig war ein Mensch umso stärker im Vorteil, je mehr Informationen er als Grundlage für seine Handlungsweisen (zum Beispiel Werkzeugherstellung, sozialer Wettbewerb oder Nahrungssuche) im Gedächtnis abrufen konnte. So ist es möglich, daß wir schon vor ein bis zwei Millionen Jahren auf die Jagd gingen, auf jeden Fall aber waren wir opportunistische Aassucher. Wenigstens vor 100 000 bis 50 000 Jahren haben wir mit Erfolg Großwild gejagt, vielleicht sogar in einer koordinierten Weise. Der moderne Mensch läßt sich auch dann von der Jagd nicht abbringen, wenn sich das Wild viele Stunden außer Sicht befindet. Je mehr Informationen wir in unserem Gehirn gespeichert haben, desto größer kann unsere Ausdauer werden.

Die Macht des Feuers

Der Mensch ist das einzige Lebewesen, das das Feuer als anziehend empfindet und dieses kontrollieren kann. Allerdings darf man nicht annehmen, daß das Feuer den Tieren der Savanne nicht vertraut sei oder daß sie ihm immer aus dem Wege gingen. Steppenbrände kommen häufig vor und dehnen sich weit aus. Dabei gehen zahlreiche Insekten und kleine Tiere zugrunde. Hinter der Feuerfront suchen sich die Aasfresser ihre Beute, und vermutlich kamen die frühen Hominiden in ähnlicher Weise zu ihrer Nahrung, indem sie in der Asche herumsuchten und verkohlte Äste beiseite räumten. Es ist auch durchaus vorstellbar, daß sie einen glimmenden Stock als Werkzeug bei

CHARLES LENARS/EXPLORER-AUSCAPE

◁ Bei Terra Amata (Frankreich) fand man an Lagerplätzen im Sand, unweit eines ehemaligen Küstenverlaufs des Mittelmeers, Spuren von Feuer und Küchenabfällen, die auf ein Alter zwischen 300 000 und 200 000 Jahren datiert wurden. Einige der Feuerstellen liegen in seichten Gruben, während andere auf zusammengelegten Flußkieseln angelegt waren.

△ Im Gombe-Reservat (Tanzania) beobachteten Jane Goodall und Hugo van Lawick eine Schimpansenmutter, die ihr totes Baby etwa einen Tag lang mit sich umhertrug. Nach einiger Zeit begann sie, die Leiche nachlässig zu behandeln. Irgendwann legte sie ihr totes Kind ab, ging zum Trinken und sammelte es danach nicht wieder auf.

sich trugen. Aber wirklich Feuer zu unterhalten und zu erzeugen, setzt eine Abfolge ziemlich komplizierter Handlungen voraus. In der Nähe des unterirdischen Escale-Sees in Frankreich wurden neben den Abfällen eines Lagers möglicherweise Überreste von Feuerstellen entdeckt, die bis zu 700 000 Jahre alt sein könnten. Die meisten Hinweise auf Feuerstellen stammen jedoch aus den letzten 300 000 Jahren.

Die Beherrschung des Feuers hatte verschiedene Folgen: Die Nahrung konnte gekocht werden, und hölzerne Werkzeuge ließen sich formen und härten. Durch kontrolliertes Abbrennen von Grasflächen konnten Tiere auf ihre Jäger zugetrieben werden. Zufällige, wiederholt auftretende Waldbrände vergrößerten das Gebiet offener Weideflächen, was wiederum größere Populationen von Pflanzenfressern, etwa Hirsche, anlockte. Zudem signalisiert Feuer die Gegenwart von Menschen. Als Kapitän James Cook zum ersten Mal die australische Ostküste erreichte, wußte er nur aufgrund der zahlreichen Rauchwolken, die aus Lagerfeuern emporstiegen, daß das Gebiet bewohnt war. Besonders in der Nacht kann ein Feuer verraten, wo Menschen leben. Mit dem Einsatz des Feuers erzeugten Menschen unabsichtlich zusätzliche, über erhebliche Entfernungen sichtbare Signale, die ihre Standorte in der Landschaft verrieten. So waren Begegnungen nicht mehr ausschließlich dem Zufall überlassen, und die soziale Welt wurde vielschichtiger. Schon die Steinwerkzeuge hatten den Menschen neue Verständigungsmittel zur Verfügung gestellt.

Erinnerungen an die Vergangenheit

Die nächste große Veränderung im menschlichen Verhalten bestand in der Fähigkeit, sich angesichts einer Leiche daran zu erinnern, daß diese einmal ein Mensch war. Bis noch vor 100 000 Jahren gibt es keinerlei Hinweise dafür, daß die Hominiden in ihren Verstorbenen irgendetwas anderes gesehen hätten als ganz normale Kadaver. Ihre Knochen fand man verstreut und zerbrochen zwischen den Abfällen ihrer Lagerplätze. Dies entspricht der Art, in der auch andere Primaten ihre Toten unbeachtet lassen. Zwar trägt eine Schimpasenmutter ihr totes Kind noch einen oder zwei Tage mit sich herum, doch nimmt ihr Interesse daran spürbar ab. Während sie zunächst den Leichnam an sich kuschelt, trägt sie ihn später an einem Bein oder schleift ihn hinter sich her, bis sie ihn schließlich irgendwo liegenläßt. Die Leiche sendet keine Signale mehr aus, die auf eine Identität mit einem Schimpansen hindeuten, und der Mutter fehlt die Vorstellungskraft, sich an die Handlungsfolgen zu erinnern, die mit ihrem Jungen verbunden waren.

Vor etwa 100 000 Jahren begannen die Neandertaler, sich mit ihren Toten zu beschäftigen und gingen mit ihnen auf die eine oder andere Weise um. Wir sollten uns aber davor hüten, zu unterstellen, daß sie dachten wie wir. Die Neandertaler sind aber deshalb so interessant, weil sie von ihren Toten Vorstellungen gehabt haben müssen, die sich unserer Erfahrung entziehen. Wie nun, wenn das Erinnerungsvermögen unter den Neandertalern ebenso variierte wie die Intelligenz beim modernen Menschen? Die bei Krapina im Balkan gefundenen Neandertaler-Leichen waren sorgfältig abgefleischt und verbrannt worden; in der Höhle von Hortus (Pyrenäen) dagegen wurden sie nur auf den Müll geworfen. Und in der Höhle von La Chapelle-aux-Saints (Südfrankreich) war ein alter Mann in einer tiefen Grube beigesetzt worden.

Von dem Moment an, in dem die Hominiden ihre

▷ Es ist noch immer heftig umstritten, ob die Neandertaler ihre Toten begruben – und wenn, dann aus welchem Grund. Ein 60 000 Jahre alter Neandertaler, der kürzlich in der Kebara Cave (Israel) entdeckt wurde, fachte die Diskussion weiter an. Zum Teil liegt die Ursache für die Auseinandersetzungen darin, daß neuerdings behauptet wird, der moderne Mensch stamme aus Afrika. Damit käme der Neandertaler als unser direkter Vorfahr nicht mehr in Frage. Wir dürfen aber nicht einfach bestimmte Verhaltensweisen der Vergangenheit übernehmen. Leichen von Neandertalern wurden in ganz unterschiedlichen Zusammenhängen und Positionen gefunden, und wir können nicht davon ausgehen, daß sich dieses Verhalten auf eine uns vertraute Weise erklären ließe.

DAVID L. BRILL ©1985

MICHAEL NICHOLS/MAGNUM PHOTOS

◁ Das Drohverhalten eines männlichen Schimpansen: Wesentliche Merkmale dieses ausdrucksvollen Verhaltens sind das aufgestellte Haar, das die Silhouette vergrößert, die entblößten Zähne und der drohende Blick. Der starre Blick und das Entblößen der Zähne gehören auch zu den grundlegenden Ausdrucksformen menschlichen Zorns. Das Aufstellen der Nackenhaare erfahren wir noch in Spuren durch den »Schauer«, den die noch vorhandenen Muskeln zum Aufrichten der Haare beim Zusammenziehen verursachen – wir sagen dann, unser Haar stehe zu Berge.

AGGRESSION UND KRIEG: GEHÖREN SIE ZUM MENSCHSEIN?

IRENÄUS EIBL-EIBESFELDT

Zu Aggressionen kommt es immer dann, wenn eine Person oder eine Gruppe von Menschen andere durch physische Gewalt oder Einschüchterung erfolgreich beherrscht. Sie ist unter Tieren weit verbreitet und erwächst aus dem Wettbewerb um begrenzte Ressourcen, wie Nahrung, Geschlechtspartner und Territorien. Sie kann aber auch der Verteidigung dienen, etwa wenn Mütter ihre Jungen schützen. Innerhalb der Arten ist das Aggressionsverhalten häufig ritualisiert, so daß die Kontrahenten das Risiko einer physischen Verletzung reduzieren. Der Unterlegene kann den Kampf dadurch beenden, daß er eine Unterwerfungshaltung einnimmt, die die Aggression des Siegers ausschaltet.

Von der Aggression unter Individuen muß man die Aggression zwischen Gruppen trennen. Die Art von Gruppenstreitigkeiten, die man als Vorstufe der Kriege ansehen kann, kommt nur unter nichtmenschlichen und menschlichen Primaten sowie einigen Nagetieren vor, etwa der Wanderratte. Auch der Mensch zeigt eine individuelle Aggression – etwa bei Auseinandersetzungen über den sozialen Status, über Gebietsansprüche oder einen Partner – und eine in Gruppen gelebte Aggressionsform.

IRENÄUS EIBL-EIBESFELDT

▷ Kämpfende Buschmänner: Diese südafrikanische Felsmalerei wurde 1930 von D.F. Bleek kopiert.

Die grundsätzlichen Ausdrucksformen der Bedrohung, etwa in Gestalt von Gesichtsausdrücken und Gesten, sind unter Menschen überall zu finden, und ähnliche Verhaltensweisen gibt es auch unter Schimpansen und anderen nichtmenschlichen Primaten. Zudem entwickelte der Mensch weitere Verhaltensmuster, die unter anderem dazu dienen, Aggressionen zu dämpfen. So ruft das Weinen zum Beispiel grundsätzlich eine mitfühlende Reaktion hervor. Es ist bezeichnend, daß neugeborene Babys auf Bandaufnahmen weinender Personen ihrerseits durch mitfühlendes Weinen reagieren, wogegen Aufnahmen sonstiger menschlicher Äußerungen dies nicht bewirken. Eine andere wirkungsvolle Vorgehensweise besteht darin, den sozialen Kontakt mit dem Aggressor abzuschneiden (siehe dazu die Foto-Sequenz).

Äußere und innere Auslöser

Im Gegensatz zur Ansicht mancher romantisch denkender Anthropologen sind Menschen durchaus nicht zwangsläufig friedfertig, wenn sie in einem warmen Familienumfeld mit Zuneigung und Körperkontakt aufgewachsen sind. Auch müssen sie nicht immer aggressive Charaktere entwickeln, wenn ihnen dies in der Jugend fehlte. In unseren zeitgenössischen Krieger-Kulturen werden die Kinder von beiden Eltern mit großer Zuneigung und Liebe behandelt, und dennoch wachsen sie zu grimmigen Kriegern heran. Dies liegt daran, daß sich Kinder, die in Zuneigung aufwachsen, mit ihren Eltern und ihrer Gruppe identifizieren und bereit sind, deren Wertvorstellungen zu übernehmen, seien sie nun kriegerisch oder pazifistisch. Bis zum Ende der sechziger Jahre glaubte man, Jäger und Sammler seien friedvolle Menschen ohne Gebietsansprüche, die zudem in offenen Gesellschaften leben. Allerdings haben Untersuchungen diese Ansicht als einen Mythos entlarvt. Kämpfende Krieger waren von der Steinzeit bis heute immer schon ein Motiv der Felsmalereien, wie die zeitgenössischen Malereien südafrikanischer Buschmänner zeigen.

Das Aggressionsverhalten ist keine einfache Reaktion auf äußere Reize, sondern kann aus zahlreichen inneren Faktoren entstehen, zum Beispiel durch männliche Hormone. Ein Erfolg bei richtigen oder symbolischen Auseinandersetzungen (etwa im Sport oder bei Prüfungen) setzt bei Männern vermehrt Testosteron frei. Jedoch wird diese Hormonzunahme keineswegs automatisch abgeschaltet, sobald das Ziel erreicht ist, wie man aus zielgerichteten Handlungen wie Essen und Sex ersehen kann. Dies kann erklären, warum der Trieb nach Macht bei einigen Männern außer Kontrolle gerät.

Negative und positive Aggression

Wie bei den Tieren dient auch die Aggression beim Menschen verschiedenen Zielen. Sie kann zu einem destruktiven Verhalten führen und enorme Schwierigkeiten mit sich bringen, doch hat sie manchmal auch einen positiven Aspekt. Wir überwinden zum Beispiel physische und geistige Probleme – also beliebige zielgerichtete Aktionen, denen ein Hindernis im Wege steht - indem wir sie aggressiv angehen. Dies muß einmal betont werden, weil die Aggression häufig als eine ausschließlich negative Kraft angesehen wird. Es kamen sogar einmal Empfehlungen auf, Kinder völlig aggressionsfrei zu erziehen. Dadurch würde diesen Kindern großer Schaden zugefügt, denn sie werden praktisch wehrlos. Unter anderem ist die Aggression unentbehrlich, wenn sich Menschen gegen Ungerechtigkeit und Diktatur auflehnen müssen.

Der Krieg als organisierte Aggression

Der Krieg ist natürlich eine organisierte Form menschlicher Aggression. Trotz seiner biologischen Vorstufen, die man etwa im Verhalten von Schimpansen findet, muß er als ein Produkt kultureller Evolution gelten. Es finden nämlich strategisch geplante, aufeinander abgestimmte Aktionen statt, es kommen Waffen zum Einsatz, die aus der Entfernung töten (und dabei die Wahrscheinlichkeit eines persönlichen Zusammentreffens möglichst gering halten), und schließlich besteht das Ziel darin, einen gemeinsamen Feind zu vernichten. Abgesehen vom aggressiven Moment setzt ein Krieg eine Loyalitätsgefühle zur eigenen Gruppe voraus. Diese werden häufig von der Propaganda geschürt, wobei dem Feind menschliche Eigenschaften abgesprochen werden. Auf diese Weise wird der Konflikt auf eine moralische Ebene angehoben, wo das Töten einen tugendhaften, ja sogar ausgesprochen heroischen Charakter erhält.

Um die Gruppenaggression unter Menschen zu verstehen, muß man sich zunächst klarmachen, daß jeder Mensch gegenüber seinen Mitmenschen ganz ambivalente Gefühle hegt. Er reagiert entweder freundlich (besonders gegenüber Bekannten), aber auch mit Furcht. Einerseits fürchtet er, beherrscht zu werden, versucht aber selber, eine überlegene Stellung einzunehmen, wenn er irgendwo Schwäche spürt.

Der Krieg an sich ist gewiß nicht in unserer genetischen Veranlagung verankert. Allerdings war er schon immer eine sehr wirkungsvolle Methode, sich begrenzte Ressourcen anzueignen und sie zu verteidigen. In dem Maße, in dem immer verheerendere Waffen entwickelt wurden, wurde auch der Krieg immer risikoreicher, obwohl gewisse Konventionen und Rituale entstanden, um dieses Risiko zu mindern.

1

2

3

4

5

6

7

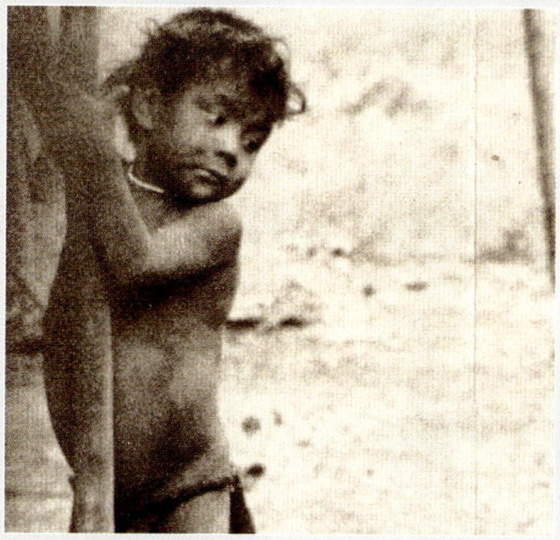
8

IRENÄUS EIBL-EIBESFELDT

▷ Eine der Möglichkeiten, Aggressionen abzuwehren, besteht darin, den sozialen Kontakt abzubrechen. Ein Yanomami-Junge wird von einem anderen Jungen bedroht, der versucht, ihn beiseite zu schieben. Zunächst setzt der Angegriffene ein gewinnendes Lächeln auf, jedoch zeigt diese Taktik keine Wirkung. Nachdem er geschlagen wurde, wendet er seinen Blick ab (Kontaktvermeidung), senkt den Kopf und schmollt - ein sehr wirkungsvoller Weg, um Aggressionen eines anderen Individuums zu begegnen. Der Angreifer zieht sich zurück.

▷ *Gegenüber*: Einige der frühesten Kunstwerke in Europa - sie sind etwa 25 000 bis 30 000 Jahre alt - bestehen aus einfachen Gravierungen, die man an den Wänden französischer Höhlen fand. Die Gravierungen dieses Steines aus La Ferassie wurden als Vulvae interpretiert - grob konzipierte Dreiecksformen, deren schmalster Winkel von einer Linie zweigeteilt wird.

▷ Diese geglättete und mit Ocker gefärbte Elfenbeinscheibe aus Tata (Ungarn) ist ungefähr 50 000 Jahre alt. Man ist sich bei weitem noch nicht einig darüber, ob sie auf natürliche Weise entstand oder von Menschen gemacht wurde.

HUNGARIAN NATIONAL MUSEUM/ANDRAS DABASI

△ Diese Knochenscheibe aus dem Abri Blanchard (Frankreich) wurde von Alexander Marshack eingehend untersucht und auf das obere Paläolithikum datiert. Im oberen Bereich befinden sich gruppenweise angeordnete Aushöhlungen. Jede dieser Gruppen wurde zumeist mit demselben Werkzeug gemeißelt und repräsentiert vielleicht einen der frühesten Zählvorgänge.

JEAN VERTUT/MUSEE DES ANTIQUITES NATIONALES, ST. GERMAIN-EN-LAYE

Toten bestatteten, gaben sie erste Hinweise dafür, daß sie imstande waren, vergangene Vorfälle mit einem leblosen Körper zu verbinden. Dazu bedurfte es keiner großen Gedächtnisleistungen; die Erinnerung an eine Spanne von wenigen Wochen dürfte genügt haben. In der Regel begruben die Neandertaler ihre Leichen vollständig, vermutlich wenige Tage nach dem Tod. Man sollte daraus aber nicht schließen, daß diese frühen Begräbnisse mit einem Glauben an ein Leben nach dem Tode zu tun hätten. Dies erfordert nämlich sowohl ein hochentwickeltes Erinnerungsvermögen als auch die Fähigkeit, sich eine Zukunft über die eigene Lebenszeit hinaus vorzustellen.

Die Bedeutung der Kunst

War der Mensch imstande, in bewußter Weise Vergangenes mit einem Objekt zu verbinden, verfügte er bereits über die Grundlagen künstlerischen Wirkens. Durch die Assoziation eines Objekts mit Merkmalen aus dem Gedächtnis wird es möglich, sich die Charakteristika einer Person oder eines Tieres vorzustellen, ohne sie unmittelbar vor Augen zu haben. Anstatt einen Gegenstand zu sehen und sich an eben Vergangenes zu erinnern, konnten die Menschen jetzt verschiedene Abläufe aus der Vergangenheit vor ihrem geistigen Auge passieren lassen und diese als objektive Formen darstellen. Oder sie betrachteten ein Objekt und riefen es unmittelbar darauf im Gedächtnis wieder ab, um ein Bild zu produzieren.

Zunächst handelte es sich um vage, unsichere oder einfache Formen. Was nun als die früheste erkennbare Kunstform gelten soll, etwa einige Stücke polierten und mit Kratzern versehenen Elfenbeins aus Tata (Ungarn) oder einige Kratzer auf einem Knochen aus La Ferrassie (Südfrankreich), deren Alter bis zu 50 000 Jahre zurückreicht, ist allgemein umstritten. Aus der Zeit vor 30 000 Jahren kennt man kleine geschnitzte Pferde und einfache Gravuren, die man allgemein als Bilder von Vulvae interpretiert. Im Laufe der folgenden 10 000 bis 15 000 Jahre verfeinerten sich künstlerische Technik und Inhalt. Unter den Höhlenbildern, die man in Lascaux (Südfrankreich) entdeckte, befinden sich sogar Abbildungen fiktiver Geschöpfe, deren Merkmale aus verschiedenen Tieren kombiniert wurden.

Wir können aber nicht nur versuchen zu verstehen, welche Bedeutung in den Bildern lag, sondern auch nach ihrem Zweck fragen. Die Kunst gestattet, detaillierte Botschaften über die Zeit zu retten. Wir müssen nicht mehr alles im Kopf behalten, sondern müssen nur wissen, in welchen unserer Aufzeichnungen wir danach zu suchen haben.

Die Rhythmik des Lebens

Die Kunst gewährte uns auch die Hilfsmittel zur Darstellung von Zeiträumen. In Bildern und Schnitzereien nahm sie die Form mehrerer Strichreihen an, und auch in den ersten bekannten Musikinstrumenten tauchte sie auf. Es handelte sich um Röhrenknochen, in die mehrere Löcher gebohrt waren, um verschiedene Töne zu erzeugen. Sowohl die Zeichen als auch die Musikinstrumente greifen ein Kontinuum auf und unterteilen es. Dies ist das wesentliche logische Hilfsmittel, um die natürlichen Phänomene der Zeit und der Töne in eine menschliche Ordnung zu zwingen. Trotz ihrer Einfachheit repräsentiert jede einzelne dieser künstlerischen Äußerungen eine grundlegende Entwicklung menschlichen Denkens. Hatte der Mensch einmal die Vorstellung von Periodizität, ließ sich die Zeit aufteilen, und veränderliche, wiederkehrende Phänomene, wie die Mondzyklen und das Fortpflanzungsverhalten der Herdentiere, wurden durchschaubar. Die Vorhersage war nicht mehr an unser Erinnerungsvermögen gebunden, sondern wir hatten greifbare Hilfsmittel.

Dies ist eine Flöte aus Vogelknochen. Das Stück aus der Grotte de Placard (Frankreich) ist etwa 10 000 bis 15 000 Jahre alt.

MUSEE DE L'HOMME, PARIS/M. DELAPLANCHE/COLLECTION MUSEE DES BEAUX ARTS D'ANGOULEME

Vor zwei bis drei Millionen Jahren haben uns unsere Vorfahren ein vielschichtiges Verhältnis zu harten, dauerhaften Artefakten anvertraut. Auf unzähligen Wegen führten diese Objekte zu sozialen Belastungen, schufen neue Signale und beeinflußten allmählich die Art und Weise, in der wir über Raum und Zeit mit anderen Menschen unserer Gesellschaften umgehen. Diese künstlichen Gegenstände trugen nicht nur dazu bei, unser Verhalten zu formen, indem sie in uns die Fähigkeit entwickelten, Dinge vorherzusagen und beharrlich zu bleiben, vielmehr noch: Sie verliehen unseren begrenzten Gehirnen die materiellen Hilfsmittel, um theoretisch unbegrenztes Wissen zu speichern.

DIE GESCHLECHTERROLLEN IN DER VORGESCHICHTE

MICHELLE LAMPL

Geschlechterrollen bezeichnen die vorgezeichneten Wege, auf denen Männer und Frauen miteinander im Alltagsleben umgehen. In allen menschlichen Gesellschaften finden wir definierte Männer- und Frauenrollen, die entweder aktiv bewußt oder passiv als Kinder durch Nachahmung und Erziehung übernommen werden. Noch immer diskutieren die Wissenschaftler, in welchem Ausmaß biologische und kulturelle Einflüsse auf die Geschlechterrollen wirken. Häufig wenden sie sich der Erforschung der Entwicklungsgeschichte zu, um Einblicke in die Ursprünge der modernen Geschlechterrollen zu gewinnen.

Alle Kenntnisse unserer vorgeschichtlichen Vorfahren haben wir aus den archäologischen Funden, die uns Einzelheiten darüber mitteilen, wie die Menschen wohnten, was sie aßen und wie ihr Leben auch in anderer Hinsicht aussah. Dabei geben uns die Fossilien Informationen über physische Merkmale, den Gesundheitszustand und die Lebensspanne. Leider gibt uns keiner dieser Belege eine Antwort auf die Frage, wie und warum sich die modernen Geschlechterrollen des Menschen entwickelt haben.

Rein biologisch unterscheiden sich Männer von Frauen durch ihre Fortpflanzungsbiologie. Frauen besitzen im Vergleich zur übrigen Körpermasse mehr Körperfett und breitere Hüften, um den Durchtritt der Kinder bei der Geburt zu erleichtern. Zudem besitzen sie Milchdrüsen, um die Kinder nach der Geburt zu nähren. Männer besitzen im allgemeinen — bezogen auf das Körpergewicht — mehr Muskelmasse. Gemeinsam mit den Unterschieden in der Körpergröße werden diese Abweichungen unter den Geschlechtern als Sexualdimorphismus bezeichnet.

Obwohl die Männer bei vielen Völkern gewöhnlich etwas größer sind als die Frauen, ist der moderne Mensch — im Gegensatz zu einigen unserer engsten Verwandten unter den Primaten — nicht ausgesprochen sexualdimorphistisch. Der Sexualdimorphismus ist ein bei menschlichen Fossilien ein häufig umstrittenes Merkmal, denn Primatenforscher haben festgestellt, daß nur wenige Primaten, die in sozialen Gruppen leben und deren Geschlechter einen ausgeprägten Dimorphismus zeigen, in monogamen Verbänden zusammenbleiben.

Die frühesten fossilen Belege direkter menschlicher Vorfahren gehören zu der Gattung Australopithecus, der vor zwei bis vier Millionen Jahren in Ost- und Südafrika zu Hause war. Einige Wissenschaftler konstatierten nun bei der Untersuchung der fossilen Knochen einen deutlichen (aber keineswegs unumstrittenen) Größenunterschied zwischen männlichen und weiblichen Individuen. Das Skelett eines erwachsenen Weibchens (das von seinen Entdeckern »Lucy« genannt wurde) wurde nach einer Rekonstruktion auf eine Höhe von 1,1 Meter geschätzt. Das Körpergewicht lag bei etwa 27 Kilogramm. Im Gegensatz dazu war ein rekonstruiertes Männchen etwa 1,6 Meter hoch und vielleicht 50 Kilogramm schwer.

Aufgrund dieser Indizien vermutet man, daß die von einem Paar ausgehende monogame Kernfamilie, wie sie bei vielen menschlichen Gesellschaften unserer Zeit üblich ist, zu Beginn unserer Entwicklungsgeschichte noch nicht existierte. Im Laufe der menschlichen Entwicklungsgeschichte zeigen jedoch die fossilen Belege einen schrittweisen Rückgang des Dimorphismus, so daß die Geschlechterunterschiede vor 100 000 Jahren, als die ersten modernen Menschen auf den Plan traten, denen heutiger Menschen entsprachen. Zwar verrät uns nichts davon Einzelheiten über die Geschlechterrollen, wenn aber unser Verständnis für die Zusammenhänge zwischen Knochenanatomie und Sozialstruktur richtig ist, geht daraus hervor, daß die Geschlechter in unserer frühesten Vorgeschichte noch ein anderes Verhältnis zueinander besaßen.

Auch die zweite Form der Indizien, die Archäologie, kann uns nicht viel weiterhelfen. Die ältesten Informationen, nämlich Steinwerkzeuge aus der Zeit vor 2,5 Millionen Jahren, verraten uns nichts über die Geschlechterrollen. Schmuckstücke findet man erst vor 30 000 Jahren in Europa:

YANN ARTHUS-BERTRAND/JACANA-AUSCAPE

◁ Im Gegensatz zu uns modernen Menschen weisen einige unserer engsten Verwandten unter den Primaten einen deutlichen Sexualdimorphismus auf. Das Gorillaweibchen (links) besitzt nur 60 Prozent der Körpergröße des Männchens. Der Sexualdimorphismus scheint dort am stärksten ausgeprägt zu sein, wo die Männchen um den Zugang zu den Weibchen kämpfen müssen, am geringsten dagegen bei den Arten, bei denen beide Geschlechter häufig eine lebenslange Verbindung eingehen.

△ Weibliche Figuren tauchen im oberen Paläolithikum überall in Europa auf. Sowohl die Figurinen, die - mit kaum erkennbaren Köpfen und Beinen - die sexuelle Anatomie betonen, als auch der detaillierte, anmutige Kopf von Brassempouy, Frankreich, (unten links) spiegeln ein Frauenbild wider, das sich nur in den Augen der damaligen Zeit nachvollziehen läßt.

Durchbohrte Schneckenschalen, die vermutlich als Armbänder und Körperschmuck getragen wurden, findet man in den Gräbern beider Geschlechter. Nicht lange danach entdeckt man, ebenfalls in Europa, einige bemerkenswerte Überreste der plastischen Kunst jener Zeit: eingeschnittene oder manchmal geschnitzte Frauenbilder, die auf Knochen und Elfenbein verewigt wurden, sowie Tonfiguren wie die wohlbekannte Venus von Willendorf. Zwar gibt es auf den berühmten Höhlenbildern oder auf Stein graviert auch Darstellungen von Männern, doch sind es zumeist Frauen, die mit übertriebenen anatomischen Merkmalen — akzentuierten Brüsten und Gesäßen — abgebildet werden. Die Bedeutung dieser Objekte ist unter den Gelehrten nicht ganz klar. Waren es einfach genaue Darstellungen von Frauen der Umgebung? Handelte es sich um Fruchtbarkeitssymbole? Oder steckte eine erotische Absicht dahinter? Als vor 10 000 Jahren die Landwirtschaft aufkam, lebten die Menschen bereits in organisierten Gruppen, die wir keineswegs als ungewöhnlich empfunden hätten.

In Ermangelung spezifischer Hinweise müssen die Fachleute nun darüber spekulieren, wie es zu den Geschlechterrollen in unserer Entwicklungsgeschichte kam. Bei diesen Mutmaßungen wurden nicht selten moderne Auffassungen, die unseren eigenen sozialen Tendenzen entsprachen, in die Vergangenheit übertragen. So waren viele Wissenschaftler bis vor kurzem der Ansicht, daß zur sozialen Entwicklungsgeschichte auch die Arbeitsteilung zwischen Mann und Frau gehörte.

Dabei gingen die Männer auf die Jagd und brachten die Beute zu den sogenannten Wohnplätzen, wo sie diese mit den Frauen teilten. Jene waren zurückgeblieben, um die Säuglinge und Kinder zu versorgen. Einer anderen, ähnlichen Ansicht zufolge hatten Männer und Frauen anfangs unterschiedliche Ernährungsgewohnheiten, so daß eine monogame Paarbindung nicht nur die Möglichkeit schuf, die Ressourcen zu teilen und die Überlebenschancen eines jeden Geschlechtes zu vergrößern, sondern nebenbei den Vorzug hatte, die Vaterschaft der Nachkommen zu garantieren.

Dieser Ansicht entsprechen die Ernährungsgewohnheiten zahlreicher moderner Gesellschaften. Andererseits verwiesen Wissenschaftler aus jüngerer Zeit auf die Bedeutung, die den Frauen in den modernen, gleichberechtigten Gesellschaften heutiger Jäger und Sammler zukommt und erwogen diese Verhältnisse als ein Modell für unsere Vergangenheit.

Hier überlappen einander die Aktivitäts- und Einflußbereiche von Männern und Frauen, indem die Grundnahrungsmittel (Gemüse, Samen, Nüsse, Insekten und Kleintiere) von den Frauen beigebracht werden, während die Männer wesentlich weniger von dem heranschaffen, was für das tägliche Überleben nötig ist. Andere zeitgenössische Vorstellungen lenken ihre Aufmerksamkeit nicht nur auf die Geschlechterrollen, sondern auch auf Aspekte sexueller und emotionaler Verhaltensweisen. Mit Blick auf nicht monogame Verhältnisse und unter Berücksichtigung der sexuellen Veranlagung von Mann und Frau glauben einige Forscher, daß mehrere Sexualpartner für beide Geschlechter, etwa in Form einer abgeschwächten Polygynie oder einer Reihe mehrerer Paarbindungen, den tatsächlichen Verhältnissen unserer Vergangenheit am ehesten entsprechen.

JEAN-PAUL FERRERO/AUSCAPE

DIE URSPRÜNGE DES MENSCHEN

Vor 20 Millionen bis 100 000 Jahren

Unsere frühesten Vorfahren

COLIN GROVES

Im 18. Jahrhundert waren die Denker Europas von Menschenaffen fasziniert. Was für Tiere waren das überhaupt? Affen waren den Menschen dieser Zeit bereits ein geläufiger Anblick: Madame de Pompadour besaß einen zahmen Krallenaffen aus Brasilien, und zwei Jahrhunderte zuvor hatte Dürer schon ein Paar Mangaben aus Westafrika gemalt. Der nordafrikanische Berberaffe schließlich war schon den Römern bekannt. Richtige Menschenaffen – man nannte sie damals »Orang-Utans« – waren ganz anders: schwanzlose, aufrecht stehende Kreaturen von nahezu menschlicher Gestalt, aber mit Haaren bedeckt. Ihre Augen sprühten vor Intelligenz, und ihre Gesichter waren so ausdrucksvoll, daß sie offenbar keiner Sprache bedurften, um sich verständlich zu machen. Viele Leute überlegten allen Ernstes, ob diese Tiere mit ein wenig Übung nicht auch sprechen lernen könnten. Andere waren davon überzeugt, daß die Affen ihre eigene Sprache besäßen und daß es nur eine Frage der Zeit sei, bis sie imstande wären, in vornehmer Gesellschaft zu kommunizieren.

Es ist schon erstaunlich, wieviel Spekulation sich auf so wenig sorgfältiger Beobachtung gründete. Erst gegen Ende des 18. Jahrhunderts dämmerte es Naturforschern wie dem Deutschen Johann Friedrich Blumenbach und dem Franzosen Georges Cuvier, daß die jungen Affen, die immer wieder nach Europa gelangten (und in Ermangelung geeigneter Pflege bald starben) zwei verschiedenen Sorten angehörten. Die großen Roten – die echten Orang-Utans - und die kleinen Gibbons kamen von den hinterindischen Inseln, die großen Schwarzen dagegen, die man bald als Schimpansen bezeichnete, aus Afrika.

◁ Von allen großen Menschenaffen waren es die Orang-Utans, die der Wissenschaft zuerst näher bekannt wurden. Dieser südostasiatische Menschenaffe ist - nach dem Schimpansen und dem Gorilla - unser drittnächster Verwandter.

△ Dieser Schädel aus Sterkfontein galt bisher als *Australopithecus africanus*. In letzter Zeit kam jedoch die Ansicht auf, daß es sich in Wirklichkeit um ein sehr ursprüngliches Exemplar von *Paranthropus* handle.

DAVID L. BRILL, 1985

▷ Die Intelligenz, die aus den Augen dieses Schimpansen zu leuchten scheint, ist keine Einbildung. Die Schimpansen sind unsere nächsten lebenden Verwandten. Sie stellen in der Wildnis Werkzeuge her und wenden sie an, besitzen eine komplizierte Sozialstruktur und sogar ein gewisses Maß an Bewußtsein.

Als der dritte Menschenaffe, der Gorilla, im Jahre 1847 der Wissenschaft bekannt wurde, konnte man die Schimpansen und die Orang-Utans schon besser auseinanderhalten. Aber erst Charles Darwins geistige Bombe, *The Origin of Species*, rückte sie in das rechte Licht. Die Menschenaffen sind uns deshalb so ähnlich, weil sie mit uns verwandt sind.

Bereits 1863 hatte Thomas Huxley in einer Abhandlung mit dem Titel »Man's Place in Nature« den Schluß gezogen, daß die afrikanischen Affen (der Schimpanse und der Gorilla) uns näher verwandt sind als der Orang-Utan. In seiner 1872 publizierten *Descent of Man* (Die Abstammung des Menschen) argumentierte Darwin, daß wenn uns die afrikanischen Menschenaffen tatsächlich näher stünden als die asiatischen, dann auch unsere eigenen Wurzeln wahrscheinlich in Afrika liegen. Obwohl eine Reihe von Fachleuten immer wieder Einwände brachte, ist man sich seit den vierziger Jahren dieses Jahrhunderts darüber einig, daß Huxley und Darwin recht hatten: Der Schimpanse und der Gorilla stehen uns tatsächlich näher als der Orang-Utan, und die Überreste unserer frühesten Vorfahren müssen wir nicht in Asien oder anderenorts, sondern in Afrika suchen.

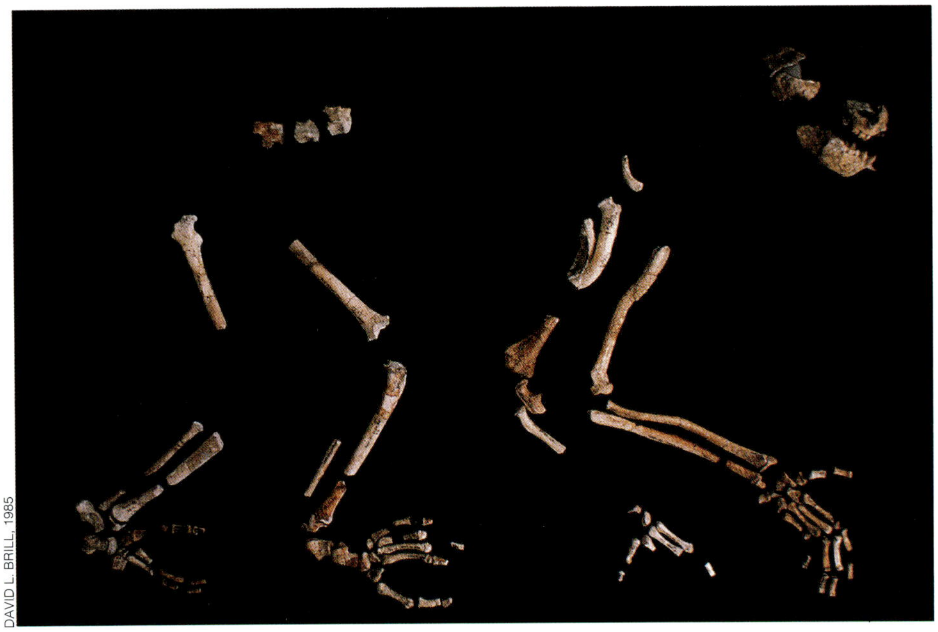

DAVID L. BRILL, 1985

△ Das nahezu vollständige Skelett eines *Proconsul nyanzae*, eines Hominiden, der vor 18 Millionen Jahren in Ostafrika lebte. Mittelgroße Menschenaffen wie dieser erlebten in den Regenwäldern jener Zeit eine Blüte - inmitten einer primitiven Primatenfauna, der gleichermaßen die Vorfahren der Affen und der Menschenaffen angehörten.

Traditionell waren die Menschenaffen immer einer eigenen zoologischen Familie, den Pongidae, zugeordnet, während der Mensch in seiner eigenen Familie, den Hominidae, stand. Heute jedoch neigen immer mehr Spezialisten dazu, auch die großen Menschenaffen zu den Hominidae zu rechnen. Dabei steht der Orang-Utan in einer Unterfamilie und der Mensch mit den Schimpansen und Gorillas in der anderen.

COLIN GROVES

△ Der Schädel eines *Afropithecus turkanensis*. Dieser Zeitgenosse von Proconsul stand dem Ursprung der Menschen und Menschenaffen vermutlich näher als dieser.

Auf den Spuren unseres Familienstammbaums

Erst Anfang der sechziger Jahre standen Untersuchungsmethoden zur Verfügung, mit Hilfe derer sich biochemische Aspekte verschiedener Primatengruppen vergleichen ließen. Zunächst setzte man immunologische Verfahren ein, doch wurden diese bald durch die genauer arbeitende Proteinsequenzierung und schließlich von der Analyse der DNA selber abgelöst. Das Ergebnis war jedoch immer gleich: Schimpansen, Gorillas und Menschen sind tatsächlich sehr eng miteinander verwandt, die Orang-Utans stehen uns schon etwas ferner, und die Tieraffen sind mit uns noch weniger verwandt. Zwar streitet man noch darüber, ob die Schimpansen den Menschen oder den Gorillas näher stehen (oder ob alle drei gleichermaßen nahe verwandt sind), doch besteht kein Zweifel mehr daran, daß alle drei eng zusammengehören.

Viele glauben nun, daß — insgesamt betrachtet — eventuelle Veränderungen der Proteinstruktur und der DNA lebender Organismen in ziemlich regelmäßigen Abständen über lange Zeiträume entstehen. Wenn man also weiß, in welchem Umfang sich zwei Arten in bezug auf eines ihrer Proteine oder auf Teile ihres Genoms unterscheiden (letzteres umfaßt das gesamte genetische Material jeder beliebigen Zelle, das die Erbeigenschaften bestimmt), kann man errechnen, über welche Zeiträume sie einen gemeinsamen Vorfahren besaßen. Dieses Konzept ist als die sogenannte »molekulare Uhr« bekannt, und obwohl sie nicht immer genau geht, setzt sie doch Grenzlinien — und verrät uns, daß sich unsere Entwicklungslinie vor etwa sieben bis fünf Millionen Jahren von der der Schimpansen getrennt haben muß.

Die frühen Menschenaffen

Die taxonomische Gruppe, die die Menschen und die Menschenaffen umfaßt, die Überfamilie der Hominoidea oder Hominoiden, entstand vor etwa 20 Millionen Jahren. Im frühen Miozän (vor 19 bis 18 Millionen Jahren) lebten in Ostafrika wenigstens zehn verschiedene, groß- und kleinwüchsige Arten von Menschenaffen. Am besten bekannt sind diejenigen der Gattung *Proconsul* (nach dem berühmten Zoo-Schimpansen »Consul«, der in den neunziger Jahren des letzten Jahrhunderts lebte). Man entdeckte ihn im Jahre 1933 und kennt ihn heute durch ein beinahe vollständiges Skelett (und verschiedene Teilskelette), sowie aus Dutzenden von Kiefern, Zähnen und Schädelfragmenten. Untersuchungen dieser Funde ergaben, daß *Proconsul* auf Bäumen lebte und sich auf allen Vieren fortbewegte. Zudem ernährte er sich von Früchten, besaß vermutlich keinen Schwanz, aber große Eckzähne. Eine Art war kleiner als ein heutiger Schimpanse, eine andere beinahe so groß wie ein Gorilla.

Viele Fachleute hielten *Proconsul* für geeignet, einen Kandidaten für den gemeinsamen Vorfahren der Hominidae abzugeben, jener Familie, die Menschen, Schimpansen, Gorillas und Orang-Utans umfaßt (nicht aber die Gibbons, deren Entwicklungslinie sich bereits getrennt hatte). Andere waren unsicher und verwiesen auf Merkmale der Zähne, des Kiefers und der Extremitätenknochen, die nicht dem entsprachen, was sie von solch einem gemeinsamen Vorfahren erwarteten. In der Mitte der achtziger Jahre entdeckte man einen weiteren fossilen Affen, einen Zeitgenossen von *Proconsul*. Dieses Exemplar mit dem Namen *Afropithecus* ist auch heute noch weniger bekannt als *Proconsul*, entspricht aber in seinem Aussehen weit mehr dem, wie wir uns den gemeinsamen Vorfahren vorstellen. Es handelte sich also um ein Fossil, das erfunden werden mußte, ehe es entdeckt wurde.

Aus dem mittleren Miozän (vor 14 Millionen Jahren) stammt *Kenyapithecus*, ein weiterer großer Menschenaffe. Wie sein mutmaßlicher Vorfahr, *Afropithe-*

▷ Trotz seines Auftretens ist der riesige Gorilla normalerweise ein sanftes, familienbezogenes und beinahe menschliches Wesen. Die Männchen wiegen durchschnittlich etwa 150, die Weibchen nur 70 Kilogramm. Heute wird das Überleben dieses bemerkenswerten Geschöpfes durch das Verschwinden der Wälder, die Jagd und den Druck in Frage gestellt, der von der ständig wachsenen Bevölkerung ausgeht.

D. PARER AND E. PARER-COOK/AUSCAPE

LÁSZLÓ KORDOS

△ Zwar ist *Dryopithecus* bereits seit der Mitte des 19. Jahrhunderts bekannt, doch förderte ein jüngst in Ungarn gefundener Schädel neue Erkenntnisse zutage. Kürzlich äußerte ein Spezialist die Ansicht, daß *Dryopithecus* dem gemeinsamen Vorfahren der großen Menschenaffen und der Menschen nahestehe.

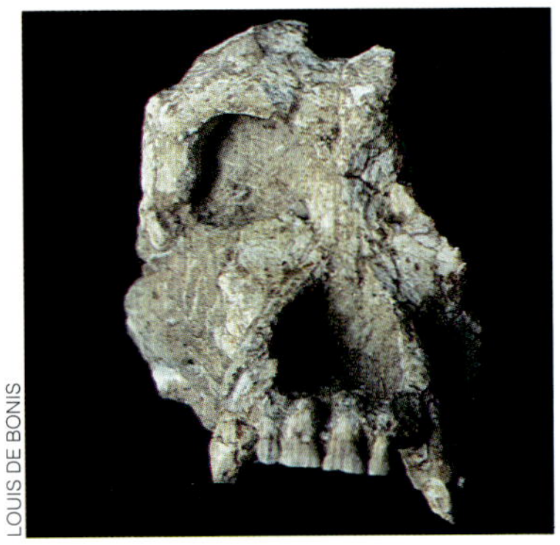

LOUIS DE BONIS

△ *Ouranopithecus macedoniensis* ist von vielen Schädel-, Kiefer- und Skelettfunden zahlreicher, zehn Millionen Jahre alter Fundstellen Griechenlands bekannt. Vermutlich ist er auf der gemeinsamen Ursprungslinie des Menschen, des Schimpansen und des Gorillas einzuordnen.

▷ Noch bis vor relativ kurzer Zeit wußte man über die Entwicklungsgeschichte der großen Menschenaffen praktisch gar nichts. Im Jahre 1980 entdeckte man jedoch in Pakistan dieses großartige Fossil eines Proto-Orang-Utan. Dieses als *Sivapithecus indicus* bekannte Exemplar ist etwa zehn Millionen Jahre alt.

cus, besaß auch er große Eckzähne, doch war das Gesicht kürzer, und auch in anderer Hinsicht hatte er entwicklungsgeschichtliche »Fortschritte« zu den lebenden Hominidae aufzuweisen, deren letzter gemeinsamer Vorfahr er gewesen sein mag.

Die frühesten Fossilien anderer hominoider Arten, die bisher außerhalb Afrikas gefunden wurden, stammen etwa aus derselben Zeit: *Dryopithecus* in Europa und, ein wenig später, *Sivapithecus* in Süd- und Westasien, sowie *Lufengpithecus* in China. Aus guterhaltenen Fossilien aus den Siwaliks (Pakistan) und aus Sinap (Türkei), überwiegend Schädeln, geht hervor, daß *Sivapithecus* mit großer Sicherheit der Vorfahr des Orang-Utan ist. (Einige fragmentarische Überreste aus den Siwaliks waren einst menschlichen Vorfahren zugesprochen und mit dem Namen *Ramapithecus* gewürdigt worden, doch ist heute klar, daß sie zu einer kleinwüchsiger *Sivapithecus*-Art gehören.) Zudem wurden Fossilien späterer Vertreter der Orang-Linie in China und Indonesien gefunden.

DAVID L. BRILL, 1985

Wohl ist es heute gelungen, die Vorfahren des Orang-Utan zurückzuverfolgen, doch läßt sich dies in bezug auf den Schimpansen und den Gorilla nicht behaupten. Wir wissen nichts über ihre Entwicklungsgeschichte, nachdem sich ihre Vorfahren von den unseren abgetrennt haben. Und auch über das Schicksal des gemeinsamen Bestandes zwischen dem Zeitpunkt der Abgliederung der Orang-Linie vor zwölf bis zehn Millionen Jahren und der Zeit, als vor sieben bis fünf Millionen Jahren die Entwicklungslinien von Gorilla, Schimpanse und Mensch auseinandergingen, ist nur wenig bekannt.

Für diese Zwischenphase kommen ernsthaft nur zwei Kandidaten in Frage: Eine neun Millionen Jahre alte Maxilla (Oberkiefer) aus den Samburu-Hügeln (Kenia) und eine Reihe von Fossilien aus der Regenschlucht in Nordgriechenland, die unter dem Namen *Ouranopithecus* auf ein Alter von etwa zehn Millionen Jahren datiert wurden. Teile des Gesichtsschädels von *Ouranopithecus*, die man kürzlich an einer anderen Stelle Griechenlands, bei Xirochori, fand, legen den dringenden Verdacht nahe, daß sie der Nicht-Orang-Entwicklungslinie angehören. Sollte das zutreffen, würde es bedeuten, daß diese Linie zuweilen auch außerhalb Afrikas auftrat.

Zu den Australopithecinen

Von einem Zeitpunkt an, der etwa vier Millionen Jahre zurückliegt, wird alles ganz anders, als ob plötzlich ein Vorhang gelüftet würde. An die Stelle frustrierend weniger Knochenreste tritt plötzlich eine Fülle von Knochenfunden. Die entscheidenen Fundorte sind Laetoli in Tanzania (hier sind die Fossilien zwischen 3,75 und 3,5 Millionen Jahre alt) und Hadar in Äthiopien (Alter der Funde: zwischen 3,3 und 2,9 Millionen Jahre). Auch in Südafrika fand man in Sterkfontein und Makapansgat Fossilien, die drei bis 2,5 Millionen Jahre alt sind.

Die an diesen Stellen entdeckten Fossilien gehören zu der Gattung *Australopithecus* (»Südaffe«). Wie die Menschenaffen besaßen auch diese Primaten nur eine geringe Gehirnkapazität und vorstehende Kiefer (ein Merkmal, das als Prognathie bezeichnet wird). Allerdings waren ihre Eckzähne wesentlich kürzer, und sie gingen bereits aufrecht. Das erste Exemplar, das Raymond Dart 1924 bei Taung (Kap-Provinz, Südafrika) entdeckte, war das Fossil eines Kindes. Robert Broom entdeckte die reiche Fundstelle von Sterkfontein, während Dart selber bei Makapansgat grub. Mary Leakey, Tim White, Don Johanson und andere waren an weiter nördlich gelegenen Ausgrabungen beteiligt.

Die frühesten dieser Fossilien stammen aus Laetoli. Sie erhielten den Namen *Australopithecus afarensis*. Sie bestehen aus den Kiefern und Zähnen von 24 Individuen, dem teilweise erhaltenen Skelett eines jungen Exemplars und einigen fossilen Fußabdrücken (die als die Fußabdrücke von Laetoli bekannt sind). Die Eckzähne dieser Kiefer sind wesentlich kleiner als die von Menschenaffen, aber vergleichsweise größer und auch spitzer als die unseren. Zudem verlief ihr Zahnbogen weder parabolisch wie beim modernen Menschen noch rechtwinklig wie beim Menschenaffen. Zwar sind die Fußabdrücke nicht unumstritten, doch scheinen sie nach Ansicht der meisten Forscher von Geschöpfen zu stammen, die auf zwei Beinen liefen. Allerdings waren die Füße nicht gewölbt, und die

◁ Das berühmte Kind von Taung, das Raymond Dart 1924 entdeckt hatte, war das erste bekannte Exemplar von *Australopithecus*. Es spricht für Darts anatomische Kenntnisse, daß er nur aufgrund dieses sehr jungen Schädels und des Gehirnausgusses imstande war, diesen Fund stammesgeschichtlich zwischen Menschenaffen und dem Menschen anzusiedeln – was durch spätere Funde eindeutig bestätigt wurde.

DAVID L. BRILL, 1985

JOHN READER/SCIENCE PHOTO LIBRARY/THE PHOTO LIBRARY

△ Der 3,75 bis 3,5 Millionen Jahre alte Fußabdruck eines Australopithecinen aus Laetoli beweist, daß der aufrechte Gang (wenn auch nicht wie bei modernen Menschen) bereits entwickelt war.

DAVID L. BRILL, 1985

◁ Der rekonstruierte Schädel eines Mannes aus der »Ersten Familie« von Hadar wird in der Regel, wenn auch nicht ganz unumstritten, als *Australopithecus afarensis* eingeordnet. Allgemein akzeptiert wird dagegen seine Position auf oder nahe der menschlichen Entwicklungslinie. Zudem stimmen alle Fachleute darin überein, daß er ursprünglicher ist als *Australopithecus africanus*, *Paranthropus* oder irgendeine Art der Gattung *Homo*.

DAVID L. BRILL/© NATIONAL GEOGRAPHIC SOCIETY

◁ Hier bei Hadar entdeckte ein gemeinsames Team amerikanischer und französischer Wissenschaftler in den siebziger Jahren die Überreste verschiedener Australopithecinen, darunter auch das Skelett der berühmten »Lucy« und die »Erste Familie«. Seitdem hat Berhane Asfaw, ein äthiopischer Anthropologe, hier weitere Entdeckungen gemacht.

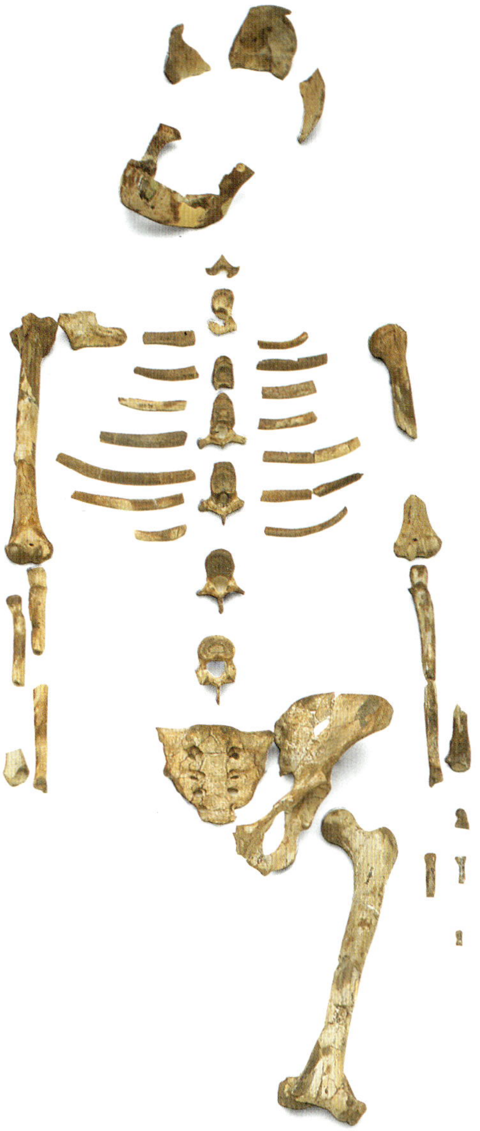

◁ Lucy, das zu zwei Drittel vollständige Skelett von Hadar, ist 3,2 Millionen Jahre alt. Muß auch sie, wie die anderen Überreste von Hadar und Laetoli, der Art *Australopithecus afarensis* zugerechnet werden? In dieser Frage herrscht noch keine Einigkeit.

JOHN READER/SCIENCE PHOTO LIBRARY/ THE PHOTO LIBRARY

große Zehe stand von den langgestreckten kleinen Zehen ein wenig ab.

Zu den reichen Fossilresten aus Hadar gehören ein zu zwei Drittel vollständiges Skelett, das den Spitznamen »Lucy« erhielt, eine Gruppe von Fossilien, die aufgrund der Umstände ihrer Entdeckung höchstwahrscheinlich einen einzigen sozialen Verband (die »Erste Familie«) darstellt, sowie eine Fülle weiterer Exemplare. Lucy ist nur einen Meter hoch. Sie besitzt lange Arme, kurze Beine und eine trichterförmige (menschenaffenähnliche) Brust. Der Kiefer ist V-förmig, doch das Becken weist auf einen aufrechten (wenn auch nicht vollkommen menschlichen) Gang hin. Die Mitglieder der Ersten Familie sind allesamt größer als Lucy, und angeblich sprechen ihre Extremitätenknochen für eine menschenähnlichere Fortbewegung als noch bei Lucy. Handelt es sich um zwei unterschiedliche Arten? Eine wissenschaftliche Richtung vertritt diese Ansicht. Andere rechnen sämtliche Exemplare derselben Art, *Australopithecus afarensis*, zu, die man auch aus Laetoli kennt.

ILLUSTRATION: JOHN RICHARDS

△ Zweifellos stand und ging »Lucy« aufrecht, doch waren ihre Beine nicht so lang wie die moderner Menschen.

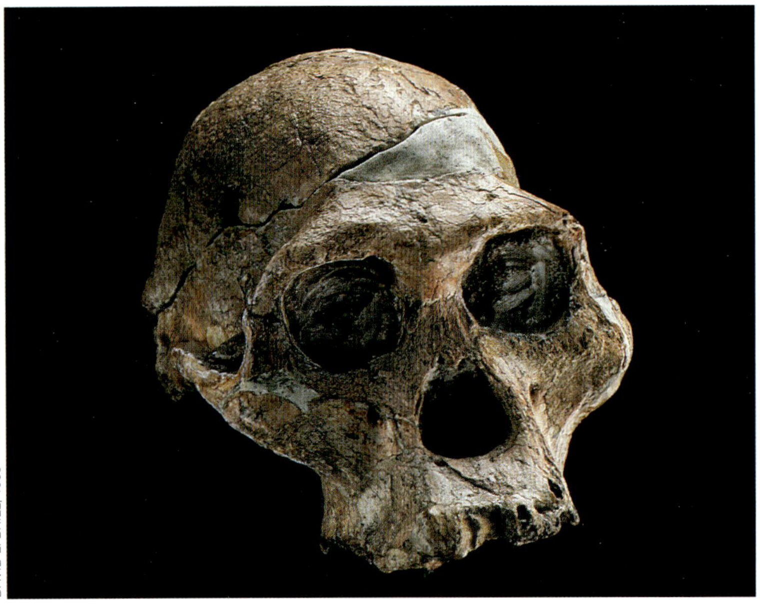

DAVID L. BRILL, 1985

△ Der bisher vollständigste Schädelfund von *Australopithecus africanus*, der unter dem Namen »Mrs. Ples« bekannt wurde, gehört zu der reichen Ausbeute von Sterkfontein. Hier, im Hochveldt von Transvaal, werden immer wieder ähnliche Fossilien entdeckt. *Australopithecus* und die anderen Knochen von Tieren, die hier entdeckt wurden, waren möglicherweise die Opfer eines großen Raubtiers, vielleicht einer Säbelzahnkatze.

▷ Das teilweise erhaltene Skelett eines *Australopithecus africanus* aus Sterkfontein (Südafrika). Obwohl er eindeutig aufrecht ging, besaß Australopithecus keinen modernen, schreitenden Gang und war zudem daran gewöhnt, auf Bäume zu klettern.

JOHN READER/SCIENCE PHOTO LIBRARY/ THE PHOTO LIBRARY

Die südafrikanischen Fossilien gehören einer weiteren Art an, die als *Australopithecus africanus* bekannt ist. Diese Exemplare weisen ein breites, schwergebautes Gesicht auf mit vorstehenden Wangenknochen und einer vorstehenden Nasen- Mund-Übergangsregion. Bei sieben untersuchten Exemplaren betrug das Gehirnvolumen 450 Kubikzentimeter; die Spanne lag zwischen 420 und 500 Kubikzentimeter. Die Eckzähne waren kleiner als bei Lucy – etwa wie bei modernen Menschen, aber noch etwas stärker zugespitzt. Allerdings waren die Molaren (Backenzähne) außerordentlich groß, und das Gesicht war offenbar stark verstrebt, um der Belastung durch starkes Kauen gewachsen zu sein. Ihre Fortbewegungshaltung lag nicht einfach zwischen der von Menschenaffen und Menschen, sondern bildete etwas ‚ganz Besonderes. Sie gingen jedoch überwiegend aufrecht und auf zwei Beinen. Offenbar hielten sie sich häufig auf Bäumen auf, und am Boden bewegten sie sich mit kurzen Schritten. Dabei setzten sie die ganze Sohle auf und hoben ihre seitlich abstehenden großen Zehen vom Boden ab. Sie hatten noch nicht den schreitenden Gang der Menschen entwickelt. Die Beine waren kurz, das Becken nur schwach verstrebt (es mußte also nicht viel Gewicht aushalten). Die Schultern und Arme dagegen waren kräftig, wie zum Klettern, entwickelt. Das Foramen magnum, das Hinterhauptsloch, durch das das Rückenmark eindringt, befand sich weit vorn an der Schädelbasis. Also wurde der Kopf wahrscheinlich auf der Spitze der Wirbelsäule balanciert, wie man es bei aufrecht gehenden Geschöpfen erwartet und nicht weiter hinten, wie bei Menschenaffen.

Ob *Australopithecus africanus* ein direkter Vorfahr der menschlichen Entwicklungslinie ist oder nur eine Seitenlinie, ist seit der Entdeckung des ersten Exemplares bei Taung im Jahre 1924 Gegenstand lebhafter Auseinandersetzungen.

GESCHLECHTSDIMORPHISMUS AUS VERGLEICHENDER UND ENTWICKLUNGSGESCHICHTLICHER SICHT

WALTER LEUTENEGGER

Bei den meisten Säugetieren unterscheiden sich Männchen und Weibchen in der Körpergröße und manchmal auch in der Gestalt oder Färbung. Dieses Phänomen bezeichnet man als Sexualdimorphismus. Normalerweise sind die Männchen größer, doch ist manchmal auch das Gegenteil der Fall. Polygyne Arten neigen in der Mehrzahl zu einem stärkeren Geschlechtsdimorphismus als monogame Arten.

Die geschlechtliche Differenzierung führt beim Menschen zu einem mehr oder weniger deutlichen Sexualdimorphismus, der sich auf Merkmale des Körperbaus, der Physiologie und seines Verhaltens bezieht. Dieses Phänomen findet man keineswegs nur bei Menschen, sondern auch bei anderen Tieren und Pflanzen, die sich geschlechtlich fortpflanzen. Wertvolle Einblicke in die Grundlagen des Sexualdimorphismus lassen sich gewinnen, wenn man diesen aus vergleichender und entwicklungsgeschichtlicher Sicht analysiert.

Da sich weder das Verhalten noch die Physiologie anhand der Fossilfunde nachweisen lassen, soll sich die Aufmerksamkeit hier auf die anatomischen Unterschiede konzentrieren. Unter den nichtmenschlichen Primaten erstrecken sich Geschlechterunterschiede im Körperbau auf eine ganze Reihe von Merkmalen, etwa die Körpergröße, die Größe der Eckzähne und Schädelmerkmale. Zudem variieren sie unter den Arten ganz erheblich. Betrachtet man nur das Körpergewicht, so findet man Menschenaffen, bei denen die Männchen durchschnittlich doppelt so schwer sind wie die Weibchen (Gorillas, Orang-Utans), aber auch Arten, deren Geschlechter etwa gleich schwer sind (Gibbons, Siamangs).

Wie fügt sich nun der moderne Mensch in diese Variationsbreite ein? Zunächst einmal zeigt der moderne Mensch sowohl innerhalb einer Population als auch zwischen mehreren Populationen in der sexualdimorphistischen Ausprägung eine ganz erhebliche Bandbreite. Auf dem Artniveau gilt der moderne *Homo sapiens* – auf die meisten seiner physischen Merkmale bezogen - als schwach dimorphistisch. So sind zum Beispiel erwachsene männliche Individuen um etwa 15 bis 20 Prozent schwerer und fünf bis zwölf Prozent höher als durchschnittlich große Frauen. In ähnlicher Weise sind die Unterschiede in der Größe der Zähne, des Schädels und einzelner Skeletteile nur gering.

Die fossilen Belege der menschlichen Evolution decken beinahe die letzten vier Millionen Jahre ab. Es gibt offenbar wenigstens zwei Entwicklungslinien: *Australopithecus* und *Homo*. In den Australopithecinen, deren Abstammungsfolge von *Australopithecus afarensis* über *A. africanus* zu *Paranthropus robustus/boisei* verläuft, findet man die Anfänge der Anpassung an einen offenen Lebensraum: vegetarische Ernährung gepaart mit gewohnheitsmäßiger, terrestrischer Fortbewegung auf zwei Beinen. Die zweite Phase wird – über eine Folge von habilinen und erectinen Typen – von *Homo* vertreten: Jäger- und Sammlertum gepaart mit einer systematischen materialbezogenen Kultur.

Teile des Skeletts

Hinsichtlich ihres Sexualdimorphismus an Kiefer, Schädel oder anderen knöchernen Teilen unterscheiden sich die Australopithecinen und die frühen *Homo*-Formen vom modernen Menschen recht deutlich. So gleicht die Variabilität der Größe und Form des Unterkiefers von *Australopithecus afarensis* der Variabilität, die man von Gorillas kennt. Demnach war der Geschlechtsdimorphismus – bezogen auf diese Merkmale - offenbar hoch entwickelt. Ja, die Variabilität ist so groß, daß viele Fachleute einfach nicht glauben können, daß sie nur auf einem Geschlechtsdimorphismus beruhe. So wird häufig die Meinung vertreten, daß die »Art« in Wirklichkeit mehr als eine einzige Art umfasse. Aus dem Unterkiefermaterial anderer australopitheciner Arten leiten sich stark entwickelte Geschlechterunterschiede ab, ähnlich den Verhältnissen bei *Australopithecus afarensis*.

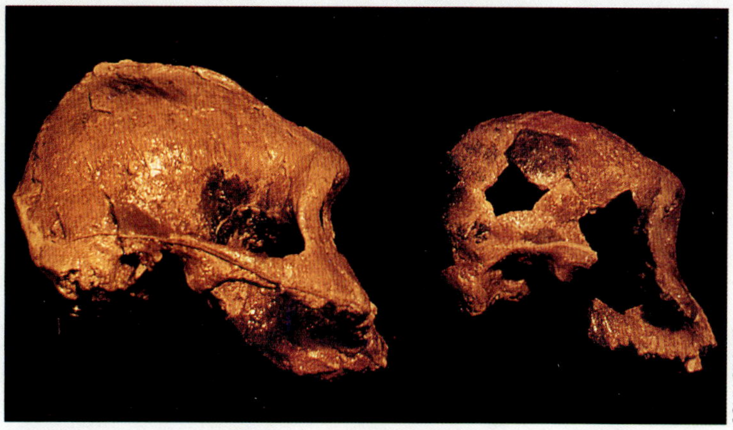

COLIN GROVES

△ Ein männlicher (ER-406) und ein weiblicher (ER-732) Schädel von *Paranthropus boisei* im Vergleich. Man beachte die deutlichen Unterschiede in Größe und Form. Solch ein Ausmaß an Sexualdimorphismus entspricht dem von Gorillas und Orang-Utans und kam üblicherweise auch bei den frühen Hominiden vor.

Schließlich ist ein mäßiger bis geringer Unterkiefer-Dimorphismus auch für Habiline und Erectine typisch, und erst bei den archaischen Formen des *Homo sapiens* und der Neandertaler geht er spürbar zurück. In ähnlicher Weise sind die Geschlechterunterschiede in der Schädelgröße und -form bei Australopithecinen und frühen *Homo*-Exemplaren ganz beträchtlich.

Körpergewicht

Gemessen an den nichtmenschlichen Primaten ist der Körpergewichtsdimorphismus bei den frühesten Arten, *Australopithecus afarensis* und *A. africanus* offenbar sehr ausgeprägt gewesen, etwa wie bei Gorillas und Orang-Utans. Bei den Habilinen war dieser Dimorphismus nur mäßig entwickelt. Unabhängig davon, ob man nun *Australopithecus afarensis* oder *A. africanus* als deren unmittelbaren Vorfahren ansieht, gibt es Hinweise dafür, daß die Reduktion der Unterschiede im wesentlichen darauf zurückzuführen ist, daß das Gewicht der männlichen Individuen von 65 auf 50 Kilogramm abnahm, das der weiblichen aber im Prinzip bei 30 Kilogramm blieb. Bei *Homo erectus* blieb der Körpergewichtsdimorphismus auf einem mäßigen Stand, denn beide Geschlechter erhöhten ihr Gewicht um etwa denselben Umfang – 12 bis 14 Kilogramm. Der letzte Abschnitt der menschlichen Entwicklungsgeschichte, der zu *Homo sapiens* führte, brachte schließlich wiederum eine geringfügige Angleichung des Körpergewichts. Von besonderer Bedeutung ist dabei, daß diese Angleichung bei *Homo sapiens* offenbar ausschließlich auf einer Zunahme des weiblichen Körpergewichts beruht, das von 42 auf 55 Kilogramm wuchs, während das Gewicht der männlichen Individuen seit dem Stadium von *Homo erectus* bei etwa 65 Kilogramm blieb.

Es gibt verschiedene Hypothesen, um die Entwicklungsgeschichte des menschlichen Sexualdimorphismus zu erklären. Traditionell wird die Angleichung der Körpergröße unter den Geschlechtern dadurch begründet, daß der Konkurrenzkampf der männlichen Individuen um die weiblichen nachgelassen habe, die Polygenie also zurückgegangen sei. Obwohl diese Hypothese nicht zurückgewiesen werden kann, darf man eines nicht vergessen: Die Veränderungen des Körpergewichtsdimorphismus - und dies gilt insbesondere für den Übergang von den Erectinen zu *Homo sapiens* – beruht grundsätzlich auf einer Zunahme der weiblichen Körpergröße. Dieser Befund bestätigt Katherine Ralls Hypothese, daß »eine größere Mutter häufig eine bessere sei«. Mit anderen Worten: Größere Weibchen produzieren im allgemeinen mehr überlebende Nachkommen.

UNSERE FRÜHESTEN VORFAHREN

COLIN GROVES

Der früheste bekannte Primat lebte vor 60 Millionen Jahren in Afrika. Der sogenannte *Purgatorius* besaß eine lange, schmale Schnauze und vier Prämolaren – mehr als jeder lebende Primat. Zu den anderen gesicherten Primaten dieser Zeit gehören die Petrolemuridae aus China (Vertreter der Unterordnung Strepsirrhini, zu der auch die Lemuren und Loris gehören) sowie einige wenige, schwer einzuordnende Fossilien der Haplorrhini, jener Unterordnung also, zu der die modernen Tarsier, Affen, Menschenaffen und der Mensch gehören.

Die Adapiformes und die Omomyiformes, denen die meisten der frühen Strepsirrhinen und Haplorrhinen angehören, waren während des Eozäns besonders zahlreich, und man kennt von ihnen viele Schädel und Skelette.

Der früheste bekannte Platyrrhine (oder Neuweltaffe), *Branisella*, lebte vor 26 Millionen Jahren in Bolivien. Dagegen kennt man die Catarrhinen – die Gruppe, die die Altweltaffen, Menschenaffen und den Menschen umfaßt – aus Ägypten, wo sie vor 40 Millionen Jahren zu Hause waren, sowie die 50 bis 40 Millionen Jahre alten Fossilien aus Algerien.

Frühe Altweltaffen, Hylobatidae (ursprüngliche Gibbons) und Hominidae (Vorfahren und Verwandte der Menschen und der großen Menschenaffen) sind von verschiedenen ostafrikanischen Fundstellen bekannt und haben ein Alter von 20 bis 17 Millionen Jahren. *Kenyapithecus* aus Ostafrika und *Dryopithecus* aus Eurasien repräsentieren ein Stadium, ehe die modernen hominiden Entwicklungslinien begannen, sich von den anderen großen Menschenaffen zu trennen. Der aus Indien, Pakistan und der Türkei bekannte *Sivapithecus* ist mit einem Alter zwischen acht und zwölf Millionen Jahren der früheste Vertreter der Orang-Utan-Linie. Entsprechend dürfte *Ouranopithecus*, eine ähnlich alte Art aus Griechenland, auf der Entwicklungslinie von Mensch, Schimpanse und Gorilla anzusiedeln sein.

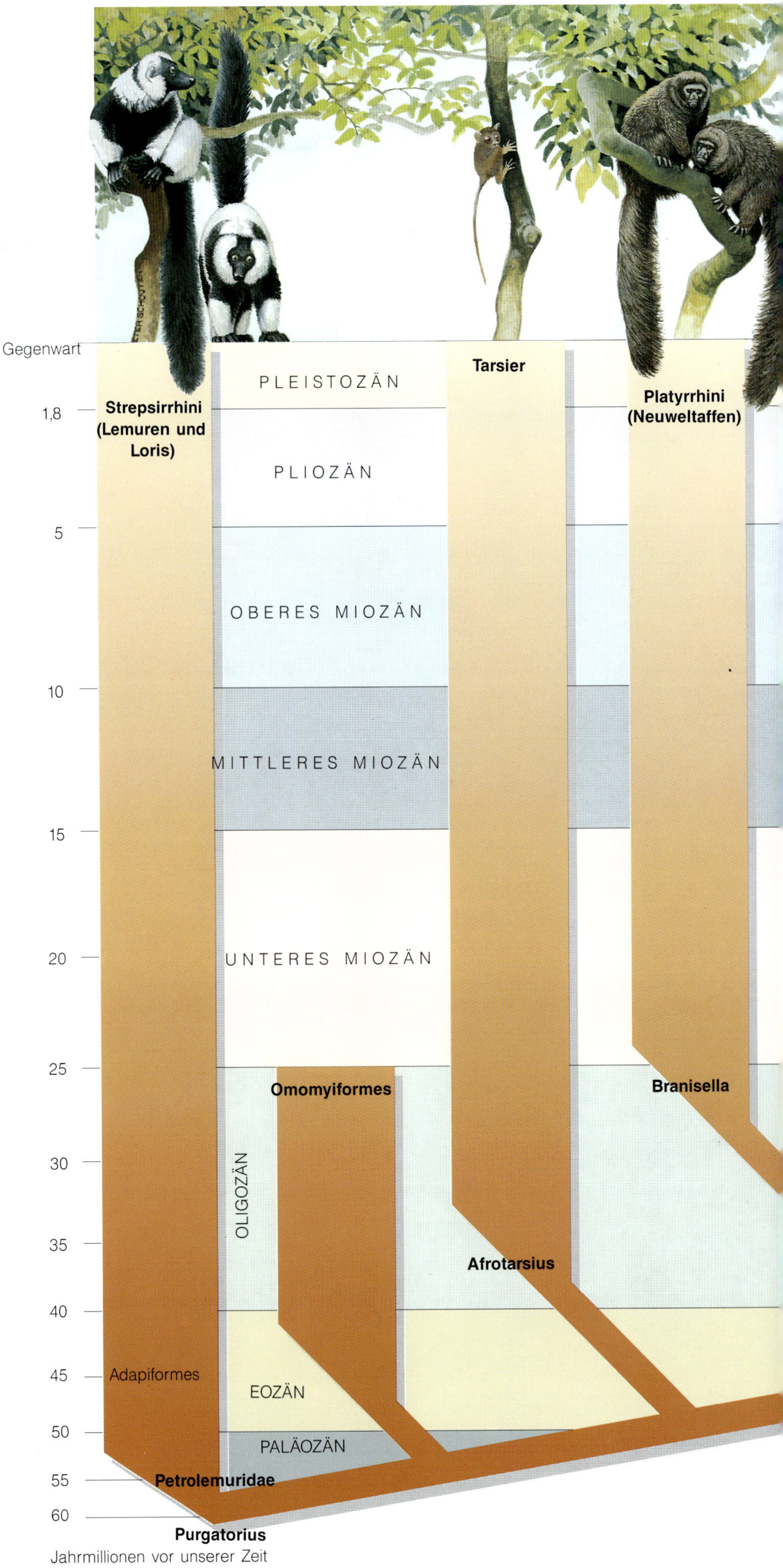

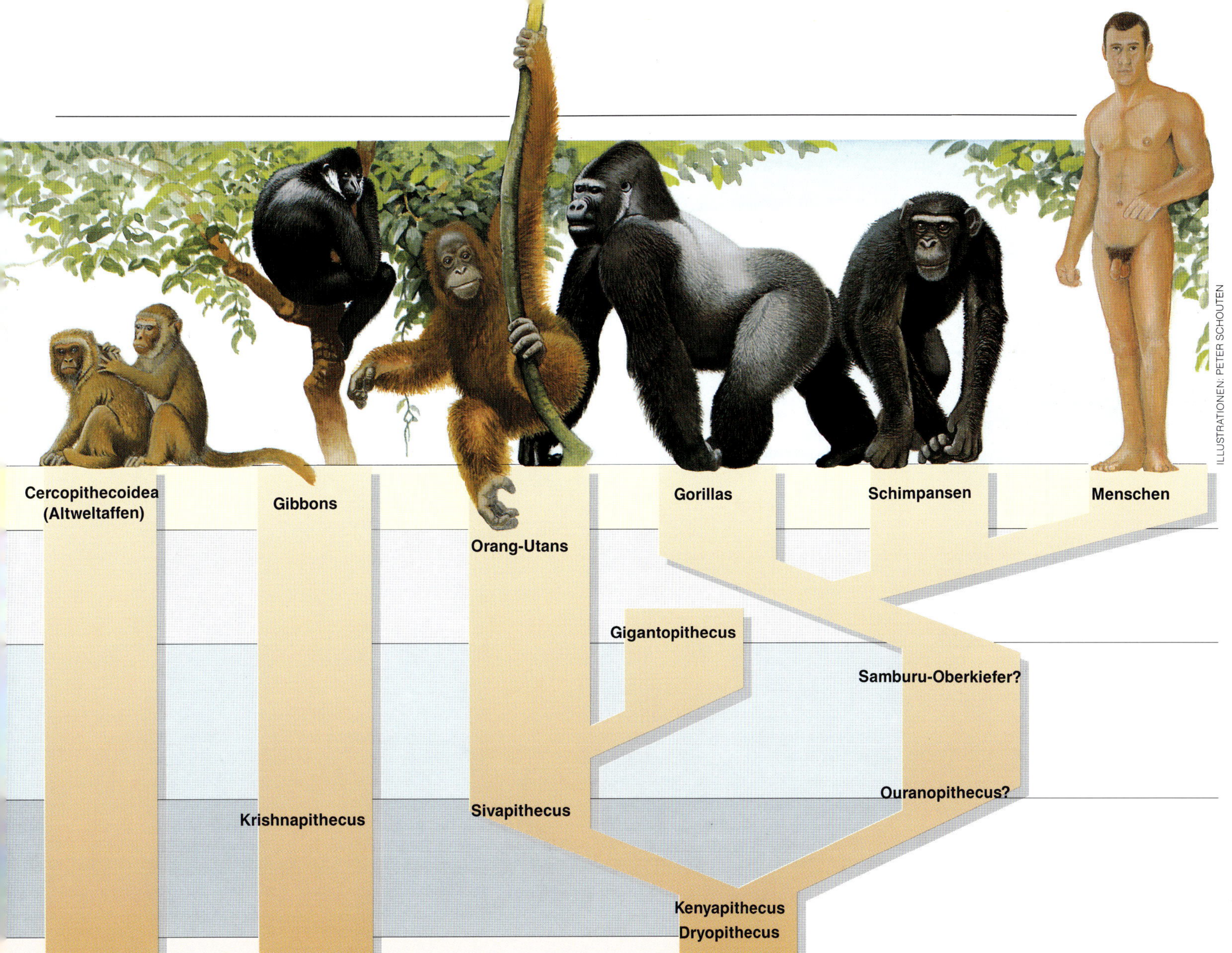

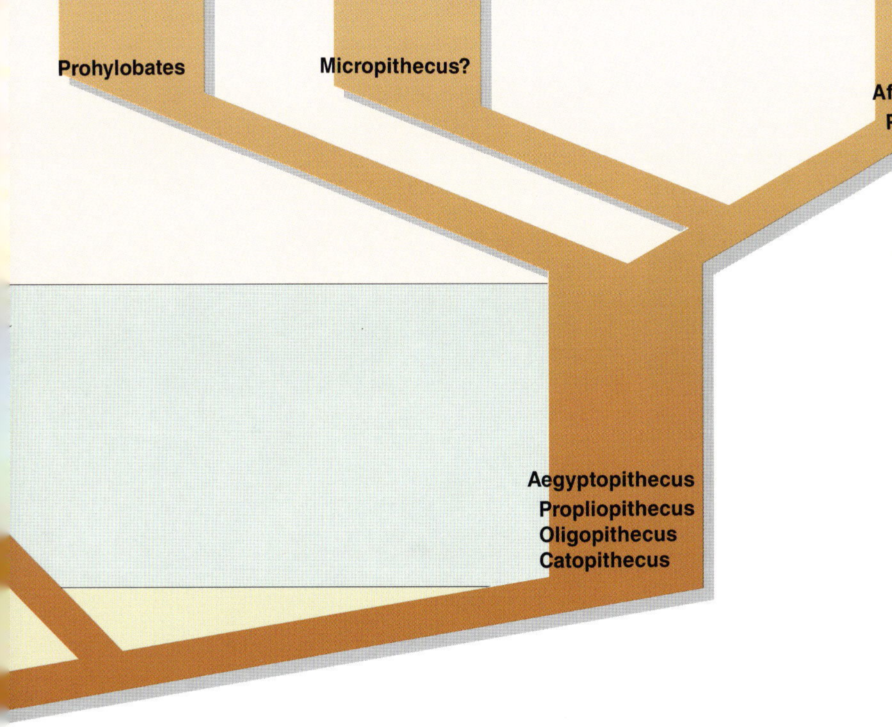

△ In groben Zügen ist die Entwicklungsgeschichte der Primaten heute bekannt. Im Detail jedoch – besonders, wenn es um die Stellung einzelner Fossilien geht – herrscht noch Uneinigkeit. Besonders umstritten ist die systematische Stellung der Omomyiformes, der Petrolemuridae *Micropithecus* und *Dryopithecus*.

▷ Die im heutigen Tanzania gelegene Olduvai-Schlucht zerschneidet die Serengeti-Ebene. Im frühen Pleistozän befand sich hier ein See.

RONALD SHERIDAN/ANCIENT ART AND ARCHITECTURE COLLECTION

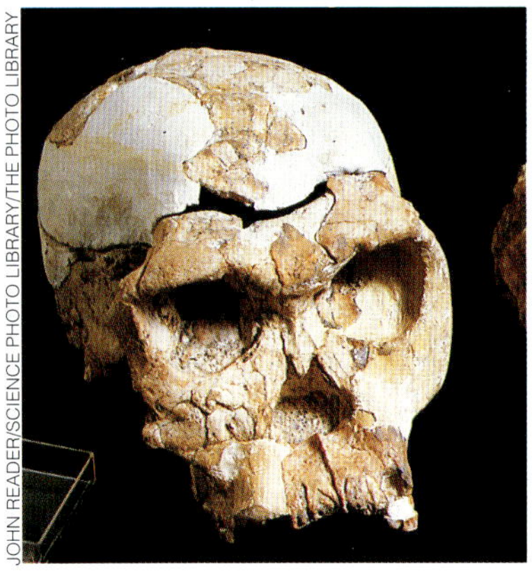

JOHN READER/SCIENCE PHOTO LIBRARY/THE PHOTO LIBRARY

△ Dieser *Homo-habilis*-Schädel aus Olduvai trägt den Spitznamen »Twiggy«. Trotz seiner allgemeinen Ähnlichkeit mit Australopithecus zeigen anatomische Einzelheiten, daß er dem modernen Menschen schon einen Schritt näher ist.

▽ Der Schädel von *Paranthropus boisei* aus Olduvai. Dieser grotesk wirkende, vegetarische Hominide bewohnte Ostafrika vor etwa zwei bis 1,7 Millionen Jahren gemeinsam mit dem kleinen Protohominiden *Homo habilis*.

DAVID L. BRILL, 1985

Vorfahren und Verwandte

Nachdem *Australopithecus africanus* aus den paläontologischen Funden vor 2,5 Millionen Jahren verschwunden ist, klafft eine Lücke in der Fossilienreihe, die sich über eine halbe Million Jahre erstreckt. Aus dieser Zeit kennt man nur wenige, recht uninformative Fossilienstückchen aus den Ablagerungen von Omo Valley in Südäthiopien. Die nächsten wichtigen Fossilien, die wir kennen, sind zwei Millionen Jahre alt und stammen überwiegend aus zwei Senkungsgräben: aus der Olduvai-Schlucht in Tanzania und aus Koobi Fora in Kenia. Mächtigen Ablagerungen, die sich im Laufe von wenigstens einer Million Jahre angehäuft haben, erbrachten zahlreiche Überreste von Schädeln, Kiefern, Zähnen und Skeletteilen. Aufgrund dieser Funde kann man sich ein Bild über die Veränderungen machen, die im Laufe dieses Zeitraums eintraten. Ganz unerwartet wird man mit einem wenig einheitlichen Bild konfrontiert. An beiden Fundstellen lebten zwei verschiedene Homininen-Arten nebeneinander, wenigstens während der Zeit von vor zwei Millionen bis vor 1,5 Millionen Jahren. Und in den unteren Schichten von Koobi Fora gab es zudem noch eine dritte Art, die ebenfalls zur gleichen Zeit lebte.

Die beiden Olduvai-Arten sind recht unterschiedlich. Es handelt sich um eine kleine, leicht gebaute und eine größere mit enormen Prämolaren und Molaren. Die kleine Art besitzt einen höheren, rundlicheren Hirnschädel mit einem durchschnittlichen Gehirnvolumen von 650 Kubikzentimeter. (Bei vier Exemplaren variiert es zwischen 590 und 700 Kubikzentimeter.) Dazu kommen ein leicht gebautes Gesicht mit kleineren, schmaleren Backenzähnen, und es zeichnet sich schon eine vorstehende Nase ab. Bei der größeren Art ist der Hirnschädel kleiner. Er umfaßt (bei einer Variation von 500 bis 530 Kubikzentimeter bei fünf Exemplaren) im Durchschnitt 515 Kubikzentimeter. Die Individuen weisen ein verkürztes, aber stark verstrebtes Gesicht auf. Neben winzigen Vorderzähnen findet man gewaltige Backenzähne und eine enorm entwickelte Kaumuskulatur, die normalerweise an einem Knochenkamm (dem sogenannten Sagittalkamm) oben auf dem Schädel befestigt ist. Beide Arten gingen aufrecht, und ihr Foramen magnum (Hinterhauptsloch) stand sogar weiter vor als bei *Australopithecus*, nämlich so weit wie bei modernen Menschen. Aber noch immer besaßen beide kurze Beine und lange Arme.

Ganz zweifellos handelt es sich bei der kleinen, leicht gebauten Gruppe um *Homo*. Diese Art ist in jeder Hinsicht »moderner« als *Australopithecus* und ist eher uns ähnlich. Bei dem allerersten Exemplar von *Homo* handelt es sich um kleine Schädelfragmente aus Chemeron, beim Baringo-See, die auf ein Alter von 2,5 Millionen Jahren datiert werden. Die Olduvai-Art ist als *Homo habilis* bekannt. Der große, robust gebaute Typ galt bisher immer als ein später Überlebender von *Australopithecus*. Heute jedoch ordnen ihn die meisten Fachleute ganz anders ein und nennen ihn *Paranthropus* (oder manchmal auch liebevoll den »Nußknacker«). Die Art von Olduvai trägt den Namen *Paranthropus boisei*.

Bei Koobi Fora liegen die Überreste von *Paranthropus boisei* sehr dicht, und daneben findet man nicht nur eine, sondern gleich zwei *Homo*-Arten. Eine davon ist klein und kurzgesichtig. Das Hirnvolumen der beiden gefundenen Exemplare beträgt 510 und 582 Kubikzentimeter. Die andere, größere Art besitzt ein schnauzenähnliches Gesicht. Bei einem Exemplar liegt das Hirnvolumen bei 770 Kubikzentimeter und bei den beiden anderen sogar noch etwas höher.

Über ihren Verwandtschaftsgrad zueinander und zu *Homo habilis* gehen die Meinungen auseinander. Man hält die großen Exemplare grundsätzlich für eine ganz eigene Art und gab ihr den Namen *Homo rudolfensis*. Die kleinen Exemplare werden von einigen den *Homo habilis* zugerechnet, während andere sie wiederum für eine andere Art halten. In gewisser Hinsicht sind sie einander durchaus ähnlich, und sei es auch nur, weil sie beide außerordentlich primitive Vertreter der menschlichen Entwicklungslinie darstellen. Um taxonomischen Auseinandersetzungen zu vermeiden, können wir sie grob als »die Habilinen« zusammenfassen. Aber welcher der Habilinen als Vorfahr späterer Homo-Formen gelten kann, ist eine ganz andere Frage!

Überreste von *Homo habilis* entdeckte man weiter südlich in Afrika, bei Sterkfontein. Sie befanden sich in jüngeren Ablagerungen als die von *Australopithecus*. Nicht weit davon traten in den Fundstellen von Swartkrans und Kromdraai Überreste des Nußknackers zutage, allerdings einer anderen Art (*Paranthropus robustus*) als in Ostafrika. Einige Fachleute halten nur die Kromdraai-Funde für *Paranthropus robustus* und sehen in den Exemplaren von Swartkrans eine andere Art, *Paranthropus crassidens*.

Wo kamen diese neuen Arten, die Habilinen und die Nußknacker, eigentlich her? Bei den Habilinen weiß man es noch immer nicht. Nach Ansicht zahlreicher Anthropologen stammen sie unmittelbar von Geschöpfen wie der »Ersten Familie« von Hadar ab. Andere halten sie für Nachfahren von *Australopithecus africanus*. Die spärlichen Fragmente, die aus den dazwischenliegenden Zeitabschnitten erhalten sind, lassen einfach keine Entscheidung zu. Allerdings löst ein 2,5 Millionen Jahre alter, hervorragend erhaltener Schädel aus Westturkana (Kenia) das Problem der Nußknacker. In seinen allgemeinen Merkmalen ist er *Paranthropus boisei* sehr ähnlich. Er besitzt aber gleichzeitig ein langgezogenes, schnauzenförmiges Gesicht wie *Australopithecus*. Diese frühe, ursprüngliche Art erhielt nach dem berühmten Paläoanthropologen Alan Walker den Namen *Paranthropus walkeri*.

Es ist kaum zu bezweifeln, daß die Habilinen einfache Steinwerkzeuge herstellten. Die frühesten stammen aus Hadar und sind 2,6 Millionen Jahre alt. In solchen Schichten jedoch, die maximal zwei Millionen Jahre zurückreichen, findet man künstlich hergestellte Gegenstände zu Tausenden, und wo immer sich Spuren ihrer Hersteller finden, handelt es sich um Vertreter der Gattung *Homo* – die mit den Habilinen begann.

Der Weg zu Homo sapiens

Woher stammen nun unsere eigenen direkten Vorfahren? Viele Leute sehen in dem guterhaltenen Schädel aus Koobi Fora mit der Nummer ER-1813 ein entscheidendes Fossil. Dieser zu den Habilinen gehörende Schädel zeichnet sich durch einen sehr kleinen Hirnschädel aus – das Gehirnvolumen beträgt nur 510 Kubikzentimeter. Allerdings fallen die Modellierung des Gesichtes und andere Schädelmerkmale genau so aus, wie man sie von einem unmittelbaren Vorfahren des Menschen erwartet. In dieser Hinsicht ist er zweifellos »moderner« als die übrigen Habilinen, *Homo habilis* und *Homo rudolfensis*, obwohl diese größere Hirnvolumina besitzen. Sollte das zutreffen, so haben unterschiedliche Arten unabhängig voneinander große Gehirne entwickelt. Die parallele Evolution ist unter Tieren und Pflanzen nichts Ungewöhnliches, aber gerade am Gehirn, jenem Merkmal, das uns wohl allen anderen Tieren überlegen macht, erwartet man sie kaum.

DAVID L. BRILL, 1985

△ Schädel 1470 aus Koobi Fora (Nordkenia). Während dieses und andere Exemplare früher *Homo habilis* zugerechnet wurden, stellte sich in letzter Zeit heraus, daß sie einer anderen Art, *Homo rudolfensis*, angehören. Vermutlich waren in Afrika damals, vor etwa zwei Millionen Jahren, mehrere frühe *Homo*-Arten zu Hause.

NATIONAL MUSEUM OF KENYA

△ Der Schwarze Schädel aus Westturkana ist mit einem Alter von 2,5 Millionen Jahren der früheste und ursprünglichste Vertreter von *Paranthropus*.

DAVID L. BRILL, 1985

◁ *Paranthropus crassidens*, aus Swartkrans (Südafrika), war ein kleinerer, aber eng verwandter Zeitgenosse des ostafrikanischen *Paranthropus boisei*.

SEIT WANN GIBT ES SPRACHE?

IAIN DAVIDSON UND WILLIAM NOBLE

Es erscheint uns nahezu unmöglich, sich vorzustellen, wie man über die Welt »denken« würde, ohne eine gesprochene oder aus Zeichen bestehende Sprache zu besitzen. Da die Sprache zu den Dingen gehört, die das menschliche Verhalten von dem aller übrigen Säugetiere unterscheiden, muß sie sich im Laufe unserer Evolution entwickelt haben. Die Frage ist nur, wann.

Nach Ansicht einiger Wissenschaftler entstand die Sprache bereits in einem sehr frühen Stadium der Menschheitsentwicklung. Sie stützen diese Ansicht auf zwei Belege: das Hirnvolumen unserer Vorfahren und die Form der Steinwerkzeuge.

Gehirn und Sprache

Während der letzten zwei Millionen Jahre ist das Hominidengehirn größer geworden. Obwohl das Gehirn nicht fossilisiert, hinterläßt es an der Schädelinnenseite einige unscharfe Spuren seiner Windungen. Mit Hilfe eines Innenabgusses läßt sich die Form des Cortex in gewissem Rahmen untersuchen. Vermutlich war der Cortex der Australopithecinen dem der Schimpansen recht ähnlich, während der früheste Habilinen-Schädel (dieses Exemplar trägt die Sammlungsnummer KNM ER-1470 und ist mindestens 1,8 Millionen Jahre alt) bereits einige Merkmale aufweist, die man nur am menschlichen Gehirn findet, besonders in den Regionen, die angeblich mit der Sprache assoziiert sind. Allerdings versucht diese Theorie nicht zu erklären, wie oder warum sich die gesprochene Sprache von den Geräuschen der anderen Menschenaffen abzusetzen begann. Die Vermutung lautet einfach, daß die Sprache eine Folge des größer werdenen menschlichen Gehirns war.

Brauchten wir eine Sprache, um Werkzeuge herzustellen?

Eine zweite Theorie besagt, daß die Sprache für die frühen Hominiden unentbehrlich war, um ihre Vorgehensweisen soweit zu organisieren, daß sie Steinwerkzeuge machen konnten. Andere Fachleute verwiesen jedoch darauf, daß die frühesten bekannten Steinwerkzeuge aus der Oldowai-Periode nicht mehr Planung oder technische Fertigkeiten erforderten als die Werkzeuge, die von heutigen Schimpansen hergestellt werden.

Wiederum einer anderen Theorie zufolge weisen die symmetrischen und offenbar standardisierten Abmessungen der Faustkeile des Acheuléen, die zwischen 1,5 Millionen und 150 000 Jahren alt sind, darauf hin, daß die frühen Hominiden bereits eine geistige Vorstellung ihres erwünschten Endprodukts besaßen und dieses nur mit Hilfe von Sprache den anderen mitgeteilt haben können. Allerdings entsprachen die Abmessungen der afrikanischen Keile, die diese Theorie stützen sollten, etwa denen der Äxte, die man in Europa und in Asien entdeckte. Es ist daher unwahrscheinlich, daß sie Produkte eines absichtlichen Versuches sind, Objekte einer besonderen Form herzustellen. Selbst wenn die Hominiden wirklich geistige Vorstellungen einer idealen Axtform gehabt haben sollten, sind sie höchstwahrscheinlich – über so große Gebiete verteilt – ganz unterschiedlich. Vielleicht sind diese Ähnlichkeiten auf vergleichbare physische Grenzen der Hominiden zurückzuführen, die lediglich Objekte besonderer Größen und Formen bearbeiten konnten.

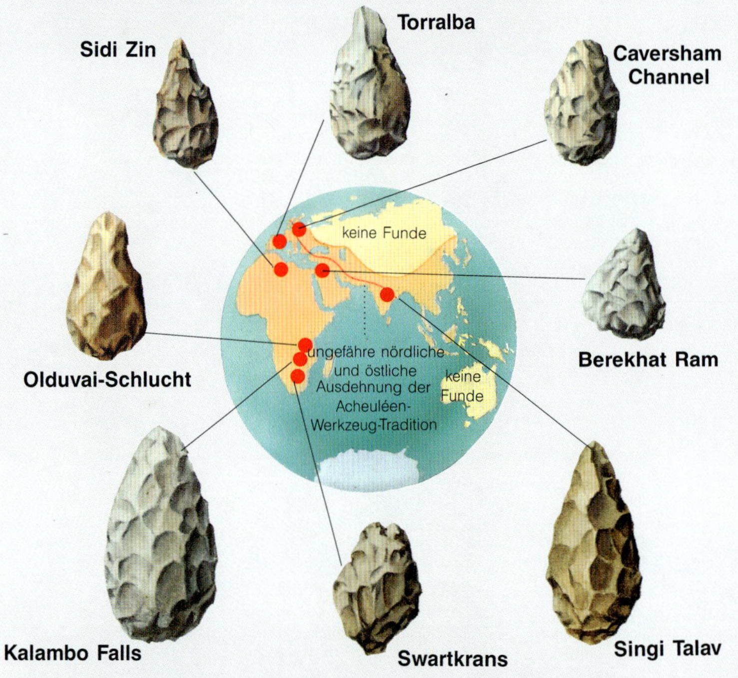

△ Die Form der Faustkeile der Acheuléen-Tradition überall auf der Welt läßt eher auf ein artspezifisches Verhalten als auf individuelle Planung schließen.

Menschliches Verhalten?

Das Aufsuchen wettergeschützter Stellen, der Gebrauch von Feuer und der Genuß von Fleisch – das sind die häufig zitierten Grundlagen, mit deren Hilfe es den frühen Hominiden gelungen sein soll, Afrika zu verlassen und neue Gebiete in den gemäßigten Breiten mit Erfolg zu besiedeln. In letzter Zeit sind viele der angeblich klaren Hinweise dafür in Frage gestellt worden. So befand sich zum Beispiel ein Steinkreis bei der Olduvai-Schlucht (im heutigen Tanzania), der auf ein Alter von 1,8 Millionen Jahre datiert worden war und angeblich die Reste einer menschlichen Unterkunft darstellte, in einem Gebiet, wo mit größter Wahrscheinlichkeit jeder Hominide, der sich dort niedergelassen hätte, von den Krokodilen gefressen worden wäre. In ähnlicher Weise beschränken sich die Beweise für eine Zweighütte, die vor 230 000 Jahren bei Terra Amata (Südfrankreich) gestanden haben soll, auf nicht weiter als vier Flecken im Sand. Und obwohl man an Fundstellen wie Chesowanja und Zhoukoudian, die 1,4 Millionen beziehungsweise 500 000 Jahre alt sind, Hinweise auf den Gebrauch von Feuer gefunden haben will, geht aus einer neueren Arbeit hervor, daß keiner der Hinweise wirklich verläßlich ist. Zudem ist es selbst dann noch fraglich, ob die Hominiden vor 230 000 Jahren bereits regelmäßig Feuer machen konnten. Vermutlich war Fleisch schon ein wichtiger Teil der menschlichen Ernährung, seitdem die Gattung *Homo* aufzutreten begonnen hatte, aber es ist nicht klar, wie früh die Hominiden an Fleisch herankamen. Bei frühen Fundstellen, wie Torralba und Ambrona in Spanien, wo man umfangreiche Lager von Tierknochen entdeckte, handelte es sich eher um Orte, an denen vorgefundene Tierkadaver verzehrt und nicht etwa erjagte Tiere zerlegt wurden. Insgesamt sprechen die Befunde dafür, daß Hominiden den Hüttenbau, den Gebrauch des Feuers oder eine systematische Jagd nicht früher als vor 125 000 Jahren betrieben haben.

Auch das angeblich »modern« wirkende Verhalten der Neandertaler wird übertrieben dargestellt. Der Höhlenbären-Kult entpuppte sich als ein Wunschdenken mancher Anthropologen, das lediglich von den wenigen erhaltenen Knochen der zahlreichen Bären genährt worden war, die während der Überwinterung in den Höhlen gestorben waren. Auch die romantische Geschichte der Blumenbegräbnisse der Neandertaler bei Shanidar (im heutigen Irak) läßt sich nicht mehr halten, da diese Hominiden sehr wahrscheinlich von herunterstürzenden Felsen getötet worden waren.

Daraus folgt, daß die Sprache offenbar nicht dazu herhalten muß, eine Reihe früher paläontologischer Begleitmerkmale zu erklären. Ganz unverzichtbar ist sie allerdings für die Erklärung von Ereignissen, die bis zu 60 000 Jahre zurückreichen: zum Beispiel die Besiedlung Australiens und später der Arktis sowie der amerikanischen Kontinente, für die Anfänge der Kunst, für die Tatsache, daß Riten und Versammlungen regionalisiert und lokalisiert wurden.

Anmerkung des Übersetzers: Die Beiträge zu den Kapiteln dieses Buches wurden von verschiedenen Autoren verfaßt. Dies erklärt die mitunter konträren wissenschaftlichen Standpunkte.

DAVID L. BRILL, 1985

Der Neue aus Turkana

Vor etwa 16 Millionen Jahren tauchte eine neue Art in Ostafrika auf. Zunächst entdeckte man in Koobi Fora einen vollständigen Schädel (registriert unter der Nummer ER-3733). Seitdem wurden weitere, weniger komplette Schädel und andere Knochen gefunden. In der Mitte der achtziger Jahre fand man bei Nariokotome, auf der von Koobi Fora aus anderen Seite des Turkana-Sees, ein nahezu vollständiges Skelett (WT-15000). Durch diese Funde wissen wir über diese neue Art recht viel, die zur Zeit nur den einfachen Namen »der Neue aus Turkana« trägt. Bernard Wood schlug vor, diese Art *Homo ergaster* zu nennen, und das ist vermutlich richtig.

Die beiden meßbaren Exemplare besaßen ein Hirnvolumen von 848 und 908 Kubikzentimeter. Das ist zwar mehr als bei ER-1813, übertrifft aber keineswegs das Volumen anderer Fossilien, die *Homo habilis* ähnlich sind. Sie hatten vorstehende Überaugenwülste, ein kurzes Gesicht, einen ziemlich kantigen Schädel und zeigten bereits Ansätze zu einer vorstehenden Nase. Zudem waren ihre Beine viel länger, und ihr gesamtes Skelett war viel moderner als das der Australopithecinen oder der Habilinen. Das Skelett mit der Sammlungsnummer WT- 15000 stammt von einem etwa zwölfjährigen Jungen. Wäre er erwachsen geworden, hätte er eine Höhe von 180 Zentimeter erreicht. Ganz eindeutig sind die Neuen von Turkana direkte Vorfahren des heutigen Menschen. Ebenso sicher ist es, daß sie selber von den Habilinen abstammen. Es gibt zum Beispiel ein habilines Exemplar (ER-1805), das einige Fachleute lieber den Neuen zuordnen würden.

Die Steinwerkzeuge, die diese Menschen herstellten, unterscheiden sich zunächst nicht sehr von denen, die von *Homo habilis* stammen. Machten sie Feuer, jagten sie Großwild und sprachen sie vielleicht? Wir wissen es nicht, denn die Funde sagen nichts Eindeutiges darüber aus. Mit Sicherheit traten sie an die Stelle der Habilinen. Auf irgendeine Weise gelang es ihnen eben viel besser – nun was eigentlich? Vielleicht menschlich oder »beinahe menschlich« zu sein.

△ Ein neuer Abschnitt in der menschlichen Entwicklungsgeschichte: *Homo ergaster*, der Neue von Turkana. Zwar übertraf das Gehirnvolumen das der Habilinen nur um weniges, doch war die Schädelform der von *Homo erectus* ähnlicher, und als solcher wurde der Schädel auch bis vor ganz kurzer Zeit noch klassifiziert.

FUNDSTÄTTEN UNSERER FOSSILEN AHNEN
Frühe Vertreter der Menschen sind nur aus Afrika bekannt. Vor etwa einer Million Jahren wanderte Homo aus Afrika aus und besiedelte die gesamte Alte Welt. Erst vor 50 000 Jahren kam er nach Australien, und noch später erst erreichte er Amerika.

1 Laetoli, Olduvai, Ndutu, Natron, Eyasi
2 Hadar, Bodo, Belohdelie, Maka
3 Koobi Fora, Omo, Nariokotome, Lothagam, Tabarin, Baringo
4 Sterkfontein, Swartkrans, Kromdraai, Taung, Makapansgat
5 Sangiran, Trinil, Modjokerto, Ngandong, Kedung Brusbus, Sambungmacan, Wajak
6 Gongwangling, Jenjiawo
7 Zhoukoudian, Jinniushan
8 Hexian, Dali, Maba, Liujiang
9 Hathnora
10 Petralona
11 Mauer, Steinheim, Bilzingsleben, Neandertal, Hahnöfersand, Ehringsdorf
12 Montmaurin, Arago, La Ferrassie, Biache, Cro-Magnon, Fundstätten der Dordogne, St. Césaire
13 Swanscombe
14 Gibraltar, Atapuerca
15 Monte Circeo, Saccopastore
16 Jebel Irhoud, Casablanca, Rabat, Salé
17 Tighenif
18 Yayo
19 Zuttiyeh, Tabun, Skhul, Qafzeh, Amud
20 Shanidar
21 Teshik-Tash
22 Klasies, Saldanha
23 Kabwe

▷ Es ist noch immer umstritten, welche Fossilien des unteren und des mittleren Pleistozän als *Homo erectus* einzuordnen sind. Allerdings gehören die Fossilien von Zhoukoudian mit Sicherheit dazu. Der sogenannte »Peking-Mensch« bewohnte Nordchina vor 450 000 bis 250 000 Jahren.

Von Homo erectus ...

Die frühesten menschlichen Spuren außerhalb Afrikas erscheinen vor etwas mehr als einer Million Jahren. Die am besten bekannten Fossilien aus dieser Zeit stammen von einer Art, die als *Homo erectus* bekannt ist. Auf Java sind die frühesten Exemplare etwa eine Million Jahre, die jüngsten nur 100 000 Jahre alt. In China reicht ihr Alter von mindestens 800 000 bis zu 230 000 Jahren.

Ähnlich den Neuen von Turkana besaß auch *Homo erectus* große Überaugenwülste, jedoch waren diese anders geformt: Sie sind gerade und dick und verlieren sich zu den Seiten. Mit einer Spanne von 750 bis 1300 Kubikzentimeter ist ihr Hirnvolumen größer, und sowohl die javanischen als auch die chinesischen Funde lassen vermuten, daß es mit der Zeit zunahm. Der niedrige, flache und kantige Hirnschädel zeigte an der Mittellinie und im hinteren Bereich Verdickungen. Allerdings unterscheiden sich die Fossilien aus Java und China in einigen Punkten: Die Java-Schädel zeigen eine flache, zurückweichende Stirn, während diese bei den chinesischen Schädeln gewölbt ist. Daneben gibt es noch weitere geringfügige Unterschiede. Beide Gruppen werden grundsätzlich unterschiedlichen Unterarten zugerechnet: *Homo erectus erectus* (Java) und *Homo erectus pekinensis* (China). Der Stirnverlauf der Java-Fossilien ist primitiver, und die ältesten der chinesischen Funde (sie stammen aus Gongwangling) sind dem Java-Typ tatsächlich ähnlich.

Die älteste aller Unterarten wurde aus 1,2 Millionen Jahre alten Olduvai-Schichten ausgegraben. Diese primitive Rasse, *Homo erectus olduvaiensis*, gilt unter einigen Fachleuten als der einzige Nachweis für *Homo erectus* in Afrika. Sollte das zutreffen, so hat er sich in Afrika entwickelt, ist dann ausgewandert und in seiner ursprünglichen Heimat ausgestorben. Andere halten die Neuen von Turkana für frühe Vertreter von Homo erectus, und wieder andere rechnen auch spätere afrikanische Fossilien noch zu derselben Art.

Aus demselben Zeitraum endeckte man Fossilien in Afrika und sogar in Europa. Die Funde von Tighenif (Algerien) dürften 900 000 Jahre alt sein. Die jüngste dieser »zeitgenössischen Formen«, deren Alter gesichert ist, stammt aus Bilzingsleben in Deutschland und ist 230 000 Jahre alt. Sowohl die afrikanischen als auch die europäischen Fossilien unterscheiden sich von den *Homo-erectus*-Funden aus Java und China in typischer Weise: Die Überaugenwülste sind stärker gebogen und verlieren sich auch zu den Seiten hin nicht. Der Hirnschädel ist weniger abgeflacht und kantig, und ihm fehlt die Verstärkung entlang der Mittellinie und im hinteren Bereich. Darüber hinaus findet man weitere Unterschiede, die zum Beispiel die Form des Kiefers und der Ohrregion betreffen.

Soll man diese Formen nun als *Homo erectus* oder als eine ganz andere Art einordnen? Die Verfechter der letztgenannten Möglichkeit gaben ihnen den Namen *Homo heidelbergensis*, nach dem ersten Fundstück, einem Unterkiefer, auf den man 1908 bei Heidelberg gestoßen war. Die Fachleute, die eine Einordnung als Unterart bevorzugen, nennen sie *Homo erectus heidelbergensis*. Dies mag zunächst nur als ein semantisches Problem erscheinen, doch ist es von großer Wichtigkeit. Sollte es sich nämlich um eine einzige Art handeln, könnten alle Exemplare irgendwie als Vorfahren des modernen Menschen gelten – eine Sichtweise, die als Hypothese von der regionalen Kontinuität (oder manchmal als »Candelaber«-Modell) bezeichnet wird. Hätten wir es jedoch mit zwei unterschiedlichen Arten zu tun, könnte nur eine davon unser Vorfahr sein, da sich verschiedene Arten definitionsgemäß höchstens unbedeutend miteinander fortpflanzen. Diese eine Art oder deren Nachkommen muß dann die andere verdrängt haben - dies entspricht der sogenannten Verdrängungshypothese (oder dem Arche-Noah-Modell).

... *zu* Homo sapiens

Die ältesten Vertreter unserer eigenen Art, *Homo sapiens*, sind von zwei Fundstätten in Israel bekannt. Die Fossilien aus Qafzeh wurden mit Hilfe der Therlumineszenz-Technik auf ein Alter von 91 000 Jahren datiert, und ein Verfahren, das als Elektronenspin-Resonanz-Analyse (ESR) bekannt ist, läßt sogar auf ein noch höheres Alter schließen. Die Funde von Skhul sind nach der ESR 80 000 Jahre alt. Allerdings dürften zwei südafrikanische Funde in Border Cave und Klasies River Mouth ähnlich alt sein. Wie moderne Menschen besitzen diese Exemplare einen hohen, rundlichen, verkürzten Hirnschädel, eine abgerundete Stirn und ein gerades Gesicht mit einem Kinn. Die Überaugenwülste sind kleiner als bei den primitiveren Arten und die Knochen der Gliedmaßen lang und gerade.

Selbst die älteren afrikanischen Fossilien scheinen darauf hinzudeuten, daß *Homo sapiens* von *Homo heidelbergensis* abstammt. Zwei Fundstücke aus der Kibish-Formation auf dem Omo-Fluß (Äthiopien) und eines aus Ngaloba (Tanzania) wurde mit der Uran-Thorium-Methode auf ein Alter von 130 000 Jahren datiert. Zwei weitere aus dem marokkanischen Jebel Irhoud sind etwa 120 000 Jahre alt, und es gibt noch einige andere. Sie alle stehen zwischen *Homo heidelbergensis* und dem modernen Menschen, doch besonders interessant sind die beiden Omo-Schädel. Der eine, von dem nur der Hirnschädel erhalten ist, erinnert an *Homo heidelbergensis*, jedoch ist der Hirnschädel höher, und die Überaugenwülste sind kleiner. Der andere, vollständiger erhaltene Schädel ist wesentlich moderner und erinnert an einen der Skhul-Schädel. Diese

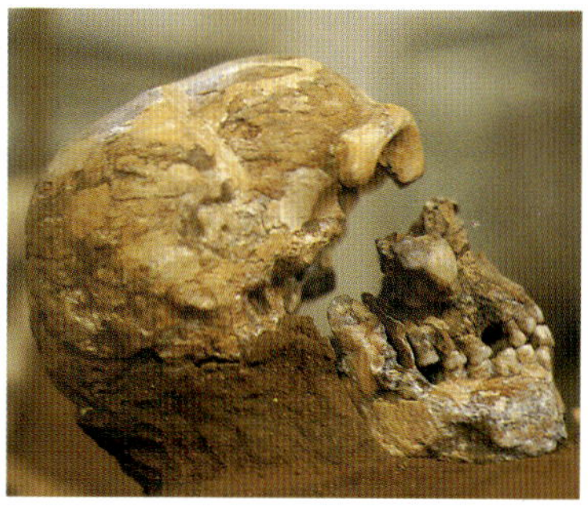

COLIN GROVES

△ In der Höhle von Skhul, am Fuße des Karmelgebirges (Israel), wurden in den dreißiger Jahren zehn Skelette gefunden. Heute weiß man, daß sie 80 000 Jahre alt sind - älter als viele Neandertaler- Fossilien aus derselben Gegend.

MUSEE DE L'HOMME, PARIS/J. OSTER

△ Jebel Irhoud I gehört zu einer Fossiliengruppe aus verschiedenen Teilen Afrikas, von denen einige 120 000 bis 130 000 Jahre alt sind. Sie belegt den Übergang zwischen einer ancestralen, primitiven Art, die häufig als *Homo heidelbergensis* bezeichnet wird, und ihrer Nachfolgerart, *Homo sapiens*.

AUSTRALIAN MUSEUM/CARL BENTO

AUSTRALIAN MUSEUM/CARL BENTO

◁ Der Schädel des Orang-Utan (rechts) besitzt - anders als beim Schimpansen und Gorilla - hohe, engstehende Augenhöhlen ohne Überaugenwülste. Trotz dieser oberflächlichen Ähnlichkeit zeigen die fossilen Belege, daß unsere Vorfahren von Menschenaffen abstammen, die mit ihren großen, vorspringenden Überaugenwülsten ganz anders aussahen.

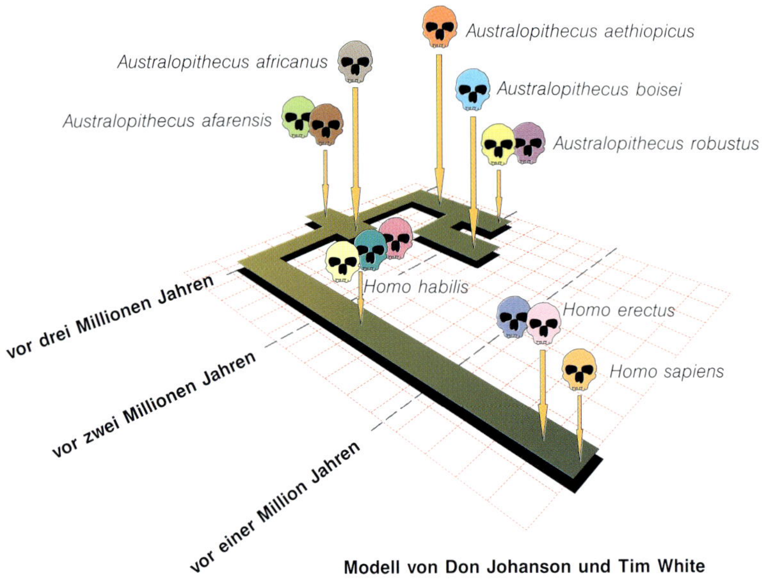

Modell von Don Johanson und Tim White

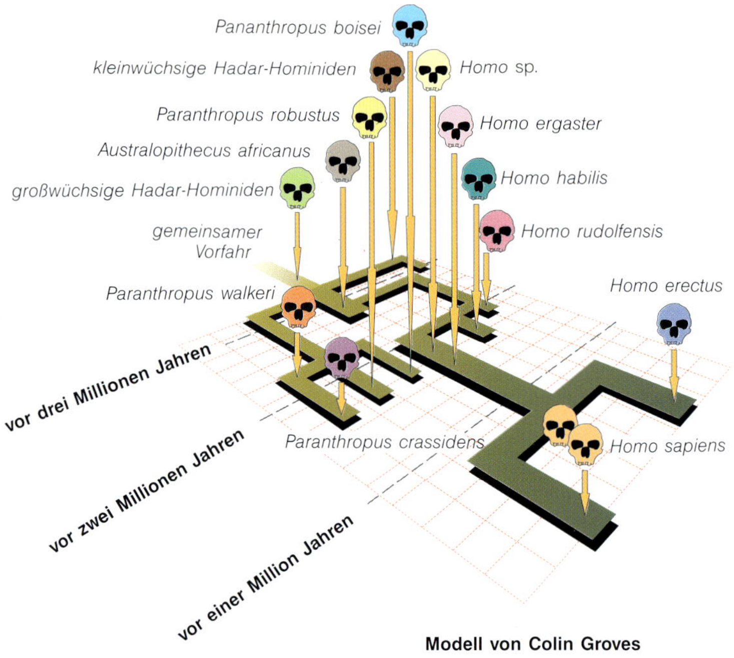

Modell von Colin Groves

- Laetoli-Fossilien und die größeren Fossilien von Hadar, repräsentiert durch die »Erste Familie«
- Kleinere Fossilien von Hadar, repräsentiert durch »Lucy«
- Der Schwarze Schädel von Lomekwi, Westturkana
- Die »robusten Australopithecinen« von Swartkrans
- Die »robusten Australopithecinen« von Kromdraai
- Die »robusten Australopithecinen« Ostafrikas
- *Australopithecus africanus* aus Sterkfontein, Makapansgat und Taung
- *Homo* aus Turkana mit großem Hirnvolumen, repräsentiert durch ER-1470
- *Homo habilis* aus Olduvai
- *Homo* aus Turkana mit kleinem Hirnvolumen, repräsentiert durch ER-1813
- Fossilien des »Neuen von Turkana«
- *Homo erectus* aus Java und China
- Fossilien des mittleren und oberen Pleistozän aus Afrika und Europa - Kabwe, Bodo, Arago, Petralona, Steinheim, Neandertal - und Menschen des modernen Typs

Übergangsstadien zeigten offenbar eine erhebliche Variabilität.

Sollte sich *Homo sapiens* vor 130 000 bis 120 000 Jahren in Afrika entwickelt haben, so begann er vermutlich, sich vor etwa 90 000 Jahren nach Eurasien auszubreiten, vielleicht sogar ein wenig früher. Vor 68 000 Jahren hatte unsere Art China erreicht. Vor 50 000 Jahren waren sie in Australien angelangt (und zwar über die offene See, denn Australien besaß zu keiner Zeit eine Landbrücke zu Asien). Vor 36 000 Jahren waren sie schließlich nach Westeuropa gekommen, wo man sie als die Cro-Magnon-Menschen kennt. Die amerikanischen Kontinente erreichten sie offenbar erst vor 15 000 bis 12 000 Jahren; dieser Punkt ist jedoch heftig umstritten. Sollte nicht das Verdrängungs-Modell, sondern das Modell von der regionalen Kontinuität richtig sein, dann belegen diese Daten lediglich, wann sich moderne Menschen unabhängig voneinander in verschiedenen Gebieten entwickelt haben.

Wo immer *Homo sapiens* gefunden wurde, – in Afrika, Europa, Ost- oder Südostasien – waren jene frühesten den heutigen Bewohnern dieser Gegenden im allgemeinen ähnlich, aber mit einem Unterschied: Sie waren größer und »robuster«. Am Ende des Pleistozäns findet man bei allen Menschen eine geringfügige, aber rasch einsetzende Verkleinerung der Knochen und der Zähne. Das ist erstaunlich. Eine Erklärung dafür lautet, daß die Menschen, sobald sie Ackerbau betrieben, derartig große Zähne nicht mehr nötig hatten. Allerdings findet man diese Entwicklung auch dort, wo die Menschen Jäger und Sammler blieben, etwa in Australien. Vielleicht standen, als das Klima wärmer wurde, mehr saftige Nahrungsmittel zur Verfügung, so daß es einfach leichter wurde, mit kleineren Zähnen und einem geringeren Aufwand beim Kauen zu leben. Zwar sind die Veränderungen nur gering, doch wir kennen ihre Ursache nicht.

Was macht uns zu Menschen?

Die großen Menschenaffen sind mit uns nicht nur in anatomischer Hinsicht verwandt. Auch ihre Biochemie ist der unseren sehr ähnlich. Aus einer Untersuchung der siebziger Jahre ging hervor, daß Mensch und Schimpanse in nahezu 99 Prozent ihrer DNA (der Erbmasse) übereinstimmen – das ist erstaunlich. Da sie uns nun sowohl anatomisch als auch genetisch so ähnlich sind, könnte man da nicht auch psychische Ähnlichkeiten erwarten, besonders in bezug auf

HOMO SAPIENS SAPIENS?

Häufig wird für den modernen Menschen und für die Fossilien aus dem Oberen Pleistozän, die uns mehr oder weniger ähnlich sehen, der Begriff *Homo sapiens sapiens* verwendet. Was bedeutet er, und warum wird er von einigen unserer Autoren nicht gebraucht?

Eine biologische Art wird durch einen aus zwei Wörtern bestehenden Namen bestimmt. Wenn es Unterarten gibt (etwa geographische Gruppen, die sich voneinander geringfügig unterscheiden), hängt man diesem Namen einfach ein drittes Wort an. Unser Name *Homo sapiens sapiens* bedeutet also, daß wir alle zu einer Unterart gehören und daß es andere Unterarten von *Homo sapiens* gab, die heute ausgestorben sind (zum Beispiel *Homo sapiens neandertalensis*, die Neandertaler des Oberen Pleistozäns in Europa und Südwestasien).

Bilden wir nun alle eine Unterart? Es gibt doch Unterschiede in den verschiedenen Teilen der Welt: Wir teilen uns in »Rassen« auf, und diese entsprechen in gewisser Hinsicht den Unterarten. Allerdings ist unsere geographische Variation kaum zu durchschauen, und wir wissen nicht, wie viele Unterarten es gibt oder was sie darstellen würden. Zudem kann es sich bei unseren ausgestorbenen Verwandten, etwa den Neandertalern, tatsächlich um unterschiedliche *Arten* handeln, denn nichts spricht dafür, daß sie sich mit uns vermischt haben. Aus diesem Grund beschränken einige Fachleute die Art *Homo sapiens* ausschließlich auf uns und unsere Vorfahren bis zu, sagen wir, 120 000 Jahren vor unserer Zeit. Dadurch wollen sie vermeiden, einen Wissensstand vorzugeben, den wir gar nicht haben, wenn wir uns auf den mißverständlichen »*Homo sapiens sapiens*« berufen.

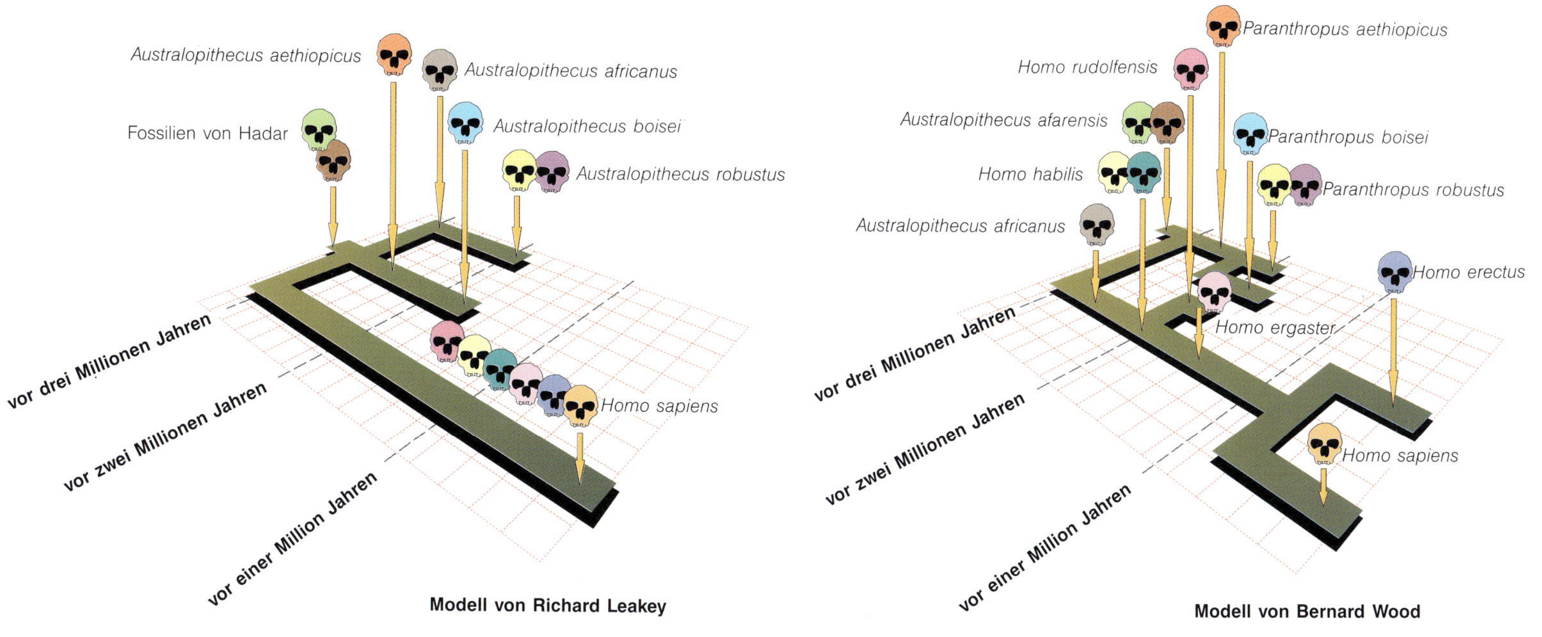

Dinge, die wir für ausschließlich menschlich ansehen, etwa Werkzeuggebrauch, Intelligenz, Bewußtsein und sogar Sprache? Sollte man diese Qualitäten nicht wenigstens in Ansätzen vorfinden können?

Seit 2,6 Millionen Jahren ist der Gebrauch von Steinwerkzeugen ein typisch menschliches (oder zunächst vormenschliches) Merkmal. Seit langem weiß man, daß die großen Menschenaffen in Zoos und im Labor mit mechanischen Hilfsmitteln außerordentlich erfindungsreich umgehen. Während des Ersten Weltkriegs hielt Wolfgang Koehler Schimpansen in seinem Labor auf den Kanarischen Inseln. Dabei fand er heraus, daß die Tiere nicht nur Stöcke gebrauchten, um an Nahrung zu kommen, die außerhalb ihrer Reichweite lag. Sie konnten sogar unterschiedlich große Stöcke zusammensetzen und Kisten übereinander stapeln, um an hoch aufgehängte Leckerbissen heranzukommen. Zwar sind Gorillas weniger geschickt, aber einige Orang-Utans entwickelten bei der Herstellung von Werkzeugen außergewöhnliche Fertigkeiten. So fertigte ein Orang-Männchen des Londoner Zoos eine hölzerne Nachbildung seines Käfigschlüssels an, um sich Ausgang zu verschaffen. Einem anderen Tier zeigte man in den sechziger Jahren, wie man Steine bearbeitet, worauf sich der Affe einen scharfkantigen Steinsplitter herstellte, mit dem er das Seil um seinen Futterkasten herum zerschnitt.

In den siebziger Jahren machte man die faszinierende Entdeckung, daß Schimpasen lernen, sich selbst im Spiegel zu erkennen. Im Gegensatz dazu reagieren Tieraffen (ebenso auch Hunde und sogar Elefanten) auf ihr Spiegelbild wie auf ein anderes Individuum, selbst wenn sie das allgemeine Prinzip eines Spiegels verstehen und ihn einsetzen, um versteckte Objekte zu finden. Sie können auch Käfiggenossen darin erkennen. Wie Schimpansen können auch Orang-Utans und Gorillas lernen, ihr eigenes Spiegelbild zu erkennen. Bedeutet dies nun, daß die großen Menschenaffen – wie wir und im Gegensatz zu anderen Tieren – eine Vorstellung ihrer selbst haben?

Die ersten Sprachexperimente wurden in den fünfziger Jahren durchgeführt. Man brachte einem im Hause aufgezogenen Schimpansen bei, »Mama«, »Papa«, »cup« (Tasse) und »up« (auf) zu sagen. Anschließend betrachteten die Psychologen Allen und Beatrice Gardiner einen Film, der während der mühevollen Experimente aufgenommen worden war. Sie stellten dabei fest, daß der Schimpanse offenbar seine Hände gebrauchte, um sich verständlich zu machen, und so entschlossen sie sich, den Sprachversuch noch einmal durchzuführen, nur diesmal nicht mit Wörtern, sondern mit Handzeichen. Dieser Versuch mit der Zeichensprache wurde mit dem jungen Schimpansenweibchen Washoe erfolgreich durchgeführt, und dies ermutigte andere Forscher, Ähnliches mit Orang-Utans und Gorillas durchzuführen und daneben andere linguistische Verfahren einzusetzen, etwa eine »Computersprache«.

Allerdings wurde von diesen frühen Arbeiten zuviel abgeleitet. Man behauptete sogar, die Affen würden eine elementare Syntax verwenden. Als Herbert Terrace 1979 eine Videoaufzeichnung derartiger Sprachsitzungen mit Menschenaffen analysierte, bemerkte er, daß die Handzeichen der Affen keineswegs spontan kamen, sondern als Reaktion unbeabsichtigter Reize ihrer Trainer. Zudem fand er, daß Äußerungen der Affen, die aus mehreren Wörtern bestanden, nicht wie Sätze zusammengesetzt waren, sondern daß die Tiere in erster Linie wichtige Wörter einfach wiederholten. Die meisten Zeichen der Affen dienten ihnen schließlich nur dazu, an Futter oder andere Dinge heranzukommen. Nur wenig sprach dafür, daß sie Wörter oder Zeichen als Symbole verstanden. Insgesamt führte dies dazu, daß die Sprachforscher sowohl ihre Methoden als auch ihre früheren Ergebnisse noch einmal überdachten.

Die seitdem bedeutendste Sprachforschung mit Menschenaffen wurde von Sue Savage-Rumbaugh und ihren Kollegen durchgeführt, die ihren Schimpansen eine Art »Computersprache« beibrachten. Mit

△ Warum herrscht unter den Fachleuten keine Einigkeit? Dafür gibt es viele Ursachen. Eine besteht darin, daß man unter den Fossilien nur schwer Arten auseinanderhalten kann. Eine weitere leitet sich daraus ab, daß die Bedeutung bestimmter anatomischer Merkmale unterschiedlich bewertet wird. Allerdings bleibt die grobe Linie der Entwicklungsgeschichte davon unberührt.

ILLUSTRATIONEN: COLIN BARDILL

E. SUE SAVAGE-RUMBAUGH

△ Kanzi, ein junger Bonobo (Zwergschimpanse), lernte nur durch Beobachtung, wie »Lexigramme« als Symbole zu deuten waren - eine sehr grobe Annäherung an die Sprache. Wenn er mit seinen Betreuern gelegentlich die Wälder bei Atlanta aufsucht, nehmen sie die Lexigramm-Tafel mit, und er zeigt ihnen daran, wohin er gehen und was er tun möchte.

▷ Vom Australopithecinen bis zum modernen Menschen nahm die Gehirngröße Schritt für Schritt zu. Schwieriger ist es dagegen, die Gehirnwindungen und -furchen der Hirnoberfläche aufzuspüren, da sie sich an der Schädelinnenseite nur unvollkommen abbilden, wovon man die Gehirnabgüsse gewinnt. So ist es zum Beispiel ganz unklar, ob irgendeiner unserer Vorfahren sprechen konnte.

ILLUSTRATIONEN: OLIVER RENNERT

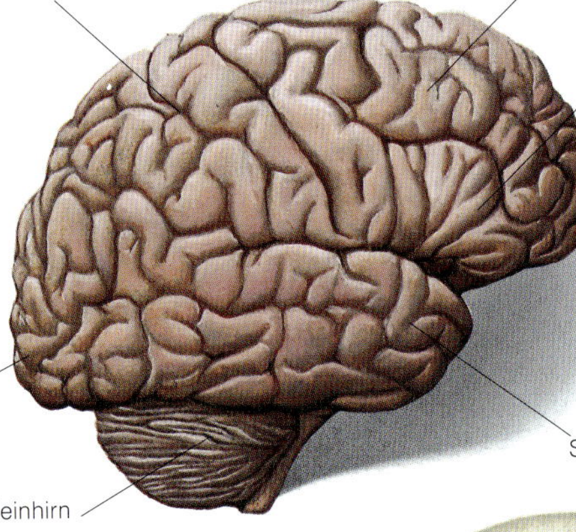

△ **Homo sapiens**
Vor 130 000 Jahren bis zur Gegenwart. 1040 - 1595 Kubikzentimeter (bei 90 Prozent aller Menschen)
900 - 2000 Kubikzentimeter (extreme Werte)

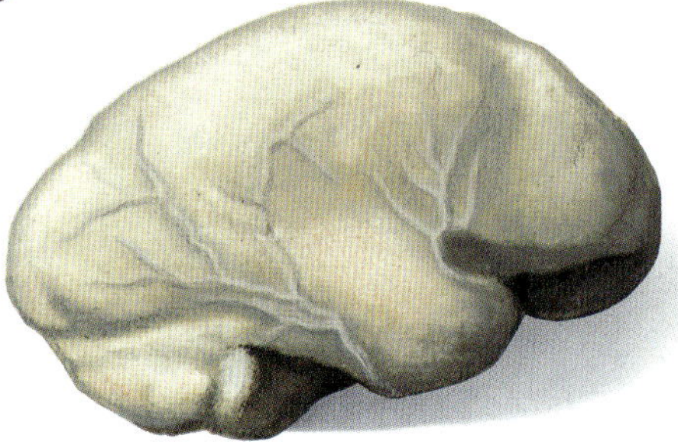

▷ **Homo erectus erectus**
(frühe Form) Vor einer Million bis 700 000 Jahren. 815 - 1059 Kubikzentimeter

Homo erectus erectus (späte Form) Vor 100 000 Jahren. 1055 - 1300 Kubikzentimeter

▽ **Paranthropus robustus**
Vor 1,8 Millionen Jahren 500 - 530 Kubikzentimeter

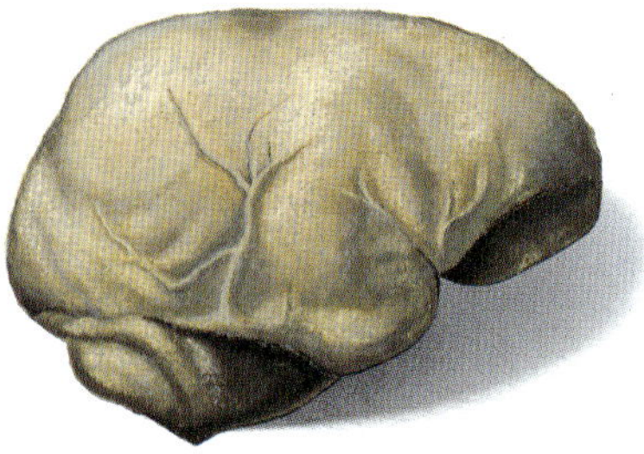

△ **Homo habilis**
Vor zwei bis 1,6 Millionen Jahren. 590 - 700 Kubikzentimeter

◁ **Australopithecus africanus**
Vor 3,3 bis 2,9 Millionen Jahren. 420 - 500 Kubikzentimeter

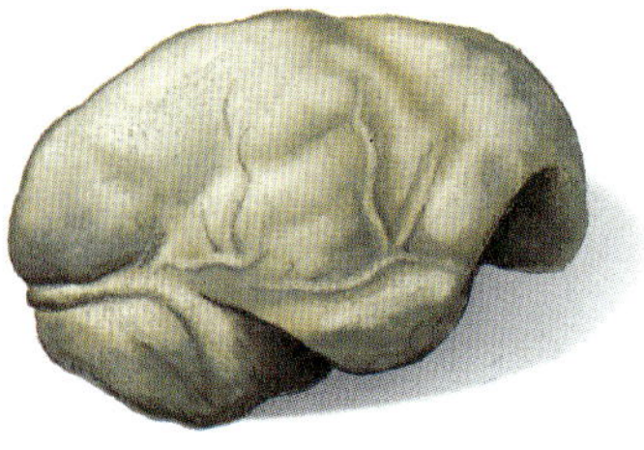

△ **Schimpanse**
305 - 485 Kubikzentimeter

Hilfe einer besonderen Technik gelang es ihnen, die Affen zu lehren, Objekte nicht einfach anzufordern, sondern zu benennen. Die Tiere lernten auch mit Hilfe von Symbolen, die von Computern erzeugt wurden, miteinander zu kommunizieren und auf diesem Wege auch kundzutun, was sie als nächstes zu tun beabsichtigten. Ganz zuletzt erlernte ein Zwergschimpanse spontan die »Computersprache« nur beim Zuschauen – ohne daß man ihm etwas beigebracht hätte.

Die gesamte Arbeit über die Geisteswelt und Intelligenz von Menschenaffen erinnert uns daran, daß wir – als Vertreter der menschlichen Spezies – ein Teil der Natur sind. Selbst unsere besonderen Fähigkeiten (die wir für absolut menschlich halten) unterscheiden sich von denen unserer nichtmenschlichen Verwandten nicht qualitativ, sondern nur quantitativ. Wenn wir über die Ursprünge verschiedener typisch menschlicher Verhaltensweisen spekulieren, sollten wir immer daran denken, daß unsere unmittelbaren Vorfahren keineswegs Tiere waren, die ausschließlich instinktorientiert handelten und keine Spuren eines menschenähnlichen Intellekts aufwiesen.

Und unser großes Gehirn?

Wurde das Leben auf der Savanne so kompliziert, daß wir große Gehirne entwickeln mußten, um damit fertigzuwerden? Nötigte uns die Lebensweise der frühen Menschen eine größere Intelligenz ab? (Man denke dabei an die Zusammenarbeit bei der Großwildjagd, die Notwendigkeit, Löwen um ihre Beute zu betrügen oder abzuschätzen, an welchen Stellen die produktivsten Pflanzen wahrscheinlich reifen werden.)

Ehe wir über derartige Dinge spekulieren, müssen wir uns noch einmal vor Augen halten, daß die großen Menschenaffen bereits intelligenter sind als andere Primaten, einschließlich der Gibbons und der Tieraffen, und wir sollten uns fragen, warum dies so sein könnte. Schimpansen, Orang-Utans und einige Gorilla- Populationen leben von Früchten. Und weil sie alle sehr groß sind, haben sie Probleme, ihre Energiebilanz zu erhalten. Ganz sicher stellen sie Mutmaßungen an, sowohl über bestimmte Waldgebiete, deren Bäume in nächster Zukunft Früchte tragen werden als auch über die Motive der anderen Artgenossen.

Dann lautet die Frage vielleicht nicht, warum wir so intelligent sind, sondern was unsere Vorfahren besser gemacht haben als die Menschenaffen? Zudem ist mit Sicherheit eine Menge Glück im Spiel, denn verschiedene anatomische und psychische Merkmale scheinen unsere Vorfahren auf dem Wege zum Menschen besonders begünstigt zu haben. Zum Beispiel Neotenie: Der Kopf behält sein juveniles Erscheinungsbild und wächst dennoch weiter. Oder der aufrechte Gang: Die Hände sind frei, um mit Werkzeugen umzugehen. Das Gleichgewicht des Schädels: Der Kehlkopf wird zurückverlagert, als sei er nur für die artikulierte Sprache geschaffen. Betrachten wir die bewegliche Schulter: Der Arm ist bereits dem Werfen angepaßt. Oder schließlich Intelligenz und Geselligkeit: Soziale Traditionen entwickeln sich zur Kultur. Der Mensch kann sich unmöglich aus anderen Geschöpfen entwickelt haben als aus Verwandten der Menschenaffen.

ÄHNLICH UND DOCH VERSCHIEDEN: MENSCHENAFFEN UND WIR

WULF SCHIEFENHÖVEL

Die Mutter war vor ihrem Tode schon lange krank gewesen. Das Kind, unterdessen alt genug, um von seinen Verwandten versorgt zu werden, wurde immer niedergeschlagener. Ganz offensichtlich hatte es den Willen zum Leben verloren. Wenig später war es ebenfalls gestorben.

Dieser und ähnliche Fälle wurden von Jane Goodall in ihren bahnbrechenden Studien über Mutter-Kind-Beziehungen bei Schimpansen (*Pan troglodytes*) aufgezeichnet. Gemeinsam mit den Bonobos (*Pan paniscus*) sind diese Affen höchstwahrscheinlich unsere nächsten Verwandten. In den letzten Jahrzehnten hat die klinische Forschung bestätigt, daß traumatische Ereignisse, etwa der Verlust einer geliebten Person, unseren eigenen Tod auslösen können. Dies ist ein extremes Beispiel dafür, welche psychosomatischen Folgen aus Gefühlen wie einer tiefen Depression erwachsen können. Wenn nun Schimpansen auf derartige Ereignisse mit demselben Kummer reagieren und, wie wir Menschen, ihre Freude und den Willen zu leben verlieren, wo ziehen wir dann die Grenze zwischen diesen Geschöpfen und uns?

Die großen Menschenaffen überraschen in mancherlei Hinsicht. So paaren sich Bonobos zu verschiedenen Anlässen, die offenbar nicht der Fortpflanzung dienen, wie Frans de Waal gezeigt hat. Dieses Verhalten funktioniert etwa wie eine soziales Schmiermittel – etwa, um Trost zu spenden, zu besänftigen oder um Ziele zu erreichen. Die Gorillas (*Gorilla gorilla*), die größten Menschenaffen, zeigen in den Filmen, die Dian Fossey während ihrer gemeinsamen Zeit herstellte, manchmal ein erstaunlich menschliches Verhalten. In einem Fall sieht man ein kräftiges Männchen, das sie intensiv dabei beobachtet, wie sie in ihrem wissenschaftlichen Tagebuch Notizen macht. Darauf hält sie ihm den Stift hin. Er nimmt ihn langsam entgegen, betrachtet ihn, riecht daran und reicht ihn ihr leise wieder zurück. Er scheint das Prinzip des Besitzes zu respektieren und gibt ihr zurück, was er als ihr Eigentum ansieht.

Neurobiologen haben die Gehirne von Menschen und Schimpansen verglichen und zwischen beiden keine strukturellen Unterschiede entdeckt. Ganz offenbar gibt es im Gehirn eines Schimpansen keinen Nukleus (die Punkte, in denen neuroelektrische Impulse erzeugt werden), keine Übergänge zwischen den verschiedenen Hirnteilen und keine Hirnareale (Abschnitte, die für bestimmte Wahrnehmungen oder Handlungen verantwortlich sind), die man nicht auch in unserem eigenen Gehirn finden könnte. Warum also sprechen, zählen, rechnen und schreiben wir, warum reisen wir zum Mond und tragen Geschäftsanzüge? Natürlich sind nicht alle diese Dinge für unsere Art typisch. Weiterführendes Zählen, Rechnen und Schreiben und alle Errungenschaften unserer eindrucksvollen Technik sind, am Zeitablauf unserer Entwicklungsgeschichte gemessen, recht späte Ereignisse.

Über lange Zeit dachte man, der wirkliche Unterschied zwischen den »Tieren« und uns liege in der Tatsache, daß wir eine Kultur entwickelt haben, jene aber nicht. Heute sind wir jedenfalls der Ansicht, daß Tier- und Menschenaffen imstande sind, ihren Jungen Handlungen »beizubringen«, die diese wiederum an ihre Nachkommen weitergeben oder die von der gesamten Gruppe imitiert werden: Ein Tier übernimmt ein Verfahren oder eine Handlungsweise vom nächsten. Zum Beispiel beobachteten Michael Huffman und andere Primatologen eine Gruppe von Rotgesichtsmakaken (*Macaca fuscata*, sie gehören nicht zu den großen Menschenaffen). Dabei sahen sie, daß sich die Affen eine besondere Art angewöhnt hatten, mit Steinen zu spielen. Andere Rotgesichtsmakaken pflegten Süßkartoffeln sorgfältig in einem Bach zu waschen, ehe sie sie fraßen. Dies tun sie nun seit vielen Generationen. Zweifellos bilden diese Errungenschaften wenigstens Vorläufer der Kultur, bei denen Verhaltensformen durch Tradition weitergereicht werden.

Schimpansen, Bonobos und Gorillas leben in Gruppen mit einer Rangfolge. Dagegen scheint der Orang-Utan (*Pongo pygmaeus*) – abgesehen von der Paarungszeit – überwiegend solitär zu leben. In den Harems der Gorillas sind die Weibchen untereinander nicht verwandt und müssen daher von außerhalb in die Horde eingewandert sein. Das gleiche gilt offenbar auch für die Schimpansen: Die jungen Weibchen verlassen die Gruppe, um sich ihre Partner außerhalb zu suchen. In den meisten menschlichen Gesellschaften werden die jungen Frauen durch einen Brauch (der vermutlich genetische Ursachen hat) gezwungen, die Familie ihrer Eltern zu verlassen und mit dem Mann zusammenzuleben.

Natürlich können wir aufgrund derartiger einzelner Merkmale im Verhalten und sozialen Leben nicht folgern, daß der Mensch nach dem Vorbild einer besonderen Menschenaffenart geformt sei. Die Vorlieben, Charakteristika, das Verhalten und die soziale Struktur der Menschenaffen unterscheiden sich in so vieler Hinsicht untereinander und auch von uns. Allerdings ermöglicht die Erforschung der großen Menschenaffen und anderer nichtmenschlicher Primaten den Wissenschaftlern, vielleicht vorhandene entwicklungsgeschichtliche Verbindungen zwischen Variablen wie Lebensraum, Sozialstruktur, Verhalten, sowie kognitiven Fähigkeiten und kultureller Eignung zurückzuverfolgen.

WULF SCHIEFENHÖVEL

△ Einige Exemplare einer Gruppe von *Macaca fuscata*, die halbwild in der Umgebung von Kyoto (Japan) lebt, entwickelten die Angewohnheit, mit kleinen Steinen zu spielen. Da sich dieses Verhalten über mehrere Generationen erhalten hat, betrachten es viele Wissenschaftler als eine Vorstufe der »Kultur«.

▽ Ein junger Schimpanse fängt Termiten mit einem besonders dazu hergerichteten Zweig – ein weiteres Beispiel für Verhaltensweisen, die von der Mutter an die Jungen weitergegeben werden.

PETER DAVEY/BRUCE COLEMAN LTD

SANTOSO ALIMIN

DEM *HOMO SAPIENS* ENTGEGEN

Vor 2,5 Millionen bis 35 000 Jahren

Habilinen, Erectinen und Neandertaler

GÖRAN BURENHULT

Vor etwa 2,5 Millionen Jahren kam es zu einer Reihe bedeutender Ereignisse, die den Stammbaum des Menschen wesentlich beeinflußte. In Afrika lebten verschiedene *Australopithecus*- und *Paranthropus*-Arten, und vor kurzem wurde bei Chesowanja (Kenia) die Existenz eines sehr frühen *Homo*, der ebenfalls zu dieser Zeit lebte, bestätigt. Dieser frühe *Homo* erhielt den Namen *Homo habilis* (»fähiger Mensch«). Viele Experten sind der Ansicht, daß in diesem Stadium mehr als nur eine Art repräsentiert wird. Diese Ereignisse führten zu anatomischen Veränderungen, die überwiegend in den Zeitraum vor dem Auftreten der Erectinen fallen, also etwa in die Zeit vor 1,5 Millionen Jahren. Das Gehirn nahm an Größe zu, die Hüften und Hüftknochen paßten sich zunehmend der zweifüßigen Fortbewegungsweise an, und der Geschlechtsdimorphismus (im wesentlichen der geschlechterbedingte Größenunterschied) ging zurück. Die ältesten *Homo*-Fossilien besitzen ein Hirnvolumen von nur wenig über 500 Kubikzentimeter. Abgesehen davon waren die Unterschiede zwischen dieser neuen Gattung und *Australopithecus* nicht sehr gravierend. Sie alle erreichten etwa dieselbe Körpergröße von einem bis 1,3 Meter und ein durchschnittliches Gewicht von 40 Kilogramm; sie waren biped und bewegten sich daher ungehindert auf zwei Beinen. Der frühe *Homo* besaß einen geringfügig runderen Schädel und dürfte weniger affenartig gewirkt haben als die anderen Hominiden. Der stärkste anatomische Unterschied betraf das Gebiß. Besonders die Prämolaren und die Molaren waren nicht mehr so breit, und an den erhaltenen Zähnen zeigen Spuren der Abnutzung, daß alle Arten überwiegend Samen und Pflanzen zu sich nahmen. Zudem belegen anatomische Untersuchungen, daß der frühe *Homo* sich häufig auf Bäumen aufgehalten haben muß und daher weniger »menschlich« war, als man angenommen hatte.

◁ Die Erectinen waren die ersten Menschen, die ihre afrikanische Heimat verließen. Vor 700 000 Jahren hatten sie einen großen Teil der Alten Welt besiedelt und waren im Osten bis nach China und Südostasien vorgedrungen. In den vulkanischen Böden Ost- und Zentraljavas (Indonesien) wurden zahlreiche Fossilien von *Homo erectus* gefunden.

△ Ein Faustkeil – das typische Werkzeug des Acheuléen.

DAVID L. BRILL, © 1985

Es ist nicht einfach, den Gebrauch von Werkzeugen zu definieren. Zum Beispiel holen sich Kalifornische Seeottern Muscheln vom Grund. Um an ihre Nahrung heranzukommen, legen sie sich im Wasser auf den Rücken und schlagen die Muschel auf ihrer Brust gegen einen geeigneten Stein. Dieses zweifellos bemerkenswerte Verhalten bedeutet aber noch lange nicht, daß das Tier ein Steinwerkzeug hergestellt hätte oder gar zum Menschen geworden sei. Unsere nächsten Verwandten unter den Menschenaffen, die Schimpansen, setzen nicht nur Hilfsmittel wie Steine, Zweige oder Holzstücke ein. Darüber hinaus verbessern sie mit Hilfe der Zähne und der Hände häufig hölzerne oder faserige Gegenstände, um deren Wirkung zu verstärken. Obwohl hier eindeutig ein Herstellungsprozeß vorliegt, läßt sich nicht einmal diese Form von Werkzeugen mit denen der Habilinen auf eine Stufe stellen. Der größte Unterschied betrifft die geistigen Funktionen, den Vorgang der Entscheidungsfindung. Während der Schimpanse ein geeignetes Holzstück infolge einer spontanen, intelligenten Idee bearbeitet, zeichnete sich die menschliche Handlungsweise durch eine höhere Voraussicht aus. Vorsätzlich wurde ein Objekt von besonderem Aussehen zu einem besonderen Zweck bearbeitet. Schon ehe das Individuum begann, das Rohmaterial — also Steine geeigneter Sorten und Größen — zu sammeln, trug er in seinem Gehirn bereits ein Bild des Endproduktes und seiner möglichen Anwendungen. Zudem konnte er die Kenntnis des Herstellungsprozesses an andere Gruppenmitglieder und an nachfolgende Generationen weitergeben.

Homo habilis: *Der erste Werkzeugmacher*

Das erste Verfahren zur Herstellung von Werkzeugen — das, soweit wir heute wissen, ausschließlich an den frühen *Homo* gebunden ist - existierte vor 2,5 bis 1,5 Millionen Jahren. Es zeichnet sich dadurch aus, daß Flußkiesel das Rohmaterial bilden. Mit Hilfe eines weiteren, kleineren Steins wurden von beiden Seiten des Kerns Splitter abgeschlagen. Dieses beidseitige Abschlagen wird normalerweise als die Schlagsteintechnik bezeichnet und erhielt nach ihrem ersten Fundort, Olduvai, den Namen »Olduvai- Industrie«. Obwohl diese Vorgehensweise manchmal als einfach abgetan wird, offenbart sich in ihr eine profunde Kenntnis des Rohmaterials. Der Anwender wußte, wie er den Stein schlagen mußte, um einen geeigneten Splitter zu erhalten, und nicht zuletzt hatte er eine Vorstellung davon, wie das in einer festgelegten Schlagfolge entstandene Produkt aussehen sollte.

Über lange Zeit war man allgemein der Auffassung, daß der auf diese Weise zurechtgeformte Steinkern das Endprodukt - also das Werkzeug — darstelle. Die Splitter galten dagegen als Abfälle, die bei der Herstellung übrigblieben. Bei näherer Betrachtung zeigte sich jedoch, daß die Vielfalt der gefundenen Schlagwerkzeuge in erster Linie dem Ziel diente, Splitter auf möglichst berechenbare Weise abzuschlagen. Diese ließen sich dann als Klingen, Schaber oder andere Werkzeuge einsetzen, mit den Fleisch und Holz geschnitten und Pflanzen gesammelt wurden. Viele der erhaltenen Schlagwerkzeuge dürften auch für grobe Arbeiten gebraucht worden sein, etwa zum Zerschlagen von Tierknochen, um an das begehrte Knochenmark heranzukommen, oder zum Ausgraben eßbarer Wurzeln und Knollen.

Bei Schimpansen kommt es vor, daß sie anfangen, für Werkzeug geeignetes Material zu sammeln, noch ehe das zu bearbeitende Objekt in Sicht kommt. Im Gombe-Nationalpark zum Beispiel, wo die Schim-

▽ Vor mehr als zwei Millionen Jahren begann der frühe *Homo* aus Kieselsteinen, die er in Flußbetten sammelte, Werkzeuge herzustellen. Die Abschlagtechnik dieser frühen Werkzeugbauer wird nach Olduvai (Tanzania), wo solche Objekte zum ersten Mal entdeckt wurden, als Olduvai-Industrie bezeichnet.

ILLUSTRATIONEN: JOHN RICHARDS

pansen Grashalme und dünne Zweige so bearbeiten, daß sie damit Termiten aus deren Hügeln »herausfischen« können, sammeln sie zunächst Grashalme und nehmen sie mit zu den Termitenhügeln. Erst an Ort und Stelle werden sie nach Bedarf zugerichtet. Wenn die Vermutung Richard Potts zutrifft, daß es sich bei den Kieselhaufen bei Olduvai um Steinlager handelt, die *Homo habilis* vorsorglich für seinen zukünftigen Gebrauch anlegte, können wir unseren zwei Millionen Jahre alten Vorfahren ein wesentlich weiter reichendes Planungsvermögen zuschreiben als den modernen Schimpansen. Aber wir dürfen nicht dem Fehler verfallen, anzunehmen, diese primitiven Vorfahren seien bereits menschlich gewesen. Thomas Wynn, der einige ihrer Flußkiesel-Werkzeuge analysierte, kam zu keinem anderen Schluß, als daß die Hominiden sie in einer spontanen Weise bearbeitet hätten. Sie schlugen einfach einen Splitter nach dem anderen herunter, bis ein brauchbares Werkzeug entstanden war.

Allerdings beweisen die Funde von Koobi Fora und Olduvai auch, daß Steinwerkzeuge über erhebliche Entfernungen transportiert wurden. Darin liegt ein Hinweis, daß die Habilinen ihre Werkzeuge in der Zukunft gebrauchen wollten und folglich in die Zukunft denken konnten. Die »Kultur« war geboren.

JOHN READER/SCIENCE PHOTO LIBRARY/THE PHOTO LIBRARY

◁ Dieser Schädel eines *Homo habilis*, der 1972 bei Koobi Fora an der Ostküste des keniatischen Lake Turkana entdeckt wurde, ist wahrscheinlich 1,9 Millionen Jahre alt. Dieses als Nr. 1470 bekannte Exemplar besitzt einen relativ großen Hirnkasten (beinahe 800 Kubikzentimeter) und wurde aus 150 fossilen Knochenstücken rekonstruiert, die über ein großes Gebiet verstreut lagen.

Jederzeit, aber nicht mit jedem

Warum entwickelte sich dieser neue Zweig am Stammbaum des Menschen vor 2,5 Millionen Jahren? Heute stimmen die meisten Fachleute darin überein, daß sich die menschliche Entwicklungsgeschichte unter denselben Bedingungen des Selektionsdrucks entwickelte wie auch die Evolution anderer Tierarten. Und sehr häufig wird deutlich, daß diese Evolutionsvorgänge gleichzeitig eintraten. Nicht zuletzt spielten auch globale Klimaveränderungen und die darauf folgenden ökologischen Umstellungen bei diesen Prozessen eine entscheidende Rolle.

Vor etwa fünf Millionen Jahren begann die antarktische Eisdecke erheblich anzuwachsen. Dagegen begann die entsprechende arktische Eiszeit erst vor 2,5 Millionen Jahren. Während dieser beiden Eiszeiten ging die Durchschnittstemperatur auf der Erde spürbar zurück. In Afrika – und auch in anderen Gebieten der Welt – führte dies zu großen Veränderungen in der Flora und der Fauna. Die riesigen tropischen Regenwaldgebiete verschwanden und wurden von der Savanne ersetzt. Teile der Fauna starben aus oder paßten sich der neuen Umgebung an. Diese weiträumigen ökologischen Veränderungen lassen sich bei beiden Eiszeiten zurückverfolgen. Die erste Eiszeit führte zur Entwicklung der Australopithecinen – vielleicht sogar zur Abspaltung der menschlichen Entwicklungslinie insgesamt. Und es war ganz sicher kein Zufall, daß die letzte Eiszeit mit dem Auftauchen der Gattung *Homo* und dem Aufkommen des Werkzeuggebrauchs zusammenfiel.

Wie wir schon gesehen haben, lebte zu dieser Zeit eine ganze Reihe verschiedener frühmenschlicher Arten nebeneinander. Allerdings haben die Australopithecinen, soweit wir heute wissen, niemals Steinwerkzeuge hergestellt oder gebraucht. Während die Australopithecinen im Laufe der Zeit ausstarben, blieben die *Homo*-Gruppen übrig und entwickelten sich zum modernen Menschen. Aber worin bestand der biologische Unterschied zwischen nichtmenschlichen Hominiden und den frühen Menschen? Zwar läßt sich diese Frage nicht eindeutig klären, doch liegt vermutlich ein grundlegender Unterschied darin, daß es bei den Frauen überhaupt keinen Östrus, also keine Paarungszeiten mehr gibt. Anders als viele andere Säuger sind sie, nahezu unabhängig vom Menstruationszyklus, ständig empfängnisbereit. Allerdings findet man auch bei Schimpansen, insbesondere bei Bonobos (Zwergschimpansen), eine äußerst geringe sexuelle Zyklik. Vielleicht hängt diese Entwicklung der menschlichen Sexualität damit zusammen, daß die Körperbehaarung immer weiter zurückging, was die Empfindsamkeit der Haut steigerte und die weiblichen Geschlechtssignale besser zur Geltung kommen ließ. So hat zum Beispiel das Wachstum der Brüste für die Milchproduktion oder für das Stillen überhaupt keine Bedeutung. Stattdessen zielt es auf eine visuelle, sexuelle Stimulation des Mannes hin. Vielleicht ist diese Entwicklung darin begründet, daß sich die Zusammensetzung der Nahrung änderte – es wurde mehr Fleisch gegessen – und damit auch die soziale Organisation.

An umfangreichen Untersuchungen von Pavianen und Schimpansen werden diese erheblichen Unterschiede zwischen verschiedenen Säugetierarten deutlich, und ihre Interpretationen lassen sich – mit der gebotenen Vorsicht – auf das Studium früher Hominiden übertragen. Bei den Pavianen besitzen die alten Männchen das absolute Verfügungsrecht über Nahrung und Geschlechtspartner, und sie verteidigen diese Position extrem aggressiv. Der Geschlechtsdimorphismus ist unter diesen Tieren stark ausgeprägt – zum Beispiel sind die Männchen doppelt so groß wie die Weibchen. Die dominanten Männchen und Weibchen beanspruchen den größten und den besten Teil der Nahrung für sich. Und abgesehen davon, daß eine Mutter mit ihrem Jungen manchmal die Nahrung teilt, findet niemals eine systematische Verteilung von Nahrung unter den verschiedenen Mitgliedern einer Horde statt.

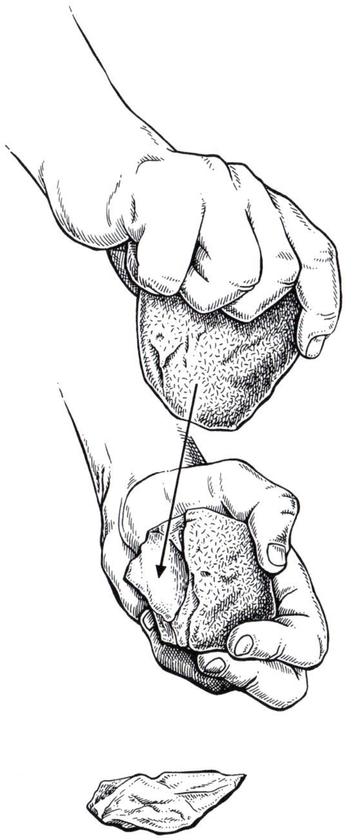

△ Die Olduvai-Industrie repräsentiert die einfachste Form der Werkzeugherstellung. Das Rohmaterial waren Kiesel aus den Flußbetten der Umgebung von Koobi Fora und Olduvai. Mit Hilfe eines kleinen Steines wurden von beiden Seiten des Rohsteins Stücke abgeschlagen. Von jedem dieser Rohsteine gab es zahlreiche Abschlagstücke, und vermutlich wurden sowohl erstere als auch letztere als Werkzeuge gebraucht.

ILLUSTRATIONEN: KEN RINKEL

Bei den Schimpansen ist es umgekehrt. Hier gibt es keine Hierarchie, und alle Männchen haben zu den empfängnisbereiten Weibchen freien Zugang – jederzeit und mit jedem Individuum. Zwar gibt es keine richtigen Paarungszeiten, aber die Empfängnisbereitschaft der Weibchen variiert. Zudem ist bei den Schimpansen die Kontrolle über ihr Territorium weniger streng organisiert. Der Ethologe und Primatologe Pierre van den Berghe beschreibt das angenehme Leben der Schimpansen folgendermaßen: »Offenbar haben die Schimpansen mit Erfolg erreicht, wovon der radikale *Homo sapiens* nur träumen kann: friedvolle Gemeinschaften ohne Konkurrenzkampf, ohne Zwang und Besitzstreben. Es herrschen Gleichberechtigung und Promiskuität ohne Eifersucht, und Tyrannen gibt es nicht.«

Natürlich darf man das nicht zu wörtlich nehmen. Häufig werden fortpflanzungsfähige Weibchen von dominanten Männchen eben doch vereinnahmt, obwohl auch freie Verbände geschlossen werden. Die Männchen patroullieren an den Grenzen ihres Territoriums, und es ist ein Fall bekannt, bei dem sich die Männchen – offenbar mit Erfolg – aufmachten, um eine kleine Gruppe in der Nachbarschaft auszulöschen. Vielleicht sehen wir dies alles zu romantisch: Die Schimpansen können uns ähnlicher sein als wir zugeben möchten.

Man kann also sagen, daß das Jagdverhalten, das Fehlen der Paarungszeit, die Verteilung der Nahrung innerhalb der Gruppe und die Familienstruktur Faktoren sind, die stark untereinander zusammenhängen und in der folgenden menschlichen Entwicklungsgeschichte vermutlich von wesentlicher Bedeutung waren. Immer mehr verstärkte sich die Neigung, in Paaren oder vielleicht kleinen polygamen Gruppen zusammenzuleben, die gleichzeitig eine Basis für eine deutlichere Arbeitsteilung unter den Geschlechtern boten. Dadurch dürften die Konflikte innerhalb der großen Gruppen abgenommen haben. »Jederzeit, aber nicht mit jedem« wurde zum typisch menschlichen Verhalten.

EMORY KRISTOF/© 1975, NATIONAL GEOGRAPHIC SOCIETY

△ Die Olduvai-Schlucht im Norden Tanzanias gehört zu den bedeutendsten archäologischen Fundstätten der Welt. Seine zahlreichen Fossilfunde von Australopithecinen, Habilinen und Erectinen, aber auch moderner Menschen haben unsere Erkenntnisse über unsere entfernte prähistorische Vergangenheit in ungeahntem Maße bereichert.

Jäger oder Aassammler?

Durch den Einsatz von Steinwerkzeugen konnten nun Nahrungsquellen erschlossen werden, die den Hominiden vorher nicht zugänglich waren. Bei der Verarbeitung von Fleisch, Innereien und Fellen waren scharfkantige Steinklingen sehr nützlich, besonders im Wettbewerb mit Räubern wie Hyänen und Löwen. Man konnte in kurzer Zeit große Fleischmengen von toten Tieren ablösen, was mit bloßen Händen, Zähnen und hölzernen Gegenständen unmöglich gewesen wäre. Allerdings ist über Einzelheiten der Ernährungsgewohnheiten des frühen *Homo* noch immer kaum etwas bekannt. (Siehe Kasten *Gewaltiger Jäger oder unbedeutender Aassammler?*)

Die archäologischen Funde können uns immer nur ein sehr zufälliges und selektives Bild der prähistorischen Wirklichkeit vermitteln. Kaum jemals sind Nahrungsreste erhalten, und wenn doch, handelt es sich zumeist um Tierknochen. Also bleiben die immer gut erhaltenen Steinwerkzeuge die wichtigste Informationsquelle, wenn wir versuchen wollen, herauszufinden, wie die frühen Menschen sich ihre Nahrung verschafften und zubereiteten. Wenn man dann interpretiert, was an der betreffenden Fundstelle geschehen sein mag, werden die Steinwerkzeuge auf diese Weise überbewertet. Häufig nämlich findet man neben den verstreut liegenden Resten von Tierknochen zahlreiche Schlagwerkzeuge und Klingen, und diese Anhäufungen werden normalerweise so gedeutet, daß hier Lager standen, wo Tiere herangeschafft, zerlegt und gegessen wurden.

Das Problem besteht darin, daß wir nicht wissen, welchen Stellenwert das Fleisch in der Ernährung der Habilinen einnahm. Und falls sie häufig Fleisch aßen, wurden sie dessen dadurch habhaft, daß sie Raubtiere von ihrer Beute verjagten, oder gingen sie selber aktiv auf die Großwildjagd? Häufig wird der Gebrauch von Steinwerkzeugen mit der Großwildjagd und in der Folge rasch eintretenden Veränderungen der ökonomischen und sozialen Organisation assoziiert. Neue Untersuchungen haben aber gezeigt, daß der

BEDEUTENDE FUNDSTÄTTEN DER ERECTINEN
Man geht grundsätzlich davon aus, daß die Erectinen vor über 700 000 Jahren Afrika verließen und Südasien sowie einen großen Teil Europas besiedelten. Die Küstenverläufe und Eisdecken sind so dargestellt, wie sie zu den Höhepunkten einer der umfangreichen Eiszeiten ausgesehen haben können, die der letzten Eiszeit vorangingen. Die europäischen Fundorte sind in der Ausschnittskarte links eingezeichnet.
KARTOGRAPHIE: RAY SIM

frühe *Homo* wohl niemals Großwild gejagt und auch sonst nur in geringem Umfang von tierischer Beute gelebt haben dürfte. Dieser Ansicht stehen zahlreiche Steinwerkzeuge gegenüber, die man zusammen mit den Knochen großer Tiere, wie Flußpferden, Büffeln oder Gnus, fand und die ohne Zweifel über lange Entfernungen transportiert worden sind. Alle Hinweise sprechen dafür, daß es sich bei diesen Fundorten um Stellen handelt, wo Raubtiere durch Hominiden von ihrer Beute verjagt wurden und wo vielleicht auch vorgefundenes Aas zerlegt wurde. Zwar darf man diese Stellen keinesfalls als mehr oder weniger dauerhafte menschliche Siedlungen oder Niederlassungen ansehen, doch läßt es sich in einigen Fällen nicht ausschließen, daß die Hominiden Fleischstücke in Sicherheit brachten, um sie außerhalb der Reichweite wilder Tiere zu verzehren. Ohne Feuer und höher entwickelte Waffen, wie etwa Speere, Pfeil und Bogen, muß diese Art des Nahrungserwerbs sehr riskant gewesen sein, zumal die offene Savanne kaum Möglichkeiten bot, sich zu verstecken oder Zuflucht zu nehmen. Viele der untersuchten Tierknochen tragen sowohl Spuren von Steinwerkzeugen als auch von dem Gebiß räuberischer Tiere, was die bestehende Konkurrenzsituation deutlich belegt. Wenn Spuren von Tierzähnen gefunden werden, die diejenigen der Steinwerkzeuge überlagern, so kann dies natürlich bedeuten, daß Tiere Nahrungsreste der Habilinen gefressen haben. In vielen Fällen werden die Zahnspuren jedoch von den Werkzeugspuren überlagert, was mit Sicherheit darauf hinweist, daß es sich um Tiere handelt, die die Hominiden Raubtieren abgenommen haben.

Die Tatsache, daß an diesen Stellen die Knochen so vieler verschiedener Tierarten vorkamen, führte viele Fachleute zu der Ansicht, daß der frühe *Homo* sich wenigstens zum Teil seinen Lebensunterhalt mit der Jagd sicherte – und dieser Teil nahm im Laufe der Zeit bestimmt immer mehr zu – und daß man diese Vielfalt am besten dadurch erklärt, daß er sowohl gejagt als auch von Aas gelebt hat. Allerdings sind sich die meisten Experten darüber einig, daß pflanzliche Stoffe, darunter Knollen, Wurzeln und Früchte, den überwiegenden Teil ihrer Nahrung bildeten und daß tierische Produkte, wie Vogeleier, Insektenlarven, Echsen und Kleinwild, von wesentlich größerer Bedeutung waren als das Großwild. Dies gilt zum Beispiel für Schimpansen, und auch unter heutigen Sammlern und Jägern bilden diese Objekte einen wichtigen Teil der Nahrung. In keinem der Funde weist etwas darauf hin, daß es sich beim frühen *Homo* anders verhielt.

Der Zeitraum zwischen 2,5 und 1,5 Millionen Jahren vor unserer Zeit erwies sich in der Entwicklungsgeschichte des Menschen als ein ganz wesentlicher Abschnitt, in dem geistige, technologische und öko-

GEWALTIGER JÄGER ODER UNBEDEUTENDER AASSAMMLER?

PETER ROWLEY-CONWY

Wie sah das Leben für unsere frühesten homoniden Verwandten eigentlich aus? Wie verbrachten sie den Tag? Schon seit 1924 sind die Archäologen bemüht, eine Antwort auf diese Fragen zu finden, seit dem Tag, an dem Raymond Dart den Schädel von Taung als den eines Hominiden identifiziert und ihm den Namen *Australopithecus africanus* gegeben hatte.

Die Australopithecinen Südafrikas

Die als die sogenannten Nußknacker bekannte Gruppe von Australopithecinen wurde in Südafrika eingehend untersucht. Hier wurden mehrere bedeutende Fundstellen ausgegraben, darunter die in Makapansgat. Neben Überresten von Hominiden fanden sich dort zahlreiche Knochen anderer großer Säuger, unter anderem von Büffeln und verschiedenen Arten von Antilopen und Carnivoren. Sollten wir daraus schließen, daß es sich bei diesen Knochen um Überreste von Tieren handelt, die von den Australopithecinen erlegt und gegessen worden waren? Darts Antwort war ein entschiedenes »Ja«, und zwar aus mehreren Gründen.

Zwar hatte man an diesen Stellen keine Steinwerkzeuge gefunden, doch war Dart der Ansicht, daß die Australopithecinen von Makapansgat stattdessen Werkzeuge aus Knochen, Zähnen und Hörnern benutzten. Dabei führte er an, daß Kerben und Bruchstellen auf den Tierknochen vermuten lassen, daß sie zum Hämmern oder zum Schlagen eingesetzt und einige Knochenstücke sollen wie Waffen zugespitzt worden sein. Dart behauptete Dart, daß diese Hominiden in ihrem Alltagsleben eine ganze Spanne von Knochenwerkzeugen gebrauchten und daß einige davon dazu bestimmt waren, Beutetiere zu jagen und zu töten, vielleicht auch andere Hominiden.

Neue Ergebnisse von C.K. Brain und anderen haben diese Vorstellung überwiegend ins Wanken gebracht. In seinem 1981 erschienenen Buch mit dem Titel *The Hunters or the Hunted?* (»Jäger oder Gejagte?«) führt Brain an, daß sämtliche von diesen Fundstellen stammenden Knochen, einschließlich derer von Hominiden, auf die Jagdaktivitäten großer Carnivoren, insbesondere von Leoparden, zurückgehen. Die Hominiden waren nur eine unter vielen Beutearten dieser Tiere. Wenn ein Leopard sich gesättigt hatte, kamen die Hyänen heran, um sich an den Überresten gütlich zu tun. Dies erklärt die Knochenfunde wesentlich besser als Darts Theorie. Knochen aus den Lagern heutiger Hyänen sind in ganz ähnlicher Weise gekerbt und zerbrochen wie diejenigen der südafrikanischen Fundstellen.

Tatsächlich gibt es keine Hinweise dafür, daß die südafrikanischen Australopithecinen jemals Knochen zu irgendeinem Zweck gebraucht hätten. Und da ihre eigenen Knochen angebissen und zerbrochen waren wie die der anderen Tiere, müssen sie dasselbe Schicksal erlitten haben – sie waren also keine Jäger, sondern Gejagte.

Diese Theorie wurde durch neuere geologische Arbeiten weiter gestützt, aus denen hervorgeht, daß es sich bei den Fundstellen nicht um Höhlen, sondern um senkrechte Felsspalten oder -risse handelt. Darin dürfte in der sonst trockenen Landschaft Wasser zurückgeblieben sein, wodurch es isolierten Baumgruppen möglich wurde, dort zu wachsen. Leoparden kann man heute dabei beobachten, daß sie ihre Beute auf Bäume schleppen, um sie dem Zugriff der Hyänen zu entziehen. Wenn der Leopard frißt, fallen

SHAH ANUP/JACANA-AUSCAPE

◁ Leoparden ziehen ihre Beute häufig auf Bäume hinauf. Während sie ihre Opfer fressen, fallen ihre Knochen zu Boden, wo einige davon durch umherstreifende Hyänen angeknabbert werden. Bei Fundstellen wie Swartkrans handelte es sich um tiefe Spalten, in denen derartige Knochen - so auch die früher Hominiden - liegen und erhalten blieben.

Teile des Kadavers auf den Boden. Die Hyänen greifen diese auf, und die Knochen, die nachher übrigbleiben, landen mit hoher Wahrscheinlichkeit in den natürlichen Bodenspalten ringsum. Dies ist die beste Erklärung für die südafrikanischen Fundstellen: Sie sind einfach natürliche Fossilienfallen. Niemand hat dort jemals gelebt, aber sie haben gezeigt, daß Leoparden dort vor zwei bis drei Millionen Jahren Beute machten.

Der frühe Homo in Ostafrika

Von dem Zeitpunkt an, wo *Homo habilis* in den archäologischen Funden Ostafrikas auftaucht, also vor zwei Millionen Jahren, werden zahlreiche Unterschiede deutlich. Noch immer stößt man auf Anhäufungen von Tierknochen, doch mit zwei wesentlichen Abweichungen. Zunächst werden sie in horizontalen Lagen verstreut aufgefunden, nicht in tiefen Spalten. Zweitens, werden sie gemeinsam mit Steinwerkzeugen ausgegraben. Sie sehen in der Tat den Lagerplätzen der Habilinen sehr ähnlich.

Aber stimmt das wirklich? An entscheidenden Fundstellen wie der Olduvai-Schlucht und Koobi Fora wurden Ansammlungen von Steinen und Knochen häufig an den Küstenverläufen längst vergangener Flüsse oder Seen entdeckt. Es ist daher denkbar, daß die verschiedenen Objekte von den Fluten rein zufällig zusammengespült wurden. Nur weil die Knochen und Steine heute an derselben Stelle liegen, muß dies nicht immer so gewesen sein. In einigen Fällen jedoch gelang es, einige Bruchstücke dieser Steine, die nicht weit voneinander entfernt entdeckt worden waren, wieder zu einem Ganzen zusammenzufügen. Also muß jemand an eben dieser Stelle ein Werkzeug angefertigt haben, denn wäre das Gebiet überflutet worden, wären die verschiedenen Teile voneinander getrennt wor-

RICHARD POTTS

RICHARD POTTS

△ Mit bloßem Auge sehen Schnittmarken auf prähistorischen Knochen (oben) den Kauspuren, wie sie von Raubtieren verursacht werden (unten), ähnlich. Gewöhnlich kann man beides erst unter dem Mikroskop auseinanderhalten.

den. Übrigens konnten auch einige Stücke der Tierknochen wieder zusammengesetzt werden.

Die Tierknochen bergen einen entscheidenden Schlüssel, um das Verhalten der Habilinen zu verstehen. Zahlreiche Beinknochen tragen Spuren eines Aufschlags. An diesen Stellen waren sie von Steinwerkzeugen getroffen worden, um sie aufzubrechen und an das Mark heranzukommen. Einige von ihnen tragen auch Schnittspuren; man hatte also mit Steinklingen das Fleisch von ihnen heruntergeschnitten. Die Schlußfolgerung ist eindeutig: Die Habilinen brachten Tierknochen an diese Orte, um mit Hilfe von Steinwerkzeugen an das Fleisch zu gelangen.

Man könnte jetzt versucht sein anzunehmen, daß es sich hier um reguläre Lager handelte, zu denen Jäger regelmäßig ihre Beute brachten, doch wäre auch dies voreilig. Zu dieser Ansicht kam der Archäologe Glynn Isaac vor einigen Jahren, und was sich daraus ergibt, ist überaus interessant. Sollten Tiere gejagt worden sein, so argumentiert Isaac, muß es eine Arbeitsteilung gegeben haben. Die Männer waren die Jäger, während die Frauen, denen die Last der Kinder aufgebürdet war, in der Umgebung des Lagers nach pflanzlicher Nahrung und kleinen Tieren suchten. Diese Nahrung wurde dann unter den Geschlechtern verteilt, was eine relativ komplizierte Sozialstruktur voraussetzt.

Das Szenario ist als eine vereinfachte Version dessen zu erkennen, wie es bei modernen Jägern und Sammlern in deren Basislagern zugeht. Diese Theorie tut nichts weiter, als moderne Verhaltensformen auf Verhältnisse zu übertragen, wie sie vor zwei Millionen Jahren herrschten, und zwar auf der Basis von Arbeitsteilung, wie sie durch die Jagd erforderlich wird.

Wie gut ist sie nun fundiert? In letzter Zeit haben mehrere Archäologen, darunter Lewis Binford und Richard Potts, die Befunde noch einmal unter die Lupe genommen. Ganz fraglos ist der Ursprung moderner Verhaltensformen für das Verständnis unserer selbst von entscheidender Bedeutung. Und wir sollten ihn entdecken, anstatt von unseren vorgefaßten Vorstellungen auszugehen.

Zunächst konzentrierte sich das Interesse auf die vorgefundenen Tierknochen. Einige zeigen, wie schon erwähnt, Schnittspuren. Andere weisen deutliche Kaumarken von Raubtieren auf, und wo Schnitt- und Kauspuren auf demselben Knochen vorkommen, waren letztere in der Regel zuerst da. Dies zeigt, daß die Habilinen – wenigstens in einigen Fällen – diese Knochen erst dann in ihren Besitz bringen konnten, als die Raubtiere damit fertig waren.

Dies wirft auf viele Dinge ein neues Licht. Erstens ist bei der Aasverwertung keine Arbeitsteilung erforderlich. Eine Verteilung von Nahrung oder eine andere Form des Sozialverhaltens, die unseren modernen Verhältnissen nahekommt, muß nicht mehr vorausgesetzt werden. Zweitens läßt sich der frühe Gebrauch scharfer Steinwerkzeuge erklären. Die habilinen Aasverwerter mußten mit tierischen Aasfressern in Konkurrenz treten, etwa mit Hyänen, die biologisch für diese Aufgabe weit besser ausgerüstet sind und die bei Gelegenheit sicher nicht zögerten, auch die Hominiden zu töten und zu fressen. Damit bestand die wesentliche Aufgabe der Habilinen darin, einen Kadaver so schnell wie möglich wieder zu verlassen.

Nach dieser Theorie waren die »Basislager« Zufluchtsorte, an denen die habilinen Aassucher ihre Mahlzeiten sicher einnehmen konnten. Zusätzliche Informationen über diese Fundstellen kommen aus der Paläontologie. Wie schon gesagt, lagen die Objekte häufig an den Ufern ehemaliger Flüsse oder Seen, wo früher Baumgruppen gestanden haben müssen. Dies klingt wie der perfekte Ort zum Leben – nicht aber für die frühen Habilinen und nicht im tropischen Afrika. Selbst heute lagern Jäger und Sammler nicht unter Bäumen, die sich an Gewässern befinden, weil in der Nacht dort Löwen vorbeigehen, um Tiere zu erbeuten, die dort zum Trinken hinkommen.

Das ist ein wesentlicher Aspekt, denn er zeigt, daß die Habilinen dort, wo sie ihre Spuren hinterließen, nicht übernachtet haben. Wir wissen nicht, wo sie schliefen. Wenn sie sich wie andere Primaten verhielten, taten sie dies vielleicht auf Kliffen oder Felsen in einiger Entfernung vom Wasser. Die sogenannten »Basislager« dienten dazu jedenfalls nicht, sondern wurden nur am Tage aufgesucht, um etwas von der Beute zu essen, die den großen Carnivoren entwendet worden waren. Offenbar haben die Habilinen nicht von Lagern aus operiert wie etwa moderne Menschen.

Alle Hinweise sprechen dafür, daß diese Hominiden von ihren Schlafplätzen über die offene Savanne zu verlassenen Kills oder Quellen pflanzlicher Nahrung wanderten, hin und wieder Steinlager aufsuchten, um Werkzeuge herzustellen oder einen schattigen Ort am Ufer eines Gewässers, um vor Einbruch der Nacht ihre Schlafplätze wieder aufzusuchen. Dies läßt sich kaum als ein typisch menschliches Verhalten bezeichnen. Wie Lewis Binford es formuliert, waren uns unsere frühesten Vorfahren wirklich nicht sehr ähnlich.

DAVID L. BRILL © 1985

◁ Früher führte man die beiden Verletzungen am Schädel eines Australopithecinen-Kindes von Swartkrans auf eine spitze Keule zurück. Allerdings decken sich die Verletzungen exakt mit dem Abstand der Eckzähne eines Leoparden. Vermutlich war dieses Kind also ein Jagdopfer geworden.

▷ Der Große Senkungsgraben – die Wiege der Menschheit – ist der umfangreichste Senkungsgraben der Erdoberfläche. Er zieht sich vom Südwesten Asiens nach Süden über Ostafrika nach Mozambique. Der hier gezeigte Ausschnitt liegt in Kenia.

nomische, aber auch soziale Merkmale geformt wurden. Der ökologische Konkurrenzdruck verstärkte beim frühen *Homo* Ansätze menschlicher Charakteristika und führte zugleich zum Aussterben anderer protohominider Arten. Damals mag die Zahl der im zentralen Ostafrika lebenden Hominiden ebenso hoch gewesen sein wie die Zahl der heute dort lebenden Paviane – mit anderen Worten, eine sehr große Zahl von Individuen in gegenseitiger Konkurrenz. Die ständig zunehmende Gehirngröße führte bei Kindern zu erheblich kleineren Gehirnen als bei Erwachsenen, was den Geburtsvorgang erleichterte. Dies brachte wiederum eine erhebliche Verlängerung des Zeitabschnitts mit sich, während dessen ein Kind auf seine Mutter angewiesen ist. Und hier spielten schließlich wichtige Veränderungen in der sozialen Organisation und der Arbeitsteilung zwischen den Geschlechtern eine Rolle.

Die Habilinen lebten vermutlich in kleinen Gruppen oder Verbänden, etwa wie die Jäger und Sammler heutiger Tage, doch entsprach ihre soziale Organisation eher der von Schimpansen. Erst vor 1,6 Millionen Jahren entwickelte sich mit dem Erscheinen von *Homo erectus* eine menschenähnlichere Sozialstruktur.

MICHAEL DENIS HUOT/JACANA-AUSCAPE

Der Homo-erectus-*Abschnitt: »Ein aufrecht gehender Affenmensch«*

Als die Erectinen auftraten, bereicherten sie die menschliche Entwicklungsgeschichte um neue Merkmale, Fähigkeiten und Triebkräfte, die unseren Vorfahren ermöglichten, erstmals Afrika zu verlassen. Dies erforderte eine ganz andere Form ökologischer Anpassung. Das kalte und schwierige Klima, das weiter nördlich herrschte, setzte voraus, daß die Menschen Feuer einsetzten und eine passende Bekleidung trugen, um sich über den Winter warm halten zu können. Die Wanderung von *Homo erectus* in nördlichere Regionen beweist, daß die Menschen nun imstande waren, sich wesentlich unwirtlicheren ökologischen Bedingungen auszusetzen. In diesen Gebieten variierte nämlich das Nahrungsangebot – je nach Jahreszeit – ganz erheblich, und die Jagd wurde immer wichtiger, besonders im Winter. Viele der genießbaren Pflanzen trockneten im Herbst aus, und man mußte daher dazu übergehen, haltbare Nahrung wie Nüsse, Knollen und Wurzeln zu sammeln.

Physisch gesehen waren die Erectinen dem modernen Menschen ähnlicher als den Habilinen. Der größte Unterschied bestand vielleicht in der Form von Kopf und Gesicht, die beide noch auffällig primitive Merkmale trugen – etwa eine flache Stirn, sehr schwere Überaugenbögen und ein fliehendes Kinn. Die Nackenmuskeln waren besonders kräftig entwickelt. Das Hirnvolumen nahm mit der Zeit von 775 auf 1300 Kubikzentimeter zu. Das entspricht durchschnittlich etwa 70 Prozent des entsprechenden Wertes beim modernen Menschen. *Homo erectus* ging vollständig aufrecht. Mit seinem muskulösen, untersetzten Körper und einer Körperhöhe zwischen 1,5 und 1,8 Meter muß er einen sehr kräftigen Eindruck gemacht haben.

Heute stimmen die meisten Fachleute in der Ansicht überein, daß sich die Erectinen langsam aus den Habilinen entwickelten, und zwar in Ostafrika, von wo aus sie sich über die Alte Welt ausbreiteten. Die ältesten Fossilien fand mit in Ostturkana in Kenia. Diese 1,6 Millionen Jahre alten Formen werden manchmal als »Die Neuen von Turkana« bezeichnet.

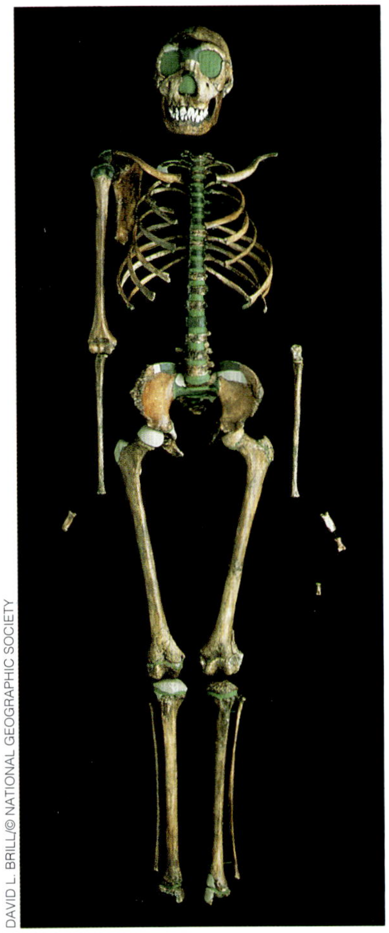

DAVID L. BRILL/© NATIONAL GEOGRAPHIC SOCIETY

△ Ein guterhaltenes, 1,6 Millionen Jahre altes Erectinen-Skelett. Diese Überreste eines vermutlich zwölfjährigen Jungen wurden im Jahre 1984 am Lake Turkana (Kenia) entdeckt. Das Skelett ist beinahe 1,70 Meter lang, so daß man für die erwachsenen Erectinen eine Größe von 1,80 Meter zugrundelegt.

Eine Million Jahre später besetzten *Homo erectus* und seine Schwesterart, *Homo heidelbergensis*, das gesamte Eurasien, von der Atlantikküste im Westen bis nach China und Java im Osten.

Dazu waren aber keine umfangreichen Völkerwanderungen nötig. Auf ihrer Suche nach Nahrung legten Jäger und Sammler nämlich gewaltige Strecken zurück, und aufgrund der immer weiter wachsenden Bevölkerung mußten sich immer wieder Gruppen absplittern, die dann neue Gebiete besetzten. Legt man eine Wanderung von 20 Kilometer pro Generation zugrunde, ließ sich eine Entfernung von 14 000 Kilometer, das ist etwa die Distanz zwischen Nairobi und Peking, in 20 000 Jahren bewältigen. Aber selbst bei viel kürzeren Wanderungen pro Generation reichte diese natürliche, aufeinanderfolgende Ausbreitung für die Erectinen aus, um diese gewaltigen Gebiete in nur wenigen Jahrhunderttausenden zu besetzen. Als sie die kälteren, dunkleren Regionen Europas und Asiens besiedelten, wurde die Hautfarbe heller, damit die Sonne in die Haut eindringen und zur Produktion von Vitamin D beitragen konnte. Auch die schützende Fettschicht und die Schweißdrüsen paßten sich der neuen klimatischen Situation an. Die große Frage ist nur, was diese Menschen eigentlich zwang, den immer reichgedeckten afrikanischen Tisch zu verlassen.

Wie wir schon gesehen haben, entwickelte sich *Homo* selber – und später auch die Erectinen – auf den Savannen des tropischen Afrika. Die großen klimatischen Fluktuationen, die im Zeitraum zwischen fünf und einer Million Jahre vor unserer Zeit herrschten, nahmen vor etwa 900 000 Jahren noch zu, und das Weltklima wurde von Eiszeiten beeinflußt, die sich mit wärmeren Zwischeneiszeiten ablösten. Also

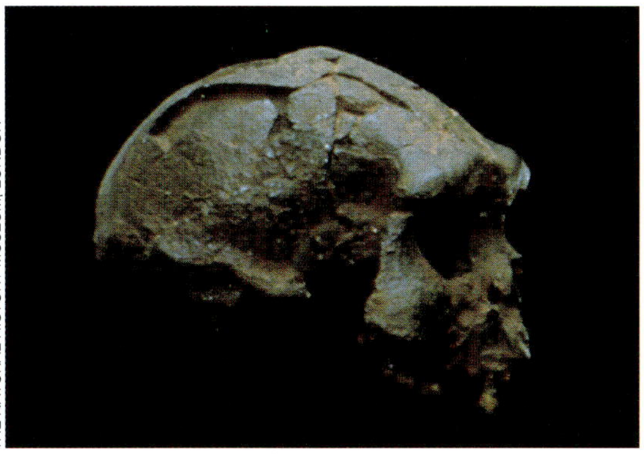

DEPARTMENT OF PALAEONTOLOGY, THE NATURAL HISTORY MUSEUM, LONDON

730 000 Jahren gelebt haben. Allerdings fand man kürzlich bei Dmanisi, südwestlich von Tblisi, in der früheren Sowjetrepublik Georgien, einen Unterkiefer, der als Beweis dafür dienen soll, daß Menschen bereits vor 1,8 Millionen Jahren aus Afrika ausgewandert waren.

◁ Dieser *Homo-erectus*-Schädel, den man bei Sangiran in Zentral-Java (Indonesien) ausgrub, ist vermutlich etwa 800 000 Jahre alt.

▽ Die berühmte Höhle von Zhoukoudian, vor den Toren Pekings (China), wurde erstmals zu Beginn der zwanziger Jahre von Davidson Black freigelegt. Bisher wurden hier - abgesehen von über 100 000 Steinwerkzeugen, wie Schabern und Schlagwerkzeugen - die Überreste von 40 Homo-erectus-Individuen geborgen. Damit gehört sie zu den bedeutendsten Erectinen-Fundstätten überhaupt. Ihre Schichten wurden auf ein Alter zwischen 460 000 und 230 000 Jahren datiert.

fand man auch in Afrika abwechselnd Savannen und Regenwälder. Um mit diesen Launen der Natur leben zu können, mußten sich die Menschen auf verschiedene Weise anpassen, entweder indem sie fortzogen oder indem sie neue Klimazonen besetzten. Im letzteren Fall mußten sie unter anderem fähig sein, zwischen pflanzlicher und tierischer Ernährung zu wechseln.

Natürlich spielte die Sahara bei diesen Vorgängen eine wichtige Rolle. In Zeiträumen mit höheren Niederschlagsmengen drangen Populationen aus dem Süden in die jungfräulichen Böden des Nordens vor, und in trockeneren Zeiten mußten sie wieder gehen. In einigen Fällen mag der Rückweg nach Süden abgeschnitten gewesen sein, so daß sie sich nordwärts in Richtung auf die Mittelmeerküste und das südwestliche Asien ausbreiten mußten. Wie sich gut nachweisen läßt, nahm in Europa vor etwa 700 000 Jahren die Zahl der großen Landtiere stark zu. Damals drangen Elefanten, Huftiere, Flußpferde und eine Reihe von Raubtieren, wie Löwen und Leoparden, von Afrika her ein. Vielleicht sind die Ursachen für diese Wanderungen mit denen identisch, die dazu geführt haben, daß zu derselben Zeit Menschen außerhalb von Afrika auftauchten.

Zusammenfassend kann man sagen, daß die Erectinen - von denen *Homo erectus* die am besten bekannte Art darstellt - zuerst in Afrika auftauchten, und eine Reihe von Funden vom Turkana-See, von Chesowanja und Olduvai haben ein Alter zwischen 1,6 und einer Million Jahre. Die asiatischen Funde sind dagegen alle jünger. Mit 700 000 Jahren gehört Ban Mae Tha in Thailand zu den ältesten Fundstellen Südostasiens, während die *erectus*-Funde aus dem chinesischen Zhoukoudian nur zwischen 460 000 und 2300 00 Jahre alt sind. Andere chinesische Funde aus Lantian, Jenjiawo und Gongwangling haben sich wiederum als etwas älter erwiesen als die untersten Schichten von Zhoukoudian. Sie besitzen ein Alter von 600 000 Jahren. Für die Java-Menschen existieren Daten der Kalium-Argon-Methode zwischen 900 000 und 600 000 Jahren, die auch durch die Kernspaltungsdatierung gestützt werden, die auf etwas mehr als eine Million Jahre zurückgehen.

Offenbar betraten die Gruppen der Erectinen Europa etwa gleichzeitig mit Asien. Das älteste Datum für Südostasien stammt aus Ubeidiya und liegt bei 700 000 Jahren, obgleich es dort keine diagnostizierbaren menschlichen Überreste gibt. Der älteste Fund Westeuropas wurde in Italien, bei Isernia La Pineta, südöstlich von Rom, gemacht. Die dort gefundenen Steinwerkzeuge zeigen, daß Menschen dort vor

ROBERT RAYMOND

ROBERT RAYMOND

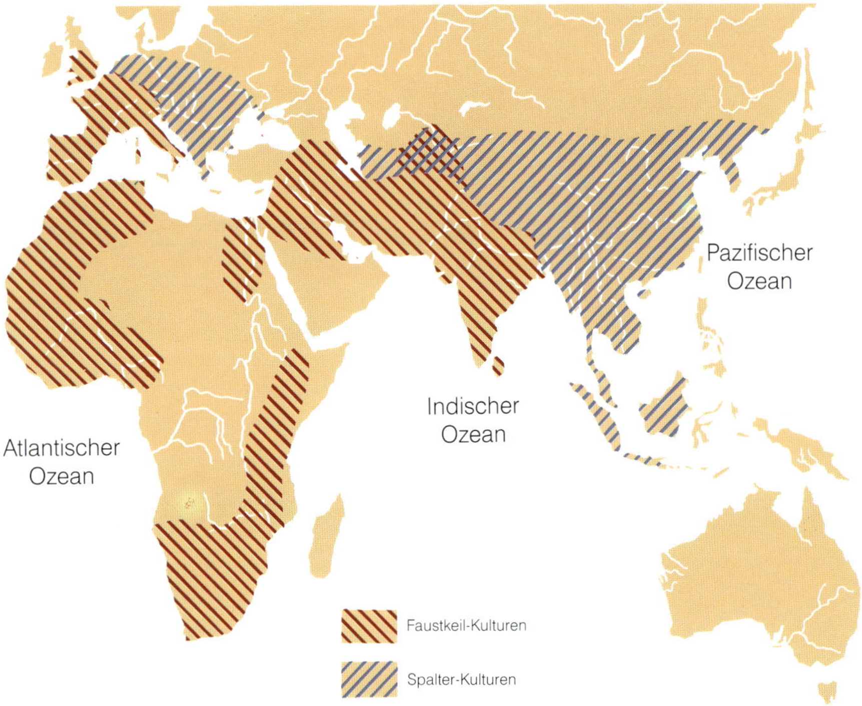

KARTOGRAPHIE: RAY SIM

DIE TECHNIKEN DER ERECTINEN
Zur Zeit der Erectinen kann man in der Alten Welt zwei technologisch abweichende Gebiete unterscheiden. Die Technologie der afrikanischen, der westeuropäischen und der südwestasiatischen Populationen wurde vom Faustkeil charakterisiert und wird allgemein als die Tradition des Acheuléen bezeichnet. In Ost- und Südostasien, aber auch in Osteuropa, dominierten dagegen die Spalter (sogenannte Chopping Tools).

Dieser großartige Faustkeil, das typische Werkzeug des Acheuléen, wurde an der Stelle gefunden, die dieser Zeit ihren Namen gab - bei St. Acheul in Nordfrankreich.
GÖRAN BURENHULT

Acheuléen: Das Zeitalter der Faustkeile

Im Zeitalter der Erectinen wurden beidseitig bearbeitete Faustkeile in vielen Teilen der Alten Welt zum vorherrschenden Werkzeugtyp. Diese Werkzeugtradition wird – nach dem Ort ihres ersten Belegs, St. Acheul (Frankreich) – als Acheuléen bezeichnet. Der tropfsteinförmige Faustkeil wurde vermutlich für viele verschiedene Aufgaben eingesetzt, etwa zum Schneiden, Graben und Schaben, und häufig handelte es sich um feine, aber sehr wirkungsvolle Werkzeuge.

Wynn, der die Flußkieselwerkzeuge von Olduwai analysierte, zeigte deutlich, daß die Hersteller der Faustkeile, ehe sie an die Herstellung gingen, ein klares geistiges Bild vom fertigen Objekt gehabt haben müssen, auf das hin sie zuarbeiteten. Vermutlich wurden diese Faustkeile niemals mit einem Griff versehen, sondern mit der Hand benutzt, und nach Ansicht einiger Experten wurden sie bei der Jagd sogar als eine Art Geschoß oder Diskus eingesetzt. Es ist allerdings höchst fraglich, inwieweit die Großwildjagd zu jener Zeit eine Rolle spielte.

Während der langen erectinen Ära zerfiel die Alte Welt allmählich in zwei technologisch unterschiedliche Regionen. Die Ursachen für diese Aufteilung sind noch unklar. Die Werkzeugszene der einen Region, die Afrika, Europa und Teile des westlichen und südlichen Asiens umfaßte, wurde vom Faustkeil bestimmt, während dieser im Osten und Südosten Asiens vollkommen fehlte und durch Produkte örtlicher Schlagwerkzeuge ersetzt war. Es ist interessant, daß das ost- und südostasiatische Gebiet die Domäne von *Homo erectus* selber war, während der Westen, wie zahlreiche Spezialisten annehmen, von der Art *Homo heidelbergensis* besetzt war.

Die Acheuléen-Technologie

Die Acheuléen-Technologie hielt sich außerordentlich lange. In Afrika begann diese Ära vor 1,5 Millionen Jahren und endete zwischen 200 000 und 150 000 Jahren vor unserer Zeit. Erst dann kam die kompliziertere Steinwerkzeugtechnik der sogenannten Mittleren Steinzeit auf. Sie zeichnete sich durch Schaber und Spitzen aus Steinsplittern aus. In Europa überlebte die Tradition der Faustkeile noch viel länger, bis vor etwa 100 000 Jahren modernere Menschen auftauchten.

Das Aufkommen der Faustkeile hatte die meisten Fachleute zu der Ansicht verleitet, daß bei den Erectinen die Großwildjagd eine entscheidende Rolle bei der Ernährung gespielt habe. Mehrere Fundstellen sollen dafür Belege bergen. Bei Olorgesailie, südwestlich von Nairobi (Kenia), legten Glynn und Barbara Isaac eine Fundstelle mit mehreren Kills frei. Es fanden sich dort nicht nur die Überreste großer Säuger, etwa von Flußpferden, sondern vor allem die Reste von 63 Riesenpavianen, einer heute ausgestorbenen Art, die man zusammen mit mehr als 10 000 wunderschönen Faustkeilen entdeckt hatte. Das Areal war nur zwölf mal 20 Meter groß. Die Archäologen kamen zu dem Schluß, daß an dieser Stelle die Paviane – vermutlich in der Nacht - zusammengetrieben und dann totgeschlagen wurden, als sie zu fliehen versuchten. Andere sind eher davon überzeugt, daß sich die Objekte dieser Fundstelle im Laufe eines längeren Zeitraums angesammelt haben, währenddessen Riesenpaviane bevorzugte Jagdobjekte waren.

Der amerikanische Anthropologe Lewis Binford meldete jedoch nicht nur bei Olorgesailie Zweifel an, sondern stellte die ganze Vorstellung in Frage, daß die Erectinen Großwild gejagt hätten. Seiner Ansicht nach läßt es sich gegenwärtig nicht entscheiden, ob an solchen Fundstellen geschlachtet wurde, oder ob sich das angehäufte Fundmaterial auf andere Weise erklären läßt. Es könnte sich bei den Ablagerungen tierischer Überreste sehr gut um Überbleibsel von Kills handeln, die Hominiden großen Raubtieren abgenommen haben. Nach Binford gilt dies auch für andere klassische Fundstellen, die als »Beweise« für die Großwildjagd im mittleren Pleistozän Europas und Asiens herhalten mußten – Torralba in Spanien und Zhoukoudian in China.

Noch ein weiterer bedeutender europäischer Fundort aus diesem Zeitraum ist heftig umstritten: Terra Amata in Nizza an der französischen Riviera. Hier entdeckte man die Reste zehn großer, oval geformter Hütten. Sie waren zwischen acht und zehn Meter lang, besaßen zentralgelegene Herdstellen, und entlang der Pfostenlöcher und Wände befanden sich in Längsrichtung angeordnete Steine. Der Ausgrabungsleiter Henry de Lumley hielt den 300 000 Jahre alten Fund für eine saisonal genutzte Niederlassung, in der die Bewohner vom Fischen und Sammeln lebten, in erster Linie von Miesmuscheln, Austern und Napfschnecken. Auch an Terra Amata scheiden sich vielfach die Geister, doch lassen sich die belegten Überreste der Pfostenlöcher und Steinwerkzeuge nicht leicht wegdiskutieren. Wenn auch die Originalschicht beeinträchtigt sein worden mag, etwa von Erdrutschen und Frost, bleibt dennoch sehr wahrscheinlich, daß diese Stelle in irgendeiner Weise von menschlichen Gruppen genutzt wurde. Die Pollenanalyse zeigte, daß die Siedlung in diesem Fall besonders während des späten Frühjahrs genutzt wurde.

WAS VERRATEN UNS DIE FUNDE VON ZHOUKOUDIAN?

PETER ROWLEY-CONWY

PETER ROWLEY-CONWY

◁ Allen Schädeln von *Homo erectus*, die man bei Zhoukoudian fand, fehlen die Gesichter und unteren Bereiche. Während man dies früher als einen Hinweis auf Kannibalismus deutete, glaubt man heute, daß die fehlenden Teile von Hyänen oder durch natürliche Zersetzung zerstört wurden.

Stellen Sie sich eine riesige Höhle vor. Eine Höhle, die über Jahrhunderte oder Jahrtausende existiert, und stellen Sie sich nur einige der Dinge vor, die dort während dieser gewaltigen Zeitspanne geschehen sein können. Von Zeit zu Zeit wird die Höhle von Hyänen bewohnt. Sie schleppen ihre Beute herein, nagen die Knochen ab, ziehen ihre Jungen auf, hinterlassen ihren Kot, sterben. Zu anderen Zeiten leben hier Wölfe. Manchmal überwintern riesige Höhlenbären in der Höhle, und von einigen bleiben die Knochen darin zurück. In geeigneten Spalten finden Eulen ihre Ruheplätze, die ihre Gewölle mit den unverdaulichen Fell- und Knochenresten ihrer Beutetiere auf den Boden würgen. Ununterbrochen werden Sand, Staub und Schlamm vom Wind hineingeblasen und vom Regen hineingespült, die nach und nach zu mächtigen Schichten heranwachsen.

Immer wieder brechen Felsstücke aus dem Dach heraus und zermalmen alles, was darunter lag. Die Trümmer bleiben auf dem Höhlenboden liegen, bis auch sie von den anwachsenden Ablagerungen zugedeckt sind. Manchmal versperrt so ein herabfallendes Deckenstück einen bestehenden Zugang oder schafft einen neuen, so daß die Höhle anschließend anders aussieht. In der Nähe der Eingänge wachsen Pflanzen. Ihre Samen werden vom Wind hineingeblasen oder von den Nagetieren hineingebracht, die in den Felsspalten der Umgebung leben. Hin und wieder gehen diese Nager in der Höhle zugrunde oder werden zur Beute von Eulen oder Wölfen. Und während der ganzen Zeit werden die Ablagerungen und Objekte in der Höhle von den immerwährenden Prozessen der Natur bearbeitet, die erodieren, zerbrechen, weiterschleifen, wieder ablagern, verändern und zerstören. Und schließlich kommen manchmal Menschen in die Höhle – nun, warum?

Dies ist das archäologische Problem derartiger Höhlen, nämlich all die angehäuften Einzelereignisse zu entwirren und dabei herauszufinden, was die Menschen dort taten. Lassen Sie uns noch ein paar weitere Probleme einbauen.

Die Ausgrabung der Höhle erfolgt nicht im Zuge eines einzigen, zusammenhängenden Projekts, sondern in einer Serie von Ausgrabungen, die im Laufe mehrerer Jahre unter der Leitung mehrerer Personen stehen. Und einige dieser Ausgrabungen entsprechen nicht modernen archäologischen Standards, nicht etwa aufgrund von Unzulänglichkeiten der verschiedenen Ausgrabungsleiter, sondern einfach weil der wissenschaftliche Stand damals weniger fortgeschritten war als heute.

All dies beschreibt die Lage einer der bekanntesten archäologischen Fundorte Asiens: Zhoukoudian, wo die umfangreichsten Fossilfunde einer lokalen Gruppe von *Homo erectus* auftauchten, die als »Pekingmensch« bekannt sind. Hier wurden mehr Knochen dieser Menschen entdeckt als irgendwo sonst in Asien.

Es ist allerdings extrem schwierig herauszuarbeiten, wie der Pekingmensch lebte. Wir können sicherlich nicht davon ausgehen, daß alle Objekte von Menschen hereingebracht wurden, nur weil dort Steinwerkzeuge gefunden wurden. Stattdessen fangen sich in Höhlen alle möglichen Materialien, und hier kommt es zu den unterschiedlichsten Vorkommnissen. Viele frühe Forscher - unter ihnen besonders der große chinesische Archäologe Pei Wenzhong – wußten dies auch, während andere Geschichten über das Leben des Pekingmenschen verbreiteten, die weit über die vorliegenden Indizien hinausgingen.

Die Kannibalen-Theorie

Allen *Homo-erectus*-Schädeln von Zhoukoudian fehlen die Gesichter und die Unterseiten. Dadurch kam es unter einigen Fachleuten zu Gerüchten über Kannibalismus, wobei diesen Schädeln das Gehirn entnommen worden sein soll, um es zu verspeisen. Zudem wurden wesentlich mehr Schädel als andere menschliche Knochen gefunden, was zur Vorstellung führte, daß Leichen außerhalb der Höhle rituell zerstückelt und nur die Köpfe hineingebracht wurden – daß mit anderen Worten eine Art religiöser Zeremonie dort stattfand.

Allerdings lassen sich diese Funde wesentlich weniger dramatisch erklären. Die fehlenden Schädelteile sind nämlich die dünnsten, die auf natürliche Weise am schnellsten zugrunde gehen. Man darf also nicht zuviel daraus schließen. Zudem wissen wir, daß Hyänen häufig den Schädel ihrer Beute zu ihrem Unterschlupf tragen, um diesen dort an seinen schwächsten Stellen aufzubrechen. So kann es gut angehen, daß bei Zhoukoudian menschliche Gehirne verspeist wurden – aber dann von Hyänen. Vermutlich wurden auch die meisten anderen Tierknochen von diesen Tieren hineingetragen. Viele von ihnen sind unverletzt (während Menschen sie aufgebrochen hätten, um an das Mark heranzukommen).

Hinweise auf Feuergebrauch

Schwarze Schichten, mehrere Meter tief und viele Meter lang, wurden von einigen als Hinweis dafür interpretiert, daß die Menschen dort Feuer unterhielten. Aber auch dies ist unwahrscheinlich. Diese Gebiete sind dafür bei weitem zu umfangreich. Inmitten dieser Schichten entdeckte man viele winzige Gruppen von Nagetierknochen. Also hatten Eulen oberhalb davon ihre Unterschlüpfe und ihre Gewölle dort ausgewürgt. Es könnte sich bei den schwarzen Ablagerungen ohne weiteres um die Ausscheidungen von Eulen handeln, die sich über Jahrtausende angesammelt und vielleicht sogar einmal spontan entzündet hatten. Obwohl keine regulären Feuerstellen gefunden wurden, benutzten die Menschen das Feuer wahrscheinlich dennoch. Bei einigen Tieren sind die oberen Zähne und Schädel verbrannt – und dies muß durch Menschen geschehen sein, vielleicht um die Gehirne zu kochen. Es ist zu bezweifeln, daß die Menschen Tiere jagten. Unter den Steinwerkzeugen wurden weder Speer- noch Pfeilspitzen entdeckt, und bei den Tierköpfen kann es sich ebenso gut um Objekte handeln, die den Kills von Carnivoren entwendet wurden.

Was also können uns die Funde von Zhoukoudian verrraten? Sie sagen uns, daß Menschen die Höhle betraten, dort einige Knochen und Werkzeuge hinterließen und Feuer gebrauchten – aber das ist auch alles. Die Menschen nutzten die Höhle wesentlich seltener als etwa die Hyänen, und die komplizierten Zusammenhänge sollten uns voreiligen Schlüssen gegenüber vorsichtig machen. Damit soll die Bedeutung dieser Fundstelle nicht herabgesetzt werden. Als eine Quelle hominider Fossilien bleibt sie eminent wichtig.

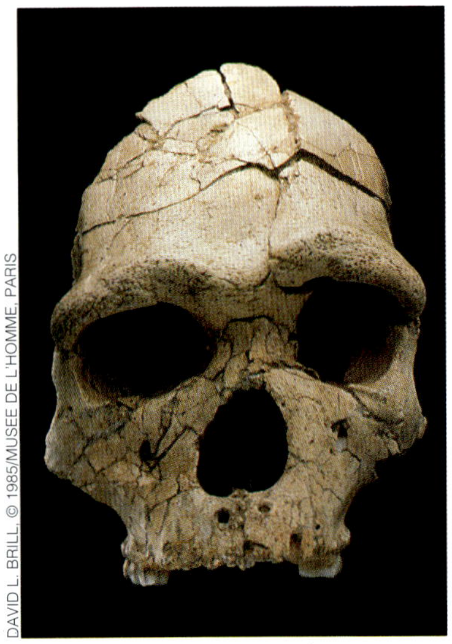

DAVID L. BRILL, © 1985/MUSEE DE L'HOMME, PARIS

△ Dieser Schädel aus Arago, im Osten der Pyrenäen, repräsentiert nach Ansicht vieler Fachleute ein Übergangsstadium zwischen Erectinen und Neandertalern.

FUNDSTÄTTEN DER NEANDERTALER
Die wichtigsten Fundstätten der Neandertaler in Europa und Südwestasien. Die Neandertaler entwickelten sich während einer Warmzeit und überlebten in Europa noch weit bis in die letzte Eiszeit, ungefähr bis vor 33 000 Jahren. Der Küstenverlauf und die Eisdecke sind so dargestellt, wie sie am Höhepunkt der letzten Eiszeit aussahen.

Homo sapiens *in den Startlöchern*

Der Zeitraum zwischen 300 000 und 40 000 Jahren vor unserer Zeit war eine wichtige Übergangszeit zwischen den erectinen und sapienten Menschenstadien und zeichnete sich durch eine Reihe physischer und technologischer Veränderungen aus. Das Hirnvolumen nahm von 1100 auf etwa 1400 Kubikzentimeter zu, und zugleich wurde die Konstitution des Gesichtes und des Körpers der moderner Menschen immer ähnlicher. Die Werkzeugtechnik verfeinerte sich, und im Zeitalter der Neandertaler tauchten die ersten Zeichen für ein rituelles Leben und einen religiösen Glauben auf. Zusätzlich zu der Faustkeil-Tradition der Acheuléen-Tradition trat eine typische Steinspan-Technologie, das Clactonien, benannt nach dem Ort ihrer ersten Entdeckung, Clacton-on-Sea, östlich von London.

Aus dieser bedeutenden Übergangsszeit sind nur wenige menschliche Fossilien erhalten. Allerdings wurden in Europa einige Überreste entdeckt, die offenbar den Ursprung neandertaloider Merkmale belegen. Die junge erwachsene Frau von Swanscombe (England) lebte vor etwa 225 000 Jahren und besaß ein Hirnvolumen von 1325 Kubikzentimeter. Eine andere, bei Steinheim (Deutschland) gefundene Frau ist geringfügig älter. Die bedeutendsten bisher entdeckten Funde dieses Zeitraums stammen jedoch aus Arago in den französischen Pyrenäen und sind mindestens 200 000 Jahre alt. Zweifellos waren dies Vorfahren der klassischen europäischen Neandertaler, die vor etwa 130 000 Jahren zum ersten Mal auftauchten. Vergleichbare Fossilien wurden zum Beispiel bei Bilzingsleben (im Osten Deutschlands) und bei Petralona (nahe Thessaloniki, Griechenland) entdeckt. Erstere besitzen ein Alter von 225 000 Jahren.

Die Funde von Swanscombe, Steinheim und Arago beweisen, daß Menschen mit einer nahezu modernen Hirnkapazität vor 300 000 bis 200 000 Jahren in Europa und vermutlich auch in weiten Bereichen Asiens zu Hause waren. In Süd- und Ostasien wurde *Homo erectus* etwa gleichzeitig von Populationen desselben Typs verdrängt: Die Überreste von Dali und Jinniushan (China) und Hathnora (Indien) sind denen von Steinheim oder Petralona ganz ähnlich. Aber in Südostasien hielt sich *Homo erectus* noch bis vor 100 000 Jahren. Ihre europäischen/westasiatischen Nachkommen waren die rätselhaften Neandertaler.

Das Rätsel der Neandertaler

Seitdem das erste Fossil im Jahre 1856 bei Neandertal (in der Nähe von Düsseldorf) entdeckt worden war, hörte die Diskussion über die Verwandtschaft zwischen Neandertalern und modernen Menschen nicht mehr auf. Neue Neandertaler-Funde führten dazu, daß die Ansichten über die Rolle, die diese Hominiden in der Entwicklungsgeschichte von *Homo sapiens* spielten, immer wieder von neuem überdacht wurde. Gerade vor kurzem haben mehrere afrikanische Funde seit langem eingefahrene und weithin anerkannte Ansichten wieder zunichte gemacht. Wiederum stehen die Neandertaler im Rampenlicht.

Lange Zeit stand es außer Frage, daß besonders das physische Erscheinungsbild der europäischen Neandertaler von dem anatomisch moderner Menschen stark abwich. Ihr Gehirn war im Durchschnitt tatsächlich größer als unseres. Ihr Gesicht war erheblich

KARTOGRAPHIE: RAY SIM

größer; sie besaßen kräftige Überaugenbögen und eine außerordentlich robuste Nase. Ihr massiver Unterkiefer trug ein fliehendes Kinn. Selbst die Zähne waren bedeutend größer und nicht wie unsere in einer Parabol-Form, sondern in einer U-Form angeordnet. Der Kopf wurde von kurzen, sehr kräftigen Halsmuskeln getragen. Zwar erreichten die Neandertaler nur eine Höhe von etwa 1,6 Meter, doch waren sie extrem muskulös. (Vergleiche den Kasten *Die Neandertaler.*)

Trotz der physischen Unterschiede galt der moderne Mensch lange Zeit als ein direkter Nachkomme der Neandertaler. Erst durch die Arbeiten des französischen Paläontologen Marcellin Boule zu Beginn dieses Jahrhunderts verbreitete sich die Ansicht, daß dies aufgrund der großen physischen Unterschiede nicht möglich sei. Die Neandertaler entwickelten sich vor 200 000 bis 100 000 Jahren und werden in der Regel mit der sogenannten Moustérien-Kultur assoziiert, die ihren Namen nach einem französischen Fundort bei Le Moustier in der Dordogne trägt. Da der anatomisch moderne Mensch vor etwa 40 000 Jahren in Europa auftauchte, blieb einfach keine Zeit für einen Übergang von *Homo neandertalensis* zu *Homo sapiens sapiens.* Boule vermutete stattdessen, daß die Neandertaler während der letzten Eiszeit ausstarben und von den neuen Einwanderern ersetzt wurden. Heute wissen wir, daß sich die letzten Neandertaler noch bis vor 35 000 Jahren hielten, so daß sie eine kurze Zeit nebeneinander lebten.

Dann führte eine Serie neuer Entdeckungen dazu, daß die Verwandtschaftsbeziehungen zwischen Neandertalern und *Homo sapiens sapiens* in aufschlußreicher Weise neu interpretiert wurden. Auf dem Berg Karmel bei Haifa (Israel) und an der Mittelmeerküste liegen mehrere seit langem bekannte Höhlen, die bedeutende menschliche Fossilfunde bergen — zum Beispiel Mugharet es-Skhul, Mugharet et-Tabun, Kebara und Jebel Qafzeh. In Qafzeh wurde eine primitive Form des modernen Menschen gefunden, die in dem Gebiet schon vor 92 000 Jahren lebte. Dagegen enthielt die Höhle von Tabun die Reste einer etwa 120 000 Jahre alten Neandertaler-Form, und bei Kebara lebten die Neandertaler gar nur vor 60 000 Jahren — mit anderen Worten lebten sie noch zu der Zeit der modernen Menschen von Qafzeh. In Skhul entdeckte man Überreste, die ungefähr 80 000 Jahre alt waren. Alle diese Menschen lassen sich der Moustérian-Tradition des mittleren Paläolithikums zuordnen, selbst diejenigen mit modernen Merkmalen.

Wenn Neandertaler und Menschen des modernen Typs im Mittleren Osten 60 000 Jahre lang nebeneinander lebten und wenn sich ihr Vorkommen in Europa um etwa 5000 Jahre überschnitt, kann einer nicht vom anderen abstammen. Höchstwahrscheinlich entwickelten sich beide aus *Homo heidelbergensis*: die Neandertaler der gemäßigten Zonen Europas und/oder des Mittleren Ostens aus Vorfahren wie Petralona oder Arago; *Homo sapiens* in Afrika aus Vorfahren wie Kabwe oder Bodo. Tatsächlich kennt man heute eine ganze Serie von Übergangsfunden zwischen *Homo heidelbergensis* und *Homo sapiens*, die ein Alter von (ungefähr) 120 000 bis 130 000 Jahre haben: Omo, Ngaloba, Jebel Irhoud und Eliye Springs. Die frühesten Vertreter unserer Art tauchten vor etwa 100 000 Jahren in Afrika auf und lebten noch viele Jahrtausende lang mit den Neandertalern zusammen, bis etwas eintrat — möglicherweise die zufällige Erfindung der Steinwerkzeugtechnologie des Oberen Paläolithikums — was ihnen einen Vorteil verschaffte, so daß sie sich weiter ausbreiten und die weniger glücklichen Neandertaler verdrängen konnten.

Das Nachdenken über die Neandertaler durchlief mehrere Stufen. In den sechziger Jahren des letzten Jahrhunderts galten sie als unsere Vorfahren. Zwar stellte Boule die Unterschiede zwischen ihnen und uns etwas übertrieben dar, doch muß man ihm zugute halten, daß das von ihm untersuchte Skelett, der »Alte von La Chapelle-aux-Saints«, durch Arthritis entstellt war. William Straus und A. J. E. Cave machten 1952 darauf aufmerksam, und die Neandertaler erhielten aufs Neue einen Platz in unserem Familienstammbaum, wenn auch nur als Vorfahren der modernen Kaukasoiden (Europäer, Bewohner des Mittleren Ostens und Inder). Heute besitzen wir dank neuer Datierungsmethoden, wie Thermolumineszenz und Elektronenspin-Resonanz, neue Einblicke, und wir sehen sie nicht als Vorfahren, sondern eher als unsere Vettern, obwohl sie uns in vielen Merkmalen ähnlich sind. (Vergleiche den Kasten *Datierung der Vergangenheit.*) Wieder einmal rankt sich die Diskussion unmittelbar um die ursprüngliche Heimat des Menschen — um Afrika.

◁ Der Schädel eines der elf Individuen aus Skhul, einer Höhle des Karmelgebirges bei Haifa (Israel). Früher hielt man sie für Neandertaler, während man sie heute den modernen Menschen zurechnet.

DAVID L. BRILL, © 1985/PEABODY MUSEUM HARVARD UNIVERSITY

IRA BLOCK

△ Dieser Neandertaler-Schädel aus der Amud-Höhle am Galiläischen Meer (Israel) besitzt ein Hirnvolumen von 1800 Kubikzentimeter.

IRA BLOCK

△ Der Schädel eines der Individuen, die man in der Höhle von Qafzeh (Israel) entdeckt hatte. Wie die Exemplare von Skhul gelten auch diese Menschen als archaische Formen von *Homo sapiens*.

DIE NEANDERTALER

COLIN GROVES

Wenn es einen ausgestorbenen Menschentyp gibt, von dem jeder schon einmal gehört hat, dann ist dies der Neandertaler. Über Jahrzehntausende durchstreiften Gruppen dieser Menschen die Tundren und Wälder des westlichen Eurasien. In Europa kennt man 60 000 Jahre alte Exemplare, wie die von Saccopastore (Italien) oder auch junge, wie die von St. Césaire (Frankreich), die nur 35 000 Jahre alt sind. Das mit 120 000 Jahren älteste Exemplar Südwestasiens stammt aus der Tabun-Höhle in Israel. Der jüngste, etwa 45 000 Jahre alte Fund stammt aus Shanidar im Irak. Die Neandertaler werden manchmal lediglich als eine zufällig ausgestorbene Rasse von *Homo sapiens* angesehen, manchmal auch als eine eigene menschliche Art, *Homo neandertalensis.* In Südwestasien überlappte ihr Verbreitungsgebiet über -zig Jahrtausende mit dem moderner Menschen, während sie in Europa nur wenige tausend Jahre nebeneinander lebten. Wir wissen nicht, was diese beiden Völker voneinander dachten, ob sie normale Beziehungen unterhielten oder im Krieg standen, oder ob sie sich sogar hin und wieder vermischten. Jedenfalls sind die Neandertaler nicht mehr unter uns. Ihr Verschwinden bleibt ein Geheimnis, jedoch entspricht es der allgemeinen Ansicht, daß unsere eigene Art irgendeinen Vorteil errang, worauf die konkurrenzunfähigen Neandertaler ausstarben.

ILLUSTRATIONEN: JOHN RICHARDS

HATTEN DIE NEANDERTALER EINE RELIGION?

PETER ROWLEY-CONWY

Es entspricht einem verbreiteten archäologischen Scherz, daß jeder Fund, der sich auf eine praktische Weise nicht erklären läßt, als »rituell« bezeichnet wird – und in diesem Scherz steckt mehr als nur ein Körnchen Wahrheit.

DAVID L. BRILL, © 1985

△ In der Höhle von Kebara (Israel) fand man eindeutige Indizien für ein Neandertaler-Grab. Die deutlich erkennbare Grube muß absichtlich – eigens um die Leiche aufzunehmen – ausgehoben worden sein. Dagegen lassen die meisten anderen Neandertaler-Funde keine Absicht einer Bestattung erkennen.

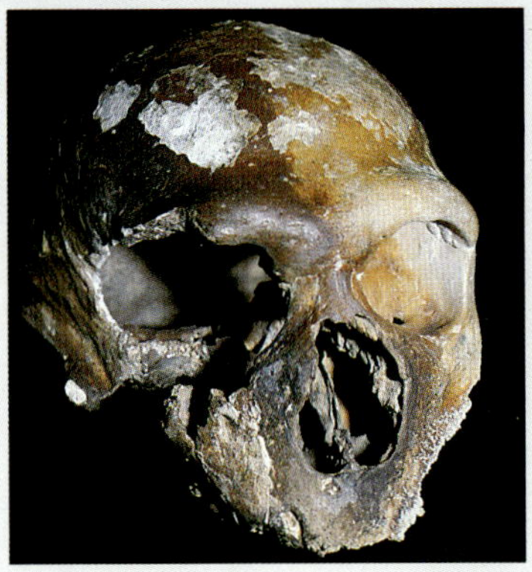

◁ Vermutlich wurde das Loch in diesem Neandertaler-Schädel von Monte Circeo durch eine Hyäne verursacht, die den Schädel aufbrach, um das Gehirn zu fressen.
CHRIS STRINGER/MUSEO NAZIONALE PREHISTORICO EO ETNOGRAFICO "L. PIGORINI", ROME

Der Höhlenbären-Kult

Diese Theorie erlangte vor einigen Jahren durch Jean Auels Roman *The Clan of the Cave Bear* eine gewisse Verbreitung, doch hat sie heute, wenn überhaupt, nur noch wenige Anhänger. Sie gründete auf der Tatsache, daß man zahlreiche Höhlen gefunden hatte, in denen sich Gegenstände der Neandertaler neben Tausenden von Bärenknochen befanden. Alles, was diese Funde beweisen, ist, daß diese frühen Menschen zuweilen eine Höhle aufsuchten, in denen die riesigen Bären überwinterten und manchmal starben. Sie beweist dagegen nicht, daß die Neandertaler irgendeinen dieser Bären getötet hätten, geschweige denn, daß irgendein Ritual damit verbunden gewesen wäre.

Man kennt auch Berichte von Funden aus der Schweizer Drachenloch-Höhle, bei denen mehrere Bärenschädel, zwischen Steintafeln angeordnet, entdeckt worden waren – wie man behauptete, ein klarer Beweis für ein rituelles Verhalten. Allerdings wurden davon zu verschiedenen Zeiten zwei einander widersprechende Zeichnungen publiziert, es gibt keine Fotos davon, und es stellte sich kürzlich heraus, daß am Tage der Entdeckung nicht einmal der Fachmann zugegen war. Alles war lediglich aufgrund der Beschreibungen von Laienarbeitern rekonstruiert worden, die die Grabung ausgeführt hatten. Steinplatten fallen häufiger von Höhlendächern herunter und liegen dann am Boden in ungewöhnlichen Winkeln zueinander, warum nicht auch dort, wo die Knochen toter Höhlenbären lagen? Das Urteil: Eine zufällige Anordnung, durch Wunschdenken hochgespielt.

Kannibalismus

Selbst wenn die Neandertaler einander wirklich gegessen haben sollten, weist dies zunächst nur auf Hunger oder Gier hin. In einer Höhle bei Monte Circeo (Italien) fand man einen Neadertalerschädel, der angeblich in einem Steinkreis lag. Aber auch hier wurde vor der Entfernung des Schädels nichts fotografiert. Später fertigte die Person, die den Schädel gefunden (und entfernt) hatte anstelle eines regelmäßigen Kreises eher einen rohen Steinhaufen, und nichts spricht dafür, daß die Steine absichtlich so angeordnet waren. Am Schädel befinden sich keine Spuren eines Schneidewerkzeugs, doch scheint er von einem Raubtier angebissen worden zu sein. Hyänen bringen häufig Tierschädel in ihren Unterschlupf. Dies erklärt zwar nüchterner, aber wahrscheinlicher, wie der Schädel dorthin gelangte. Urteil: Eine Hyäne hielt auf einem Steinschlag ihr Mahl.

Begräbnisse der Neandertaler

Diese Behauptungen lassen sich weniger leicht abtun. Sicherlich gibt es darunter auch zweifelhafte Äußerungen, so auch das häufig zitierte Begräbnis eines Jungen, der bei Tekish-Tash (Usbekistan) in einem Kreis aus Steinbockhörnern beigesetzt worden sein soll. In Wirklichkeit handelt es sich bei dem Fund um wenige Knochen eines zwölfjährigen Neandertalerjungen, die man in der Nähe einiger Steinbockhörner entdeckt hatte. Nichts spricht dafür, daß diese Hörner jemals in einem Kreis angeordnet waren. Urteil: Nur ein weiteres Hyänen-Mahl.

Auch an dem bekannten »Blumenbegräbnis« von Shanidar (Irak) bestehen erhebliche Zweifel. Hier fehlt nicht nur die Begräbnisgrube. Die Todesursache war ein großer, herunterstürzender Felsüberhang, der den Neandertaler unter sich begrub. Nur eine Ansammlung von Blütenpollen läßt eine rituelle Aktivität vermuten: die Anhäufung von Blumen über der Leiche. Angesichts der verschlungenen Wege, die Ablagerungen in Höhlen zurücklegen, kann der Pollen auf die unterschiedlichste Weise dorthin gelangt sein – vielleicht sogar während der Ausgrabungen. Unser Urteil: Ein unglücklicher Neandertaler, der sich zur falschen Zeit an der falschen Stelle aufhielt.

Wenigstens zwei Fälle scheinen jedoch einer näheren Betrachtung standzuhalten. Bei La Chapelle-aux-Saints (Frankreich) wurde ein Skelett in einer steilwandigen Grube gefunden. Der Fund wurde 1908 publiziert. Diese Grube erscheint zu regelmäßig, als daß es sich um eine natürliche Senke gehandelt haben könnte, in die der Neandertaler einfach hineinkroch, um zu sterben. Es wurde schon behauptet, das Loch sei durch Flutwasser entstanden, doch wirken die Begrenzungen so gerade geschnitten wie die einer normalen Grabgrube. Die deutlichste Grube aus dieser Zeit befindet sich in Kebara (Israel). Diese Grube, in der das Skelett eines Neandertalers gefunden wurde, muß absichtlich ausgehoben worden sein. Urteil: Diese beiden Neandertaler wurden tatsächlich begraben, doch ist damit bewiesen, daß die Neandertaler eine Religion hatten oder an ein Leben nach dem Tode glaubten? Es ist nicht ausgeschlossen, daß man sich hier nur der Leichen entledigen wollte.

Das Moustérien: Zeitalter der Neandertaler

Die Neandertaler waren die ersten Menschen, die sich wirklich dem kalten Klima des Nordens anpaßten. Ingesamt gesehen erfolgte ihre Entwicklung während einer Warmzeit, der letzten Zwischeneiszeit. Allerdings tauchte die klassische Werkzeugtechnik der Neandertaler – das Moustérien (nach dem legendären Felsunterstand bei Le Moustier in der Dordogne) – in Europa erst während der letzten Eiszeit, also vor 70 000 Jahren, auf. Nur im Mittleren Osten waren Moustérien-ähnliche Techniken schon seit 120 000 Jahren im Gebrauch. Sie wurden zu einem ökonomisch flexiblen eiszeitlichen Volk, das alle Voraussetzungen erfüllte, um in der unwirtlichen Arktis zu überleben.

Wie schon ihre Vorfahren streiften auch die Neandertaler durch umfangreiche Territorien und richteten zu verschiedenen Jahreszeiten vorübergehende Lager ein. Vermutlich spielte die Großwildjagd (besonders die auf Hirsch und Ren) eine zunehmende Rolle bei ihrem Nahrungserwerb. Vor allem aber zwang das kalte Klima diese Menschen, ihre Ernährungsweise dem Kreislauf der Jahreszeiten anzupassen, und die immer reichhaltigeren Ansammlungen verschiedener Steinwerkzeuge mit unterschiedlichen Funktionen können als eine Folge davon interpretiert werden. Zu gewissen Jahreszeiten war es unerläßlich, Nahrungsmittel zu horten. Höhlenöffnungen und überhängende Felsen, sogenannte *Abri*, wurden normalerweise als Wohnstätten benutzt, und obwohl man auch zahlreiche Lager kennt, die sich unter freiem Himmel befanden, ist es angebracht, den Begriff »Höhlenmenschen« auf die Neandertaler anzuwenden.

Vor etwa 130 000 Jahren machte die Werkzeugtechnik gewaltige Fortschritte. Zum ersten Mal wurden Steinkerne vorgeformt, um den vorgesehenen Splittern ein bestimmtes Aussehen und eine bestimmte Größe zu geben. Dieser Herstellungsprozess wird – nach einem Fundort außerhalb von Paris – als Levalloisien-Technologie bezeichnet. So konnte das Rohmaterial leichter und besser genutzt werden, und von demselben Kern ließen sich mehr Splitter schlagen als zuvor. Nach ihrem Aussehen heißen die so vorbereiteten Kerne »Schildkrötenkerne«.

Mit Hilfe dieser neuen Technik wurde es möglich, eine Reihe neuer Werkzeugtypen für den verschiedenartigsten Gebrauch zu entwickeln – insbesondere unterschiedliche Arten von Schabern und Spitzen. Während des Moustérien wurde diese Technik noch weiter verfeinert, und die neuen Werkzeuge erhielten wirkungsvolle, widerstandsfähige Ränder. Durch Feinbearbeitung wurden die Objekte noch geschärft, so daß ein gezähnter Rand entstand.

Die Moustérien-Technologie wies eine Reihe regionaler Unterschiede auf, bei denen die Werkzeugzusammensetzung in weitem Rahmen variierte. Einige Fachleute hielten dies für Hinweise auf verschiedene europäische »Neandertaler-Kulturen«, die nebeneinander existierten. Andere vermuten, daß die Unterschiede dieser Werkzeuge in ihrer Funktion zu suchen oder daß sie nur die Folgen eines schrittweise eintretenden, zeitabhängigen Wandels seien. Wie dem auch sei, die neue Werkzeugtechnik der Neandertaler war vielfältiger und besser ihren Funktionen angepaßt als jemals zuvor. Die Moustérien-Technik war die Folge der Fähigkeit der Neandertaler, den Anforderungen ihrer Umwelt zu begegnen.

Wie wir schon gesehen haben, kam es innerhalb der Population der Neandertaler zu einer großen anatomischen Variabilität. Die Überreste klassischer Neandertaler sind auf das westliche Europa beschränkt, und bei den Exemplaren aus Südwestasien sind die Merkmale weniger extrem ausgeprägt. Man vermutet, daß diese physische Vielfalt auf klimatische Anpassungen zurückzuführen ist, zumal die europäischen Neandertaler als einzige in einer regelrechten Eiszeitumgebung lebten. Ganz anders sahen Neandertaler-ähnliche Menschen in Afrika und Südostasien aus. Und an Orten wie Kabwe (ehemals Broken Hill) in Zambia (der sogenannte »Rhodesien-Mensch«), Hopefield (Saldanha) bei Kapstadt (Südafrika) und Ngandong am javanischen Solo-River wurden einige der Fossilien entdeckt, die man für afro-asiatische Parallelen zu den europäischen Neandertalern hielt. Die Funde von Kabwe und Saldanha, so weiß man heute, gehören zu *Homo heidelbergensis*, während es sich bei den Fossilien von Ngandong um späte (nur 100 000 Jahre alte) Überlebende von *Homo erectus* handelt.

Die bemerkenswerten Begleitumstände der Funde von Ngandong oder Solo führten zu der Vermutung, hier könnte Kannibalismus vorgelegen haben. Alle elf Schädelfunde bestanden lediglich aus den Hirnschädeln, der Rest des Kopfes und Gesichtes fehlte. Da das gesamte Material in einem begrenzten Umkreis ge-

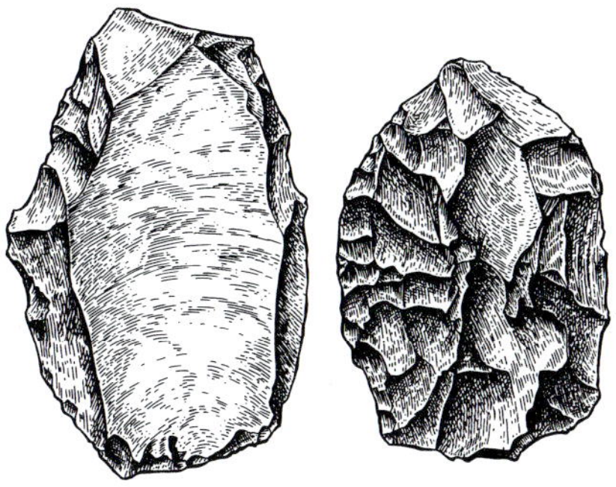

△ Wie ein Werkzeug des Levalloisian entsteht: Ein geeigneter Stein wird an den Rändern und der oberen Oberfläche zugeschlagen. Darauf erzeugt man an einem Ende des Rohsteins eine senkrechte Schlagfläche. Schließlich wird ein großes Stück (rechts), das Endprodukt, vom Rohstein (links) abgehauen.
ILLUSTRATIONEN: KEN RINKEL

▽ Der klassische Felsüberhang bei Le Moustier am Vézère-Fluß in der Dordogne (Frankreich). Dieser Wohnort der Neandertaler verlieh dem Moustérien seinen Namen. Im Jahre 1908 legte man hier das Skelett eines Neandertaler-Jungen frei.

GÖRAN BURENHULT

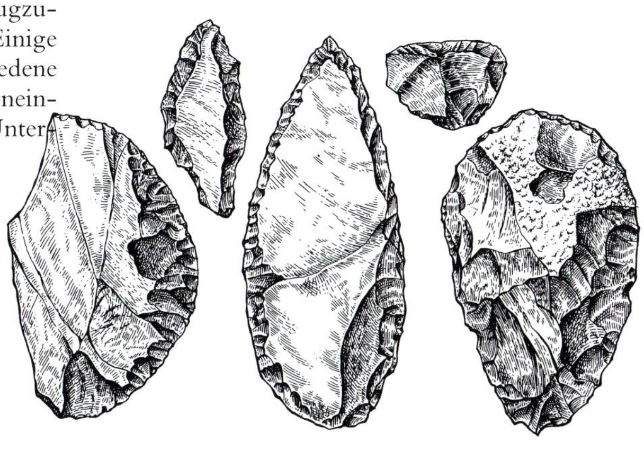

◁ Einige Beispiele von Schabern und Spitzen aus dem Moustérien. Die Werkzeugtradition des Moustérien ist eng mit den Neandertalern verbunden und ist an Neandertaler-Fundstätten in Europa, Westasien und Nordafrika nachweisbar. Verwandte Technologien kennt man aus Afrika sowie aus Süd- und Ostasien.
ILLUSTRATIONEN: KEN RINKEL

▽ Lange Zeit ging man davon aus, daß das Quartär von drei oder vier unterschiedlichen Eiszeiten beherrscht wurde. In den letzten Jahrzehnten stellte sich jedoch heraus, daß die klimatischen Fluktuationen im Laufe der Zeit ein wesentlich komplizierteres Bild bieten. Die linke Diagrammseite zeigt globale Klimaveränderungen, wie sie aus Tiefseebohrkernen des äquatorialen Pazifik rekonstruiert wurden. Indem man das Verhältnis der Sauerstoff-Isotope in verschiedenen Tiefen solcher Sedimentkerne bestimmt, kann man die Veränderungen der globalen Temperaturen nachvollziehen. Die herkömmliche Terminologie der verschiedenen Eiszeiten und Zwischeneiszeiten ist auf der rechten Seite angegeben.

funden wurde, interpretierte man es als die Überreste eines rituellen Mahles aus Menschenfleisch. Auch die Knochen von 20 Individuen, die man bei Krapina (Kroatien) entdeckte, – es handelte sich um Männer, Frauen und Kinder, deren Schädel und Knochen zerschmettert und gespalten waren – wurden als Hinweis dafür gewertet, daß Neandertaler dem Kannibalismus gefrönt hätten. Andere Fachleute stellten dies wiederum in Frage. Sollte es sich so verhalten haben, gibt es dann noch weitere Hinweise, die die Vorstellung stützen, daß die Neandertaler die ersten Menschen mit ausgeprägten Ritualen und religiösem Glauben gewesen seien (siehe auch Seite 70)? Es scheint, daß die ersten Begräbnisse in diese Richtung weisen.

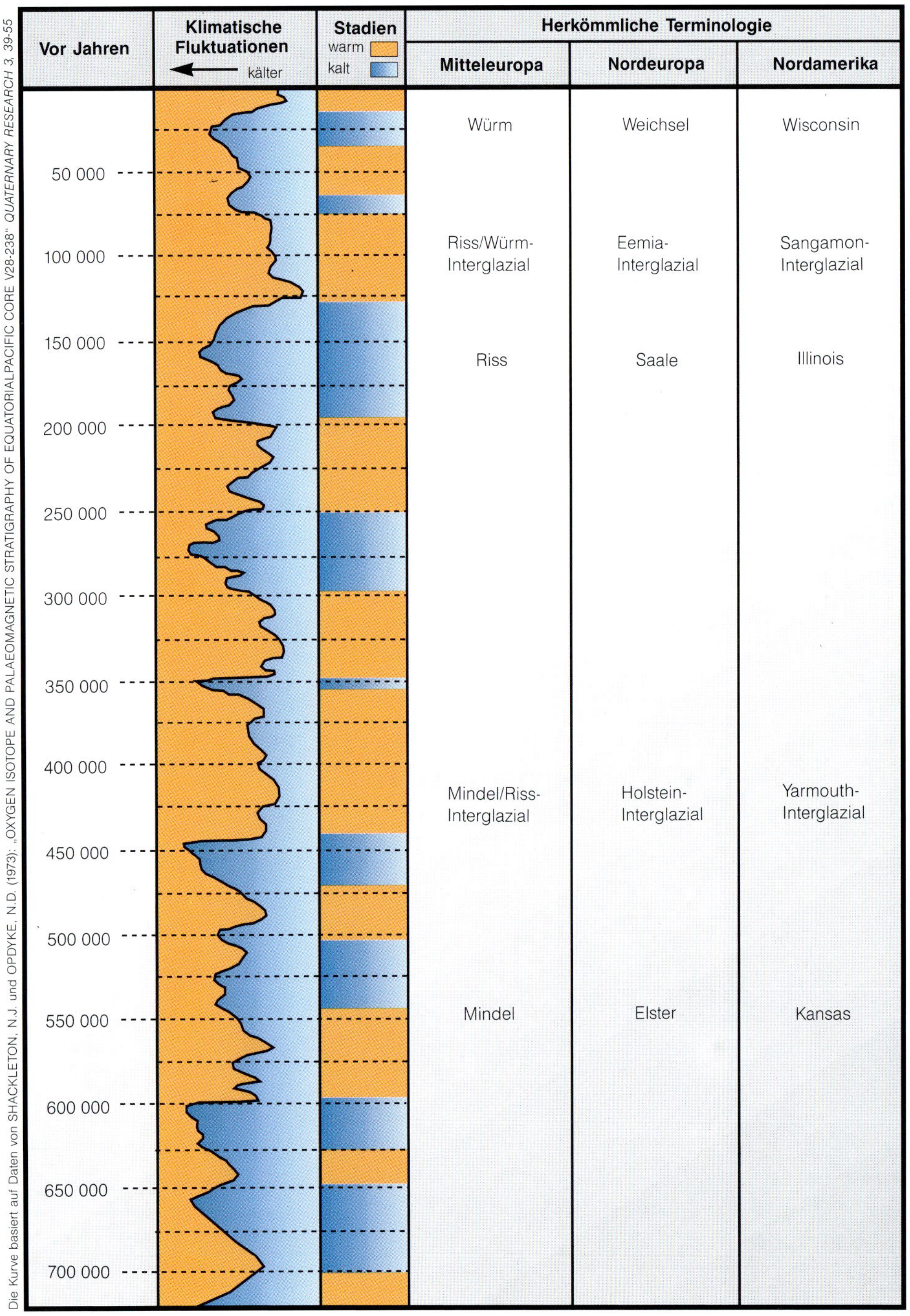

Die Kurve basiert auf Daten von SHACKLETON, N.J. und OPDYKE, N.D. (1973): „OXYGEN ISOTOPE AND PALAEOMAGNETIC STRATIGRAPHY OF EQUATORIALPACIFIC CORE V28-238" *QUATERNARY RESEARCH 3*, 39-55

Ursprünge von Begräbnissen und religiösem Glauben?

Der Tod ist für uns alle unausweichlich. Es ist daher bei allen Menschen üblich, die sterblichen Überreste auf die eine oder andere Weise loszuwerden, sei es nun in prähistorischer oder in heutiger Zeit. Mit dem Aufkommen der ersten Begräbnisse wird deutlich, daß der Mensch bereits ein weiter fortgeschrittenes Vermögen zur Abstraktion und zur mündlichen Kommunikation erreicht hat. Ob in einem Begräbnis nun die Ahnung von einem Totenreich zum Ausdruck kam oder nur das Bedauern über den Verlust eines Familienmitglieds, zeigt die Begräbniszeremonie etwas von rituellen Vorstellungen und langfristigem Denken, das vorher unmöglich gewesen war. Begräbnisbräuche, etwa das Besprengen des Toten mit rotem Ocker oder das Mitgeben von Grabbeigaben, zeugen von einer Welt magischen Denkens, das noch hinter die endgültigste aller Grenzen reicht – die des Todes.

Lange Zeit war man allgemein unter Fachleuten davon überzeugt, daß die Neandertaler ihre Toten bestatteten, und in Europa und Südwestasien sind mehrere entsprechende Fundstellen bekannt, die meisten davon in Höhlen. In einer Grube bei Le Moustier, in der Dordogne, wurde ein männlicher Jugendlicher entdeckt. Sein Kopf ruhte auf einer Ansammlung von Feuersteinsplittern, und ein Arm war, wie zum Ausruhen, unter den Kopf gelegt. Ähnliche Funde wurden in verschiedenen anderen Neandertaler-Siedlungen in Frankreich gemacht, zum Beispiel bei La Ferrassie und La Chapelle-aux-Saints.

Bei La Ferrassie förderte man ein kleines Gräberfeld zutage, in dem zwei erwachsene Individuen und vier Kinder in dicht beieinander liegenden Gruben beerdigt waren. Viele der französischen Gräber waren mit rotem Ocker besprengt, und in der Nähe sämtlicher Gräber oder unmittelbar darin wurden große Mengen von Tierknochen gefunden.

An den Westhängen des Himalaya wurde ein bemerkenswertes Neandertalergrab freigelegt. Bei Teshik-Tash in Usbekistan war ein kleines Kind mit den Hörnern sechs wilder Ziegen begraben worden, die um das Grab herum in einem Ring angeordnet waren. Spuren am fast vollständig erhaltenen Skelett zeigten, daß man das Fleisch des Kindes vor der Bestattung entfernt hatte, möglicherweise aus rituellen Gründen. Weitere auffällige Gräber wurden bei Shanidar im irakischen Zagros-Gebirge entdeckt, wo, nach Aussagen der Ausgräber, ein 30jähriger Mann in einem Blumenbett gelegen haben soll. Durch Pollenanalyse ließen sich unter anderem Schafgarbe, Schachtelhalm, Distel, Kornblume, Traubenhyazinthe und Stockrose nachweisen.

In letzter Zeit haben aber viele Experten die Gräber der Neandertaler und deren Beweiskraft in Frage gestellt. Ausgrabungen steinzeitlicher Fundstätten sind immer schwierige Unternehmungen, und die Stratigraphie ist stets schwierig zu deuten. Später am Fundort eintretende Vorkommnisse oder herabfallender Schmutz machen es häufig unmöglich festzustellen, was wirklich damals stattfand, als die Leiche begraben wurde.

Nach Ansicht einiger Fachleute gibt es überhaupt keine Hinweise dafür, daß Neandertaler ihre Toten begraben hätten, und daß der vorgefundene Zustand der Gräber nur eine Folge von Zufällen und späteren Störungen gewesen sei. Dagegen läßt sich anführen, daß es ebenso keinerlei Hinweise darauf gibt, daß die Neandertaler keine Begräbnisse vornahmen.

In allen wissenschaftlichen Auseinandersetzungen bleibt es unerläßlich, neue Hypothesen anzubringen und sogleich in Frage zu stellen, um auf diese Weise eine immer kritischere Betrachtung des betreffenden Materials zu erzwingen. Und sofern archäologische Fragen betroffen sind, muß auch das Umfeld geprüft werden, in dem die Funde gemacht wurden. Aus naheliegenden Gründen rechneten frühere Archäologen viele der entdeckten Neandertaler-Skelette unkritisch als Begräbnisse, so daß in diesen Fällen eine zweite Untersuchung folgen muß. Ebenso wichtig bleibt jedoch festzuhalten, daß wir die meisten dieser Fälle zur Zeit nicht einfach nur als Zufallsprodukte abtun können. Vielleicht ist das Neandertaler-Grab, das erst kürzlich in der Kebara-Höhle an den Hängen des Karmel-Berges (Israel) freigelegt wurde, imstande, den seit Jahren währenden Streit beizulegen. Es scheint, daß der Bau der betreffenden Grabstätte, der sich von allen bisher entdeckten Neandertaler-Gräbern unterscheidet, deutlich auf ein absichtliches Begräbnis hinweist.

Auch im Zusammenhang mit den Funden zweier anderer klassischer europäischer Fundstellen kamen Zweifel am rituellen Leben der Neandertaler auf. Es handelt sich um Regourdou in der Dordogne und um Monte Circeo, das südlich von Rom liegt. Bei Regourdou fand man eine rechteckige Grube, die die Schädel von wenigstens 20 Höhlenbären enthielt und mit einer großen Steinplatte zugedeckt war. In unmittelbarer Nähe befanden sich das komplette Skelett eines Bären und das unvollständige eines Neandertalers. Dieser Fund gilt als ein möglicher Beleg für den Bärenkult der Neandertaler, eine Kultform, die noch bis vor kurzem von vielen arktischen Völkern praktiziert wurde. Allerdings sind die genauen Umstände dieses Fundes noch ungeklärt, und heute fühlen sich viele Fachleute bei dieser Interpretation nicht wohl.

Soweit es das archäologische Material betrifft, ist es extrem schwierig, daraus auf Ahnungen vom Übernatürlichen oder auf das Vorhandensein magischer oder religiöser Vorstellungen der Neandertaler zu schließen. Es ist aber in keinem Fall übertrieben zu behaupten, daß alle diese Funde dafür sprechen, daß die Neandertaler ein kompliziertes ideologisches und soziales System entwickelt hatten, das sich später auch für den modernen Menschen als typisch erweisen sollte.

RALPH S. SOLECKI

△ Ansammlungen von Pollen, die man neben dem Skelett dieses 30jährigen Neandertalers in der Höhle von Shanidar (Nordirak) fand, verleiteten einige Fachleute zu der Ansicht, daß er auf einem Blumenbett begraben worden sei. In letzter Zeit haben andere jedoch ihre Zweifel daran angemeldet, daß er überhaupt absichtlich begraben worden sei.

RALPH S. SOLECKI

◁ Die gewaltige Höhle von Shanidar in Kurdistan (im äußersten Norden des Irak) barg Neandertaler-Funde, die auf ein Alter zwischen 60 000 und 44 000 Jahre datiert wurden. Neun Individuen wurden hier freigelegt, darunter das heftig umstrittene Grab des oben gezeigten 30jährigen Mannes. Daneben fand man auch Tierknochen, etwa von Wildziegen und Wildschweinen.

DIE DATIERUNG DER VERGANGENHEIT

COLIN GROVES

Fossilien, die älter sind als einige Jahrzehntausende enthalten kein Material mehr, das sich direkt datieren ließe. Es werden also nicht die Fossilien selber datiert, sondern die Ablagerungen, in denen sie sich befinden. Die Datierungsmethoden lassen sich grob in absolute und relative Methoden unterteilen.

Absolute Methoden

DIE URAN-BLEI-DATIERUNG

Uran ist ein radioaktives Material. Bei seiner Zersetzung verwandelt sich also sein Atomkern in regelmäßigen Abständen, wobei es in andere Elemente übergeht und eine Reihe durchläuft (die sogenannte U-Reihe), die im Element Blei endet. Die beiden Hauptererscheinungsformen (Isotope) des Urans, U235 und U238, zerfallen mit unterschiedlicher Geschwindigkeit und in unterschiedlichen Zwischenstadien in zwei verschiedene Blei-Isotope. Da wir diese Zerfallsraten kennen (unter normalen Bedingungen, wie sie auf der Erde herrschen, sind sie immer gleich), können wir zurückrechnen, zu welchem Zeitpunkt der Zerfall begann und damit das Alter der Ablagerungen mit dem Uran bestimmen – einschließlich aller enthaltenen Fossilien. Mit der Tatsache, daß die beiden Isotope unterschiedliche Zerfallszeiten haben, läßt sich das errechnete Alter intern noch einmal überprüfen, um sicherzugehen, daß nichts verlorenging oder hinzukam, seit die Ablagerung dort existiert. Mit der Uran-Datierung lassen sich Ablagerungen bestimmen, die so alt sind wie die Erde selber – rund 4,5 Milliarden Jahre.

DAVID L. BRILL/© NATIONAL GEOGRAPHIC SOCIETY

◁ Die Kalium-Argon-Datierung ist noch immer die wichtigste Methode zur Altersbestimmung von Gesteinen, in denen hominide Fossilien gefunden werden. Hier analysiert ein Geophysiker eine Gesteinsprobe mit dem Ziel, den Anteil des radioaktiven Kaliums zu berechnen, der zu Argon zerfallen ist. Damit kann er den Zeitraum bestimmen, der seit dem Vulkanausbruch verstrichen ist, der dieses Gestein einst hervorbrachte.

DIE KALIUM-ARGON-DATIERUNG

Viele Mineralien der Erdkruste enthalten das Element Kalium (K). Ein winziger Anteil davon liegt in seinem Radio-Isotop Kalium-40 (K40) vor. Wie das Uran, zersetzt sich auch dieses innerhalb bekannter Zeiträume und wird zum Gas Argon (Ar).

Wenn ein Vulkan ausbricht, speit er geschmolzene Lava aus, in der kaliumhaltige Mineralien vorkommen, und das aus der Zersetzung von K40 entstandene Argon gelangt in die Atmosphäre. Beim Abkühlen der Lava bilden sich Kristalle, in denen sich das Argon, das anschließend gebildet wird, fängt. Mißt man nun die relativen Anteile des in den Kristallen vorhandenen K40 und des Argons, läßt sich errechnen, zu welcher Zeit die Lava sich abkühlte - also wann der Vulkan ausbrach. Mit dieser Methode lassen sich Lavaflüsse leicht datieren.

Schon nach kurzer Zeit beginnen vulkanische Lava- und Ascheablagerungen zu erodieren. Sie werden vom Fließwasser fortgeschwemmt und anderenorts als Sedimente abgelagert, wo sie sich mit Sedimenten anderer Herkunft vermischen. Ablagerungen aus rezenter vulkanischer Herkunft werden als Tuffstein bezeichnet. In einem tektonisch aktiven Gebiet wie dem ostafrikanischen Senkungsgraben sind die Sedimente schichtweise mit Tuffen durchsetzt, so daß man in der gesamten Formation eine Reihe von Datenintervallen erheben kann. Wie die Datierungsmethode der Uran-Reihe, läßt sich auch die Kalium-Argon-Methode sowohl für extrem alte als auch für überraschend junge Ablagerungen einsetzen.

DIE RADIOCARBON-DATIERUNG

Dies ist eine der wenigen Methoden, die auf die Fossilien selber angewandt werden. Allerdings läßt sie sich nur auf die letzten 50 000 Jahre anwenden (mit Hilfe von Spezialtechniken auch auf 70 000 Jahre). Pflanzen nehmen Kohlenstoff aus der Atmosphäre auf, und dieser Kohlenstoff enthält einen winzigen Anteil des Radio-Isotops C14 (letzteres entsteht durch kosmische Strahlung in der Atmosphäre). Nach ihrem Tode nimmt die Pflanze keinen Kohlenstoff mehr auf, und so geht aus den Überresten immer mehr C14 verloren. (Es zersetzt sich zu Stickstoff.) Wir können die Menge des verbleibenen C14 berechnen und damit auch den Zeitraum, der seit dem Tode der Pflanze verstrichen ist. Allerdings liegt die Zerfallsrate so hoch, daß der gesamte Anteil des C14 nach wenigen Jahrzehntausenden verschwunden ist.

Tiere nehmen mit den Pflanzen auch deren Kohlenstoff auf, und daher lassen sich auch deren Überreste in dieser Weise behandeln. Heute wissen wir, daß der Anteil des C14 in der Atmosphäre fluktuiert – vermutlich entsprechend der kosmischen Strahlungsaktivität. Daher müssen Radiokarbon-Daten gegen einen bekannten Standard, etwa die Jahresringe von Bäumen, geeicht werden.

DIE THERMOLUMINESZENZ-DATIERUNG

Wenn bestimmte Sedimenttypen dem Sonnenlicht ausgesetzt oder auf andere Weise erwärmt werden, bleichen sie aus, und es werden Elektronen aus der Umgebung eingefangen. Werden die Sedimente dann verschüttet, gelangen die gefangenen Elektronen nach und nach ins Freie zurück. Wir können das Licht messen, das von diesen Restelektronen ausgesandt wird. Und wenn wir uns so über die ursprüngliche Lichtdosis klar geworden sind, können wir den Zeitraum berechnen, der verging, seitdem die Sedimente zum ersten Mal verschüttet wurden. Mit der Thermolumnineszenz-Datierung (TL) lassen sich dieselben Zeiträume abdecken wie mit der C14-Methode, also sind beide Verfahren geeignet, einander zu überprüfen. Diese Methode wird heute zunehmend dafür eingesetzt, Ablagerungen zu bestimmen, die in der früher undatierbaren Zeitspanne zwischen 50 000 und 100 000 Jahren liegen.

Die Elektronenspin-Resonanz-Datierung, eine erst vor kurzem entwickelte Methode, mißt die eingefangenen Elektronen direkt. Sie läßt sich daher zur Datierung biologischen Materials, etwa des Zahnschmelzes, einsetzen.

DIE DATIERUNG NACH KERNSPALTUNGS-SPUREN

Außer dem radioaktiven Zerfall kommt es beim U235 manchmal auch zu einer spontanen Kernspaltung, und die dabei freiwerdenden subatomaren Partikel hinterlassen Spuren in den Mineralien. Mit Hilfe von Flußsäure lassen sich diese Spuren herausätzen und zählen. Da wir die Rate kennen, mit der diese Spaltungsvorgänge eintreten, können wir die Zeit berechnen, die vergangen ist, seitdem sich das Mineral abkühlte und ablagerte. In vulkanischem Glas findet man ausgezeichnete Spaltungsspuren, so daß man mit dieser Methode Kalium-Argon-Datierungen hervorragend und zweifelsfrei kontrollieren kann.

Relative Methoden
DATIERUNG DER FAUNA

Da immer wieder neue Datierungsmethoden entwickelt werden, bleiben nur wenige Fundstellen, die nicht mit Hilfe dieser absoluten Methoden datiert werden können. Soweit es die Entwicklungsgeschichte des Menschen betrifft, bleiben unter den bedeutenden Fundorten, die noch immer nicht datierbar sind, lediglich die des südafrikanischen Hochveldt übrig: Taung, Sterkfontein, Makapansgat, Swartkrans und Kromdraai. Hier setzt man das Verfahren der Faunendatierung ein.

Langlebige Arten – zum Beispiel gewisse Schweine, Affen und Antilopen – haben sich in verschiedenen Stadien entwickelt. An einigen Stellen, etwa bei Koobi Fora und Olduvai im ostafrikanischen Senkungsgraben, kann man ihre Überreste mit Hilfe der Kalium-Argon und der oben beschriebenen Fission Track-Methoden datieren. Von diesen Arten sind also bei den Messungen bestimmte Kurvenverläufe und Datenkonzentrationen zu erwarten, die man kennt. Anschließend vergleicht man die Tierfossilien der Fundorte, wie Sterkfontein, mit denen derselben Art von den bereits datierten ostafrikanischen Fundstellen, um ihren Entwicklungsstand zu bestimmen.

PALÄOMAGNETISMUS

Ein weiteres Verfahren beruht auf der Tatsache, daß sich das Magnetfeld der Erde im Laufe der geologischen Vergangenheit mehrfach umgepolt hat. Zur Zeit ist es auf den magnetischen Nordpol ausgerichtet, jedoch lag das Zentrum vor 700 000 Jahren in der Nähe des heutigen Südpols. Einige hunderttausend Jahre zuvor war es wiederum nördlich orientiert und so weiter. Häufig bleiben Reste der magnetischen Ausrichtung in Ablagerungen zurück. Daher kann man für einige Fundstellen eine paläomagnetische Säule anfertigen, die den Wechsel zwischen dem »normalen« (nordwärts) und dem »umgekehrten« (südwärts) ausgerichteten Magnetfeld aufzeigt. Dieses läßt sich mit der Standardsäule vergleichen (die auf Hunderten von Meßergebnissen bekannter Datierung von der ganzen Welt beruht). Auch andere Hinweise, etwa das Vorhandensein von Schlüsselfossilien oder irgendwelcher absoluten Streudaten, die in der Folge irgendwo erfaßt wurden, können dazu beitragen, die magnetischen Umkehrungen an dem Standard auszurichten.

CHEMISCHE METHODEN

Auch chemische Methoden werden manchmal eingesetzt. In vielen Gebieten wechselt die chemische Zusammensetzung der Fossilien. So enthält ein Fossil zum Beispiel um so mehr Fluor, je älter es ist. Dieses Verfahren läßt sich nur in sehr begrenzten Regionen anwenden, wo die Zusammensetzung des Bodens nicht zu stark variiert. Eine andere Methode basiert auf der Tatsache, daß die Aminosäuren, die Bausteine der Proteine, bei einem lebenden Organismus das polarisierte Licht nach links drehen. Nach seinem Tode ändert sich die Polarisierung langsam, bis der Anteil links- und rechtsdrehender Aminosäuren gleich ist. Allerdings variiert die Rate, mit der dies geschieht, mit der Temperatur und besonders mit der Feuchtigkeit. Also kann man diese als Aminosäure-Razemisierung bekannte Methode nur unter ganz eingeschränkten Bedingungen einsetzen.

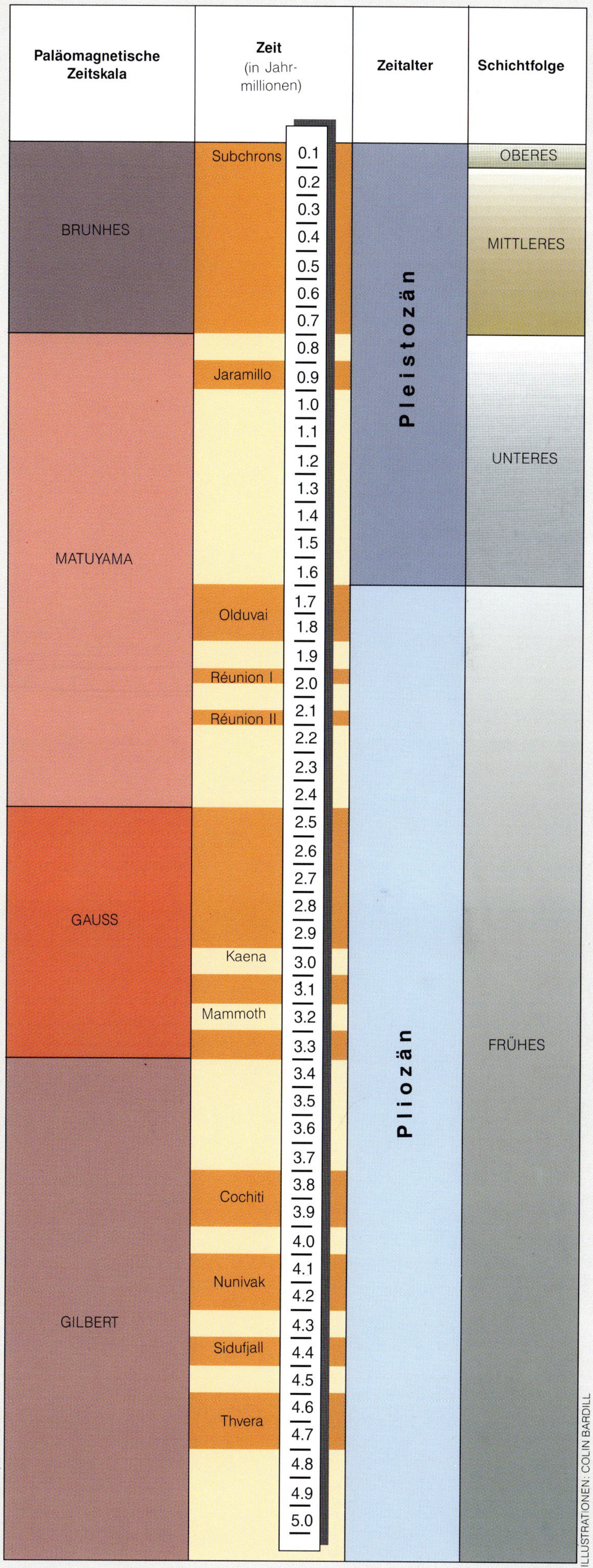

ILLUSTRATIONEN: COLIN BARDILL

▷ Über den geologischen Zeitraum hat sich das Magnetfeld der Erde mehrfach umgekehrt. Lange Zeit war der vorherrschende Magnetismus normal, also so wie heute, und während kürzerer Perioden genau gegensätzlich. Die nebenstehende Grafik zeigt die magnetischen Verhältnisse über die letzten fünf Millionen Jahre.

IRA BLOCK, 1989

DER MODERNE MENSCH IN AFRIKA UND EUROPA

Vor 200 000 bis 10 000 Jahren

Außerhalb Afrikas: Die Anpassung an die Kälte

Wie immer wir die Verwandtschaft zwischen modernen Menschen und Neandertalern bewerten, Tatsache ist, daß *Homo sapiens* vor etwa 40 000 Jahren nach Europa einwanderte und dabei neue technische und geistige Fähigkeiten mitbrachte. Zwischen der Werkzeugtechnologie der europäischen Neandertaler während des mittleren Paläolithikums (der sogenannten Moustérien-Tradition) und der des oberen Paläolithikums (der Aurignac-Tradition) bestehen jedoch bedeutende Unterschiede. Sie lassen sich unmittelbar auf die Ankunft des modernen Menschen in Europa zurückführen.

Eine der grundlegenden Veränderungen bestand in dem Übergang von Abschlagwerkzeugen zu Klingen. Die Schaber der Neandertaler sind Seitenschaber, deren eine Seite an einem Rand überarbeitet ist, während es sich bei den Klingenschabern, die während des oberen Paläolithikums in Europa auftauchten, um Endschaber handelt. Zusätzlich tauchten zahlreiche weitere Werkzeugtypen auf, darunter verschiedene Varianten von Meißeln und Spitzen.

◁ Die an der Grenze zwischen Südafrika und Swasiland gelegene Border Cave gehört zu einigen südafrikanischen Fundstätten, die die Entstehung unserer Art in neuem Licht erscheinen ließen. Die ältesten Schichten, die auf eine Besiedlung zurückgehen, sind etwa 200 000 Jahre alt.

△ Eine Speerspitze mit gespaltener Basis aus der Aurignac-Tradition aus Gorge d'Enfer in der Dordogne (Frankreich).

J. M. LABAT/AUSCAPE

FUNDSTELLEN DES MODERNEN MENSCHEN IN AFRIKA
Die fossilen Überreste und Werkzeuge moderner Menschen, die in Afrika an diesen Orten gefunden wurden, datieren aus der Zeit vor 120 000 Jahren bis zum Ende der letzten Eiszeit. Während diejenigen Werkzeuge, die aus dem Gebiet nördlich der Sahara stammen, den europäischen ähnlich sind, sind diejenigen aus dem Bereich südlich der Sahara als die Industrien der Mittleren Steinzeit bekannt.

KARTOGRAPHIE: RAY SIM

▷ Die Höhle an der Mündung des Klasies River an der südlichsten Spitze Afrikas erwies sich für das Verständnis der Entwicklungsgeschichte von *Homo sapiens* als außerordentlich wichtig. Die hier gefundenen fossilen Reste moderner Menschen wurden auf ein Alter zwischen 115 000 und 80 000 Jahren datiert. Fossile Muscheln, Napfschnecken und Robben, die ebenfalls ausgegraben wurden, zeigen, welche Bedeutung die Nahrung aus dem Meer für die frühen modernen Menschen dieser Gegend besaß.

H.J. DEACON

△ Ein Meeresblick an der Mündung des Klasies River. Offenbar kam ein erheblicher Teil der Nahrung für die damaligen Bewohner dieser Gegend aus dem Meer.

Während die Neandertaler ihre Werkzeuge nur ausnahmsweise aus Geweihen, Knochen oder Elfenbein fertigten, spielten diese neuen Rohstoffe in der Werkzeugtradition dieser Zeit eine neue und bedeutende Rolle. Es entstanden wertvolle, gut polierte Gegenstände für den täglichen Gebrauch, aber auch wunderschön verzierte Kunstwerke und Schmuckstücke. Und bald nach der Einführung dieser neuen Werkzeugtypen entwickelten sich regionale Unterschiede hinsichtlich ihrer Verwendung und ihrer Verzierung ganz im Gegensatz zu der konservativen, homogenen Technologie der Neandertaler.

Die deutlichsten Unterschiede zwischen modernen Menschen und Neandertalern liegen jedoch viel tiefer als nur in der Art, in der sie ihre Werkzeuge herstellten und gebrauchten. Der amerikanische Anthropologe Richard Klein faßt sie folgendermaßen zusammen: »Anfangs unterschied sich ihr Verhaltensspektrum von dem der Neandertaler nur wenig. Aber irgendwann entwickelten sie – vielleicht aufgrund einer neurologischen Veränderung, die sich fossil nicht nachweisen läßt - eine Fähigkeit zur Kultur, die ihnen über die Neandertaler und alle anderen nichtmodernen Menschen einen deutlichen Anpassungsvorteil verliehen.« Mit anderen Worten entwickelten sie neue, flexiblere Formen der sozialen Organisation. Sie bauten neue Siedlungstypen, entwickelten ein reiches rituelles und zeremonielles Leben und begannen sich über das Medium der Kunst auszudrücken. Richard Klein fügt hinzu: »In der Folge verbreiteten sie sich über die ganze Welt und verdrängten dabei physisch die nicht modernen Typen, als deren letzte Vertreter möglicherweise die Neandertaler Westeuropas unterlagen.« Die Tatsache, daß diese Menschen ziemlich gleichzeitig und rasch alle Neandertaler Europas ersetzten, zeigt nach Ansicht von Klein, daß wir es mit einer rasch zunehmenden Bevölkerung zu tun haben, was sich nur dadurch erklären läßt, daß der moderne Mensch von außerhalb nach Europa einwanderte.

Diese Theorie wird durch neue Funde in Südafrika eindeutig gestützt. Fünf bemerkenswerten Fundstellen – Klasies River Mouth Cave, Border Cave, Equus Cave, Florisbad und Die Kelders Cave – verdanken wir Erkenntnisse, die für das Verständnis der Herkunft des modernen Menschen unverzichtbar sind. Richard Klein hält Klasies River Mouth Höhle, die etwa 160 Kilometer östlich von Kapstadt liegt, für den bedeutendsten dieser Fundorte. Hier wurden zahlreiche fossilisierte, auffallend modern wirkende Menschenknochen gefunden, von denen einige zwischen 115 000 und 80 000 Jahre alt sind. Diese relativ modernen Menschen lebten also in Afrika zu derselben Zeit, in der die Neandertaler in Europa ihre Blütezeit hatten. Obwohl die Unterschiede in der Werkzeugtechnologie zwischen dem mittleren und oberen Paläolithikum in Afrika nicht geringer waren als in Europa, sahen die Menschen, die Südafrika im mittleren Paläolithikum bewohnten, dem modernen Menschen sehr viel ähnlicher als die europäischen Neandertaler.

Die südafrikanischen Funde weisen darauf hin, daß sich der moderne Mensch in Afrika über einen sehr langen Zeitraum entwickelt hat, vielleicht über mehr als 200 000 Jahre. Zu den älteren, ursprünglicheren Stadien dieser Entwicklungsreihe gehört zum Beispiel der Fund des »Rhodesien-Menschen« (*Homo heidelbergensis*) aus Kabwe (ehemals Broken Hill) in Sambia. Dagegen repräsentieren die oben erwähnten südafrikanischen Fossilien ein fortschrittlicheres Stadium der menschlichen Evolution. Wenn aber die Wiege von *Homo sapiens* in Afrika zu finden ist, wer war sein Vorfahr? *Homo erectus*? Viele Experten halten das für unwahrscheinlich und glauben stattdessen, daß in Afrika noch eine weitere, bisher nicht klassifizierte menschliche Art gelebt hat. Andere sehen diesen Vorfahren in dem 1,5 Millionen Jahre alten »Neuen von Turkana«, *Homo ergaster*.

Die Entwicklung schritt vermutlich langsam und stetig voran. Die afrikanische Savanne dürfte den Menschen ideale Lebensbedingungen geboten haben, und in den Tropen gab es ein reiches, hochwertiges Nahrungsangebot. Dies dürfte die Menschen dazu bewegt haben, in größeren Gruppen zusammenzuleben und mit der Nahrung etwas wählerischer umzugehen.

Wie Richard Klein meint, wanderten diese modernen Menschen erst ganz spät aus Afrika aus, um anschließend andere, ursprünglichere Menschentypen in der ganzen sogenannten Alten Welt zu verdrängen. Der Anthropologe William Howells nannte dies die »Arche-Noah-Hypothese«, da sie besagt, daß sich *Homo sapiens sapiens* in einem einzigen Gebiet inner-

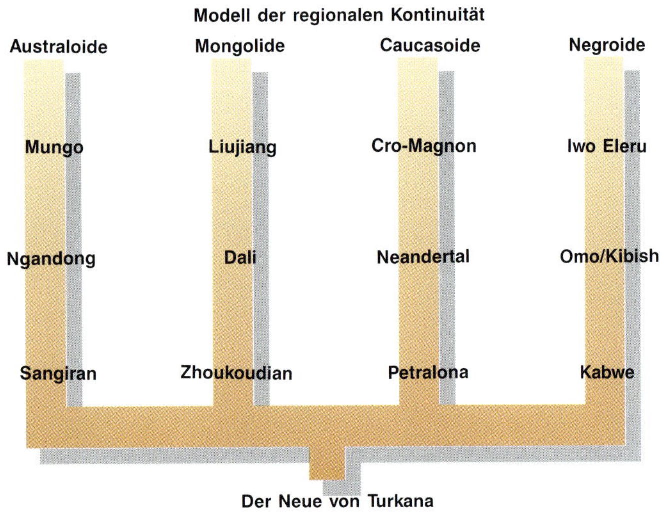

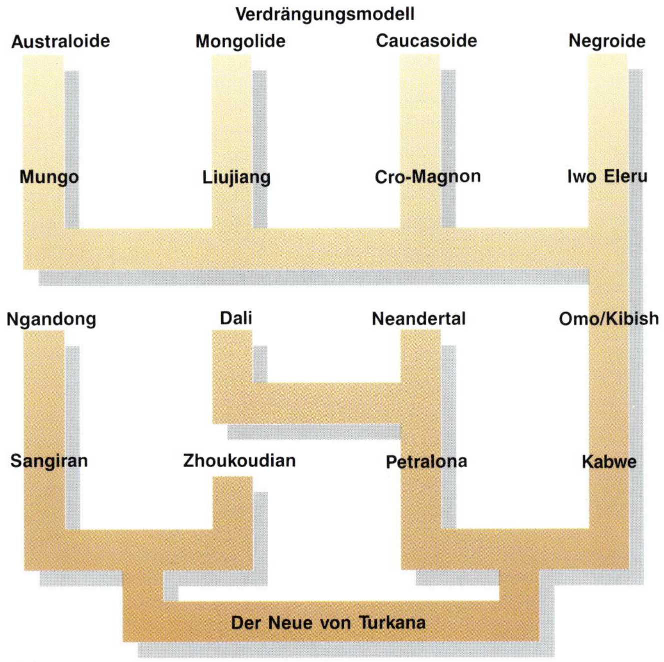

△ Es existieren heute zwei wesentliche Theorien, die den Ursprung unserer eigenen Art erklären: Das Modell der regionalen Kontinuität (das Kandelaber-Modell) und die Verdrängungstheorie (das Arche-Noah-Modell). Letzteres wird durch Funde vom Klasies River und anderen südafrikanischen Fundorten sowie von neueren DNA-Untersuchungen unterstützt.

halb Afrikas entwickelt hat. Die gegenläufige, traditionellere Sichtweise der Menschheitsentwicklung wird als »Kandelaber-Modell« bezeichnet. (Diese Ansichten sind zugleich als die Verdrängungstheorie und die Theorie von der regionalen Kontinuität bekannt.)

In jüngster Zeit erhielt diese Theorie Unterstützung von der modernen genetischen Forschung, die imstande war, auszusagen, wie lange die verschiedenen menschlichen Rassen schon getrennt und wie sie untereinander verwandt sind. Durch Analyse der mitochondrialen DNA (mt DNA; Mitochondrien sind die für die Atmung zuständigen Zellorganelle. Da sie ihre eigene Erbsubstanz besitzen, handelt es sich vermutlich um Mikroorganismen, die sich vor langer Zeit symbiotisch mit tierischen vereinigten) schlossen Allan Wilson, Mark Stoneking von der Berkeley-Universität (Kalifornien) und Rebecca Cann von der Universität von Hawaii, daß alle heute lebenden Menschen von einer gemeinsamen Urmutter abstammen, die vor etwa 200 000 Jahren in Südafrika lebte. Dies ist die sogenannte »Eva-Theorie«. Es wurde errechnet, daß die Nachkommen der weiblichen Linie aller übrigen Mütter im Verlauf von 50 000 Generationen ausgestorben sind, so daß nur noch ein einziger Satz mütterlicher Nachkommen übrig blieb. Diese Ergebnisse decken sich mit den archäologischen Funden, die man an Stellen wie Klasies River Mouth Cave findet. Diese DNA-Technik zeigt auch, daß sich die modernen Menschen bei ihrem Siegeszug über den Globus nur selten einmal mit existierenden, aber ursprünglicheren Menschen vermischten, etwa mit den Neandertalern.

Die »Eva-Theorie« blieb natürlich keineswegs unwidersprochen, doch deuten wirklich die meisten Hinweise darauf, daß sich der moderne Mensch aus Afrika rasch über den Rest der Welt verbreitete. Wenn Afrika nun die Urheimat des modernen Menschen ist, wie gelangten sie dann nach Europa und nach Asien und warum? Funde aus dem Berg Karmel im heutigen Israel sprechen dafür, daß diese Wanderung etwa vor 100 000 Jahren erfolgte. Das einzige Hindernis früherer Zeiten ist die Sahara-Wüste gewesen; jedoch verwandelten in dieser Zeit zunehmende Niederschläge die Wüste in ein Gebiet von grünen Ebenen mit Seen und Bächen. Das reiche Angebot an Wild und eßbaren Pflanzen machte eine Wanderung nach Norden nicht nur möglich, sondern zu einem sehr attraktiven Unternehmen. Der Südwesten Asiens war der erste natürliche Haltepunkt, was auch die Funde vom Berg Karmel erklärt. Während der ersten Eiszeit jedoch wurde dieses levantinische Gebiet wesentlich trockener. Die Nahrung wurde knapp, und dies dürfte die Menschen, die sich dort niedergelassen hatten, weiter nach Norden getrieben haben, hinein in die reicheren Tundren- und Steppenregionen Europas. Zu derselben Zeit breiteten sich die modernen Menschen auch über Asien aus.

Während des mittleren und des oberen Paläolithikums entwickelten sich in Nordafrika und in dem südlich an die Sahara grenzenden Gebiet zwei Werkzeugtraditionen, die sich in wichtigen Merkmalen deutlich unterscheiden. Diejenige der nordafrikanischen Region hatte natürlich vieles mit der Werkzeugtradition Europas und Südwestasiens gemeinsam und entwickelte sich auch etwa zu derselben Zeit. So zeigten zum Beispiel Ausgrabungen in der Haua Fteah Cave bei Cyrenaica (Nord-Libyen) daß hier die Werkzeugtechnik ihren Ursprung hat, die für das obere Paläolithikum charakteristisch ist. Sie begann, wie in Europa, vor etwa 40 000 Jahren. Diese nordafrikanische Kultur ist als die »Aterische Kultur« bekannt (benannt nach dem tunesischen Fundort Bir el Ater). Die Aterische Kultur reichte von Libyen im Osten bis zur Atlantikküste im Westen und im Süden bis zum Becken des Tschad-Sees. An einer Reihe bedeutender Fundstellen, darunter Mechta el Arbi (Algerien) und Dar es Soltan (Marokko) fand man Knochen von Menschen, die dem Cro-Magnon-Typ ähnlich waren.

Aus paläobonatischen Arbeiten, die man im algerischen Tihodaine und anderen Orten vornahm, wird deutlich, daß die nordafrikanische Region zu dieser

N. PETIT-MAIRE

△ Dieses Grab wurde bei Hassi el Abiod in Mali entdeckt. An dieser und einigen weiteren Fundstellen Nordafrikas barg man Überreste Cro-Magnon-ähnlicher Menschen. Vielleicht entstanden hier die ersten modernen Europäer.

◁ Einst waren Seen, Bäche und fruchtbare Ebenen für das Gebiet typisch, das heute die Sahara bedeckt, und es war für die Menschen ein ideales Wohngebiet. Weniger bekannt ist, daß die Sahara noch immer große Mengen unterirdischen Wassers birgt, das manchmal in Form sogenannter Gueltas die Oberfläche erreicht, wie hier bei Tinterhert in Tassili n'Ajjer (Süd-Algerien).

▽ Diese gewaltige Gravur zeigt den nordafrikanischen Auerochsen (*Bubalus antiquus*). Dieses etwa fünf Meter lange Werk befindet sich bei Tinterhert, am Fuße des Jebel Efehi in Tassili n'Ajjer und ist mit gravierten Linien, Spiralen und Kreisen gefüllt. Es gehört zu der sogenannten »Bubalus-Periode« und repräsentiert mit einem Alter von vielleicht 12 000 Jahren die früheste Kunst aus der Sahara.

Zeit wie eine Steppe war, in der hin und wieder Wälder an Seen wuchsen. In diesem Gebiet wimmelte es von Tieren wie Elefanten, Büffeln, Nashörnern und Antilopen. Die aterischen Menschen waren die ersten, die ihre Spitzen mit einem Heftzapfen versahen, also einer besonders behandelten Stelle an der Basis, an der sich ein Griff befestigen ließ. Diese Speer-ähnlichen Waffen bildeten eine wichtige technische Neuheit, denn man konnte damit Tiere aus der Entfernung erlegen.

Aus natürlichen Gründen fielen die Veränderungen des Klimas und der Umgebung am Ende der letzten Eiszeit in Nordafrika bei weitem weniger dramatisch aus als in Europa. Vor etwa 20 000 Jahren wurde die aterische Tradition von einer Reihe sogenannter epipaläolithischer Kulturen abgelöst (was lediglich bedeutet, daß sie mit den paläolithischen Kulturen verwandt waren und etwa zur gleicher Zeit existierten). Aufgrund von ausgegrabenen Mikrolithen (dies sind sehr kleine Spitzen, Kanten und Grate aus Feuerstein) vermutet man, daß diese Menschen Pfeil und Bogen erfunden haben. Zwar war dies ihre einzige erwähnenswerte Erfindung, doch gehörte sie zu den bedeutenderen. Zu den wichtigsten dieser Gruppen zählten die Quadan-Menschen Oberägyptens, die etwa vor 13 000 bis 11 000 Jahren lebten. Sie ernährten sich von der Jagd und vom Fischfang und sammelten Samen wilder Gräser und anderer Pflanzen. Zudem gehörten sie zu den wenigen Völkern des oberen Paläolithikums, die Mahlsteine benutzten.

In dem Gebiet Afrikas südlich der Sahara waren vor 200 000 bis 40 000 Jahren im wesentlichen die gleichen Werkzeuge im Gebrauch, und dies betraf auch die gleichen Zeitabschnitte wie in Europa. Mit anderen Worten ist das mittlere Paläolithikum – in Afrika die mittlere Steinzeit – in beiden Teilen der Welt recht ähnlich. Das obere Paläolithikum oder die späte Steinzeit setzt sich deutlich von dem vorangehenden Zeitabschnitt ab, jedoch kennt man nur wenige Funde aus dem Zeitraum zwischen 40 000 und 20 000 Jahren vor unserer Zeit. Wesentlich häufiger sind dagegen jüngere Funde mit einem Alter von 20 000 Jahren oder weniger. Sie belegen, daß die Menschen jetzt häufiger Großwild jagten, insbesondere Büffel und Wildschweine, und daß die Aassuche wesentlich an Bedeutung verlor. Auch der Fischfang, den es im mittleren Paläolithikum noch nicht gab, war wichtig geworden. Das Auftauchen von Mikrolithen weist darauf hin, daß Pfeil und Bogen im Gebrauch waren, und durch andere Mikrolithen, die auf Sicheln aus Knochen, Geweihen oder Holz aufreihen ließen, wissen wir, daß auch das Sammeln von Pflanzen jetzt einen anderen Stellenwert hatte.

SVANTE BJÖRCK

△ Diese Landschaft im Osten Grönlands zeigt eine arktische Umgebung mit Inlandeis im Hintergrund. So ähnlich können wir uns die Situation vorstellen, die in den mittleren und hohen Breiten der Welt vor 18 000 Jahren herrschte.

DIE VEREISUNGEN IM LAUFE DER ZEITEN

BJÖRN E. BERGLUND UND SVANTE BJÖRCK

Längere oder kürzere Perioden der Vereisung sind ein natürlicher Teil unserer Erdgeschichte. Die jüngste Eiszeit, das sogenannte Pleistozän, begann vor etwa 2,5 Millionen Jahren. Während des Pleistozäns kam es übergangsweise zu kalten Eiszeiten, den sogenannten Glazialen, die von Warmzeiten, den Interglazialen, unterbrochen wurden. Die treibende Kraft hinter diesen rhythmischen Vereisungen bestand offenbar in den drei Bestrahlungszyklen der Sonne, die von der Neigung der Erde und ihrer Bahn um die Sonne bestimmt werden.

Paläotemperaturen und Eisvolumina der Vorzeit, die aus Sauerstoff-Isotopen-Messungen in Tiefseekernen errechnet wurden, zeigen, daß die ersten 1,8 Millionen Jahre des Pleistozäns von Glazial-Interglazialzyklen beherrscht wurden, die eine Länge von 41 000 Jahren hatten. Während der letzten 700 000 Jahre lag der entscheidende Zyklus bei etwa 100 000 Jahren, einschließlich der 10 000 bis 15 000 Jahre dauernden Interglaziale. Die letzte Eiszeit begann vor etwa 115 000 Jahren und endete ungefähr vor 10 000 Jahren, als die gegenwärtig andauernde Zwischeneiszeit ihren Anfang nahm. In diesem Zeitraum hat sich *Homo sapiens*, der moderne Mensch, entwickelt. Er war gezwungen, sich relativ raschen klimatischen Veränderungen anzupassen, die unter anderem auf die geologischen Merkmale dieses Planeten einen gewaltigen Einfluß ausübten.

Vor 40 000 Jahren herrschte gerade ein milderer Abschnitt der letzten Eiszeit. Allerdings hatte Europa seit dem letzten Interglazial bereits drei Kältewellen hinter sich, und die Welt sah ganz anders aus als heute. Der Meeresspiegel lag rund 50 Meter niedriger, die gebirgigen Teile Amerikas und Eurasiens waren vereist und von ausgedehnten Kältesteppen umgeben. Die Vegetations- und Klimazonen lagen viel weiter südlich als heute. Und die große Kälte sollte erst noch kommen!

Die große Kälte

Vor 25 000 Jahren begannen die Eiskappen soviel Schnee anzusammeln, daß große Teile Nordwesteuropas, Nordamerikas und der Hochgebirgsgebiete wie der Anden, der Alpen und Teilen Zentralasiens allmählich unter gewaltigen Eisdecken verschwanden. Diese kontinentalen Eisdecken erreichten ihre größte Ausdehnung vor 20 000 Jahren, als das Meer 120 Meter tiefer lag als heute und Teile der heutigen kontinentalen Schelfgebiete trockenes Land waren. In vielen Gebieten, wo sich heute Meeresarme befinden, hatten sich damals ausgedehnte Landbrücken gebildet, zum Beispiel im Ärmelkanal, der Beringstraße und einigen der Meerengen zwischen Südostasien und Australien.

Der größte Teil Europas, der nicht unmittelbar von Eis bedeckt war, bildete praktisch eine öde, dem Wind und der Kälte preisgegebene Landschaft, in der nur Tundren- oder Steppenpflanzen wachsen. Die Durchschnittstemperatur lag um etwa acht Grad Celsius niedriger als heute. Bäume und holzige Pflanzen waren auf die Halbinseln des Mittelmeerraumes und einige geschützte Gebirgsregionen beschränkt. Aller-

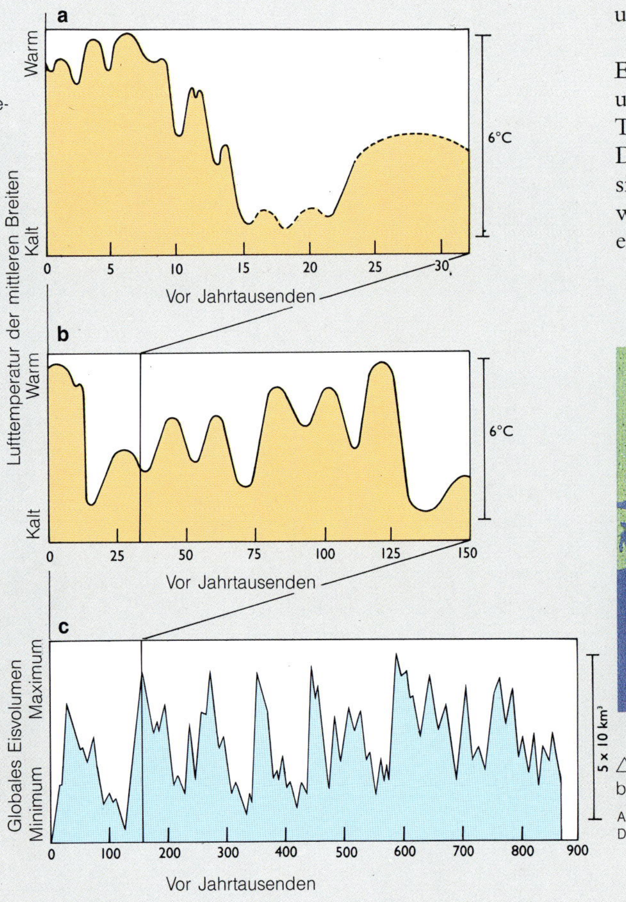

▷ Globale Klimakurven für die letzten 30 000, 150 000 und 900 000 Jahre. Die Kurven **a** und **b** basieren auf den in Tiefsee- Sedimenten gemessenen Veränderungen der Sauerstoff-Isotope (die gestrichelte Linie steht für ungesicherte Daten). Kurve **c** basiert auf Pollenmessungen und dem Schwankungsbereich alpiner Gletscher.

AUS WEBB, T. III 1990: "THE SPECTRUM OF TEMPORAL CLIMATIC VARIABILITY: CURRENT ESTIMATES AND THE NEED FOR GLOBAL AND REGIONAL TIME SERIES". IN BRADLEY, R.S. (ED.): *GLOBAL CHANGES OF THE PAST.* UCAR/OIES, BOULDER, COLORADO, 61–81.

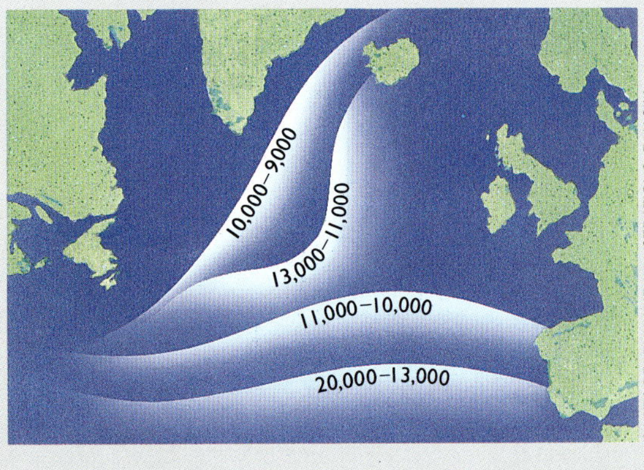

CARTOGRAPHY AND ILLUSTRATIONS: RAY SIM

△ Lageveränderungen der ozeanischen Polarfront vor 20 000 bis 9000 Jahren.

AUS RUDDIMAN, W.F. UND MCINTYRE, A. 1981: "THE NORTH ATLANTIC OCEAN DURING THE LAST DEGLACIATION". *PALAEOGRAPHY* 35, 145–214.

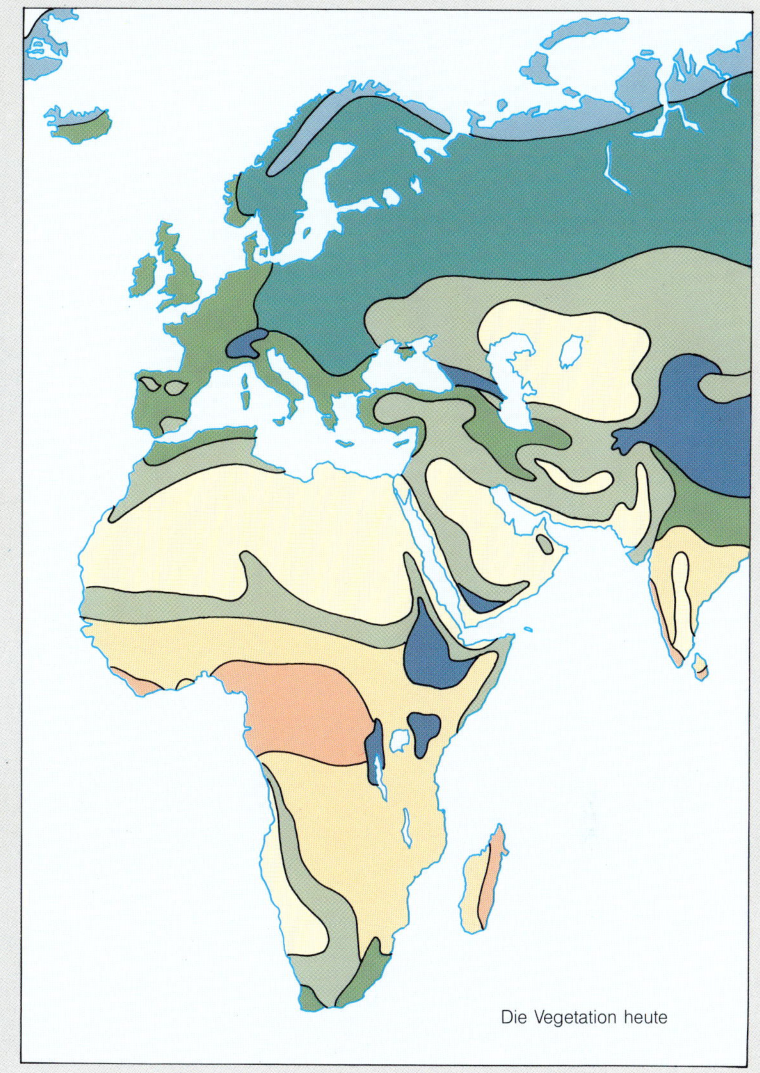

△ Vegetations- und Klimazonen in Europa und Afrika vor 18 000 Jahren (links) und heute (rechts).

NACH LILJEQUIST, G.H. 1970: *KLIMATOLOGI* (GENERALSTABENS LITOGRAFISKA ANSTALT, STOCKHOLM), UND MCINTYRE ET AL. 1976, IN *GEOLOGICAL SOCIETY OF AMERICA MEMOIR* 145 (BOULDER, COLORADO).

- Feucht-tropisch: Regenwälder
- Tropisch feucht-trocken: Savannen
- Trocken: Wüsten
- Halbtrocken und trocken-kontinental: Steppen
- Feucht und warm: Immergrüne Wälder und Laubwälder
- Feucht und kalt: Nadelwälder
- Gebirge
- Polar: Tundra
- Polar: Eis des Binnenlandes

dings war die Tundrenzone auf dem nordamerikanischen Kontinent wesentlich schmaler als in Europa, und von den niedrigen Wasserständen der Seen und von fossilen Sanddünen wissen wir, daß die Gebiete niedriger und mittlerer Breiten wesentlich trockener waren als heute. Ohne den indischen Monsun war Südostasien grundsätzlich trockener. In den tropischen Regionen führten die insgesamt niedrigeren Temperaturen dazu, daß die Baumgrenze der Gebirge zwischen ein- und zweitausend Meter niedriger lag als heute.

Es beginnt zu tauen

Vor etwa 15 000 Jahren begannen die Temperaturen auf der ganzen Erde zu steigen. Durch das schmelzende Eis dehnten sich die Ozeane aus und überfluteten ehemalige Landbrücken. In den einstigen Tundren wuchsen nun Wälder – in Nordamerika übrigens früher als in Europa – und in den hochproduktiven Grasebenen und halboffenen Waldgebieten, die sich bald entwickelten, lebte eine Fülle von Tieren. In den niedrigen Breiten, etwa in Nordafrika, wurde das Klima feuchter.

Hier verwandelten sich ehemalige Wüsten in Savannen und baumbestandene Ebenen. Sie boten nicht nur den verschiedensten Pflanzen und Tieren eine Heimat, sondern erwiesen sich auch für die Menschen als sehr günstig.

Eine Mini-Eiszeit

Vor ungefähr 11 000 Jahren erreichte die Sonneneinstrahlung in den Gebieten der gemäßigten Breiten einen Höhepunkt, und eine neue Zwischeneiszeit bahnte sich an. Allerdings wurden Europa und Teile Nordamerikas plötzlich von einem eiszeitlichen Klima ergriffen. Während der etwa 500 Jahre dieses Vorgangs wanderte die nordatlantische Polarfront von Island zur Bucht von Biskaya. Die Sommertemperaturen fielen um fünf bis zehn Grad Celsius, und die Eismassen, die gerade begonnen hatten zu schmelzen, nahmen wieder zu. Die Tundra und der Permafrostboden dehnten sich noch einmal aus, und zahlreiche Tiere und Pflanzen mußten nach Süden ausweichen.

Dieser ziemlich rätselhafte Zeitabschnitt endete vor 10 000 Jahren beinahe ebenso plötzlich wie er begonnen hatte. Sein Ende markiert die Grenze zwischen dem Pleistozän und dem Holozän. Mit dem Beginn dieser neuen Zwischeneiszeit breitete sich die Vegetation abermals nach Norden aus. In den hohen Breiten verwandelte sich die eiszeitliche und periglaziale Tundra in waldbestandene Gebiete, wie sie in den gemäßigten Breiten typisch sind. In den niedrigen Breiten dagegen wurden aus der trockenen Wüstensteppe feuchte, tropische Wälder. Es war eine Zeit voller dramatischer Umweltveränderungen, denen sich die Menschen anpassen mußten.

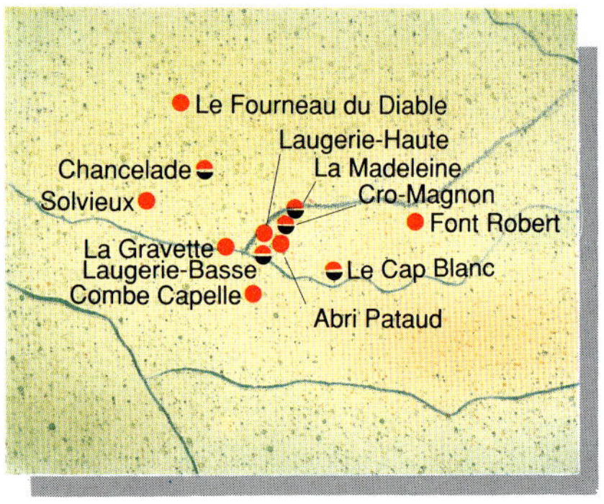

GRÄBER UND SIEDLUNGEN IM OBEREN PALÄOLITHIKUM EUROPAS
Die wichtigsten Siedlungen und Gräber im europäischen oberen Paläolithikum. Der Ausschnitt zeigt die französische Dordogne. Dargestellt sind der Küstenverlauf und die Ausdehnung der Eisdecke, wie sie vor 18 000 Jahren, am Höhepunkt der letzten Eiszeit vorlagen.

Europa – das rückständige Land

Diese neuen Theorien über die Ursprünge des modernen Menschen haben uns gelehrt, Europa im Zusammenhang mit dessen Entwicklungsgeschichte in ganz anderem Licht zu sehen. Galt dieser Kontinent einstmals als ein Zentrum der physischen und kulturellen Entwicklung, müssen wir es heute als eine rückständige, bedeutende, stagnierende Region ohne weitere Bedeutung ansehen.

Die klassischen menschlichen Fossilfunde aus dem Interglazial vor 300 000 bis 200 000 Jahren, die bei Swanscombe in England und Steinheim in Deutschland gemacht wurden, sind inzwischen durch weitere Funde ergänzt worden. Dazu gehören der griechische Schädel von Petralona, der auf 400 000 bis 300 000 Jahre datiert wird und der Arago-Schädel aus den französischen Pyrenäen, der etwa 200 000 Jahre alt ist. Sie alle sind heute ⇀ gemeinsam mit ihren afrikanischen Zeitgenossen – als *Homo heidelbergensis* klassifiziert. Zwar hatte man die früheren Funde für Vorfahren des modernen Menschen gehalten und daher »prä-sapiens« genannt, doch weisen die neueren Funde darauf hin, daß sie mit höherer Wahrscheinlichkeit die Vorfahren der europäischen Neandertaler sind. Gerade diese »Prä-sapiens«-Funde bildeten das Gerüst für das »Kandelaber-Modell« der menschlichen Evolution.

Homo sapiens sapiens trat vor etwa 40 000 Jahren während der letzten Eiszeit in Europa auf, und zwar in Gestalt der Cro-Magnon-Menschen, die ihren Namen einem Fundort bei Les Eyzies in der Dordogne (Frankreich) verdanken. Sie fanden ein erheblich unwirtlicheres Klima vor als in ihrer nordafrikanischen Heimat, aber sie paßten sich nach und nach an. Allmählich hellte sich ihre Hautfarbe auf, um die Absorption der schwachen nördlichen Sonneneinstrahlung zu erleichtern, die für die Produktion des Vitamin D erforderlich ist. Das arktische Klima stellte an das Überleben dieser Menschen ganz andere Anforderungen.

Zu dieser Zeit hatte Europa noch ein ganz anderes Gesicht. Die gesamte skandinavische Halbinsel sowie große Gebiete Norddeutschlands, Englands und Irlands war von einer ein Kilometer mächtigen Eisschicht bedeckt. Aus diesem Grund lag der Meeresspiegel viel niedriger als heute. Südlich der Eisgrenze breiteten sich weite Tundrenebenen aus, auf denen eine reiche Faunenvielfalt zu finden war, unter anderem Rentiere, Pferde, Auerochsen, Wisente, Hirsche, Mammute und Nashörner. Löwen, Leoparden und Wölfe machten den Menschen das Wild streitig. England und Irland gehörten zur kontinentalen Landmasse, und große Bereiche der Bucht von Biskaya und der Nordsee lagen trocken. In Südfrankreich und auf der iberischen Halbinsel war das Klima bereits freundlicher. Hier erreichten die Temperaturen im Sommer 15 Grad Celsius, und das Nahrungsangebot

◁ Der Schädel eines Neandertalers von La Ferrassie in der Dordogne, Frankreich (links) im Vergleich zu dem eines anatomisch modernen Menschen, der bei Cro-Magnon in derselben Gegend gefunden wurde. Neandertaler-Schädel zeichnen sich durch eine fliehende Stirn, einen langen, niedrigen Hirnschädel und schwere Überaugenwülste aus.

JOHN READER/SCIENCE PHOTO LIBRARY/THE PHOTO LIBRARY

war reicher und vielfältiger, denn neben zahlreichen Pflanzen gab es hier auch Fische und andere Meerestiere.

Die Überreste Neandertaler-ähnlicher Individuen, die man bei Hahnöfersand bei Hamburg und St. Césaire (Frankreich) ausgegraben hat, zeigen, daß überlebende Neandertaler Seite an Seite mit den neuen Einwanderern lebten. Diese Fossilien wurden auf ein Alter von 36 000 beziehungsweise 31 000 Jahren datiert und liegen damit später als das Auftauchen von *Homo sapiens sapiens* in Europa. Vielleicht haben sich die Neandertaler und die modernen Menschen an einigen Stellen vermischt, so daß sich die ursprüngliche Bevölkerung in gewissem Rahmen anglich. Im Prinzip aber nahmen die Eindringlinge das Ruder in die Hand. Aus zeitlichen Gründen war eine Evolution vom Neandertaler zu *Homo sapiens sapiens* nicht möglich; die physischen Unterschiede waren zu groß. Wie Richard Klein es formulierte, waren »die Menschen des oberen Paläolithikums, verglichen mit ihren Vorfahren, bemerkenswert innovativ und erfindungsfreudig. Dies zeichnet sie mehr aus als alles andere.«

Werkzeuge und Traditionen

Das obere Paläolithikum war eine Zeit intensiver Entwicklung und Neuentdeckungen. Die Cro-Magnon-Menschen fertigten zahlreiche neue Werkzeuge an, die für eine breite Spanne recht spezieller Anwendungen geeignet waren. Anders als die Neandertaler besaßen die Cro-Magnon-Menschen eine deutliche Vorstellung davon, wie das »ideale Werkzeug« aussehen sollte. Es tauchten die verschiedensten Schaber, Meißel, Speerspitzen und Messer auf. Sie alle waren mit Hilfe der neuen Klingen-Technologie aus Feuerstein gemacht. Die Ausführungen variierten je nach Funktion, der betreffenden Region, dem Zeitabschnitt und vermutlich auch nach den sozialen Umständen des Besitzers.

Erstmals wurden Knochen, Geweihe und Elfenbein in weitem Umfang eingesetzt, um Gegenstände des täglichen Gebrauchs, aber auch zeremonielle Gegenstände und Statussymbole herzustellen. Letztere waren häufig mit elegant geschnitzten Mustern verziert oder wie Tiere geformt. Es wurden zahlreiche spezielle Formen von Meißeln gefunden, was zeigt, daß diese Menschen mit diesen plastischen, organischen Rohmaterialien gern umgingen. Durch einen tiefen Einschnitt an jeder Seite eines Tierknochens spalteten sie ihn in zwei Hälften und hatten damit das Rohmaterial für wundervoll gearbeitete Knochenwerkzeuge, wie Harpunen, Fischspeere, Spitzen und Schmuckstücke. Man hat sogar Nadeln entdeckt, was vermuten läßt, daß die Cro-Magnon-Menschen die ersten waren, die Kleidung und Zelte aus Tierhäuten zusammennähten. Hirschgeweihe wurden zu wirkungsvollen Speerschleudern verarbeitet, der fortschrittlichen Waffe dieser Zeit.

Als das Paläolithikum zum ersten Mal untersucht wurde, ordnete man alle diese neuen Werkzeuge chronologisch und geographisch in einer Folge archäologischer Zeiträume an. Diese Unterteilungen nutzen wir noch heute, um verschiedene Stadien des oberen Paläolithikums zu unterscheiden. Da der größte Teil dieser Forschung in Frankreich durchgeführt wurde, sind die Zeitabschnitte nach bedeutenden französischen Fundorten benannt. Allerdings weiß man über ihre Beziehungen zueinander kaum etwas. Einige existierten nebeneinander, und es ist wohl richtig anzunehmen, daß die unterschiedlichen Stilrichtungen auf verschiedene regionale Traditionen ebenso stark zurückzuführen sind wie auf eine zeitgebundene Entwicklung.

Die Anfänge der Technologie im oberen Paläolithikum Europas hängen mit zwei kulturellen Abschnitten zusammen, dem Aurignacien und dem Châtelperronien, benannt nach den französischen Fundstätten Aurignac und Châtelperron. Beide existierten in verschiedenen Gegenden vor 35 000 bis 30 000 Jahren. Die Tradition des Aurignacien spielte in weiten Teilen West- und Südeuropas die

◁ Knochenharpunen mit Widerhaken gehörten zu den typischen Werkzeugen des Magdalénien am Ende des oberen Paläolithikum. Mehrere unterschiedliche Typen lassen vermuten, daß sie jeweils ganz besonderen Zwecken dienten.

DAVID L. BRILL, © 1985

△ Diese wunderschöne Speerspitze aus Feuerstein in der Gestalt eines Lorbeerblattes stammt aus der Höhle von Placard bei Vilhonneur (Charente, Frankreich). Sie ist typisch für die sogenannte Solutréen-Phase.

J. M. LABAT/AUSCAPE

TIERE DER EUROPÄISCHEN EISZEIT

RONNIE LILJEGREN

Während der letzten Eiszeit bildete Mitteleuropa – von der Atlantikküste bis zum Ural – den Teil einer umfangreichen Steppentundra, die allgemein als die Kältesteppe bekannt ist. Sie erstreckte sich über ganz Asien bis zum Pazifik und hing zeitweilig über die Bering-Landbrücke sogar mit den Steppen Nordamerikas zusammen. Zwar veränderten sich die Grenzen dieser Steppen immer wieder mit dem Klima, aber das Zentrum blieb während der gesamten letzten Vereisung gleich. Auf der Steppe herrschte ein kaltes, trockenes Klima, häufig mit starken Winden, und im Sommer erreichten die Temperaturen Werte bis zu 15 Grad Celsius.

Dank der unterschiedlichen Bodentypen und des variierenden Einflusses von Wind, Sonne und Wasser entwickelte sich eine Reihe örtlich begrenzter Landschaftstypen, die jeweils von zahlreichen Tieren bevölkert waren. Gräser, Riedgräser, Wermutgewächse und andere resistente Arten überzogen das Land in unregelmäßigen Abständen. Am Ende der

Das Kältesteppenmammut (*Mammuthus primigenius*), einst vielleicht das häufigste Tier der Steppe, konnte eine Schulterhöhe von drei Meter erreichen, war aber zumeist etwas kleiner. Am Ende der letzten Eiszeit verschwand es aus Europa, überlebte jedoch möglicherweise in Asien weitere tausend Jahre.

Der Höhlenbär (*Ursus spelaeus*) war zu Anfang der letzten Eiszeit noch recht häufig, verschwand aber, als diese sich ihrem Ende näherte. Er besaß etwa die Größe des heutigen Kodiak-Bären, lebte aber ausschließlich vegetarisch. In europäischen Höhlen wurden die Überreste Tausender dieser Bären gefunden.

Das Wildpferd (*Equus ferus*) war mit einer Schulterhöhe zwischen 115 und 145 Zentimeter recht klein. Dieser Steppenbewohner, der insbesondere am Ende der letzten Eiszeit häufig war, wurde vom Menschen heftig bejagt. Dennoch überlebte er in Osteuropa und Asien beinahe bis in unsere Zeit.

Der Wolf (*Canis lupus*) hat mit Erfolg überlebt und wird noch immer in einigen wilderen Teilen Europas, sowie in Asien und Nordamerika angetroffen.

Der Höhlenlöwe (*Panthera leo spelaea*) war etwa um ein Drittel größer als der Afrikanische Löwe, mit dem er vermutlich eng verwandt war. Man weiß allerdings nichts über sein Verwandtschaftsverhältnis zu den Löwen, die später in Asien und auf dem Balkan zu Hause waren. Am Ende der letzten Eiszeit ist er aus Europa verschwunden.

Der Vielfraß (*Gulo gulo*) war erheblich größer als die heute lebenden Exemplare. Er bewohnte die Steppe nur in geringer Dichte. Heute lebt er im Norden Europas, Asiens und Nordamerikas.

Das Moor-Schneehuhn (*Lagopus lagopus*) ist aus pleistozänen Ablagerungen bekannt und existiert immer noch. Obwohl fossile Vogelknochen nur selten erhalten sind, wurden zahlreiche Arten identifiziert.

Eiszeit, vor etwa 10 000 Jahren, wurde das Klima rasch wärmer, und die Waldbestände nahmen zu. Einige Tiere paßten sich den veränderten Bedingungen an oder wanderten in andere Gebiete aus, viele aber starben aus. Etliche Arten waren bereits früher, während der späteren Stadien der Eiszeit, verschwunden. Und anderenorts, besonders auf den amerikanischen Kontinenten, waren derartige Fälle aussterbender Arten noch drastischer.

Es gibt keine konkreten Hinweise dafür, daß es schon in den Eiszeiten davor zu vergleichbaren Aussterbewellen kam, und dieses Phänomen wird durch keine Theorie zufriedenstellend erklärt. Jedenfalls kann der Mensch allein am Aussterben so vieler Arten nicht Schuld sein. Ebenso unwahrscheinlich ist, daß so viele Arten unfähig gewesen sein sollen, sich den neuen Umweltbedingungen anzupassen, wenn man voraussetzt, daß sie vergleichbare Veränderungen in der Folge früherer Eiszeiten bereits überlebt haben.

Die Ursachen für das Aussterben dieser Arten bleiben rätselhaft. Wir können nur vermuten, daß es durch eine bisher unbekannte Kombination von Faktoren verursacht wurde, unter denen Klimaveränderungen und menschliche Aktivitäten eine Rolle spielen.

ILLUSTRATIONEN: PETER SCHOUTEN

Das einst häufige **Steppenbison** (*Bison priscus*) starb am Ende der letzten Eiszeit aus. Dieses mächtige Tier war etwa drei Meter lang und besaß eine Schulterhöhe von über zwei Meter. Seine Verwandtschaft zum modernen Wisent ist ungeklärt.

Das Rentier (*Rangifer tarandus*) gehörte zu den häufigsten Bewohnern der Steppe, insbesondere während der Spätphase der letzten Eiszeit. Heute lebt es noch in Nordeuropa und in Asien.

Der Moschusochse (*Ovibos moscatus*) war ein weiterer typischer Steppenbewohner. Am Ende der letzten Eiszeit ist er aus Europa verschwunden und lebt heute nur noch in Kanada und auf Grönland.

Das Wollnashorn (*Coelodonta antiquitatis*) verschwand vor etwa 12 000 Jahren. Es trug auf der Nase zwei sehr lange Hörner.

Die Höhlenhyäne (*Crocuta crocuta spelaea*) gehörte vermutlich derselben Art an wie die heutige Tüpfelhyäne aus Afrika, war jedoch erheblich größer. Sie verschwand aus Europa am Ende der letzten Eiszeit.

Der Irische Riesenhirsch (*Megaloceros giganteus*) besaß beinahe die Größe eines Alaska-Elches. Sein riesiges Geweih diente vermutlich anderen Männchen gegenüber als Zeichen der Überlegenheit und wirkte auf die Weibchen anziehend. Er verschwand am Ende der letzten Eiszeit.

Der Ziesel (*Citellus citellus*), eine Art Erdhörnchen, bevorzugte in der Steppe Gebiete mit Lößboden. Heute lebt er im Osten Mitteleuropas.

Die Saiga-Antilope (*Saiga tartarica*) war eine weitere typische Bewohnerin der Steppe. Heute kommt sie im Süden Rußlands und den asiatischen Steppen vor.

beherrschende Rolle. Es war die Kultur der Cro-Magnon-Menschen, und die meisten menschlichen Fossilfunde, einschließlich der Gräber, stammen aus dieser Zeit. Auch die Châtelperronien-Tradition, die lokal stärker begrenzt war, steht mit dem modernen Menschen in Verbindung, sieht man von einem Neandertaler-Schädel ab, der aus der frühen Châtelperronien-Zeit bei St. Césaire stammt. Wie bereits erwähnt, zeigt dies, daß die Neandertaler mit den Cro-Magnon-Menschen eine Zeitlang nebeneinander lebten. Und es zeigt auch, daß sie, wenigstens in einem gewissen Rahmen, deren Technologie übernahmen.

Vor ungefähr 27 000 Jahren tauchte die Gravettien-Tradition auf (sie trägt ihren Namen nach dem Fundort von La Gravette), der sich die Solutréen-Tradition (nach dem Fundort von Solutré) anschloß. Typisch für das Gravettien ist vor allem das Aufkommen künstlerischer Ausdrucksformen, insbesondere in Gestalt kleiner, stilisierter weiblicher Figuren, die als Venus-Figurinen bekannt sind. Als diese Menschen in Europa eintrafen, hatten die Vertreter der Aurignacien-Kultur bereits die Fähigkeit entwickelt, sich symbolhaft durch das Medium der Kunst auszudrücken. Überall herrschte der Sexualsymbolismus; es wurden häufig Vulvae dargestellt. Allerdings belegen die eleganten Venus-Figurinen mit ihren übertrieben dargestellten schwellenden Brüsten und Hüften ganz eindeutig, daß sich die rituellen und zeremoniellen Einrichtungen über gewaltige Entfernungen allmählich festigten. Ganz ähnliche Figuren tauchen südlich der Eisgrenze überall entlang eines Gebietes auf, das sich zusammenhängend von der Atlantikküste im Westen bis nach Sibirien im Osten erstreckt. Zum ersten Mal können wir verfolgen, daß die Menschen ein Bedürfnis hatten, über riesige Entfernungen mit anderen Menschen in Kontakt zu treten. Über ganz Europa wurden exotische Rohmaterialien transportiert und ausgetauscht, in erster Linie Muschelschalen vom Atlantischen Ozean und vom Mittelmeer, aber auch Bernstein. Alles weist darauf hin, daß wiederholte Begegnungen mit anderen Gruppen in dem sozialen System dieser Menschen zunehmend wichtiger wurden.

In diesem Zusammenhang ist eine Reihe bedeutender Fundorte von besonderem Interesse. Bei Dolní

△ Bei Dolní Vĕstonice in Moravia (Tschechische Republik) wurden gut erhaltene Gräber freigelegt. Zwei der Schädel waren mit Elfenbeinperlen und den Zähnen des Wolfes und des Polarfuchses geschmückt. Neben dem linken Skelett liegt roter Ocker auf dem Boden.

▷ Dolní Vĕstonice gehört zu den bekanntesten und bedeutendsten Fundorten des oberen Paläolithikums. Während der Ausgrabungen fand man die Überreste mehrerer Hütten, die etwa 28 000 Jahre alt sind. In einer davon befand sich ein Ofen, in dem Tonfiguren gebrannt worden waren.

△ Rekonstruktion einer Unterkunft aus Mammutknochen, die bei Pushkari in der Ukraine entdeckt worden war. Sie maß 12 mal 4,5 Meter und bestand aus drei kreisrunden, aneinandergereihten Hütten.

ILLUSTRATION: STEVE TREVASKIS

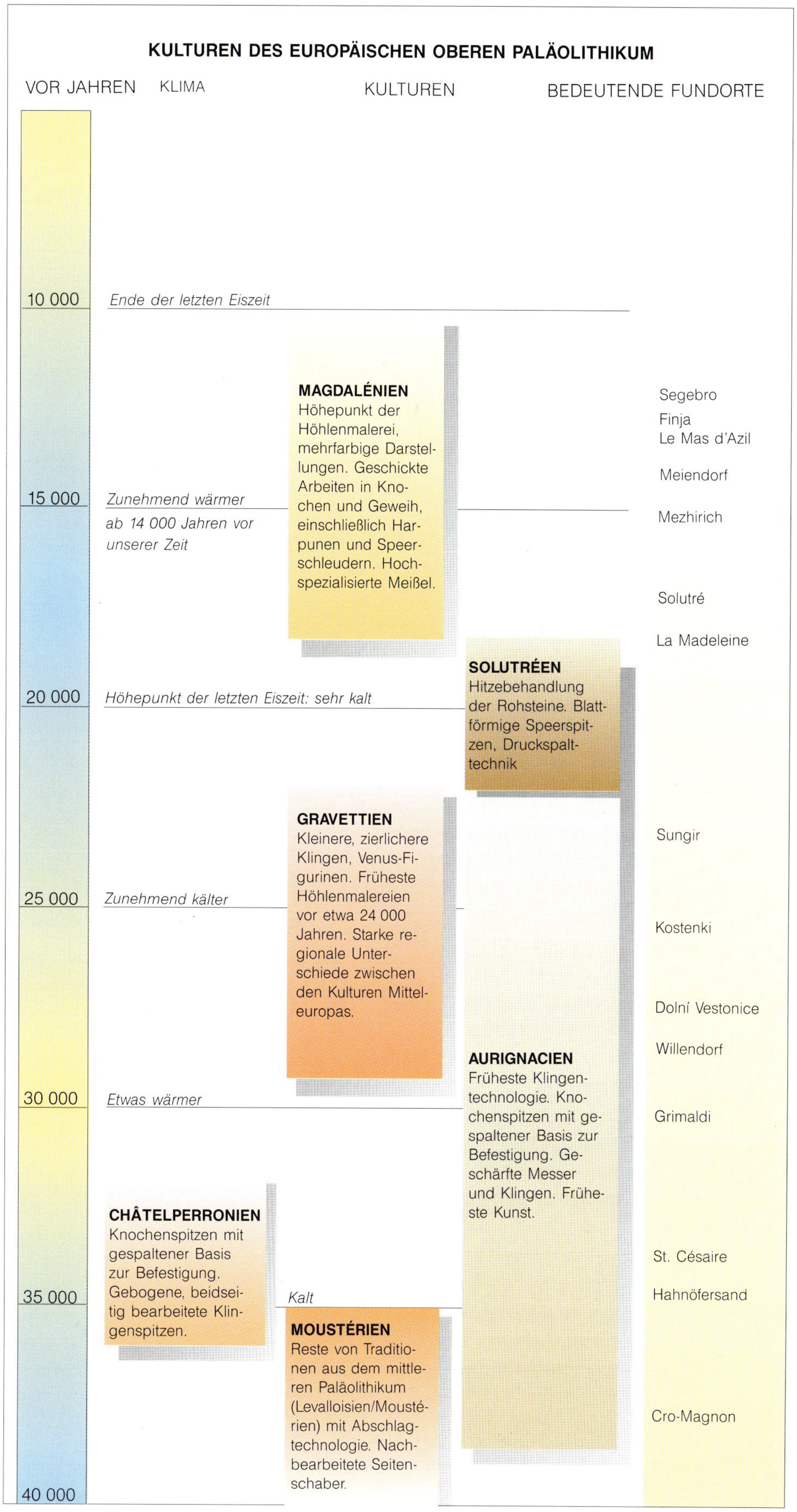

Věstonice (in der ehemaligen Tschechoslowakei) grub man einige umfangreiche Freiluftsiedlungen aus, die auf ein Alter von etwa 27 000 Jahren datiert wurden. Die Menschen dieser Gegend lebten in versenkten Häusern, deren Boden um etwa einen Meter abgesenkt war, um die Versiegelung des Daches zum Boden gegen die Winterstürme zu erleichtern. Die Wände bestanden aus hölzernen Pfählen, die mit Tierhäuten bespannt waren. Da ständig Feuer unterhalten werden mußten und das Holz knapp war, verbrannten die Leute stattdessen Mammutknochen. Nach Schätzungen wurden diese Siedlungen von mindestens 100 bis 125 Menschen bewohnt.

Eine ähnliche Reihe von Siedlungen und Sammellagern aus einer Zeit vor etwa 25 000 Jahren wurde bei Kostenki in der Ukraine an den Ufern des Don freigelegt. Da kein Holz zur Verfügung stand, wurden die Häuser ausschließlich aus Mammutknochen errichtet – ein fürwahr spektakulärer Anblick. Zwar sind die Grundrisse schwer zu deuten, doch scheint es sich um 12 Meter lange Langhäuser gehandelt zu haben.

Die bedeutendste Region im oberen Paläolithikum war jedoch Südfrankreich. Obwohl auch in dieser Region Spuren von Freiluft-Siedlungen gefunden wurden, lebten die meisten Menschen unter dem Schutz natürlicher Felsüberhänge oder *Abri,* die so typisch für dieses Kalksteingebiet sind.

IRA BLOCK, 1989

◁ Freilegung von Mammutknochen bei Kostenki in der Nähe von Voronesch (Rußland). In diesem Gebiet wurden etwa 20 Fundstellen aus dem oberen Paläolithikum entdeckt, und man konnte mehrere Hütten und zahlreiche Kunstgegenstände bergen. Kostenki enthielt mehr Venus-Figurinen als irgendein anderer Fundort in Europa.

Jäger des Nordens: Das Magdalenien

Vor ungefähr 18 000 Jahren wurde die Solutréen-Tradition von einer Welle technologischer, intellektueller und kultureller Entwicklungen fortgespült, die die Tradition des Magdalenien kennzeichnet. Diese verdankt ihren Namen der berühmten *Abri*-Siedlung von La Madeleine, die nahe Les Eyzies in der Dordogne an den Ufern des Vézère-Flusses liegt. Das Magdalenien sollte erst vor 10 000 Jahren zu Ende gehen, und hier zeigten sich die intensivsten Veränderungen des gesamten oberen Paläolithikums.

Die Menschen, die diesen neuen Abschnitt einleiteten, hatten sich in vollkommener Weise ihrer eiszeitlichen Umgebung angepaßt. Im Verlauf von 8000 Jahren erreichte sowohl die handwerkliche Geschicklichkeit (in Gestalt von Gegenständen, die aus Knochen, Geweihen und Feuerstein hergestellt wurden) als auch die Kunst (in Form tragbarer Kunstgegenstände und der Höhlenmalerei) einen Höhepunkt. Mehr als 80 Prozent aller bekannten Höhlenmalereien entstand in dem Zeitraum vor 15 000 bis 12 000 Jahren, während des späten Magdalenien.

In dieser Zeit gewannen Versammlungsplätze an Bedeutung. Vier Siedlungen der Dordogne, darunter auch La Madeleine, erbrachten 80 Prozent aller bekannten beweglichen Kunstgegenstände des Magdalenien dieser Region. Und viele der großen Höhlen mit ihren Malereien und Schnitzereien, wie zum Beispiel Lascaux, Pech-Merle und Niaux in Frankreich und Altamira in Spanien, wurden vermutlich als gemeinschaftliche Zeremonienplätze genutzt.

Die gewaltige Höhle von Le Mas d'Azil in den Pyrenäen ist derjenige Fundort, der uns am meisten über die soziale Organisation verrät, die am Ende der letzten Eiszeit herrschte. Sie diente zu gewissen Jahreszeiten benachbarten Menschengruppen, die von sehr weit her zusammenkamen, als Treffpunkt. Die mächtigen Schichten im Inneren der Höhle, so tief wie ein zwanzigstöckiges Haus, förderten zu Tausenden Beispiele beweglicher Kunst- und Schmuckgegenstände zutage, einschließlich einiger wunderschön geschnitzter Speerschleudern. Noch über das Ende des Paläolithikums hinaus war die Höhle ein bedeutender Ort, an dem man wohnte, sich versammelte oder Zeremonien abhielt. Darum erhielt die Übergangszeit zwischen dem Ende des Paläolithikums und dem Aufkommen der Jäger und Sammler in dem nacheiszeitlichen Mesolithikum den Namen Azilien.

Die ersten Hirten?

Die Menschen des Magdalenien waren in erster Linie Großwildjäger. Sie jagten zumeist geweihtragende Tiere, insbesondere Rentiere, die zum bei weitem wichtigsten Jagdwild wurden — 99 Prozent aller Tierknochen, die an vielen Stellen dieses Zeitabschnitts gefunden wurden, stammen von dieser Art. Auf der Suche nach Weidegründen wandern Rentiere zu bestimmten Jahreszeiten über sehr weite Strecken, manchmal über Tausende von Kilometer. Und Jäger, die ganzjährig von diesem Wild leben, müssen den wandernden Herden natürlich folgen.

Der britische Archäologe Paul Bahn vermutet, daß die Menschen im oberen Paläolithikum Südfrankreichs und der Pyrenäen wahrscheinlich kaum anders lebten als die heutigen Rentierjäger und -hirten Sibiriens. Diese Menschen leben saisonal nomadisch, und neben der Jagd halten sie sich domestizierte Tiere, um

CHRISTIAN CUNY/EXPLORER-AUSCAPE

△ Unter diesen Klippen in Solutré bei Lyon (Frankreich) wurden riesige Mengen von Pferdeknochen gefunden. Demnach waren an dieser Stelle während des oberen Paläolithikum immer wieder diese Tiere gejagt worden.

◁ Ein Blick aus der Luft auf den Vézère-Fluß bei La Madeleine in der Dordogne (Frankreich). Dieses Gebiet war ein bedeutender Sammelplatz für die Gruppen der nomadischen Großwildjäger, die die Umgebung während der letzten Eiszeit durchstreiften.

△ Die Halfter-ähnlichen Gravierungen auf diesem aus Knochen geschnitzten Pferdekopf, der bei St. Michel d'Arudy, Basses-Pyrénées (Frankreich), entdeckt worden war, werden von einigen Fachleuten als Beweise dafür gehalten, daß das Pferd im oberen Paläolithikum schon domestiziert war.

MUSEE DES ANTIQUITES NATIONALES, ST.-GERMAIN-EN-LAYE/R.M.N.

GERARD LACZ/NHPA

△ Bei den Wildpferden des eiszeitlichen Europa handelte es sich um Przewalski-Pferde, einer Art, die noch bis vor kurzer Zeit die mittelasiatischen Steppen durchstreifte. Das Pferd war damals eine bedeutende Nahrungsquelle und dürfte bis zu einem gewissen Grad auch schon domestiziert worden sein.

sich mit Milch und Lasttieren zu versorgen. Wie Paul Bahn vermutet, zogen die Rentiere bei ihren jahreszeitlichen Wanderungen aus der Dordogne in verschiedene Richtungen: zur Atlantikküste an der Bucht von Biskaya, zu den Pyrenäen und vielleicht auch zu den Alpen. Die Untersuchung des Knochenmaterials der *Abri*-Siedlung von Abri Pataud in Les Eyzies zeigte, daß die Siedlung nur während des Spätherbstes, des Winters und des frühen Frühjahrs bewohnt war. In nahezu jeder Inlandssiedlung wurden größere Haufen von Herz- und Miesmuschelschalen entdeckt. Es ist also anzunehmen, daß die Menschen den Herden auf ihrem Weg zur Atlantikküste gefolgt sind.

Aufgrund dieser Befunde vertritt Bahn die Ansicht, daß die Jäger des Madgalenien einen Teil der Rentierherden gezähmt haben. Lange Zeit fragte man sich, ob sie nicht vielleicht auch ein anderes wichtiges Herdentier domestiziert hätten — das Pferd.

Am Ende des 19. Jahrhunderts äußerte der französische Forscher Edouard Piette die Ansicht, daß die Großwildjäger des oberen Paläolithikums einige Tiere, insbesondere Rentiere und Pferde, unter ihre Kontrolle gebracht oder sogar domestiziert haben. Um seine These zu belegen, verwies er auf Schnitzereien und Bilder, auf denen Tiere dargestellt waren, die offenbar ein Halfter oder irgendeine Form von Geschirr trugen — zum Beispiel ein Rentierbulle am *Abri* von Laugerie-Basse und ein Pferd in der Höhle von La Pasiega. Das erstaunlichste Beispiel war jedoch 1893 in der Höhle von St. Michel d'Arudy gefunden worden: ein geschnitzter Pferdekopf, der etwas trug, das nichts anderes sein konnte als ein Halfter aus geflochtenem Seil. Die Theorien Piettes wurden stark kritisiert, insbesondere von dem legendären und sehr einflußreichen Abbé Breuil, und als er 1906 gestorben war, wurde die Angelegenheit mehr oder weniger vergessen.

60 Jahre nach dem Tode Piettes fanden zwei französische Forscher bei La Marche im Südwesten Frankreichs einen geschnitzten Pferdekopf, der ein Halfter trug. Wie Paul Bahn meint, wurde das Halfter erst nach Fertigstellung des Kopfes angebracht. Dies dürfte belegen, daß Pferde damals zum Reiten oder als Lasttiere gebraucht wurden. Nach der Aussage von Forschern, die Pferdezähne aus der Zeit vor 30 000 Jahren untersuchten, zeigten viele davon deutliche Spuren des sogenannten Krippensetzens — also Abnutzungsspuren, die entstehen, wenn ein Pferd sich angewöhnt hat, in seine Box zu beißen — ein Verhalten, das unter wilden Pferden angeblich nicht vorkommt. Allerdings wurde dies in letzter Zeit von anderen Wissenschaftlern stark bezweifelt. Sie sehen darin eher natürliche Abnutzungsspuren.

Trotz allem weist einiges darauf hin, daß die Großwildjäger des oberen Paläolithikums tatsächlich eine gewisse Kontrolle über Pferde- und Rentierherden ausübten, vielleicht auch über Bergziegen. Wie verträgt sich dies nun mit den großen Treibjagden und Massentötungen, die für diese Zeit so typisch gewesen sein sollen? Diese Jagdmethoden erforderten das Zusammenwirken sehr vieler Jäger, denen nicht anderes übrigblieb, als die Herden über einen Abhang oder in eine enge Schlucht zu jagen, wo sich die Tiere leicht überwältigen ließen. Allerdings ist es nicht gerade einfach, eine galoppierende Pferdeherde zu Fuß zu treiben. Vielleicht waren diese Jäger des oberen Paläolithikums tatsächlich die ersten Reiter.

Eine dieser Fundstellen, die häufig als Paradebeispiel für diese großangelegte Jagdstrategie angeführt wird, ist ein Steilhang bei Solutré im Rhône-Tal. Am Fuße der Klippen förderten Ausgrabungen die Überreste Zehntausender von Pferden zutage, die auf ein Alter von 17 000 Jahren datiert wurden, also in das frühe Magdalenien fallen. In letzter Zeit stellte man fest, daß sich dieser Ort zwar nicht besonders für Treibjagden eignete, umso mehr aber für die Umzingelung. Wahrscheinlich diente der Hang eher als eine Barriere, um die Tiere einzuengen und dann aufzuteilen und zu töten. Junge Tiere wurden vermutlich für den künftigen Gebrauch geschont, wodurch eine fortlaufende Nahrungsversorgung dieser Menschen sichergestellt war.

Unabhängig davon, zu welchen Ergebnissen die zukünftige Forschung bei der Frage kommen wird, in welchem Maße sich die Menschen der Eiszeit Tiere nutzbar machten, variierten jedoch die Lebensbedingungen und das Nahrungsangebot in Eurasien ganz erheblich. Während in den Tundren am Rande des Eises die Großwildjagd überlebenswichtig war, versorgte das mildere Klima Südwesteuropas die Menschen mit einer reichen, berechenbaren Vielfalt an Nahrungsmitteln. Wie bereits erwähnt, waren in den meisten Siedlungen dieses Gebietes Herz- und Miesmuschelschalen gefunden worden. Es wurde also Nahrung aus dem Meer gegessen, wenigstens während gewisser Monate. Die zahlreichen Abbildungen von Lachs, Seezunge und anderen Meerwasserfischen unter den Höhlenmalereien weisen offenbar darauf hin, daß die Fischerei beim Nahrungserwerb dieser Menschen eine wichtige Rolle spielte. In einigen Gebieten mag der Fisch sogar das Grundnahrungsmittel gewesen sein, was die Bevölkerung dazu brachte, ein seßhafteres Leben zu führen. In Westeuropa stand pflanzliche Nahrung beliebig zur Verfügung, weiter östlich offenbar nicht. Alle diese Faktoren förderten in entscheidender Weise das Bevölkerungswachstum,

BRYAN AND CHERRY ALEXANDER/NHPA

das wiederum neue Formen sozialer Organisation und zeremoniellen Lebens einleitete.

Die Entstehung der sozialen Ungleichheit

Besonders in Südfrankreich verursachte das üppige Nahrungsangebot während des Magdalenien einen bedeutenden Bevölkerungszuwachs. Man schätzt, daß in dieser Gegend vor 20 000 Jahren zwischen 2 000 und 3 000 Menschen lebten. Zehntausend Jahre später, am Ende der Eiszeit, muß sich diese Zahl verdreifacht haben. Während der letzten Abschnitte des Magdalenien wurden die *Abri*-Siedlungen wesentlich größer. In einigen davon, wie Laugerie-Haute, Laugerie-Basse und St. Christophe, am Vézère-Fluß nahe bei Les Eyzies, müssen zu bestimmten Jahreszeiten mehrere hundert Menschen gleichzeitig gewohnt haben. Und einige Gruppen, oder Teile davon, lebten in diesem Gebiet vermutlich während des ganzen Jahres.

Wie kann man sich die Gesellschaftsordnung dieser Menschen innerhalb und zwischen verschiedenen Gruppen vorstellen? In den traditionellen Gesellschaften der Gegenwart sind es zwei Hauptfaktoren, die die Größe einer Gruppe bestimmen: die Fähigkeit zu überleben und das Vermögen, in Frieden zu leben. Die Überlebenschance wird drastisch reduziert, wenn die Gruppe zu klein ist. Während ein einzelnes Individuum selten länger als ein Jahr überlebt, hält eine Gruppe von fünf Menschen unter Umständen bis zu einer Generation (etwa 30 Jahre) durch. Eine Gruppe von etwa 25 Leuten hat gute Aussichten, vielleicht 500 Jahre zu überleben – vorausgesetzt, daß sie regelmäßige Kontakte mit anderen Gruppen pflegt, nicht zuletzt für die Partnersuche.

Andererseits wächst das Risiko von Auseinandersetzungen innerhalb einer Gruppe mit der Zahl ihrer Mitglieder. Wiederum erweist sich die Zahl 25 als ein brauchbarer Durchschnittswert. Ethnographische Studien unter den Jägern und Sammlern unserer Tage haben gezeigt, daß die meisten von ihnen in Gruppen von 20 bis 70 Mitgliedern leben. Dies trifft auf die australischen Aborigines ebenso zu wie auf die Buschleute der Kalahari, die Andamanesen und die nordindischen Birhor. Der amerikanische Anthropologe Robert Carneiro beobachtete, wenn die südamerikanischen Yanomami-Indianer Gruppen von mehr als 100 Personen bilden, die Neigung zur Gewalt so groß wird, daß sich die Gruppe teilen muß.

Um überleben zu können, muß eine Anzahl von Gruppen oder Verbänden zu größeren Einheiten oder Stämmen organisiert sein, und hier gibt es immer eindeutige Grenzen. Um die schädlichen Folgen der Inzucht zu umgehen, muß die größere Gruppe wenigstens 475 Menschen umfassen. Tatsächlich findet man in den meisten bekannten Stämmen der Jäger und Sammler eine Stärke von etwa 500 Menschen, höchstens jedoch 800. Wahrscheinlich waren die Umstände im Magdalenien Südwesteuropas ganz ähnlich.

Indem wir das Nahrungsangebot heutiger Gebiete analysieren, die dieselben Klimabedingungen aufweisen wie die verschiedenen ökologischen Zonen der paläolithischen Eiszeit, können wir schätzen, wieviel jedes dieser Gebiete durch Jagd, Fischerei und Sammeln von Nahrung abwerfen konnte. Mit anderen Worten, wir schätzen ihre Ertragskapazität. Die kärgsten Regionen, etwa die Tundrenzone dicht am Rande des Eises, dürfte auf 200 Quadratkilometer nur eine einzige Person ernährt haben. In Südfrankreich und Spanien dagegen könnte sich ein Mensch bereits von 20 Quadratkilometer ernährt haben. Ein Stamm von 500 Personen hätte also im ersten Fall ein Gebiet von mehr als 100 000 Quadratkilometer benötigt, im letzten jedoch nur eines von 10 000 Quadratkilometer. Diese großen Schwankungen in der Besiedlungsdichte erklären die Unterschiede, die unter den paläolithischen Menschen in den sozialen und zeremoniellen Systemen herrschten und zeigen deutlich, wie notwendig es war, über große Gebiete umfangreiche

△ Nach den Mengen der Knochen zu urteilen, die bei den Siedlungen gefunden wurden, bildete das Rentier eine der Hauptnahrungsquellen für die eiszeitlichen Jäger, die den saisonalen Wanderungen der Herden folgten.

GÖRAN BURENHULT

△ Diese lebensgroße Rekonstruktion einer Hütte aus Mammutknochen ist im Thot-Museum (Montignac, Frankreich) in der Dordogne zu sehen. Das Original war bei Mezhirich in der Ukraine ausgegraben worden.

RADIOKARBON-METHODE: SCHLÜSSEL ZUR VERGANGENHEIT

GÖRAN BURENHULT

Kein anderes Verfahren hat die Möglichkeiten einer absoluten Zeitbestimmung in der Archäologie in so revolutionärer Weise beeinflußt wie die Radiokarbon- oder Kohlenstoff-14-Methode, die Datierung radioaktiver Holzkohle. Diese Datierungstechnik wurde immer weiter verfeinert, bis es sogar möglich wurde, die gemessenen C14-Werte Kalenderjahren zuzuordnen, also historisch vergleichbaren Daten. Heute stehen wir sogar inmitten einer dritten Radiokarbon-Revolution — der Datierung durch die Beschleunigungs-Massenspektrometrie.

Im Jahre 1949 fand der amerikanische Physikochemiker Willard Libby heraus, daß sich organische Materialien dadurch datieren ließen, daß man ihren Gehalt an radioaktiver Holzkohle bestimmte. Alle lebenden Pflanzen absorbieren aus der Atmosphäre kleine Mengen radioaktiven C14. Wenn sie durch Photosynthese organische Substanzen aufbauen, verwenden sie dazu nämlich Kohlendioxid aus der Luft. Es gibt drei Hauptisotope des Kohlenstoffs: C12, C13 und C14. Im Gegensatz zu den ersten beiden Isotopen ist C14 instabil, also radioaktiv, und baut sich mit einer bekannten Rate ab. Zudem wird C14 ständig in der oberen Atmosphäre neu produziert. Der ständige Zerfall des C14 wird durch eine beständige Neuproduktion ausgeglichen. Mit anderen Worten ist dieses radioaktive Isotop ständig in einem bestimmten Verhältnis zu dem »normalen«, stabilen Isotop C12 vertreten, und dies gilt auch in bezug auf das Kohlendioxid der Luft. Durch das Verzehren von Pflanzen oder pflanzenfressender Tiere nehmen auch alle anderen Tiere — einschließlich des Menschen — diese Radioaktivität in sich auf und reichern sie im Körper an. Wenn ein Mensch gestorben ist oder ein Baum gefällt wurde, geht die Anhäufung der Radioaktivität zurück, und der meßbare Anteil löst sich mit einer bekannten Rate auf. Der Begriff »Halbwertzeit« bezeichnet den Zeitraum, den das radioaktive Material benötigt, um die Zahl seiner Atome zu halbieren. Für C14 beträgt die Halbwertzeit 5 568 Jahre. Mißt man also den noch erhaltenen Rest des C14, kann man den Zeitraum bestimmen, der verstrichen ist, seitdem die Anhäufung der Radioaktivät zurückgeht. Die errechneten Werte werden in Radiokarbon-Jahren bp (= before present = vor dem Jahre 1950) ausgedrückt, die sich wiederum leicht in Radiokarbon-Jahre vor oder nach Christus umrechnen lassen. Eine Abweichung wird mit einem Plus- oder Minusfaktor angegeben. So verweist zum Beispiel der Wert 4600/100 Jahre auf eine mögliche Abweichung von plus oder minus 100 Jahren.

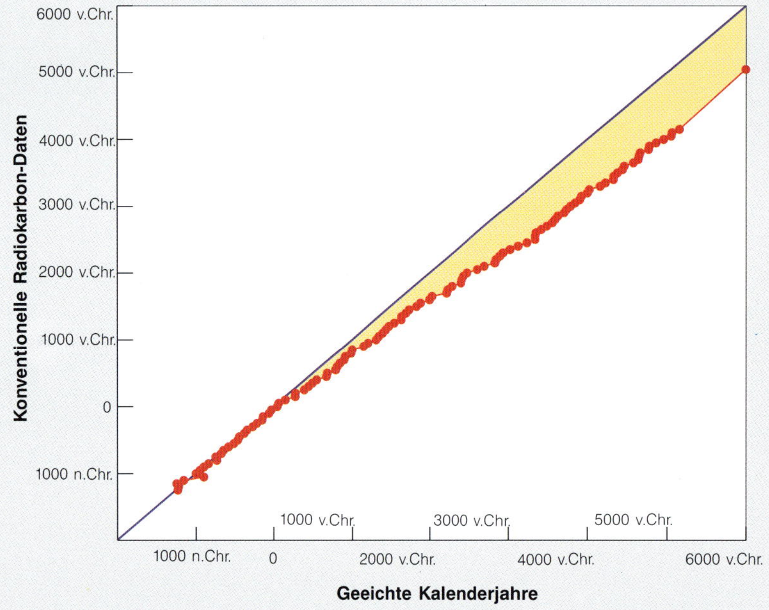

◁ Dieses Diagramm zeigt die Abweichung zwischen konventionellen Radiokarbon-Daten (bc/ad) und geeichten Kalenderjahren (BC/AD). Letztere basieren auf C14-Untersuchungen von Jahresringen an Bäumen.

NACH HANS E. SUESS

Da der Gehalt an Radioaktivität im Laufe der Jahre ständig abnimmt, hat die Radiokarbon-Methode ihre Grenzen und eignet sich nur für Materialien, die jünger sind als etwa 70 000 Jahre. Am effektivsten ist sie bei Funden, deren Alter zwischen 50 000 und 500 Jahren liegt. Radiokarbon-Datierungen lassen sich an den meisten organischen Materialien durchführen, etwa an Holz, Holzkohle, Harz, Haaren, Haut, Knochen oder Torf. Die Irrtumswahrscheinlichkeit variiert, je nach Material und Menge. Im allgemeinen liefern Harz, Holz und Holzkohle verläßlichere Daten als Knochen oder Torfe, da sie gegen sekundäre Einflüsse weniger empfindlich sind.

Bei der Einführung der Radiokarbon-Methode ging man davon aus, daß die Absorption atmosphärischer Radioaktivität über die Jahrtausende relativ gleichmäßig erfolgt sei und daß ein Radiokarbon-Jahr, im ganzen gesehen, einem Kalenderjahr im historischen Sinne entspreche. Während der sechziger Jahre bewiesen jedoch die Wissenschaftler Hans E. Suess und H.L. de Vries unabhängig voneinander, daß dies nicht so war. Es gab nämlich Schwankungen, die auf Variationen des Erdmagnetfeldes, auf Änderungen der Sonnenaktivität und auf das Gleichgewicht zwischen der Atmosphäre und den Ozeanen zurückzuführen waren. In jüngster Zeit wird die C14-Kurve auch durch Auspuffgase, Kraftwerke und dergleichen, aber auch durch nukleare Tests beeinflußt. Durch eine Radiokarbon-Datierung der Jahresringe sehr alter Bäume aus dem Westen der Vereinigten Staaten — es handelt sich in erster Linie um den Riesen-Mammutbaum (*Sequoiadendron giganteum*) und Borstenkiefer (*Pinus longaeva*), die über 4000 Jahre alt werden können — konnte man die C14-Werte überprüfen und mit den Kalenderjahren auf ein Maß bringen. Diese sogenannte Kalibrierung reicht nur bis etwa 6000 vor Christus. Mit Hilfe der Dendrochronologie (der Untersuchung der Jahresringe an Bäumen) wurde es möglich, die Folge bis etwa 5 300 vor Christus auszudehnen, und heute können wir sehr genaue archäologische Daten in Kalenderjahren angeben. Mit anderen Worten entsprechen diese nun exakt den historisch bekannten Daten, etwa der Errichtung der Cheops-Pyramide im Alten Reich Ägyptens.

Um Verwirrung zu vermeiden und weil die kalibrierten Daten noch immer einer Korrektur bedürfen, haben sich die Fachleute darauf geeinigt, alle C14-Werte auch künftig in konventionellen Radiokarbon-Jahren anzugeben und extra darauf hinzuweisen, wenn Anpassungen an Kalenderjahre vorgenommen wurden.

Am stärksten machen sich die Abweichungen zwischen etwa 4000 und 3000 vor Christus bemerkbar. Daher beeinflußten die kalibrierten C14-Daten in hohem Maße etwa das Verständnis der bedeutenden und vielschichtigen kulturellen Situation des neolithischen Europa. Besonders wichtig war in dieser Hinsicht die Festlegung, zu welcher Zeit der Ackerbau auftauchte, und dieser Zeitpunkt wurde um nahezu 1000 Jahre weiter zurückdatiert als man zunächst vermutet hatte.

Mit der Einführung der Beschleunigungs-Massenspektrometrie (AMS) machte die C14-Methode einen großen Sprung nach vorn. Dies betraf sowohl die Genauigkeit der Angaben als auch die Anwendbarkeit. Die Menge des für eine Datierung benötigten Materials wurde drastisch reduziert. Heute genügen für eine verläßliche Datierung bereits wenige Milligramm. In Zukunft wird dieses Verfahren für die Archäologen zu einem außerordentlich wichtigen Datierungsinstrument werden. Mehrere spektakuläre Datierungen wurden bereits im Zusammenhang mit der Frage durchgeführt, wann die Domestikation von Pflanzen erfolgte und wann die ersten Menschen in der Neuen Welt auftauchten. Zudem wurde auch das bekannte Turiner Grabtuch mit der AMS-Technik analysiert: Es kann unter keinen Umständen das authentische Grabtuch Jesu Christi sein, denn das Leinen wurde erst etwa um das Jahr 1300 hergestellt.

Netzwerke aufzubauen. In Südfrankreich, einem Gebiet, in dem sich damals so viel Aktivität konzentrierte, fanden an einigen bedeutenden Versammlungsplätzen regelmäßige gemeinschaftlichen Zeremonien statt – zum Beispiel im Zusammenhang mit der Partnerfindung.

Aus dem oberen Paläolithikum Europas und Asiens wurden 76 Skelette untersucht, und es kam dabei heraus, daß nur die Hälfte dieser Menschen ein Alter von 21 Jahren erreichte. Nur zwölf Prozent waren älter als 40 Jahre, und nicht eine einzige Frau war 30 Jahre alt geworden. Viele Skelette wiesen Anzeichen von Unterernährung, Rachitis und anderen Mangelerkrankungen auf. Bezeichnenderweise trugen viele auch Spuren physischer Verletzung. Zweifellos war das Leben während der Eiszeit ein gnadenloser Kampf ums Überleben. Und die Hinweise auf soziale Organisationen und ein zeremonielles Leben, die aus dieser Zeit überlebt haben, zeigen, welch starker Druck auf dieser Gesellschaft lastete, deren Mitglieder um die begrenzten Ressourcen gegeneinander antreten mußten.

Im letzten Abschnitt des oberen Paläolithikums wurden große Siedlungen zu Treffpunkten der Menschen aus der Umgebung. Hier tauschte man Güter und wohnte Ritualen bei. Zahlreiche Beispiele tragbarer Kunstgegenstände, die aus dieser Zeit stammen, dienten bei solchen Anlässen vielleicht als persönliche Statussymbole. Eines der bemerkenswertesten Beispiele wurde bei Mezhirich am Dnjepr, südöstlich von Kiew in der Ukraine, ausgegraben. Fünf Häuser wurden hier entdeckt, die aus etwa 70 Tonnen Mammutknochen gebaut worden waren.

Es gibt mehrere Hinweise darauf, daß gewisse Menschen einen höheren sozialen Rang einnahmen als andere und daß diese Leute – vermutlich als Schamanen – Rituale und Zeremonien leiteten. Eine Reihe wunderschön geschmückter Gräber bietet wohl den überzeugendsten Beleg für den sozialen Status eines Menschen dieser Zeit. Bei Sungir, unweit von Moskau, entdeckte man die Überreste zweier Erwachsener und zweier Kinder. Die Kleidung, in der der Mann und die Kinder begraben worden waren, war mit Tausenden von Perlen aus Elfenbein und Tierzähnen geschmückt. Zudem fand man in dem Grab mit Schnitzereien reich verzierte Waffen und andere Objekte, die auf einen hohen sozialen Rang hindeuten. Auch in der sogenannten »Grotte des Enfants« an der italienischen Riviera wurden Reste großartig geschmückter Kinder gefunden.

Weil diese Kinder nur zwischen sieben und 13 Jahre alt waren, können sie aus eigener Kraft noch keine hohe soziale Stellung in ihrer Gesellschaft erreicht haben. Daher wurden ihre umfangreichen Schmuckbeigaben als erste Beispiele für eine Erbfolge gedeutet. Vermutlich standen also einige Familien der paläolithischen Gesellschaft höher im Rang als andere.

Der amerikanische Schriftsteller John Pfeiffer faßt es so zusammen: »Diese Begräbnisse wurden mit großem Aufwand betrieben, und dies gilt auch für die umfangreichen Zeremonien, die dabei stattgefunden haben müssen. Derartige Ehrungen stehen nicht jedem zu, sondern nur besonderen Leuten. Also haben wir es hier mit den Anfängen formaler sozialer Unterschiede zu tun. Die Gräber kleiner Kinder lassen noch eine weitergehende Entwicklung vermuten. Ein Anführer, der sich seinen Rang durch Taten verdient, benötigt Zeit, um als Jäger oder Schamane anerkannt zu werden. Er muß seine Fähigkeiten immer wieder beweisen, und wenn er dazu nicht mehr imstande ist, wird er von einem Fähigeren ersetzt. Dagegen sprechen die Gräber von Kindern, die mit hohen Ehren beigesetzt worden waren, dafür, daß sie ihren Status eben nicht selber verdient, sondern ererbt hatten. Sie waren nämlich noch nicht alt genug, um große Taten zu vollbringen.«

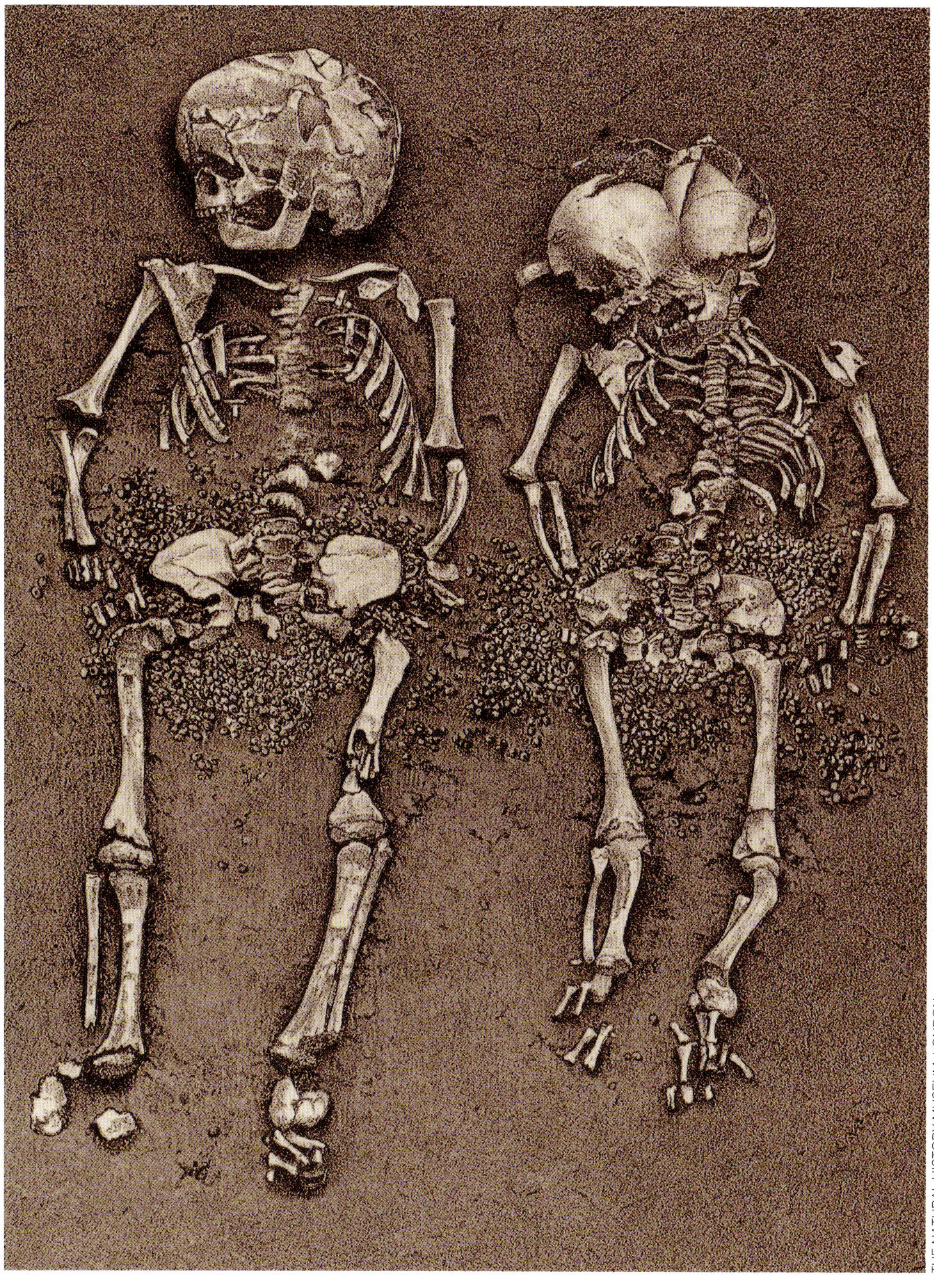

△ Ein reichgeschmücktes Kindergrab, das in der »Grotte des Enfants« – einer der Grimaldi-Höhlen – bei Balzi Rossi (Italien) freigelegt wurde. Der umfangreiche Schmuck in Gestalt zahlreicher durchbohrter Molluskenschalen bildet möglicherweise eines der frühesten Beispiele für erbliche soziale Statussymbole.

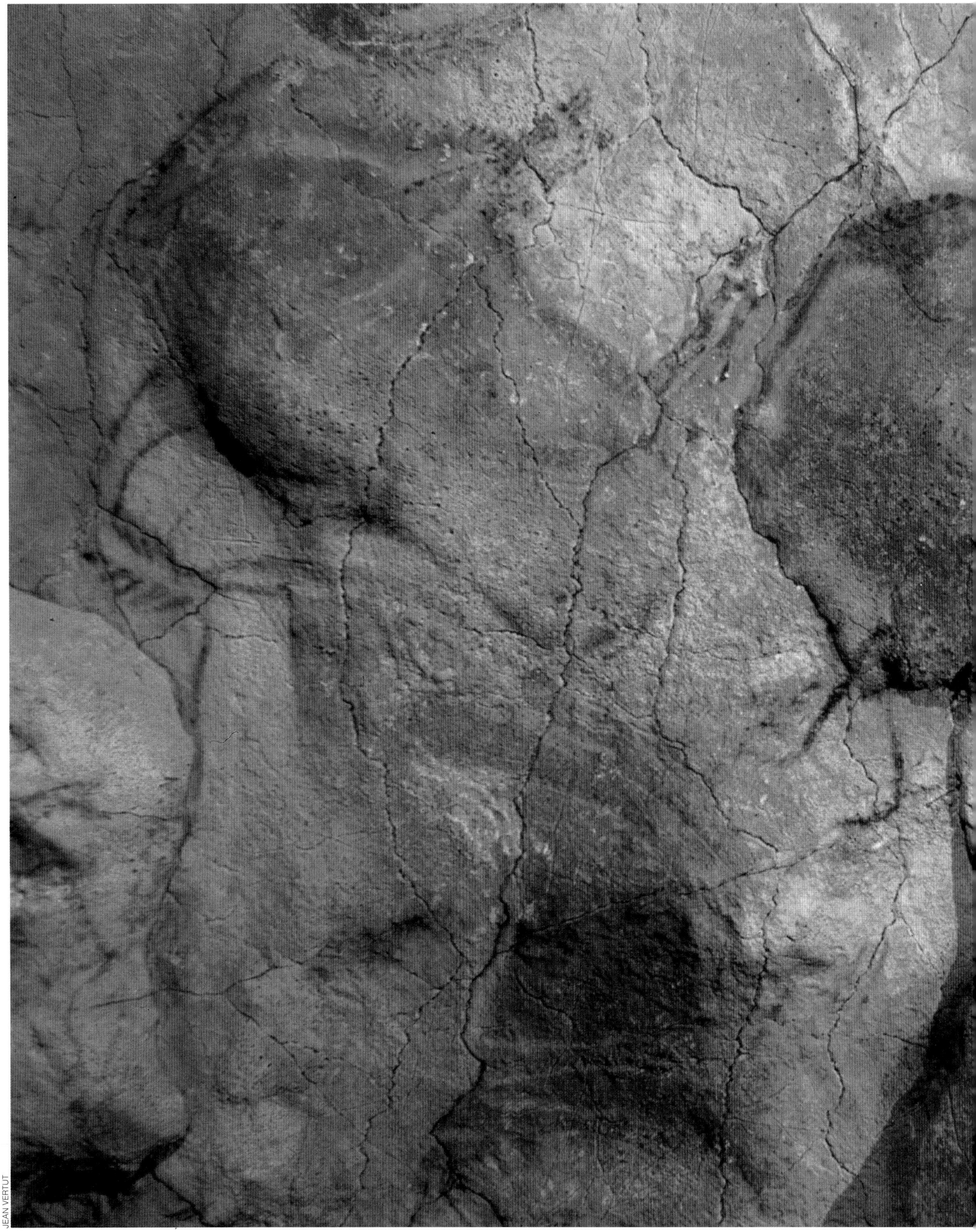

JEAN VERTUT

DIE ANFÄNGE DER KUNST

Vor 35 000 bis 10 000 Jahren

Die Malerei im eiszeitlichen Europa

GÖRAN BURENHULT

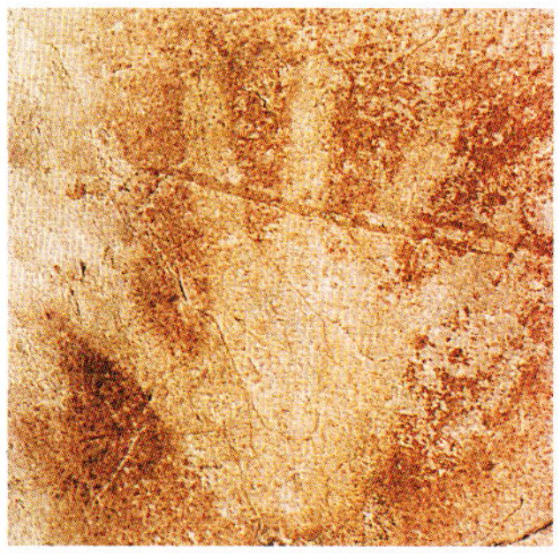

Seit dem Tag des Jahres 1879, als die fünfjährige Tochter Don Marcelino de Sautuolas zufällig auf die Decke einer Höhle blickte und die gemalten Wisente der Altamira-Höhle (Nordspanien) entdeckte, war die großartige Kunst der paläolithischen Jäger eine Quelle der Faszination. Nichts sonst aus unserer vorgeschichtlichen Vergangenheit wurde an derart ungewöhnlichen Stellen entdeckt, tief verborgen in den dunklen, klammen und engen Kalksteinhöhlen.

Die Begegnung mit der Glaubenswelt der Menschen aus dem oberen Paläolithikum ist eine Erfahrung, begleitet von Ehrfurcht, Angst, Aufregung und Verwunderung. Häufig muß man dabei einen Kilometer weit oder mehr in die Tiefen eines Berges vordringen – teils gehend, teils auf den Knien und Ellenbogen kriechend, und manchmal muß man sogar unterirdische Seen und Flüsse durchschwimmen. Allein die Abgelegenheit ist ein Merkmal der Höhlenmalerei, wobei das Erfahren der Einsamkeit, der Dunkelheit und der unnatürlichen Zeitlosigkeit für die Menschen dieser Zeit selbst ein Erlebnis gewesen sein muß, wenn sie einen solchen Ort aussuchten. Und der Forscher unserer Tage wird von dem Gefühl überwältigt, daß in dieser unwirklichen Umgebung geheime Riten und geheimnisvolle Zeremonien stattgefunden haben müssen.

◁ Die gemalten Wisente in der Höhle von Altamira in Nordspanien bilden einige der kunstvollsten und bekanntesten Beispiele paläolithischer Kunst überhaupt. Diese Werke, die vor 12 000 Jahren entstanden, repräsentieren nicht nur den Höhepunkt, sondern auch das Ende einer viele tausend Jahre währenden künstlerischen Tradition in Europa.

△ Handschablonen - eine dramatische und zugleich persönliche Botschaft aus der Eiszeit.

RONALD SHERIDAN/ANCIENT ART AND ARCHITECTURE COLLECTION

GÖRAN BURENHULT

△ Der berühmte Felsüberhang (oder *Abri*) von La Madeleine, der seinen Namen der Madeleine-Kultur verlieh, befindet sich an den Ufern des Vézère-Flusses in der Dordogne (Frankreich). Dieser Fundort barg einige der schönsten Stücke beweglicher Kunstobjekte und scheint zudem ein bedeutender zeremonieller Versammlungsplatz gewesen zu sein.

▷ Diese großartig gearbeitete knöcherne Speerschleuder mit einem Pferdegesicht stammt aus Bruniquel bei Tam-et-Garonne (Frankreich). Die Speerschleuder (auch als Atlatl bekannt) ist auch bei vielen Jägern und Sammlern modernerer Zeiten im Gebrauch, etwa bei den nordamerikanischen Indianern und den australischen Aborigines. Die Technik ist so genial wie einfach. Die Speerschleuder trägt an einem Ende einen Haken, der in eine Höhlung am Ende des Speeres greift. Durch diese Verlängerung des Wurfarms wird sowohl die Durchschlagskraft als auch die Wurfgenauigkeit drastisch erhöht. Ein geübter Jäger kann so einen Hirsch aus über 30 Meter Entfernung zu Fall bringen oder ein Tier aus 15 Meter Entfernung direkt töten.

DAVID L. BRILL, © 1985/MUSEE DES ANTIQUITES NATIONALES, ST. GERMAIN-EN-LAYE

Weil de Sautuola ein Hobby-Archäologe war, wollte zunächst niemand glauben, daß er einzigartige Kunstschätze aus paläolithischen Zeiten entdeckt hatte. Man hielt die elegant und lebhaft dargestellten Tiere für zu perfekt – zu naturalistisch und technisch zu fortschrittlich – als daß sie von Männern oder Frauen aus der Steinzeit stammen könnten. Stattdessen hielt man sie für einen Scherz aus jüngerer Zeit. Don Marcelino starb, noch ehe das sensationelle Alter der Malereien bestätigt war. Wesentlich später erst konnten neue Entdeckungen der Höhlenkunst aus oder gemeinsam mit datierbaren Schichten die wissenschaftliche Welt von ihrem Alter überzeugen. Diese neuen Funde bestanden überwiegend aus kleinen, dreidimensionalen Tieren, die in Geweihe und Knochen geschnitzt waren, – Beispiele der sogenannten tragbaren Kunst – und sie waren mit derselben bemerkenswerten Geschicklichkeit hergestellt, um erstaunlich lebensechte Abbilder zu schaffen.

Allein das Alter läßt einen schwindelig werden. Die frühesten Bilder sind älter als 30 000 Jahre. Soweit wir heute wissen, haben sich die Neandertaler niemals künstlerisch betätigt. Das Bild als ein Mittel des Ausdrucks gehört ausschließlich zum modernen Menschen, zu *Homo sapiens sapiens*, der vor etwa 35 000 Jahren in Europa, und zwar in Gestalt der Cro-Magnon-Menschen auftauchte. Zwar weist nichts darauf hin, daß die Neandertaler weniger imstande gewesen wären, abstrakte Gedanken in Form von Bildern auszudrücken, doch aus unbekannten Gründen taten sie es nicht.

Was geschah zu Beginn des oberen Paläolithikums? Warum mußten sich die Menschen der Eiszeit plötzlich in Bildern ausdrücken? Und warum tasteten sie sich unter offensichtlicher Lebensgefahr durch die extrem schwierigen Passagen der tiefsten Höhlenbereiche? Warum findet man diese Höhlen beinahe ausschließlich in Südfrankreich und in Nordspanien? Stammen die Höhlenmalereien immer von einer einzigen Person, oder begaben sich ganze Gemeinschaften in diese stillen Zufluchtsorte, um ihre kultischen Zeremonien zu vollziehen? Wer schuf diese Bilder? Waren es Männer, Frauen oder vielleicht sogar Kinder?

Weil niemals Vorstufen der Bilder oder Schnitzereien gefunden wurden, vermutet man, daß diese Form der Kunst von einer begrenzten Gruppe ausgewählter Individuen geschaffen wurde – von einer Art Priesterschaft in Gestalt von Medizinmännern oder Schamanen. Vielleicht aber übten die Leute außerhalb der Höhlen an vergänglichen Materialien, zum Beispiel an Tierhäuten oder Holz.

Eine Zeit des Wandels

Um verstehen zu können, was zu den Anfängen der Kunst führte, müssen wir unseren Blick weit über die Kunst hinaus erheben. Das obere Paläolithikum war eine Zeit dramatischer Veränderungen. Schon das Auftauchen einer neuen menschlichen Art in Europa ist sensationell genug. Dazu kommt jedoch, daß diese Zuwanderer eine Reihe sozialer und technischer Neuerungen mitbrachten, die innerhalb kurzer Zeit die Lebensbedingungen radikal veränderten. Die Bevölkerung nahm beträchtlich zu, und die nomadischen Familiengruppen fingen an, sich in größeren Einheiten und auch für längere Zeit als früher zu versammeln. Aus den archäologischen Befunden geht hervor, daß man Güter über große Entfernungen austauschte. Es muß also ein stetig wachsendes Netz von Beziehungen unter den Gruppen existiert haben.

Die auffälligste Veränderung dieser Zeit bestand in der Entwicklung neuer und in ihrer Aufmachung komplizierterer Werkzeuge. Die Steinwerkzeuge der Neandertaler setzten sich nur aus wenigen ähnlichen Typen zusammen. Das Rohmaterial bestand aus bearbeiteten, schildkrötenförmigen Feuersteinstücken, von denen Splitter abgeschlagen wurden. Diese wurden dann zu Schabern und verschiedenen Spitzen weiterverarbeitet. (Dies ist als die sogenannte Levalloisien-Technologie bekannt.) Dagegen entwickelte *Homo sapiens* eine fortschrittlichere Klingen-Technik. Er war damit imstande, lange, dünne Werkzeuge herzustellen, etwa Klingen in der Form eines Lorbeerblatts. Es wurden zahlreiche neue Werkzeugtypen entwickelt, darunter Werkzeuge aus Feuerstein mit einer doppelten Funktion. Man kennt zum Beispiel bearbeitete Abschlagwerkzeuge, die auf der einen Seite wie ein Schaber geformt waren, während sie auf der anderen als Meißel dienten. Die große Vielfalt der Meißel aus dieser Zeit zeigen deutlich, daß mit ihnen verschiedene Aufgaben bewältigt werden mußten.

Die neuen Werkzeuge dienten überwiegend dem Zweck, Knochen und Geweihe bearbeiten zu können. Am Ende des Paläolithikums, während des Magdalenien, bestanden die meisten Gegenstände – sowohl die praktisch nutzbaren als auch diejenigen, die offenbar als Schmuck oder rituelle Objekte gebraucht wurden - aus diesen Materialien. Zehntausende dieser beweglichen Kunstgegenstände wurden in Europa entdeckt, die meisten davon in Südfrankreich. Man fand auch zahlreiche unterschiedliche Harpunen und Fischspeere aus dieser Zeit, von denen jeder eine besondere Funktion hatte. Man kann also annehmen, daß die Jagd auf Kleinwild und der Fischfang damals weiter entwickelt waren und für den Nahrungserwerb an Bedeutung zunahm. Zu weiteren Waffen dieser Zeit gehören Speerschleudern, die aus Geweihen gefertigt und häufig mit wunderschönen Schnitzereien versehen waren.

Allerdings sind Werkzeuge und Kunstgegenstände nicht der einzige Hinweis auf einen grundlegenden sozialen Wandel im oberen Paläolithikum. Neue Bedürfnisse und Traditionen spiegeln sich sogar noch deutlicher in einer Reihe spektakulärer Funde, die zeigen, daß die Menschen dieser Zeit auf der Basis vielschichtiger geistiger Vorstellungen und Rituale lebten.

Erstmals gibt es Hinweise auf regelmäßige Beisetzungen. Die Leichen wurden mit rotem Ocker bestreut, in aufwendiger Kleidung und reichem Schmuck beerdigt und erhielten Werkzeuge als Grabbeigaben. Bei Sungir, 200 Kilometer nordöstlich von Moskau, entdeckte man vier guterhaltene Gräber- einen Mann, eine Frau und zwei heranwachsende Kinder – im Alter von 25 000 bis 20 000 Jahren. Dem Mann hatte man Elfenbeinklingen ins Grab gelegt, er trug ein Stirnband und mehrere Halsketten mit etwa 3000 Perlen aus Mammut-Elfenbein. Im Verlauf seiner Begräbnisfeier war wohl der Kopf einer Frau auf das Grab gesetzt worden. In dem anderen Doppelgrab, in dem ein Mädchen und ein Junge Kopf an Kopf beigesetzt waren, wurden mehr als 10 000 Perlen gefunden, außerdem Ringe, Schmuckstücke, Zähne des Polarfuchses und 16 Waffen, darunter Speere, Speerschleudern und Dolche. Von mehreren anderen europäischen Fundstellen dieser Zeit, darunter Grimaldi (Italien) und La Madeleine (Frankreich), kennt man ähnliche Gräber.

Gemeinsam mit den unterschiedlichen Erscheinungsformen der Kunst, sowohl den tragbaren Kunstgegenständen als auch den Höhlenmalereien, zeigen diese Gräber eindeutig, daß die Menschen dieser Zeit das Bedürfnis hatten, mit Hilfe von Symbolen abstrakte Informationen weiterzugeben. In der gesamten Menschheitsgeschichte haben wir zum ersten Mal mit dem Drang zu tun, die Mitgliedschaft in einer Gruppe und den sozialen Rang zu demonstrieren – und die Kindergräber geben erste Hinweise darauf, daß dieser Status erblich gewesen sein könnte. Daher vermutet man, daß im oberen Paläolithikum die vollständig gleichberechtigte Gesellschaft zu Ende gegangen ist.

Durch das Anwachsen der Bevölkerung und durch die immer komplizierter werdende soziale Organisation hatten die Menschen ein eindeutig größeres Verlangen, innerhalb ihrer und auch mit außenstehenden Gruppen zu kommunizieren. Die Entwicklung von Bildern und Symbolen läßt sich direkt mit diesem gestiegenen Kommunikationsbedürfnis verbinden, und vermutlich erfuhr die Sprache zu jener Zeit eine vergleichbare Entwicklung.

◁ Ein geschnitzter Tierkopf aus Le Mas d'Azil, einem der wichtigsten paläolithischen Fundstätten der französischen Pyrenäen. Die ungewöhnlich reichen Funde an beweglichen Kunstobjekten, aber auch seine Höhlenmalereien, zeigen, daß er wohl zu den bedeutendsten zeremoniellen Versammlungsorten der franko-kantabrischen Region gehörte. Hier fand man zudem kleine Kiesel mit aufgemalten roten Punkten.

JEAN VERTUT/COLLECTION DE SAINT-PERIER

◁ Ein Knochen mit geschnitztem Steinbock aus der Höhle von Isturitz, Basses-Pyrenées (Frankreich).

JEAN VERTUT/COLLECTION DE SAINT-PERIER

▷ Ein in ein Geweihstück geschnitzter Hirschkopf aus der Höhle von Isturitz, Basses-Pyrenées (Frankreich).

JEAN VERTUT/COLLECTION DE SAINT-PERIER

◁ Dieser in ein Knochenstück geschnitzte Wisent stammt ebenfalls aus den Magdalenien-Schichten der Höhle von Isturitz.

JEAN VERTUT/COLLECTION DE SAINT-PERIER

△ Geschnitzte Vulva aus La Ferrassie in der Dordogne.

DAVID L. BRILL, © 1985/MUSEE NATIONAL DE PREHISTOIRE, LES EYZIES DE TAYAC

▷ Kopf einer Venus-Figurine aus Brassempouy. Dieses handwerkliche Meisterstück, eine der frühesten Darstellungen eines menschlichen Gesichts, stammt aus der Periode des Gravettien, 29 000 bis 22 000 Jahre vor unserer Zeit. Das Netzmuster auf dem Kopf wird als Haarnetz gedeutet.

Die künstlerische Revolution

Die Höhlenmalerei mit ihren lebensechten Tierbildern entstand in einem späteren Stadium des oberen Paläolithikums. Zu den ersten Ausdrucksformen europäischer Kunst gehören die Symbole weiblicher Sexualität. Schon vor 35 000 Jahren ritzen die Cro-Magnon-Menschen Bilder weiblicher Vulven auf Steine und andere Oberflächen. Einige Jahrtausende später, vor etwa 29 000 Jahren, tauchten die ersten beweglichen Kunstwerke in Form der berühmten Venusfigurinen auf, kleinen weiblichen Figuren mit einer typischen stilisierten Gestalt. Sie sollten die künstlerischen Aktivitäten beinahe 10 000 Jahre lang beherrschen.

Bei den meisten dieser Figuren sind die Brüste und das Gesäß übertrieben dargestellt, wogegen der Kopf und die Beine in eine weniger deutliche Form auslaufen. Man empfand sie offenbar als weniger wichtig. Da diese Figuren in weitem Umkreis gefunden wurden, verfügten diese Menschen wohl über weitverbreitete Kontakte, und die weitverstreuten Gesellschaften jener Zeit dürften gemeinschaftliche Rituale besessen haben. Ähnlich gestaltete Venusfigurinen wurden in großer Zahl von Südrußland im Osten bis zur Atlantikküste im Westen, also über eine Entfernung von mehr als 2000 Kilometer, nachgewiesen. Zu den wichtigsten Fundstellen gehören Dolní Vèstonice (in der ehemaligen Tschechoslowakei), Kostenki (Rußland), Willendorf (Österreich) sowie Brassempouy und Lespugue (Frankreich).

Es gibt zwei Ansätze, mit denen man erklären kann, warum die Cro-Magnon-Menschen die weiblichen Genitalien in ihrem künstlerischen und rituellen Leben so stark betonten und wie die eindeutigen Merkmale dieser Venusfigurinen zustandekamen. Zunächst wissen wir von den Skeletten dieser Zeit, daß die Cro-Magnon-Frauen im allgemeinen weniger robust waren als ihre Vorgängerinnen, die Neandertaler, und auch ihr Beckenausgang war wesentlich enger. Dadurch waren schwierige Geburten wohl besonders häufig, und folglich lag die Todesrate bei Müttern und Babys recht hoch. Zweitens ist es nicht unwahrscheinlich, daß durch die rasch wachsende Bevölkerung auch die Konflikte zunahmen. Und zu den Konflikten traditioneller Gesellschaften gehört normalerweise der Konkurrenzkampf um die Frauen. In jedem Fall dürfte die unverzichtbare Rolle der Frau, der die Erhaltung einer zunehmend unter Druck geratenden Gesellschaft zufiel, zu einem Kult geführt haben, in dem sie im Mittelpunkt stand.

An der Zahl der Fundstellen, die von verschiedenen Zeitabschnitten entdeckt wurden, können wir das Wachstum der Bevölkerung verfolgen. Zur Zeit kennen wir nur sechs Fundorte auf russischem Gebiet (der Region zwischen dem Schwarzen Meer und der Eisgrenze im Norden), die den Neandertalern zugeschrieben werden. Dagegen befinden sich auf demselben Gebiet über 500 Siedlungen der Cro-Magnon-Zeit. Wenn Menschen häufiger mit außenstehenden Gruppen Kontakt haben, wächst auch ihr Bedürfnis zu zeigen, wer sie sind und welchen gesellschaftlichen Rang sie einnehmen. In allen traditionellen Gesellschaften geschieht dies, indem die Menschen Schmuck und andere Gegenstände tragen, die auf ihren Rang hinweisen. Daneben gibt es verschiedene Möglichkeiten, den Körper direkt zu schmücken, etwa durch Tätowierung oder Körperbemalung. Es ist denkbar, daß die wunderschön geschnitzten Speerspitzen und -schleudern aus Elfenbein, aber auch viele andere tragbare Objekte aus Knochen und Geweihen dafür vorgesehen waren, hochrangige Individuen der Gesellschaft des oberen Paläolithikums auszuzeichnen. Bei anderen Gegenständen handelte es sich vielleicht um Schutzamulette.

Die Höhlenmalereien kamen erst vor 23 000 Jahren auf. Als es dann soweit war, konzentrierte sich diese Kunstform auf die franko-kantabrische Region Südfrankreichs und Nordspaniens.

JEAN VERTUT

▷ Elegant stilisierte, kopflose Frauenfiguren aus Lalinde bei La Roche in der Dordogne. Ihre Gesäße sind besonders akzentuiert. Diese zehn bis fünfzehn Zentimeter großen Figuren stammen aus dem Magdalenien.

Die Venus-Figurinen

GÖRAN BURENHULT

Die Venus-Figurinen, 30 000 Jahre alte Fruchtbarkeitssymbole, gehören zu den faszinierendsten und zugleich rätselhaftesten Kunstwerken des oberen Paläolithikums. Sie sind Zeugen eines Glaubens an magische Kräfte und hochentwickelte Rituale. Sie beweisen, daß ihre Schöpfer für die Zukunft planen konnten und daß sie sich über die Bedeutung der Fruchtbarkeit für ihr Überleben im klaren waren. Diese Arbeiten bieten einen ersten Einblick in die Glaubenswelt der Eiszeitjäger und bilden zugleich eine Vorstufe der späteren Praxis, über Abbilder einen Kontakt zwischen Menschen und dem Übernatürlichen herzustellen. Diese ersten künstlerischen Äußerungen des Menschen sind eines der deutlichsten Zeichen dafür, daß *Homo sapiens sapiens* über geistige Kapazitäten verfügte, die die seiner Vorfahren übertrafen – er konnte sich über Symbole verständigen. Diese abstrakte Welt der Symbole zeigt aber auch, daß der moderne Mensch ein Bedürfnis nach Religion und Ritus besaß.

DR LIDIO CIPRIANO, 1932/NATIONAL MUSEUM OF ETHNOGRAPHY, STOCKHOLM

▷ Diese Venus-Figur aus Mammut-Elfenbein stammt aus Des Rideaux bei Lespugue im Departement Haute Garonne (Frankreich) und ist etwa 23 000 Jahre alt. Nach Ansicht einiger Fachleute beweist diese Figur, daß die Steatopygie (Fettsteißigkeit) unter den Frauen der Eiszeit vorkam. Dagegen vertritt Marija Gimbutas die Meinung, daß die akzentuierten Gesäßbacken ein Bild für das Doppelei oder den schwangeren Bauch sind – ein Symbol gesteigerter Fruchtbarkeit.

MUSEE DE L'HOMME, PARIS/J. OSTER

◁ Von einigen Fachleuten wurde die Ansicht vertreten, daß die schwellenden Gesäßbacken einiger Venus-Figurinen beweisen, daß unter den eiszeitlichen Frauen also eine extreme Fettanhäufung an den Hüften, die in Notzeiten als Nahrungsreserve dient, verbreitet war. Noch immer kann man die Steatopygie unter den Frauen einiger traditioneller Gesellschaften finden, so zum Beispiel bei den Buschleuten der Kalahari, bei denen sie zudem einen hohen ästhetischen Stellenwert genießt.

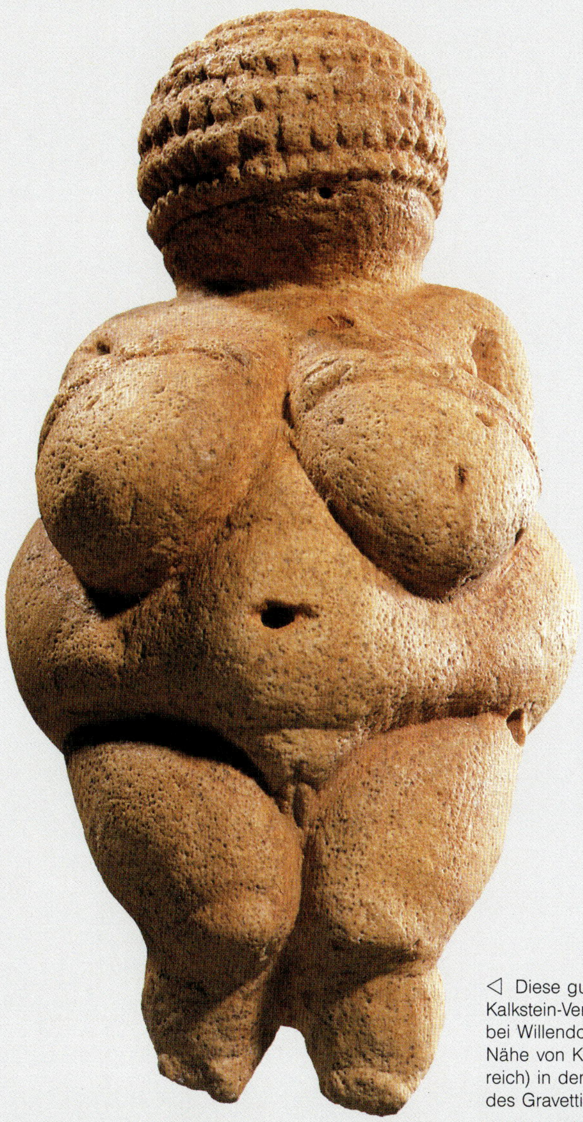

◁ Diese gutbekannte Kalkstein-Venus wurde bei Willendorf in der Nähe von Krems (Österreich) in den Schichten des Gravettien entdeckt.
NATURAL HISTORY MUSEUM, VIENNA

Eigentlich sollte man erwarten, daß die ersten Symbole der Großwildjäger aus dem oberen Paläolithikum mit dem Bereich zu tun hatten, der für das Überleben in der Eiszeit am wichtigsten war, nämlich mit dem Jagdwild, in vielen europäischen Tundren die Hauptnahrungsquelle. Stattdessen konzentrierten sich die Abbilder auf Sexualität und Fruchtbarkeit, einen weiteren wichtigen Bereich des Überlebenskampfes und damit darauf, das Fortbestehen der Gruppe zu sichern.

Bei den ältesten bekannten Figuren handelt es sich um geschnitzte Abbilder weiblicher Vulvae. Sie stammen vermutlich aus der Aurignac-Tradition und sind etwa 30 000 Jahre alt. Man fand sie auf Felsen, zum Beispiel bei Abri Blanchard, Abri Castanet und bei La Ferrassie im Vézère-Tal in der Dordogne. Allerdings waren die berühmten Venus-Figurinen, die über sehr weite Entfernungen gefunden wurden, die typischsten Gegenstände dieser Glaubenswelt. Sie wurden aus den verschiedensten Materialien hergestellt, etwa aus Mammut-Elfenbein, Geweihen, Knochen, Steinen und Ton, und alle zeigen die gleiche standardisierte Form: übertrieben schwellende Brüste und Gesäße, und viele scheinen überdies noch schwanger zu sein. Die meisten von ihnen sind nackt und zeigen deutliche Genitalien. Von wenigen Ausnahmen abgesehen sind die Köpfe nur rudimentär dargestellt und bestehen zumeist nur aus kleinen Erhebungen. In ähnlicher Weise verjüngen sich die schwellenden Hüften zu kaum ausgebildeten Füßen. Der Fruchtbarkeitssymbolismus ist offensichtlich – entscheidend waren Fortpflanzung, Fruchtbarkeit und Schwangerschaft.

Aber nicht alle diese kleinen Fruchtbarkeitsgöttinen - vielleicht waren es sogar Abbilder der Muttergottheit selber - waren als Schwangere dargestellt. Die amerikanische Archäologin Marija Gimbutas wies darauf hin, daß vielleicht nicht einmal die klassischen Venus-Figurinen von Willendorf (Österreich) und Lespugue (Frankreich) schwanger sind. Die Brüste und das Gesäß lenken in erster Linie die Aufmerksamkeit auf sich, und zudem halten sie die Hände über den Brüsten. Andere, wie diejenigen aus Kostenki (in der Ukraine) und das berühmte Kalkstein-Relief aus Laussel (Frankreich), tragen ihre Hände über den Bäuchen und sind daher wohl als schwanger zu interpretieren. Folglich sind bei diesen Figuren die Brüste und das Gesäß auch nicht besonders betont.

Die bemerkenswerte Venus-Tradition gehörte in erster Linie zur Periode des Gravettien (vor 29 000 bis 22 000 Jahren), einer Zeit, in der es kälter wurde und die Gletscher und Eisdecken zunahmen. Über eine Entfernung von über 2000 Kilometer, vom Atlantischen Ozean im Westen bis nach Sibirien im Osten, sahen die Figuren überall gleich aus. Demnach unterhielten die Großwildjäger des oberen Paläolithikums am Rande des eurasischen Eises Kontakte über weite Entfernungen und pflegten einen intensiven Erfahrungsaustausch.

◁ Diese Venus aus gebranntem Ton ist etwa 26 000 Jahre alt. Sie stammt aus dem oberen Paläolithikum von Dolní Vestonice in Moravia (Tschechische Republik).
RONALD SHERIDAN/ANCIENT ART AND ARCHITECTURE COLLECTION

◁ Diese 22 000 Jahre alte Venus aus Serpentin-Marmor (Steatit) wurde bei Savignano im Norden Italiens entdeckt. Ihr Kopf wird als Phallussymbol gedeutet.
MUSEO NAZIONALE PREHISTORICO EO ETNOGRAFICO "L. PIGORINI", ROME

◁ Diese Venus, die beide Hände über ihre Genitalien hält, stammt aus dem bekannten oberpaläolithischen Grab von Grimaldi an der französisch-italienischen Grenze.
J. M. LABAT/AUSCAPE

Diese wunderschöne, aus bernsteinfarbenem Kalkstein gefertigte Venus aus Sireuil in der Dordogne (Frankreich) wurde auf ein Alter von 23 000 Jahren datiert.
MUSEE DES ANTIQUITES NATIONALES, ST. GERMAIN-EN-LAYE/R.M.N.

FUNDSTÄTTEN
OBERPALÄOLITHISCHER KUNST
Die wesentlichen Fundstätten von Kunstwerken des oberen Paläolithikum liegen in Frankreich und auf der Iberischen Halbinsel. Besonders viele Höhlenmalereien wurden entlang der Flüsse Dordogne und Vézère im südlichen Zentrum Frankreichs gefunden. Dieses Gebiet ist im Ausschnitt zu sehen. Zudem ist der Küstenverlauf eingezeichnet, wie er vor 18 000 Jahren, am Höhepunkt der letzten Eiszeit, vorlag.

Das franko-kantabrische Kernland

Zur Zeit kennen wir mehr als 200 europäische Höhlen mit paläolithischen Malereien und Gravuren. Davon befinden sich nicht weniger als 180, das sind 85 Prozent, im äußersten Süden Frankreichs und in Nordspanien, in einem Gebiet, das normalerweise als das franko-kantabrische Kernland bezeichnet wird. Betrachten wir einmal, wie sich die Höhlenmalerei außerhalb dieses Gebietes ausgebreitet hat, verblüfft diese Konzentration sogar noch mehr. Auf dem Rest der Iberischen Halbinsel befinden sich weitere 20 Höhlen mit entsprechenden Bildern, während etwa zehn in Italien und nur eine einzige in Osteuropa entdeckt wurde - die Kapova-Höhle im Uralgebirge.

Die Tatsache, daß 90 Prozent aller Höhlenmalereien aus Frankreich und Spanien stammen, läßt sich nicht einfach dadurch erklären, daß es in anderen Gegenden an geeigneten Höhlen fehlte. Ganz ähnliche Gebiete und Höhlensysteme findet man nämlich an vielen anderen Stellen Europas, etwa in den Karpaten, den Alpen und im Ural. Auch können wir dieses Phänomen nicht darauf zurückführen, daß man nicht genügend gesucht habe oder daß die Entdeckungen rein zufällig erfolgten. Im Laufe dieses Jahrhunderts sind die Speläologen in die meisten bekannten Höhlensysteme dieser Gebiete eingedrungen und haben sie kartiert. In dem umfangreichen Gebiet südlich der Eisgrenze, auf der gesamten Strecke von Frankreich im Westen bis zum Ural im Osten entdeckte man eine lange Reihe von Fundstellen aus dem oberen Paläolithikum. Und nahezu alle bargen erhebliche Mengen an beweglichen Kunstgegenständen. Dies macht die Konzentration der Höhlenmalereien noch erstaunlicher.

Nach Ansicht der Forscher muß man für diese Konzentration demographische, ökonomische und soziale Gründe verantwortlich machen. Auf den gewaltigen Flächen der Tundra herrschte eine ganz uneinheitliche Bevölkerungsdichte, was auf gleichermaßen große Klimaunterschiede und Möglichkeiten des Nahrungserwerbs zurückgeht. Offenbar führte das wärmere Klima an der Atlantikküste im Südwesten Europas zu einer ganz anderen Ökologie als die der Permafroststeppen weiter östlich. Die Menschen im Südwesten waren weniger auf ein Nomadenleben angewiesen, da es Fische und Pflanzen im Überfluß gab.

Dies alles läßt sich aus den archäologischen Funden ablesen, einer langen Folge von Siedlungen, die als bedeutende Treffpunkte und zeremonielle Zentren gedeutet werden können. Einige davon enthielten komplizierte Steinbauten, die vermutlich zum Teil rituellen Zwecken dienten. Bei Solvieux, in der Nähe von Bergerac im Dordogne-Tal, wurden nicht weniger als 16 Besiedlungszustände aus der Zeit vor 30 000 bis 14 000 Jahren ausgegraben. In der Dordogne bargen vier Fundstellen aus dem Magdalenien allein 1400 bewegliche Kunstwerke, die aus Knochen und Geweihen gefertigt waren — das sind 80 Prozent aller bisher bekannten Objekte dieser Art. Zweifellos bedeutet dies, daß die Menschen sich in gewissen Gegenden konzentrierten.

Nach Schätzungen lebten vor 20 000 Jahren im Gebiet des heutigen Frankreich etwa 2000 bis 3000 Menschen. Und die Bevölkerung des übrigen Europa, einschließlich Spaniens, kann nicht über 10 000 Menschen gelegen haben. Im Herzen des französischen Gebiets, bei Les Eyzies am Vézère-Fluß, lebten zur gleichen Zeit zwischen 400 und 600 Menschen dicht an dicht unter dem Schutz von vier oder fünf Felsüberhängen, die als *Abri* bekannt sind. Ähnliche Sammelplätze, die jedoch viel weiter auseinander liegen, sind von weiter östlich gelegenen Gebieten bekannt, zum Beispiel aus Dolní Vêstonice (in der ehemaligen Tschechoslowakei) und aus Kostenki (Rußland).

Auch die Tatsache, daß zunehmend Massentötungen einzelner Tierarten vorkommen, läßt vermuten, daß die Bevölkerung während dieser Zeit erheblich zunahm. Es ist allerdings unter normalen Umständen schwierig zu entscheiden, ob derartige Knochenablagerungen auf eine einzige Jagd zurückgehen oder sich durch regelmäßige Jagdzüge im Laufe der Zeit nur angesammelt haben. An einigen osteuropäischen Fundstellen wurden die Reste von beinahe 1000 Mammuten freigelegt. Und bei Solutré, im Osten Frankreichs, entdeckte man einen Schlachtplatz mit den Knochen von vielleicht 100 000 Pferden. Entweder waren diese über die Klippen in den Tod getrieben oder in eine natürliche Falle, einen unterhalb gelegenen natürlichen Paß, gejagt worden, um sie zu töten.

Eine weitere, früher oft übersehene Nahrungsquelle, die Lachsfischerei, mag ebenfalls Menschen während des oberen Paläolithikums in das franko-kantabrische Kernland gelockt haben. Seit langem sind Bilder von Lachsen aus verschiedenen Höhlen bekannt, besonders aus den Pyrenäen. Soweit man die Temperaturspanne kennt, die vor 20000 bis 10000 Jahren in den Flüssen des franko-cantabrischen Kernlandes herrschte, boten diese dem Lachs ideale Lebensbedingungen. Noch im 19. Jahrhundert gehörten die Flüsse dieser Gegend zu den ertragreichsten Lachsgebieten Europas. Wahrscheinlich ließen sich die Menschen für längere Zeit an einer Stelle nieder, um die regelmäßigen jahreszeitlichen Wanderungen während der Laichzeit zu nutzen. Und da die Bestände der Pferde, Mammute, Wisente und Rentiere infolge der Massentötungen zurückgingen, nahm die Bedeutung des Fischfangs und des Sammelns von Nahrung noch zu. Zudem konnte man nicht nur das Fleisch der in Mengen geschlachteten Säuger, sondern auch den Fisch trocknen und aufbewahren.

Während die beweglichen Kunstwerke eindeutig den nomadischen Großwildjägern der umfangreichen Tundrengebiete zuzuschreiben sind, die sich südlich der Eisgrenze erstreckten, konzentriert sich die Höhlenmalerei in einem Gebiet, das den Menschen mehr Möglichkeiten des Nahrungserwerbs gab und sie deshalb zu einer seßhafteren Lebensweise ermutigte. Nur im Zusammenhang mit diesen weitreichenden sozialen Veränderungen können wir die Entwicklung des zeremoniellen Lebens verstehen, das sich in jenen bemerkenswerten Kunstwerken widerspiegelt, die im Dunkel der Höhlen geschaffen wurden.

▽ Das Flußtal des Vézère, ein Gebiet, das an Naturschönheiten und Zauber seinesgleichen sucht, birgt die höchste Konzentration paläolithischer Kunst überhaupt. Die reichhaltige Umgebung bot den Menschen während der letzten Eiszeit ideale Lebensbedingungen. Zudem war dieses Gebíet offenbar ein bedeutendes Zentrum sozialer und zeremonieller Veranstaltungen.

A. BORDES/EXPLORER-AUSCAPE

▷ Eines der wesentlichen Merkmale paläolithischer Kunstwerke bestand darin, daß die Künstler bereits existierende natürliche Felsvorsprünge oder -vertiefungen in ihre Bilder einbezogen. Die meisten Bestandteile dieses großartigen Pferdekopfes aus Commarque in der Dordogne, darunter das Auge, das Ohr und die Stirn, werden von den natürlichen Unregelmäßigkeiten der Felsoberfläche gebildet. Lediglich das Nasenloch und das Maul wurden von menschlicher Hand hinzugraviert.

JEAN VERTUT

▷ *Gegenüber*: Die paläolithische Kunst Europas entwickelte sich während eines Zeitraums von 25 000 Jahren. Die frühesten Werke bestanden überwiegend aus geritzten Vulva-Bildern. Die Höhlenbilder tauchten vor 24 000 Jahren auf, jedoch erreichte die Malerei ihre Blütezeit erst am Ende des oberen Paläolithikum, vor 20 000 bis 12 000 Jahren.

NACH ANDRE LEROI-GOURHAN'S DATINGS OF FRANCO-CANTABRIAN CAVE ART

Die Begegnung mit dem Übernatürlichen

Wie wir gesehen haben, entwickelte sich die Höhlenmalerei über einen sehr langen Zeitraum und steht in Zusammenhang mit den sozialen und demographischen, aber auch den ökonomischen und klimatischen Bedingungen jener Zeit. Der größte Teil der Höhlenbilder, also mehr als 80 Prozent, entstanden vor 17 000 bis 12 000 Jahren. Dabei vergessen wir leicht, daß wir selber – zeitlich gesehen – der Blütezeit der Künstler des Magdalenien näherstehen als jene ihren Vorfahren nahestanden, die vor über 30 000 Jahren ihre ersten Höhlenmalereien und Skulpturen schufen.

Der Zugang zu der künstlerischen Arbeit dieser Großwildjäger ist zugleich eine Begegnung mit dem Übernatürlichen. Eines der typischsten Merkmale dieser Bilder ist ihre beinahe unzugängliche Lage. Wenn überhaupt, erscheinen die Bilder nur selten an den Eingängen der Höhlen, wo die Menschen lebten. Stattdessen muß man auf Knien und Ellenbögen gehen und kriechen, ja manchmal sogar reißende unterirdische Flüsse und Seen durchschwimmen, um – manchmal unter Lebensgefahr – die innersten Bereiche jener Zufluchtsstätten zu erreichen. Man stelle sich nur den Gedanken vor, daß man den Weg nicht wieder zurückfindet oder in einem der nahezu unpassierbaren Gänge steckenbleibt. Nicht selten stößt ein Forscher, der nach Höhlenbildern sucht, auf eine Sackgasse, die zu eng ist, als daß er sich umdrehen könnte. Dann bleibt ihm nichts anderes übrig, als über Hunderte von Metern rückwärts zu kriechen. Die Gefahr und die Erregung müssen ein wesentlicher Teil des paläolithischen Rituals gewesen sein. Die Lampen jener Zeit, die mit Tierfett gespeist und mit Dochten aus trockenen Fasern versehen waren, brannten vielleicht fünf oder sechs Stunden lang. In zahlreichen Höhlen wurden Steinlampen gefunden. Einige davon waren elegant geformt, während andere lediglich aus einfachen Kalksteinplatten bestanden, in die Löcher für den Brennstoff gebohrt waren. Niemals jedoch wurde das Skelett eines Menschen gefunden, der es nicht mehr geschafft hatte, die Höhle lebend zu verlassen.

Tief im Inneren der am wenigsten zugänglichen Höhlen schufen diese paläolithischen Künstler ihre Kunstwerke. Aber selbst hier mieden sie die leicht einsehbaren Oberflächen. Stattdessen wählten sie häufig eine abgelegene Stelle in einem engen Gang, die von den günstigsten Positionen aus nicht sofort zu sehen waren.

Ganz eindeutig suchten diese Künstler mit ihren flackernden Lampen nach einem besonderen Blickwinkel für die Höhlenwände. Er sollte dem Bild aus der realen Welt, das sie vor ihrem geistigen Auge hatten, Leben einhauchen – etwa einem rennenden Pferd oder einem angreifenden Wisent. Aus den Unregelmäßigkeiten der Felsoberfläche suchten sie jene natürlichen Bildungen heraus, die sie in ihre Darstellungen integrieren konnten. Dies ist ein Erkennungsmerkmal vieler Höhlenbilder, einschließlich der großartigen Mammute von Rouffignac und der lebensecht wirkenden Löwin von Les Combarelles, deren Augen aus natürlichen Feuersteinkernen bestehen, die im Kalkstein eingebettet sind.

Es ist häufig schwierig, den Winkel zu bestimmen, den der Künstler für den Anblick eines bestimmten Bildes vorgesehen hatte, geschweige denn den Winkel, von dem aus er selber das Bild gesehen hatte. Häufig entsteht der Eindruck, daß der Künstler für den Betrachter ein Überraschungsmoment eingebaut hat, der sich erst niederducken muß, ehe das Bild für ihn zum Leben kommt. Wir können uns kaum vorstellen, wie diese Künstler es schafften, lebensgroße Bilder mit korrekten Proportionen darzustellen, ohne daß sie imstande waren, zurückzutreten und das Werk als Ganzes zu betrachten.

Die Kunst des Paläolithikums wurde manchmal als »Tierkunst« bezeichnet. Tatsächlich ist auf den meisten Bildern, Gravuren und Reliefs Jagdwild abgebildet, etwa Rentiere, Pferde, Mammute, Wisente, Wollnashörner, Hirsche, Steinböcke und Auerochsen (Wildrinder). Gelegentlich tauchen auch Höhlenlöwen, Bären, Fische und Vögel auf. Es gibt aber auch einige Bilder von Menschen, die häufig in Tierhäute gekleidet sind und Hufe, Hörner oder andere tierische Merkmale tragen. Vermutlich sind hier Schamanen bei ihren kultischen Handlungen abgebildet. Man kennt zahlreiche Bilder von Genitalien, überwiegend Vulvae, mit oder ohne einen weiblichen Körper. In ei-

▽ Darstellungen von Lachsen, wie diese von der Gorge d'Enfer in der Dordogne, lassen vermuten, daß die Jäger des Magdalenien einen großen Teil ihres Nahrungsbedarfs mit dem Fischfang deckten. Es ist dabei interessant, daß Abbildungen ausschließlich im Salzwasser lebender Arten, etwa verschiedener Plattfische, weit im Landesinneren der Dordogne und der Pyrenäen gefunden wurden. Vermutlich verbrachten diese Menschen einen Teil des Jahres am Meer.

JEAN VERTUT

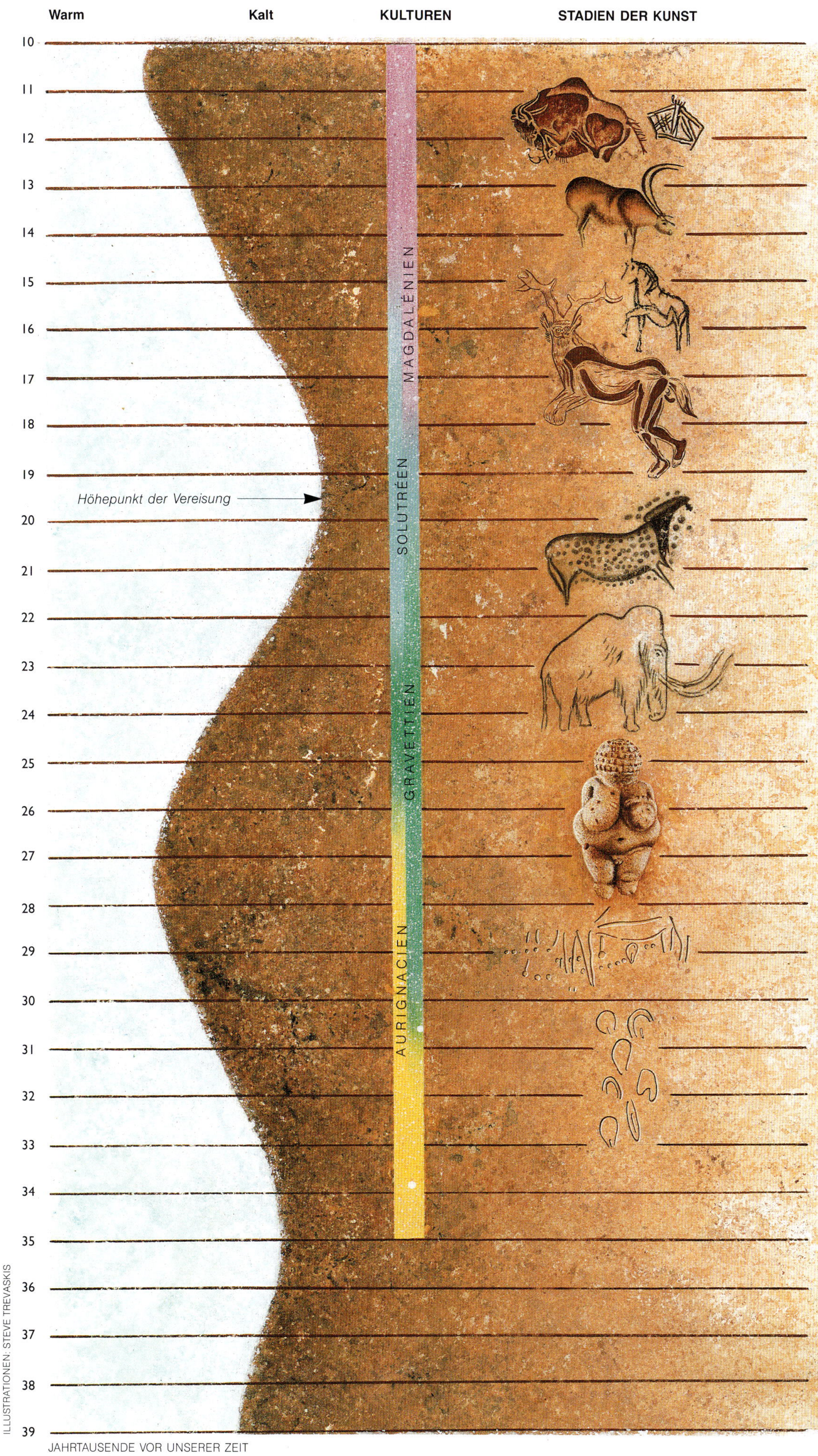

ILLUSTRATIONEN: STEVE TREVASKIS

TYPISCHE FUNDSTÄTTEN

ALTAMIRA UND FONT-DE-GAUME
Sowohl die 12 000 Jahre alten Bisonbilder in der spanischen Höhle von Altamira als auch die hüttenähnlichen Zeichen aus Höhlen wie Font-de-Gaume markieren den Höhepunkt und das Ende der eiszeitlichen Kunst in Europa.

FONT-DE-GAUME
Vor etwa 13 000 Jahren erreichte die Höhlenkunst einen Höhepunkt. Beispiele dafür sind die naturalistischen Schnitzereien sowie die ein- und mehrfarbigen Bilder, die in Höhlen wie Font-de-Gaume, Niaux und Les Combarelles gefunden wurden.

LE PORTEL
Vor 15 000 Jahren tauchte ein reiferer Stil der Höhlenmalerei auf. Zu dieser Periode gehören die Bilder von Le Portel und einige von Lascaux.

LES TROIS FRERES
Die ersten mehrfarbigen Höhlenbilder tauchten vor etwa 18 000 Jahren auf. Zu diesen frühen Darstellungen gehört etwa der berühmte Zauberer von Les Trois Frères und die frühesten Tierbilder von Lascaux.

PECH-MERLE
Vor ungefähr 20 000 Jahren, am Höhepunkt der letzten Eiszeit, nahmen die künstlerischen Aktivitäten der eiszeitlichen Jäger deutlich zu. Die ersten Indizien für Zeremonien, die in diesen Höhlen – und insbesondere in Pech-Merle – abgehalten wurden, stammen aus dieser Zeit.

ROUFFIGNAC
Die älteste Höhlenkunst besteht aus Gravierungen und einfarbigen Bildern, die vor 24 000 bis 22 000 Jahren entstanden. Viele der Bilder zeigen Mammute und Wollnashörner. Am bekanntesten sind vielleicht die der aufregenden Höhle von Rouffignac.

WILLENDORF
Vor 28 000 und 24 000 Jahren tauchten die ersten beweglichen Kunstgegenstände in Gestalt geschnitzter Venus-Figurinen auf. Man findet sie über ein riesiges Gebiet verteilt, von Westeuropa bis nach Sibirien. Zu den berühmtesten gehören die Venusse von Willendorf, Lespugue, Brassempouy und Kostenki.

LA FERRASSIE
Während der frühen Phasen des Gravettien tauchten in Höhlen wie La Ferrassie und Arcy-sur-Cure schmematische Zeichen und Bilder archaischer Tiere und Vulvae auf.

LA FERRASSIE
Die früheste Kunst besteht überwiegend aus Vulva-Zeichen. Sie entwickelte sich vor etwa 33 000 Jahren und ist an verschiedenen Stellen der Dordogne nachweisbar, zum Beispiel in La Ferrassie, Abri Cellier und Castanet.

△ Der Hauptgang der berühmten Höhle von Lascaux - häufig als Saal der Stiere bezeichnet. Die Höhle mit ihren bemerkenswerten Malereien blieb über mehrere Jahrtausende dunkel und unbekannt, bis sie im Jahre 1940 zufällig von vier Jugendlichen entdeckt wurde.

JEROME CHATIN/GAMMA/PICTURE MEDIA

▷ Vulva-Darstellungen in der Höhle von El Castillo in der Provinz von Santander (Nordspanien). Ihr genaues Alter ist zwar nicht bekannt, doch entstanden sie vermutlich in der Mitte des Magdalenien.

JEAN VERTUT

JEAN VERTUT

▷ Diese Gravierung einer menschlichen Figur, die als Wisent verkleidet ist, stammt aus Le Gabillou in der Dordogne. Sie stellt vielleicht einen Schamanen während einer kultischen Handlung dar. Andere Fachleute halten diese aus menschlichen und tierischen Merkmalen zusammengesetzten Figuren für Darstellungen von übernatürlichen Wesen, etwa »Schutzgeister« der Tiere und Wälder.

nigen Höhlen kommen zahlreiche schematische Symbole oder Zeichen vor, häufig in Gestalt standardisierter, geometrischer Figuren. Dabei herrschen unterschiedliche Figurentypen in verschiedenen Regionen vor. So sind zum Beispiel schematische Symbole in der südlichen Region viel häufiger – in den Pyrenäen und in den Höhlen Südspaniens, wie La Pileta bei Malaga.

Zu den dramatischsten Höhlenbildern gehören die Negativdarstellungen von Handschablonen. Sie entstanden, indem Farbe mit einem Blasrohr über einer Hand versprüht wurde, die auf die Felsoberfläche gelegt worden war. Viele dieser Hände weisen verstümmelte Finger auf, was in verschiedenen Höhlen unterschiedlich gedeutet wurde. Es ist möglich, daß die paläolithischen Menschen ihre Finger absichtlich amputierten, denn diese Praxis ist auch von vielen traditionellen Kulturen neuerer Zeit bekannt. Dieser Vorgang dient magischen oder religiösen Zwecken

◁ Das Panorama eines der beiden Friese des Hauptganges von Lascaux. Viele halten diese für die schönsten bisher bekannten paläolithischen Bilder. Die kleine Herde galoppierender schwarzer Pferde ist eines der wenigen Beispiele einer Bildkomposition in der paläolithischen Kunst.

JEAN VERTUT

und wird zu Zeiten großer Schwierigkeiten durchgeführt, um die Geister zu versöhnen. Viele der verstümmelten Hände jedoch, darunter diejenigen in der »Höhle der einhundert verstümmelten Hände«, die sich bei Gargas in den Pyrenäen befindet, wurden so interpretiert, daß hier unbeabsichtigte Verletzungen, zum Beispiel Erfrierungen, dokumentiert wurden. Außerdem ist es denkbar, daß die Finger in einer Art Zeichensprache abgebogen wurden.

Die Spannbreite der Höhlenbilder variiert von einer Region zur anderen. Viele Höhlen besitzen einen unverwechselbaren Charakter, was bei jedem Versuch, die unterschiedlichen Bildergruppen zu interpretieren, berücksichtigt werden muß. In bestimmten Höhlen, etwa in Rouffignac, findet man überwiegend Abbildungen von Mammuten und Wollnashörnern. In anderen, zum Beispiel in Niaux und Lascaux, sind in den meisten Fällen Pferde, Auerochsen und Wisente dargestellt.

Die Farben der paläolithischen Künstler bestanden aus gemahlenem Gestein – zumeist Eisenoxid, das den roten Farbton gab, und Manganoxid für schwarz – mit Tierfett vermischt. In zahlreichen Höhlen fand man verschiedene Pinsel und Blasrohre. In vielen Fällen, so auch in Lascaux, wurden Löcher im Höhlenboden entdeckt. Sie stammten von den Gerüsten, mit deren Hilfe die Künstler geeignete Stellen hoch an der Wand oder am Höhlendach erreichten. Auch dies verweist stark auf einen systematisch vollzogenen Kult.

Zu den größten Streitfragen in der Interpretation der Höhlenmalerei gehört das Problem, ob die verschiedenen Bilder als Teile eines Ganzen zu sehen sind, oder ob ein jedes davon ein einzelnes, unabhängiges Ritual bildet. Erschwerend kommt hinzu, daß in vielen Fällen Bilder von neuen Malereien oder Gravuren überdeckt wurden. Diese überlagerten Bilder kann man auf verschiedene Weise deuten. Zunächst

JEAN VERTUT

◁ Eine bemerkenswert realistische Darstellung des Przewalski-Pferdes in der Galerie Noir (der Schwarzen Galerie) der Höhle von Niaux (Südfrankreich). Heute ist das Bild teilweise von weißen Kalzit-Ablagerungen überdeckt.

▽ Ein Wisent aus der Gallerie Noir des Hauptganges von Niaux. Dieses riesige, mehr als 1000 Meter im Berg gelegene Heiligtum enthält überwiegend einfarbige Abbildungen von Pferden und Wisenten.

MUSEUM FÜR VOR- UND FRÜHGESCHICHTE/BILDARCHIV PREUSSISCHER KULTURBESITZ

JEAN VERTUT

△ Bilder des mysteriösen Wollnashorns sind selten und finden sich nur in den ganz frühen Phasen der paläolithischen Kunst. Dieses hier stammt aus der Höhle von Rouffignac in der Dordogne.

▽ Die aufsehenerregende Höhle von Rouffignac wird von ganz frühen einfarbigen Darstellungen des Mammuts und des Wollnashorns bestimmt. Bei den merkwürdigen Vorwölbungen der Felsoberfläche handelt es sich um natürliche Feuersteinkerne, die im Kalkstein eingebettet sind.

kann das neue Bild über das alte gesetzt worden sein, um dessen übernatürliche Kräfte zu nutzen, oder, was ebenso wahrscheinlich ist, um diese zu zerstören. Andererseits wäre denkbar, daß das frühere Bild unwichtig geworden war und sich nur zufällig am Ort einer späteren Zeremonie befand. Ähnliche Probleme tauchen auf, wenn man versucht, die vielen verwirrenden Zeichen und Symbole zu deuten, die zumeist auf oder neben den Tieren erscheinen.

Die Tiere sind in stark variierender Größe abgebildet, selbst auf demselben Felsabschnitt. Zudem sind sie untereinander in einem offensichtlichen Durcheinander angeordnet, ohne Perspektive oder einen Horizont. Sieht man von den berühmten galoppierenden schwarzen Pferden von Lascaux ab, die eine bemerkenswerte Ausnahme bilden, hat man den Eindruck, daß die paläolithische Kunst — im herkömmlichen künstlerischen Sinne - noch keine Vorstellung der Bildkomposition besitzt. Allerdings offenbarte die moderne Forschung, daß sich in den Höhlenbildern ein wesentlich tieferes Verständnis der Anwendung von Symbolen widerspiegelt, als man den Jägern des oberen Paläolithikums bisher zugetraut hatte.

Interpretationen und Neudeutungen

Wie es der archäologischen Forschung immer ergeht, haben sich die Deutungen der Höhlenbilder geändert, sobald neue Befunde aufgetaucht waren. Lange Zeit war man der Meinung, daß die paläolithische Kunst einem Bedürfnis der Großwildjäger entsprach, ihre Alltagsumgebung zu verschönern — Kunst um ihrer selbst willen. Niemand war geneigt, anzunehmen, daß das Leben eines »primitiven Wilden« auch religiöse oder zeremonielle Seiten hatte. Und man schenkte der Tatsache wenig Aufmerksamkeit, daß beinahe keines dieser Kunstwerke in Siedlungen gefunden worden war, sondern daß sich alle in abgelegenen Teilen von Höhlen befanden.

Erst zu Beginn des 20. Jahrhunderts, als durch ethnographische Studien bekannt wurde, wie ungewöhnlich kompliziert und vielfältig die Glaubensvorstellungen traditioneller Kulturen sind, wurde den Forschern klar, daß den Höhlenbildern vielleicht eine tiefere Bedeutung zukam. Besonders die australischen Aborigines erregten großes Interesse, denn ihre Felsmalereien erwiesen sich als der zeremonielle Ausdruck einer vielschichtigen Mythologie. Zum ersten

JEAN VERTUT

CENTRE NATIONAL DE PREHISTOIRE, PERIGUEUX, FRANCE

Mal wurde die Vorstellung des Totemismus diskutiert. Dieser Begriff bezieht sich auf eine Form sozialer Organisation, bei der die Menschen in Stämme oder Clans aufgeteilt sind. Ein jeder Stamm oder Clan ist an einem Totem zu erkennen, – einem Gegenstand aus der Natur, zumeist ein Tier – mit dem er in besonderer Weise in Beziehung zu stehen glaubt, in der Regel durch Blutsverwandtschaft.

Abbé Breuil war der führende Wissenschaftler, der in der Diskussion um die paläolithische Höhlenmalerei von 1930 bis 1950 das Meinungsbild prägte. Er befürwortete die Ansicht (die daraufhin zur gängigen Ansicht wurde), daß es sich bei der Höhlenmalerei um den Ausdruck eines mit geheimen Kräften ausgestatteten Jagdzaubers handelte: Zunächst wurde das Jagdwild abgebildet und anschließend in symbolischer Weise verletzt, indem man ein federähnliches Symbol darüber hielt. Dadurch wurden übernatürliche Kräfte ausgelöst, und eine erfolgreiche Jagd war gesichert. Diese Deutung ließ jedoch viele Fragen offen.

Zunächst, warum bildeten die Künstler jene Jagdwaffen häufig als federähnliche Zeichen ab, zumal die meisten dieser Zeichen außerhalb des dargestellten Jagdwildes angeordnet waren? Zweitens, warum tauchen die häufigsten Jagdwildarten in der Höhlenmalerei nur sehr selten auf? Dies gilt besonders für das Rentier, das, nach der enormen Zahl der Knochen zu urteilen, die man in allen Siedlungen dieser Gegend fand, während des Magdalenien eine der Hauptnahrungsquellen gewesen sein muß. Auch erklärt diese Theorie das in den Höhlenbildern dominierende Element des Sexualsymbolismus nur unbefriedigend. Selbst hinter den vielen Bildern offenbar trächtig dargestellter Tiere steckt die Vorstellung der Fruchtbarkeit – vielleicht galt dies sowohl für den Clan als auch für die Tierart.

Die moderne Forschung begann mit André Leroi-Gourhan, dessen bedeutende Arbeiten in den sechziger Jahren das Augenmerk auf die Position der verschiedenen Bilder und deren Beziehungen zueinander lenkte. Mit Hilfe umfassender statistischer Analysen

△ Dieses historische Foto belegt die erste Untersuchung der Höhle von Lascaux im Jahre 1940. Die dritte der stehend abgebildeten Personen ist der legendäre Höhlenforscher Abbé Breuil. Die beiden auf dem Boden sitzenden Jungen gehören zu denen, die die Höhle entdeckten.

PECH-MERLE: EIN 20 000 JAHRE ALTES HEILIGTUM

GÖRAN BURENHULT

▽ Dank der vielen Stalagmiten und Stalaktiten gehört die riesige Höhle von Pech-Merle nahe Cahors in Lot (Frankreich) zu den schönsten mit Kunstwerken ausgestatteten Höhlen. Ihre berühmten gepunkteten Pferde, die auf einen herabgefallenen Fels gemalt waren, nehmen eine besondere Position ein. Einige Indizien sprechen dafür, daß in dieser unwirklichen Umgebung Zeremonien abgehalten wurden.

Tief im Inneren der Höhlen der franko-kantabrischen Region hinterließen die steinzeitlichen Jäger ein bemerkenswertes Zeugnis ihrer kultischen Zeremonien, ihres Zauberglaubens und ihrer vielschichtigen Sozialsysteme, auf die erstere zurückzuführen sind. Es gehört zu den faszinierendsten Gebieten der paläolithischen Forschung, herauszufinden, was damals passierte, als diese Bilder entstanden.

MUSEUM FÜR VOR- UND FRÜHGESCHICHTE/BILDARCHIV PREUSSISCHER KULTURBESITZ

RENE DELON/CASTELET

Unter den vielen dieser bekannten Höhlen gibt es einige, die teils wegen ihrer Größe aus der Menge herausragen, teils aber auch durch die Art und Weise, in der die Künstler die natürliche Beschaffenheit der Höhlenwände nutzten, um ihren Bildern eine bessere Wirlung zu verleihen. Dazu gehören so klassische Höhlen wie Lascaux, Font-de-Gaume und Rouffignac in der Dordogne, Niaux in den Pyrenäen und Pech-Merle bei Cahors in Lot im Südwesten Frankreichs. Mehrere dieser Höhlen legen die Vermutung nahe, daß in diesen großartigen unterirdischen Hallen immer wieder Zeremonien stattfanden — vielleicht Übergangsriten, und daß die Bilder nach und nach geschaffen wurden, niemals nur zu einer Gelegenheit. Mit Sicherheit spielten solche rituellen Sammelplätze eine wichtige Rolle bei den Begegnungen der Steinzeitmenschen mit dem Übernatürlichen.

Pech-Merle gehört zu den ältesten bekannten Höhlen mit paläolithischer Kunst. Im Gegensatz zu den meisten anderen Höhlen handelt es sich um eine Tropfsteinhöhle, und ihre Wälder aus Stalagmiten und Stalaktiten machen sie zu einer der schönsten unterirdischen Galerien überhaupt. Die atemberaubenden Bilder gepunkteter Pferde, die sie berühmt gemacht haben, befinden sich überwiegend in einer gewaltigen Halle. Sie wurden auf einen herabgefallenen Fels gemalt, auf dessen weiter,

flacher Umgebung die Menschen vermutlich getanzt und ihre Zeremonien abgehalten haben.

Durch Untersuchung mit infrarotem Licht wissen wir heute, wie diese Bilder entstanden. Die roten und schwarzen Spritzer bestehen aus verschiedenen Farbmischungen und wurden bei verschiedenen Gelegenheiten auf die Pferde aufgetragen. Die erste Abbildung war ein roter Fisch, der etwas rechts von der Mitte des Felsens aufgetragen wurde. Anschließend wurden die Umrisse des ersten Pferdes gemalt. Zwar kann man sich seinen Kopf entlang der Umrisse des Felsverlaufes vorstellen, doch wurde er nur klein und in Ansätzen gemalt – wie der Hals in Schwarz. Die roten und schwarzen Spritzer wurden mit Hilfe eines Blasrohrs auf den Körper aufgetragen. Als die Umrisse des Körpers fertig waren, wurden noch weitere Punkte außerhalb des Tieres angebracht. Anschließend entstand das zweite Pferd ebenso. Zum Schluß hinterließen die Menschen Handabdrücke auf dem Stein, deren Botschaft offenbar lautete: Ich war hier.

△ Die beiden gesprenkelten Pferde, für die Pech-Merle berühmt ist, sind nur einfarbig und repräsentieren ein relativ frühes Stadium der paläolithischen Kunst. Die Analyse der Punkte vermittelte uns wichtige Informationen über den Kult, der den Bildern zugrunde lag – jeder Punkt bestand aus einer anderen Farbmischung. Vermutlich entstanden die Punkte also zu unterschiedlichen Gelegenheiten.

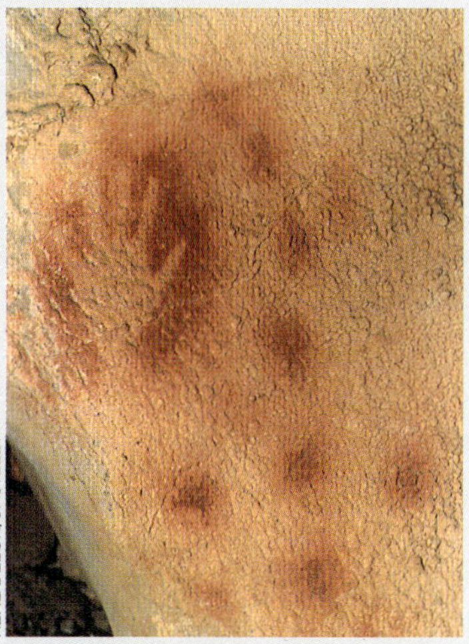

RENE DELON/CASTELET

◁ Ich war hier! Die Handschablonen von Pech-Merle, persönliche Abdrücke derer, die an den Zeremonien teilnahmen, geben Zeugnis davon, daß hier einmal Initiationsfeiern stattfanden.

▽ Die Fußabdrücke, die in Pech-Merle und vielen anderen paläolithischen Höhlen zurückblieben, sind unser engster und unmittelbarster Kontakt zu den Menschen, die vor über 20 000 Jahren in den Tiefen der Höhlen ihre kultischen Zeremonien abhielten.

RENE DELON/CASTELET

MUSEUM FÜR VOR- UND FRÜHGESCHICHTE/BILDARCHIV PREUSSISCHER KULTURBESITZ

▷ Mehrere einfarbige Darstellungen des heute ausgestorbenen Kältesteppenmammuts wurden in abgelegenen Teilen der Höhle von Pech-Merle entdeckt. Sie gehören zu den frühesten Stadien der Höhlenmalerei und fügen sich in die geheimnisvolle Umgebung dieser bemerkenswerten unterirdischen Galerie gut ein.

COURTESY DEPARTMENT OF LIBRARY SERVICES, AMERICAN MUSEUM OF NATURAL HISTORY

▷ Der berühmte Zauberer von Les Trois Frères, Ariège (Südfrankreich). Dieses 75 Zentimeter große Bildnis ist zum Teil gemalt und zum Teil graviert und verbindet die Merkmale von Mensch, Pferd, Hirsch, Vogel und Bär. Vermutlich ist hier ein Schamane dargestellt. Die Zeichnung stammt von Abbé Breuil.

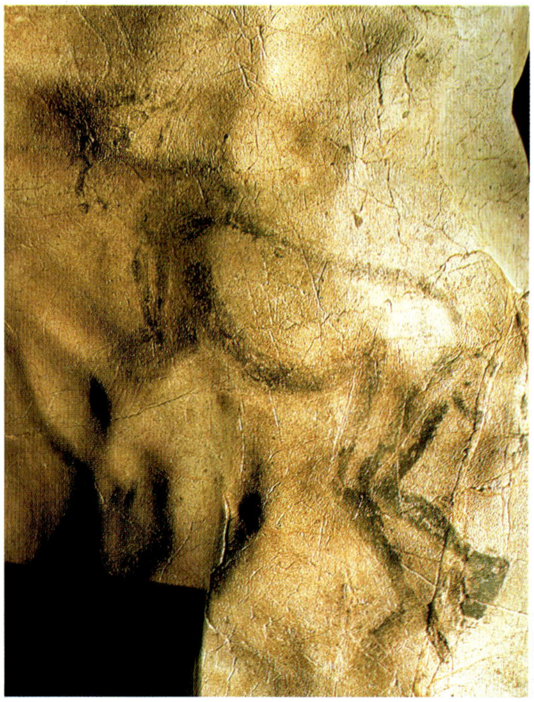

JEAN VERTUT

▽ Zwei bemerkenswert guterhaltene, aus Ton gefertigte Bison-Skulpturen aus Le Tuc d'Audoubert (Südfrankreich). In einer Nebenkammer fand man zahlreiche Fußabdrücke von Kindern, die im Kreis um eine Gruppe aus Ton gefertigter Phalli getanzt hatten.

CHARLES ÁLENARS/EXPLORER-AUSCAPE

deckte er Zusammenhänge auf, die man zuvor niemals für möglich gehalten hätte. Es zeigte sich, daß in allen paläolithischen Höhlen die Bilder in einer wechselseitigen Beziehung zueinander stehen. Dabei tauchen einige Arten immer gemeinsam auf, während andere niemals gemeinsam auf derselben Felswand zu finden sind. Mehr als die Hälfte aller Tierbilder zeigen Pferde und Wisente, zwei der Arten, die immer zusammen auftauchen. Auch die Anordnung der Bilder innerhalb einer Höhle sind bemerkenswert. So findet man etwa 90 Prozent aller Bison-, Auerochsen- und Pferdebilder in den zentralen Zufluchtsstätten oder Höhlenwänden, während alle anderen Tiere weniger auffällige Stellen besetzen.

Nach Ansicht von Leroi-Gourhan steht die paarweise Darstellung der Tiere für das Verhältnis des Männlichen zum Weiblichen. Bei dieser Deutung ist auch die Anordnung der Bilder bezüglich ihrer schematischen Darstellungen und des Geschlechts berücksichtigt. Seiner Meinung nach waren Pferde die männlichen Symbole, während Wisente, Auerochsen und Mammute weibliche Symbole repräsentierten. Interessanterweise kam eine andere Forscherin, Annette Laming, unabhängig davon zur gleichen Zeit zu demselben Ergebnis, nur drehte sie die Deutung um und sah das Weibliche in den Pferden.

Zwar wurden die Interpretationen Leroi-Gourhans in Einzelheiten stark kritisiert, doch besteht kein Zweifel daran, daß seine Arbeiten ganz neue Fragestellungen aufwarfen und unsere Auffassung der paläolithischen Kunst grundlegend veränderten. Heute ist man sich darüber einig, daß diese Kunstform zu einem geplanten, vielschichtigen rituellen Leben gehörte, das wiederum einen Bestandteil der paläolithischen Glaubenswelt bildete.

Überleben durch Zeremonien

Man muß ehrlicherweise zugeben, daß unsere neuen Erkenntnisse, nach denen soziale und ökonomische Hintergründe zum Aufkommen der paläolithischen Kunst führten, die individuellen Besonderheiten der verschiedenen Bildergruppen mit ihren Elementen des Sexualsymbolismus, des Fruchtbarkeitskultes, der Jagdmagie sowie des Schamanismus und des Totemismus nicht befriedigend erklären. Das ganze Bild ist für Einzelerklärungen bei weitem zu komplex, und zudem dürfte sich ein großer Teil der Rituale im Laufe der Jahrtausende, während derer die Höhlenmalerei praktiziert wurde, inhaltlich verändert haben. Allerdings zeigte die neuere Forschung, daß zahlreiche Höhlen als zeremonielle Versammlungsplätze dienten. Dies wird aus einer Reihe von Indizien deutlich.

Darstellungen von Menschen sind unter den Höhlenbildern verhältnismäßig selten, doch zeigen auffällig viele von ihnen zugleich menschliche und tierische Merkmale, häufig sogar die Merkmale mehrerer Tiere. Das bekannteste Beispiel ist der »Zauberer« von Les Trois Frères in den Pyrenäen. Es handelt sich um eine männliche Figur mit dem Geweih eines Hirsches. Seine Nase gleicht dem Schnabel eines Greifvogels, und seine Augen haben den starrenden Blick einer Eule. Zudem trägt die Figur einen Pferdeschweif, und ihre unnatürlich kurzen Arme enden in krallenbesetzten, bärenähnlichen Tatzen. Seine Genitalien befinden sich, ungewöhnlich angeordnet, unter dem Schwanz. Diese in merkwürdiger Weise gebeugte oder hockende Figur scheint gerade einen zeremoniellen Tanz auszuführen.

In der Religion der meisten arktischen und subarktischen Jäger und Sammler, einschließlich der heutigen Inuit (oder Eskimos) und der Rentierjäger Nordostalaskas, ist der Schamanismus das beherrschende Element. Schamanen sind Männer oder Frauen, die eine besondere Beziehung zu der Welt der Geister unterhalten. Man ruft sie bei Krankheit oder anderen Schwierigkeiten, damit sie im Namen der Gemeinschaft mit den Geistern verhandeln. Wenn zum Beispiel das Wild so knapp wird, daß das Überleben der Gemeinschaft bedroht ist, fällt der Schamane in Trance und sendet seine Seele aus, um herauszufinden, warum der Geist, der über die Tiere herrscht, sie zurückhält. Anschließend muß die Seele den Geist dazu bringen, mehr Tiere zu senden. Auch zur Heilung von Krankheiten werden die Schamanen gebraucht. (In vielen derartigen Kulturen führt man eine Krankheit darauf zurück, daß ein Tabu gebrochen wurde.) Vermutlich hatten die eiszeitlichen Großwildjäger ähnliche Vorstellungen, und ihre Schamanen – oder jedenfalls Menschen mit vergleichbaren Aufgaben – hielten entsprechende Zeremonien in den Höhlen ab. Wie könnten diese ausgesehen haben?

Lange Zeit drehten sich die Diskussionen über die Höhlenmalerei um den Inhalt und die Bedeutung der Bilder selbst. Dabei wurden einige wichtige Indizien übersehen, die dafür sprechen, daß zeremonielle Tänze und andere kultische Handlungen in den Höhlen stattfanden. Aus verständlichen Gründen blieben diese Indizien jedoch nur an wenigen Stellen erhalten, denn in ihrem Eifer, die Bilder und Gravuren einer neuentdeckten Höhle zu untersuchen, liefen die frühen Forscher auf dem feuchten und häufig weichen Höhlenboden herum und zerstörten dabei, ohne es zu wissen, unwiederbringliche Informationen, die über Zehntausende von Jahren unberührt geblieben waren: die Fußabdrücke der Menschen, die in ihren Heiligtümern diese Zeremonien abgehalten hatten. Die wenigen Fundstellen, an denen die Spuren noch erhalten sind, kennt man schon seit langem. Das klassische Beispiel ist die Höhle von Le Tuc d'Audobert, die wegen ihres guterhaltenen, aus Lehm geformten Wisents bekannt ist. Hier entdeckte man in einer angrenzenden Höhlenkammer die Fußabdrücke von sechs Menschen. Sie alle stammen von Kindern, und sechs Reihen von Fußabdrücken zeigen, daß ein jedes anders getanzt hat.

In den letzten Jahren hat man eine ganze Reihe von Höhlenkammern mit guterhaltenen Fußabdrücken aus dem Paläolithikum entdeckt. Am spektakulärsten ist ein zuvor unbekannter Abschnitt der großen Höhle von Niaux in den Pyrenäen. Mehr als 1000 Meter weiter bergeinwärts als das bekannte Heiligtum, das als die Galerie Noir bekannt ist und schwarzumrissene Zeichnungen von Pferden und Wisenten enthält, befinden sich über 500 Fußabdrücke, die größte Zahl, die jemals in einer Höhle gefunden wurde. Der Weg dorthin ist extrem schwierig, und zunächst müssen drei unterirdische Seen überwunden werden.

Wie sich herausstellte, stammen die Fußabdrücke von Kindern, die zwischen 13 und 15 Jahre alt waren. Doch wie in allen Höhlen, wo die Abdrücke noch erhalten sind, mischen sie sich mit den Fußspuren Erwachsener. Da man in vielen Höhlen auf Flöten und andere Reste mutmaßlicher Musikinstrumente stieß, wurde der zeremonielle Tanz vermutlich durch Musik begleitet.

Abbé Breuil, André Leroi-Gourhan und andere hatten bereits früher darauf hingewiesen, daß wenigstens einige Höhlenbilder mit verschiedenen Initiationsriten zu tun gehabt haben können, doch geriet diese Ansicht durch das Bestreben, die Bedeutung der Bilder selbst zu ergründen, ins Hintertreffen. In allen traditionellen Kulturen bilden Übergangsriten einen wesentlichen Teil des rituellen und zeremoniellen Lebens. Sie beziehen sich auf Geburt, Pubertät, Eheschließung und den Tod. Die Initiationsriten der Jungen – dabei werden Knaben unter der Anleitung

JEAN VERTUT

△ Tief im Innern der Höhle von Niaux entdeckte man über 500 Fußabdrücke 13- bis 15jähriger Kinder sowie mehrerer Erwachsener. Vermutlich fanden hier Zeremonien statt.

▽ Die zahlreichen Felsüberhänge (oder *Abri*) im Gebiet der Dordogne gewährten Schutz vor den Elementen und bildeten somit für die Menschen des Paläolithikum hervorragend geeignete Wohnplätze.

GÖRAN BURENHULT

FERRERO-LABAT/AUSCAPE

△ Mehrfarbige Abbildungen einer Kuh und eines Pferdes in einem der Hauptfriese der berühmten Höhle von Lascaux in der Dordogne.

eines Meisters in die Geheimnisse der Erwachsenenwelt eingeführt – haben häufig mit Isolierung, mit Dunkelheit und der Erfahrung von Angst zu tun. Im Laufe dieser ausgedehnten Zeremonien kommt es häufig zu schmerzhaften Prüfungen der Männlichkeit, wie etwa der Tätowierung und manchmal der Beschneidung. Nicht selten werden solche Rituale von Tänzen begleitet. Unter zahlreichen traditionellen Völkern unserer Tage, einschließlich der australischen Aborigines und der südafrikanischen Buschleute, besitzen die Höhlenbilder einen direkten Bezug zu diesen Pubertätsriten. Beinahe immer dienen diese Riten auch dazu, Kenntnisse der mythologischen Welt zu vermitteln. Tiere spielen in der Mythologie der meisten traditionellen Völker – insbesondere derer mit totemistischen Gesellschaften – eine entscheidende Rolle, und häufig dienen sie zugleich als Symbole der Geschlechtlichkeit und der Fruchtbarkeit.

Wie auch bei vielen anderen archäologischen Funden, werden wir vielleicht niemals die genaue Bedeutung der Höhlenmalerei mit ihren vielen verschiedenen Bildern verstehen. Mythologische Symbole lassen sich nicht einfach wie ein Buch lesen. Dennoch ist unser Verständnis, welche Funktion sie in der paläolithischen Gesellschaft erfüllt haben kann, besser denn je. Die Bilder in den Höhlen sind einmalige soziale Dokumente, eine Art prähistorischer Enzyklopädie, deren verschiedene Einträge gemeinsam widerspiegeln, wie notwenig es in einer rasch wachsenden und wechselnden Gesllschaft war, sich mitzuteilen, sich mit der Gruppe zu identifizieren und zusammenzuhalten. Zeremonielle Versammlungsplätze unserer Zeit – seien sie nun unter freiem Himmel oder in Höhlen – lassen vermuten, daß einige Gesellschaften damals auch leichter zugängliche Formen des Rituals besaßen. Am bekanntesten ist vielleicht das zeremonielle Zentrum bei Mezhirich, südöstlich von Kiew in der Ukraine. Es wurde aus 70 Tonnen Mammutknochen gebaut, die von 200 Tieren stammten.

Die Kunst und das Ritual als Formen menschlicher Ausdrucksweise repräsentieren offenbar einen der entscheidenden Wege, auf dem die Menschen mit ihrer neuartigen, anspruchsvolleren und sozial komplizierteren Lebensweise fertig wurden. Die Glaubenswelt mit den dazugehörigen Zeremonien und Ritualen waren ein Hilfsmittel, um die Gesellschaft zusammenzuschließen, sie zu schützen und ihre Werte zu erhalten – letztlich eine Strategie zum Überleben.

FERRERO-LABAT/AUSCAPE

◁ Die Höhle von Lascaux birgt einige der schönsten bisher bekannten Beispiele mehrfarbiger Bilder, und man findet Vergleichbares nur noch in Altamira. Diese Bilder repräsentieren den Höhepunkt der 20 000jährigen Tradition eiszeitlicher Kunst in Europa, einer Tradition, die vor etwa 12 000 Jahren unterging.

DIE COSQUER-HÖHLE: EINE ALTE VERSUNKENE GALERIE

JEAN CLOTTES UND JEAN COURTIN

Anfang September 1991 berichtete der professionelle Taucher Henri Cosquer dem französischen Kultusministerium, daß er in einer Höhle tief unter dem Meer vor Kap Morgiou bei Marseille prähistorische Bilder und Gravuren entdeckt habe. Etwa zur gleichen Zeit drangen drei Amateurtaucher, die vermutlich von der Entdeckung erfahren hatten, in die Höhle ein. Allerdings verirrten sie sich in ihren düsteren Galerien und ertranken, als die Atemluft verbraucht war.

△ Henri Cosquer, der Entdecker der Höhle, neben einem großen, schwarzgemalten Wisent. Der Kopf wurde in Dreiviertelansicht dargestellt, die Hörner dagegen frontal und der Körper im Profil.

▷ Der Eingang zur Cosquer-Höhle befindet sich an der Basis eines Kalksteinkliffs, 37 Meter unter dem Meeresspiegel bei Kap Morgiou zwischen Marseilles und Cassis (Südfrankreich).

◁ Vier schwarze Pferde waren über zahlreiche Fingerspuren aus einer früheren Zeit gemalt worden. Anschließend wurden ein Steinbock, dessen Hörner frontal und dessen Körper im Profil dargestellt sind, sowie zahlreiche andere Linien über den Pferden eingraviert (Mitte des Fotos).

Das Kultusministerium reagierte rasch. Mit Hilfe Henri Cosquers, dessen Namen die Höhle erhielt, organisierte sie vom 16. bis zum 25. September eine Reihe von Tauchgängen. Zu den übrigen Mitgliedern der Expedition gehörten Kampftaucher der französischen Marine und Jean Courtin. Wir betrachtenen die Höhle genau, machten viele Fotos, sammelten Proben für eine Analyse und nahmen eine vorläufige Vermessung der Galerien vor. Später wurde der Zugang mit Felsen und Gitterwerk blockiert, um die Höhle mit ihrem Inhalt zu sichern und Möchtegern-Forscher abzuschrecken.

Verborgene Kammern unter dem Meer

Der winzige Eingang zur Höhle befindet sich 37 Meter unter der Oberfläche des Mittelmeeres am Boden eines Kliffs. Ein enger Gang, der 160 Meter aufwärts führt, öffnet sich in verschiedene große Kammern. Nur deren obere Hälfte befindet sich über dem Meer, und hier wurden mehrere Bilder und Gravuren an der Wand gefunden.

Am Ende der letzten Eiszeit, vermutlich vor etwa 10 500 Jahren, wurde der Höhleneingang überflutet, als der Meeresspiegel um 120 Meter anstieg. Der untere Bereich der Hauptkammer muß lange Zeit über dem Wasser gelegen haben, denn er enthält zahlreiche große Stalagmiten, die sich sonst nicht hätten bilden können. Die Cosquer-Höhle ist nur eine von mehereren in diesem Gebiet – einige davon sind schon seit langem bekannt. Möglicherweise haben hier Menschengruppen Zuflucht gefunden, die zu paläolithischen Zeiten am Meer lebten.

Die lange Galerie, die zur Kammer hinaufführt, weist überhaupt keine Spuren künstlerischer Betätigung auf. Wenn es an den Wän-

▷ Diese großen Stalagmiten im unteren Teil des Hauptganges liegen heute völlig unter Wasser. Da sich Kalzit unter solchen Bedingungen nicht ablagern kann, muß dieser Gang vor seiner Überflutung über Jahrtausende im Trockenen gestanden haben.

△ Eine der vielen Handschablonen, die an den Höhlenwänden entdeckt wurden. Diese und einige andere sind insofern ungewöhnlich, als sie auch einen Teil des Unterarms zeigen. Wie die Fingerspuren, sind auch diese Schablonen um Jahrtausende älter als die Malereien und Gravierungen von Tieren.

den jemals Bilder gegeben hat, wurden sie schon bald vom Meerwasser zerstört, das die Kalksteinwände stark korrodiert hat. Dasselbe gilt für die überfluteten Bereiche der Hauptkammer.

Der oberhalb des Wassers gelegene Bereich der Höhle dehnt sich zu einem 50 mal 60 Meter großen Saal aus. Der Boden ist mit Stalagmiten und riesigen, heruntergefallenen Felsen bedeckt. Zahlreiche Fragmente von Holzkohle liegen verstreut umher, und viele davon sind mit Kalzit bedeckt (dem Mineral, aus dem die Stalagmiten entstehen). Zwei kleine Feuerstellen von etwa 30 Zentimeter Durchmesser haben die Höhle vermutlich beleuchtet. Aber es wurden weder Knochen noch Feuersteine oder andere Gegenstände gefunden. Die Menschen, die hierher kamen, blieben nicht sehr lange.

Eine einzigartige Galerie

Bislang wurde die Höhle noch nicht vollständig vermessen, und zweifellos blieben viele Bilder noch unentdeckt. Bis jetzt weiß man Folgendes: An den Wänden und an Teilen des Höhlendaches befinden sich Bilder von wenigstens 23 Tieren. Zwei davon sind nicht zu identifizieren (was bei Höhlenbildern nicht ungewöhnlich ist), die übrigen dagegen sind gut zu erkennen. Es handelt sich um zehn Pferde, fünf Wisente, einen Steinbock, einen Rothirsch und den Kopf eines Höhlenlöwen. Zudem gibt es drei Bilder des ausgestorbenen Riesenalks (*Alca impennis*). Dieser flugunfähige Verwandte des Tordalks wurde im 19. Jahrhundert ausgerottet. Es sind die einzigen Bilder dieser Vögel, die man aus der paläolithischen Kunst kennt.

Unter den zahlreichen Gravuren befinden sich 21 Tiere: vier Pferde, zwei Wisente, sechs Steinböcke, fünf Gemsen, zwei Robben und zwei weitere Tiere, die nicht zu bestimmen sind. Über einigen von ihnen waren lange, speerförmige Linien mit einer gekielten Spitze eingraviert. Zusätzlich sind die Wände kreuz und quer mit Tausenden von Linien bedeckt, von denen viele durch menschliche Finger entstanden oder wenigstens nachgezogen wurden.

Außerdem befinden sich 26 negative Handschablonen auf den Wänden und auf Kalzit-Vorhängen (großen, dünnen Stalaktitenlagen), 19 schwarze und sieben rote. (Diese Schablonen entstanden, in-

▷ Dieser Hirsch wurde an die Decke eines sehr niedrigen Ganges gemalt, wo zwischen Decke und Boden nur 40 Zentimeter Platz waren. Der Künstler muß also auf dem Rücken gelegen haben. Auf derselben Decke wurden zudem ein Steinbock und zwei Pferde dargestellt. Leuchtend weiße Flecken aus Kalzit und einige Stalaktiten haben sich in diesem Abschnitt entwickelt und die Bilder teilweise überdeckt.

▷ Einer von drei schwarzen Riesenalken – die einzigen Abbildungen dieser Vögel, die man aus einer Höhle des oberen Paläolithikum kennt. Wie alle anderen Bilder und Gravierungen dieser Höhle lassen sie sich auf ein Alter zwischen 18 000 und 19 000 Jahren datieren. Die Darstellungen von Meerestieren – Robben, Fischen und möglicherweise Quallen oder Tintenfischen, sowie der Alken – gehören zu den einzigartigen Merkmalen der Cosquer-Höhle.

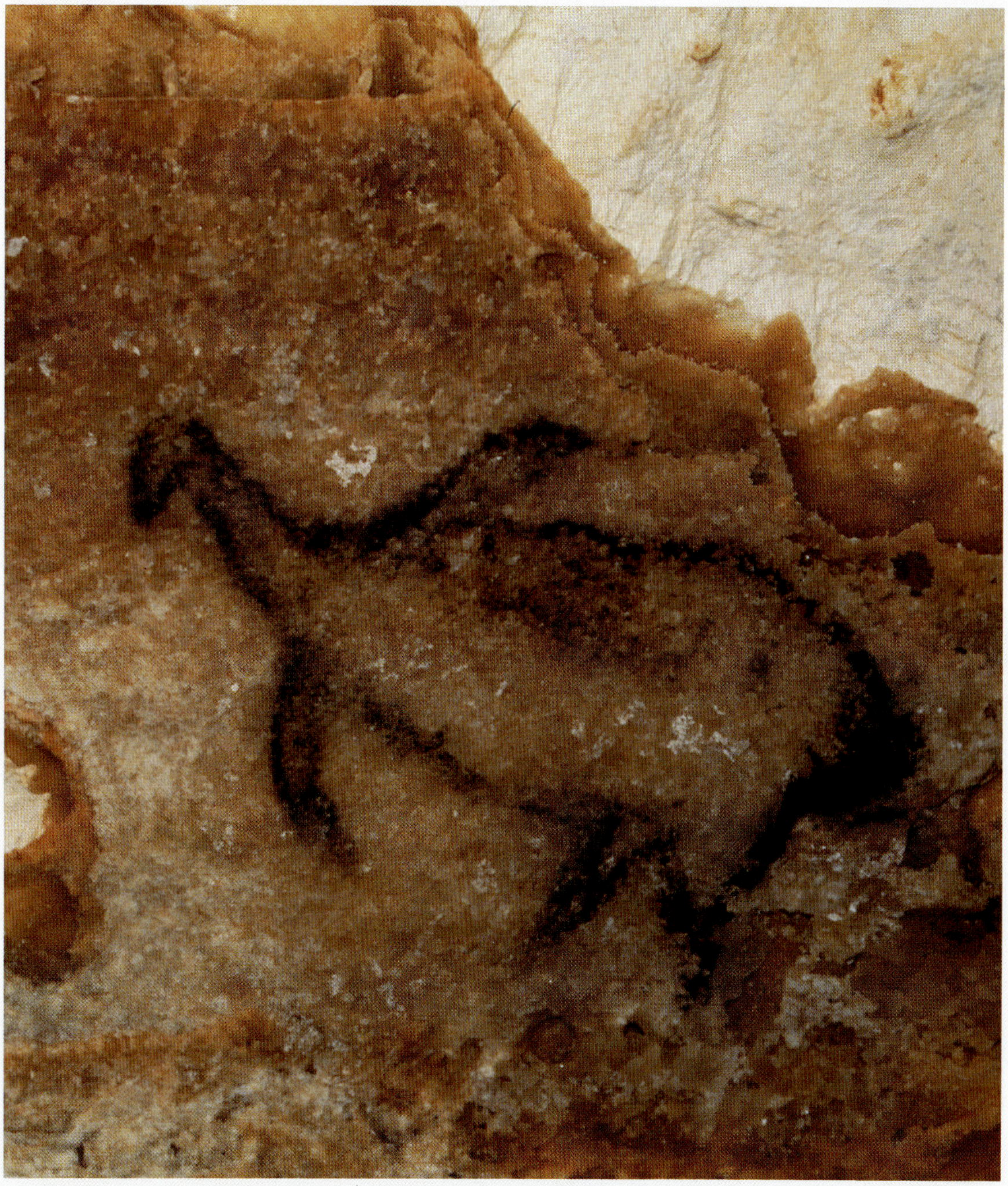

dem eine Hand auf den Fels gelegt wurde, deren Umrisse durch Sprühfarbe aus einem Blasrohr abgebildet wurden.) Wie in der Höhle von Gargas (in den Pyrenäen) sind die Finger der meisten Hände unvollständig. Am wahrscheinlichsten läßt sich dies erklären, indem die Finger in einer Art von Zeichensprache abgebogen gehalten wurden.

Wie nicht anders zu erwarten war, sind die Bilder stark verwittert. Die Linien der Bilder sind an den Seiten erodiert, und viele zudem teilweise mit Kalzit bedeckt, das sich im Laufe der Jahrzehnte langsam ablagert. Eine zufällige Probe der Holzkohle vom Boden wurde mit der Radiokarbon-Methode auf eine Alter von ungefähr 18 500 Jahre datiert. Damit ist die Cosquer-Höhle 15 Jahrhunderte älter als Lascaux. Viele andere Holzkohlen-Fragmente stammen von zwei Kiefer-Arten, die in diesem Gebiet während der letzten Eiszeit nachweislich wuchsen (*Pinus silvestris* und *Pinus nigra*), wodurch die Datierung noch bestätigt wird.

Auch die Regeln, nach denen die Künstler ihre Tiere darstellen – so werden etwa Hörner und Geweihe von vorn gezeigt, während der Körper im Profil zu sehen ist; stets fehlen die Hufe; die Tiere sind in steifer Haltung mit kurzen, stockförmigen Beinen abgebildet – decken sich vollkommen mit der Radiokarbon- Datierung. Die Maler der Provence, die diese Höhle erreicht hatten, arbeiteten nach denselben künstlerischen Regeln wie diejenigen, die die Höhle von Ebbou im Ardèche-Tal, etwa 150 Kilometer weiter nordöstlich, ausmalten.

Die Cosquer-Höhle ist die erste der Provence, die Wandmalereien birgt. Dieser bedeutende Fund hat unsere Kenntnisse der paläolithischen Kunst wesentlich erweitert. Die zahlreichen Bilder sind sehr vielfältig, die Robben und Riesenalke sind einzigartig. Es ist nur schade, daß das Meer, das die Höhle über Jahrtausende bewahrte, zugleich viel von ihrem Inhalt zerstört hat.

GEORGE W. CALEF/MASTERFILE

DIE VERBREITUNG ÜBER DIE ERDE

Vor 50 000 bis 10 000 Jahren

Neuen Kontinenten entgegen

GÖRAN BURENHULT

Wie wir wissen, tauchte der moderne Mensch – vor 200 000 und 150 000 Jahren – zunächst in Afrika auf, um sich von dort aus über den übrigen Kontinent, über Europa und Teile Asiens auszubreiten. Dabei bot Südwestasien diesen Einwanderern offenbar eine natürliche Passage.

Im westasiatischen Umkreis hat man menschliche Überreste gefunden, die auf etwa 100 000 Jahre datiert wurden, während Europa von *Homo sapiens sapiens* erst vor 40 000 Jahren besiedelt wurde. Diese modernen Menschen drangen langsam, aber stetig in unbekannte Territorien vor. Dabei hatten sie niemals absichtlich den Vorsatz gefaßt, loszuziehen. Statt dessen dehnten die verstreut lebenden Gruppen ihre Jagdgründe nur um wenige Kilometer pro Generation aus, doch dies genügte, um die Welt im Verlaufe einiger zehntausend Jahre zu besiedeln.

◁ Zwischen 50 000 und 10 000 Jahren vor unserer Zeit verbreitete sich der anatomisch moderne Mensch über die Welt. Indem sie ihrem Jagdwild folgten, besiedelten diese Menschen nach und nach die riesigen, vormals unbewohnten Tundren Sibiriens und Nordamerikas. Rentiere und (in Nordamerika) Karibus bildeten das bevorzugte Jagdwild dieser frühen Pioniere.

△ Eine Venus-Figur aus dem oberen Paläolithikum Südsibiriens.

MUSEE DE L'HOMME, PARIS/J. OSTER

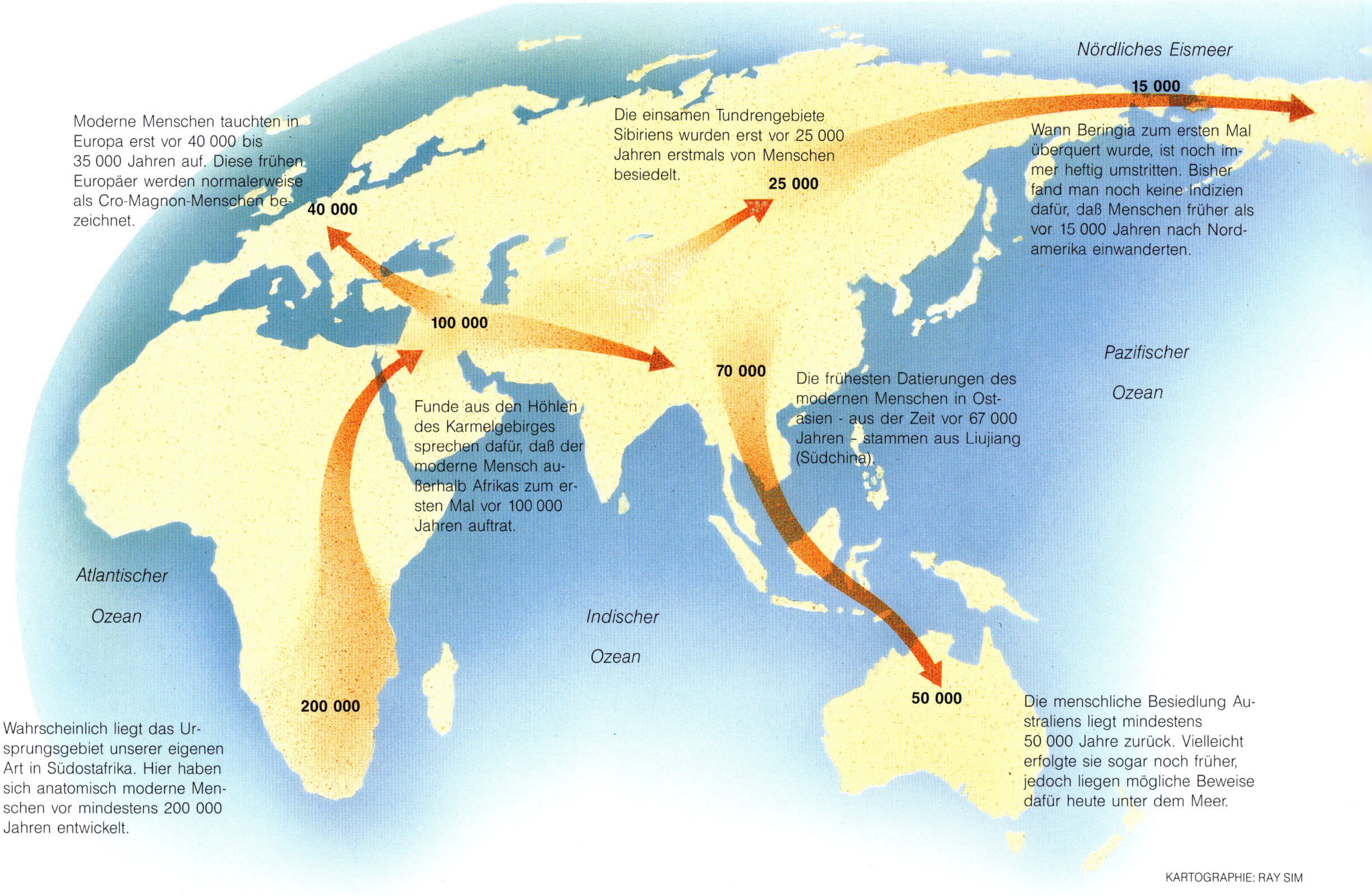

KARTOGRAPHIE: RAY SIM

DIE AUSBREITUNG DES MODERNEN MENSCHEN
Vor etwa 100 000 Jahren begann der anatomisch moderne Mensch, sich außerhalb Afrikas auszubreiten. Die Pfeile geben ihre mutmaßlichen Verbreitungsrouten an, und daneben findet man annäherungsweise das Datum ihrer Ankunft.

Die Eigenschaften dieser modernen Menschen sollten die kulturelle Evolution der ganzen Welt beeinflussen. Sie waren bemerkenswert anpassungsfähig, konnten also Gegenden besiedeln, die früheren Hominiden noch unzugänglich gewesen waren. Zum ersten Mal ließen sich Menschen in den arktischen Regionen Eurasiens nieder und paßten sich dabei den schwierigsten Umweltbedingungen an, die es auf der Erde gibt. Zehn- bis fünfzehntausend Jahre, ehe die Cro-Magnon-Menschen nach Europa kamen, hatten ihre Vettern in Südostasien bereits mit irgendwelchen Booten 90 Kilometer offener See überquert und damit das heutige Australien und Neuguinea erreicht. Einige tausend Jahre später nutzten einige Gruppen die Tatsache, daß der Meeresspiegel während der letzten Eiszeit extrem gesunken war. So gingen oder paddelten sie über die Beringstraße und betraten den nordamerikanischen Kontinent. In nur wenigen zehntausend Jahren erschloß sich der moderne Mensch neue Welten – im Norden, im Nordosten und im Südosten.

Merkwürdige Verhältnisse in Asien

Während die kulturelle Entwicklung im Westen Asiens grundsätzlich mit der Europas vergleichbar ist, ging sie in Ostasien eigene Wege. Die Fossilien der Menschen, die vor 200 000 bis 100 000 Jahren lebte – also in dem Zeitraum, als sich die Neandertaler entwickelten – sehen ganz anders aus als die aus dem Westen. Wie der amerikanische Anthropologe Richard Klein es formuliert, »war Westasien vor 50 000 bis 40 000 Jahren mehr oder weniger von Neandertalern besiedelt, die vielleicht aus Europa stammten, oder aber von sehr frühen modernen Menschen, die mutmaßlich aus Afrika kamen. Zu dieser Zeit lebte in Ostasien offenbar ein ganz anderer Menschentyp, der weder dem Neandertaler noch dem modernen Menschen zuzurechnen war.«

Besonders erschwert wird die Deutung dieses Zeitabschnitts dadurch, daß dort in letzter Zeit keine Ausgrabungen stattgefunden haben. Seit langem wissen wir, daß die Klingenwerkzeuge, die mit *Homo sapiens sapiens* in Europa auftauchten, nach Südostasien offensichtlich nicht gelangt sind oder sich dort entwickelt haben. Stattdessen überlebten dort die Abschlag- und Hauwerkzeuge von *Homo erectus* über mehr als 300 000 Jahre noch bis etwa 10 000 vor Christus. Entsprechend scheint es im östlichen Eurasien auch keine Hinweise für kulturelle Entwicklungen gegeben zu haben, die in Europa während des oberen Paläolithikums stattfanden. Damit sind im wesentlichen ein umfassenderer und verfeinerter Gebrauch von Geweihen und Knochen, das Aufkommen der Kunst und Hinweise auf ein reiches rituelles Leben gemeint, wozu auch komplizierte Begräbnispraktiken gehören.

Allerdings spricht eine Reihe bedeutender neuer Funde dafür, daß sich moderne Menschen, die bereits fortgeschrittene Stein- und Knochenwerkzeuge entwickelt hatten und über ein vielschichtiges rituelles und künstlerisches Leben verfügten, während der ganz frühen Phasen des oberen Paläolithikums in den südlichen, den östlichen und den südöstlichen Teilen Asiens niedergelassen hatten. Schon die bemerkenswerte Tatsache, daß *Homo sapiens sapiens* Australien und Neuguinea vor mindestens 50 000 Jahren besiedelt hat, verweist ganz sicher darauf. Aber das ist nicht der einzige Beweis. In Liujiang (China) wurden Fossilien moderner Menschen gefunden, die man auf ein Alter von 67 000 Jahren datierte. Bei Batadomba Iena, einer Höhle im Südwesten Sri Lankas, förderten etwa 29 000 Jahre alte Ablagerungen die Überreste moderner Menschen zu Tage und mit ihnen kleine, technisch hochentwickelte Stein- (sogenannte geometrische Mikrolithen) und Knochenwerkzeuge. Offenbar gab es diese anspruchsvollen Steinwerkzeuge in Südostasien durchaus, nur waren sie nicht weit verbreitet und galten nicht als Standard, wie es weiter westlich der Fall war. Da sie neben traditionelleren Werkzeugen vorkamen, muß man wohl annehmen, daß sie sich lokal entwickelten. Die große, bisher nicht geklärte Frage lautet also, warum *Homo sapiens sapiens* seine neue Technologie in den Westen, aber nicht in den Osten mitbrachte.

Vor 35 000 bis 20 000 Jahren breiteten sich Großwildjäger des oberen Paläolithikums zum ersten Mal über den riesigen Tundren Nordostsibiriens aus, und bald darauf waren sie die ersten Menschen, die sich auf dem amerikanischen Kontinent niederließen. Die sibirischen Steinwerkzeuge sahen etwas anders aus als die zeitgenössischen Stücke in Europa. Sie bestanden aus anderen Rohmaterialien und waren gleichermaßen von den westlichen Klingenkulturen und den Abschlagwerkzeug-Kulturen des Südostens beeinflußt. Im Laufe der Zeit verbreitete sich diese sibirische Kulturtradition nach Süden und nach Osten bis in die Mongolei, nach China, Korea und Japan.

Während der letzten Eiszeit fiel im Nordosten Sibiriens so wenig Regen und Schnee, daß es niemals zur Bildung von Eisdecken und Gletschern wie in Europa kam. Die Jäger, die diese unermeßlichen, gefrorenen, baumlosen Weiten bewohnten, mußten bei der Verfolgung von Wild und auf der Nahrungssuche riesige Entfernungen zurücklegen. Da es nur wenige schützende Höhlen und Felsüberhänge gab, mußten sie sich Hütten bauen, um die strenge Kälte ertragen zu können. Zudem benötigten sie brauchbare Feuerstellen, an denen sie ihre Feuer praktisch pausenlos unterhalten konnten, und nicht zuletzt auch enganliegende Kleidung aus Fellen und Häuten. Dabei waren Geräte aus Geweihen und Knochen unverzichtbare Hilfsmittel. Bald war das Mammut ein begehrtes Jagdwild, denn es lieferte Nahrung, Häute und große Mengen an Knochen, die sich als Brennstoff und Baumaterial eigneten und zu Werkzeugen verarbeiten ließen.

Neuen Horizonten entgegen

Irgendwann vor 50 000 bis 40 000 Jahren gingen aus bestimmten Menschengruppen des heutigen Indonesien die ersten Seefahrer hervor. Mit Hilfe von Kanus oder Flößen paddelten sie über die Sunda-Straße bis zum heutigen Australien und Neuguinea. Da in Südostasien kein verläßlich datiertes Material vorliegt, ist es nach wie vor schwierig, das Auftauchen des modernen Menschen hier im Detail festzuschreiben. Das am besten dokumentierte Material stammt aus Australien. Zudem wissen wir, daß *Homo sapiens sapiens*

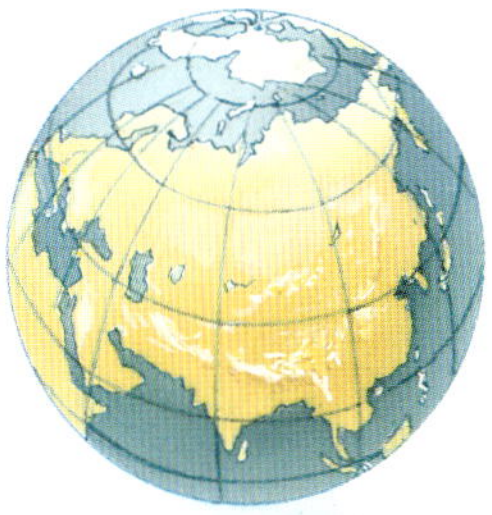

FUNDSTELLEN DES OBEREN PALÄOLITHIKUM ASIENS
Dargestellt sind die wesentlichen Fundstellen des oberen Paläolithikum auf dem asiatischen Kontinent mitsamt dem Küstenverlauf und der Eisdecke, wie sie am Höhepunkt der letzten Eiszeit vor 18 000 Jahren vorlagen. Die dabei freigelegten Landbrücken erleichterten die Ausbreitung nach Amerika und Japan sowie in Richtung Australien.

KARTOGRAPHIE: RAY SIM

vor 30 000 Jahren den südlichsten Teil des Kontinents, Tasmanien, erreichte.

Im Zusammenhang mit den Steinwerkzeug-Kulturen Südostasiens aus dem oberen Paläolithikum waren lange Zeit zwei Fundstellen in Vietnam von besonderer Bedeutung: Son Vi und Hoa-Binh. Neuere Ausgrabungen und Radiokarbon-Datierungen haben bestätigt, daß die Son-Vi-Tradition die ältere von beiden ist. Vermutlich existierte sie vor 18 000 bis 11 000 Jahren. Dagegen erreichte die Hoa-Binh-Tradition, die vor etwa 14 000 Jahren auftauchte, eine wesentlich größere Verbreitung, denn sie dehnte sich nach Süden bis nach Sumatra und im Osten bis zu den Philippinen aus. In zahlreichen unterschiedlichen Varianten hielt sie sich noch bis in das Neolithikum hinein. So werden zum Beispiel Töpferprodukte aus der Spirit Cave in Thailand dieser Zeit zugerechnet, und in Vietnam fertigten die Anhänger dieser Tradition bereits um 8000 vor Christus Tonwaren an.

▽ Ein Blick aus dem Inneren der Niah-Höhlen. Sie befinden sich im Kalksteinmassiv von Gunung Subis in Sarawak (Ostmalaysia). Hier haben nicht nur Menschen gewohnt, sondern man fand auch Gräber und unter anderem einen menschlichen Schädel, der etwa 40 000 Jahre alt ist.

HANS HÖFER/APA PHOTO AGENCY SIN

PETER BELLWOOD

△ Ausgrabungen am Felsüberhang von Hagop Bilo, einem der Fundorte von Baturong in Sabah (Ostmalaysia). Dieser Ort war vor 17 000 bis 12 000 Jahren bewohnt.

Zweifellos sind die Funde von Son Vi und Hoa-Binh viel zu jung, um irgendetwas über die ersten Australier aussagen zu können. Allerdings dürften neuere südostasiatische Fundstellen, die auf ein Alter von mindestens 25 000 Jahren datiert wurden, uns wesentlich mehr über die kulturelle Entwicklung verraten, die sich während des oberen Paläolithikums in diesem Teil der Welt abspielte. Ein besonders wichtiger Fundort ist Lang Rong Rien im Süden Thailands. In seinen ältesten Schichten wurden die Werkzeuge auf etwa 40 000 Jahre datiert. Zu den anderen bedeutenden Fundorten gehören Leang Burung unf Wallanae River im Süden Sulawesis (Indonesien), Tabon Cave auf der Insel Palawan und Cagayan Valley auf Luzon (beide Orte befinden sich auf den Philippinen), Tingkayu auf Sabah und schließlich Niah Cave in Sarawak (Ostmalaysia). (Vergleiche den Kasten *Werkzeuge und Kulturen im späten Paläolithikum Südostasiens.*)

Die nächstverwandten Fossilien, bei denen es sich möglicherweise um die Vorfahren der australischen Aborigines und der Papuas von Neuguinea handelt, sind die klassischen Schädel von Ngandong und Wajak (Java, Indonesien). Obwohl es nicht gelungen ist, sie genau zu datieren, sind sie mit nahezu absoluter Sicherheit älter als 60 000 Jahre. Aufgrund dieser Hinweise kann man davon ausgehen, daß noch weitere Fossilien des modernen Menschen in Südostasien gefunden werden, die erheblich älter sind als die bisher entdeckten.

BRUNO BARBEY/MAGNUM

Zu gewissen Zeiten fiel der Meeresspiegel während der letzten Eiszeit (also während des Pleistozäns, das vor 115 000 Jahren begann und vor 10 000 Jahren endete) um bis zu 120 Meter, da riesige Wassermassen durch die gewaltigen Landgletscher des Nordens vorhanden waren. Unter solchen Bedingungen lag das Gebiet, das das heutige Australien, Neuguinea und den Sahul-Schelf umfaßt, als eine einzige Landmasse frei, die als Sahul oder Groß-Australien bezeichnet wird. Es waren jedoch noch immer Wasserfahrzeuge nötig, um die engen Meeresstraßen zu überqueren, die den Sunda-Schelf (der aus Java, Sumatra und Südostasien besteht) von Sahul trennte. Und die Tatsache, daß sich die Inseln in Wallacea – der Inselregion zwischen dem asiatischen Festland und Sahul – nur zu Schiff erreichen ließen, läßt vermuten, daß die frühen Bewohner dieser Küsten bereits eine Art Seefahrt entwickelt hatten.

△ Der moderne Mensch erreichte die feuchten Dschungel Südostasiens vor mindestens 60 000 bis 50 000 Jahren. Allerdings werden fossile Überreste dieser frühen Siedler nur äußerst selten gefunden.

WERKZEUGE UND KULTUREN IM SPÄTEN PALÄOLITHIKUM SÜDOSTASIENS

IAN C. GLOVER

In den vierziger Jahren beschrieb der amerikanische Prähistoriker Hallam Movius die paläolithischen Kulturen Südostasiens als einen Teil des »Ostasiatischen Haustein-Werkzeugkomplexes«, einer Tradition, die von großen, relativ groben und unspezialisierten Feuersteinwerkzeugen beherrscht wurde. Nach allgemeiner Ansicht hielt sich diese Kultur während des mittleren und oberen Pleistozäns und lebte, mit geringfügigen Veränderungen, in Gestalt der Hoabhin-Kultur fort. Letztere wurde dann um 4000 vor Christus von neolithischen Kulturen verdrängt, die mongolide Völker bei ihrem Vordringen aus Südchina mitbrachten.

Nun haben neuere Ausgrabungen in verschiedenen Teilen Südostasiens gezeigt, daß die Variabilität, die Vielfalt und der Grad der Spezialisierung unter diesen Steinwerkzeugen des späten oberen Pleistozän bei weitem größer war als zunächst vermutet. Man kann davon ausgehen, daß diese Funde etliche Ansichten über kulturelle Anpassungen und Vorgänge in Südostasien, die vormals als gesichert galten, wieder umwerfen. Allerdings weiß man noch immer wenig über die Kulturen, die dieses Gebiet im späten oberen Pleistozän bewohnten.

IAN C. GLOVER

△ Ausgrabungen bei Leang Burung 2.

△ Auch im Süden der Insel Sulawesi förderten Ausgrabungsarbeiten im Jahre 1975 eine Spitzen- und Klingenindustrie zu Tage, die nach der Technik des Levalloisien arbeitete. Diese Werkzeuge vom Felsüberhang von Leang Burung 2 (Bird Cave 2) wurden auf ein Alter zwischen 30 000 und 19 000 Jahre datiert. Die Fülle der tierischen Überreste aus der Höhle belegt, daß die Umgebung damals kaum anders war als heute. Unter den zahlreichen Steinwerkzeugen befanden sich einige schöne Spitzen mit nachbearbeiteten Flächen sowie Klingen, Schaber und Werkzeuge mit schimmernden Kanten. Die wenigen Kerne bestätigen, daß die Menschen mit der Technik des Levalloisien vertraut waren.

IAN C. GLOVER

▽ Die Ebene von Tingkayu in Sabah war vor 28 000 bis 18 000 Jahren von einem See bedeckt, an dessen Ufern die damaligen Jäger zahlreiche beidseitig abgeschlagene Hornsteinspitzen zurückließen.

▷ Hagop Bilo, ein Felsüberhang im Kalksteinmassiv von Baturong in Sabah (im malaysischen Teil der Insel Borneo), war vor 17 000 bis 12 000 Jahren von Menschen bewohnt. Hier fand man eine typische südostasiatisch-insulanische, spätsteinzeitliche Abschlag- und Klingenindustrie. Neben Werkzeugen mit einem schimmernden Überzug von Kieselerde fand man auch die Überreste moderner Tiere, darunter Schweine, Hirsche, Affen, Ratten, Schlangen, Echsen, Schildkröten, Stachelschweine sowie einige Vögel und drei Arten von Süßwasserschnecken.

PETER BELLWOOD

▽ Die Höhle von Tabon auf der Philippineninsel Palawan ist seit langem dafür bekannt, daß sie während des späten Pleistozän über lange Zeit bewohnt war. Auch hier überwiegen die Abschlagwerkzeuge. Allerdings setzt das grobe Quarzit der Vielfalt spezialisierter Werkzeugtypen gewisse Grenzen, besonders im Vergleich zu anderen Fundstätten weiter südlich auf den südostasiatischen Inseln.

PETER BELLWOOD

PETER BELLWOOD

△ Die steinzeitliche Vorgeschichte Vietnams wurde gründlicher erforscht als die jedes anderen südostasiatischen Landes. Dennoch wurde vor kurzem in der Höhle von Nguom eine vormals völlig unbekannte, 23 000 Jahre alte Werzeugindustrie der Levalloisien-Technik entdeckt. Der Fundort befindet sich im Kalksteingebirge der nordvietnamesischen Provinz Bac Thai. Die Werkzeuge waren von einer darüberliegenden Schicht von Werkzeugen der Hoabhin-Kultur durch herabgefallene Steine und Brekzie getrennt.
IAN C. GLOVER

KARTOGRAPHIE: RAY SIM

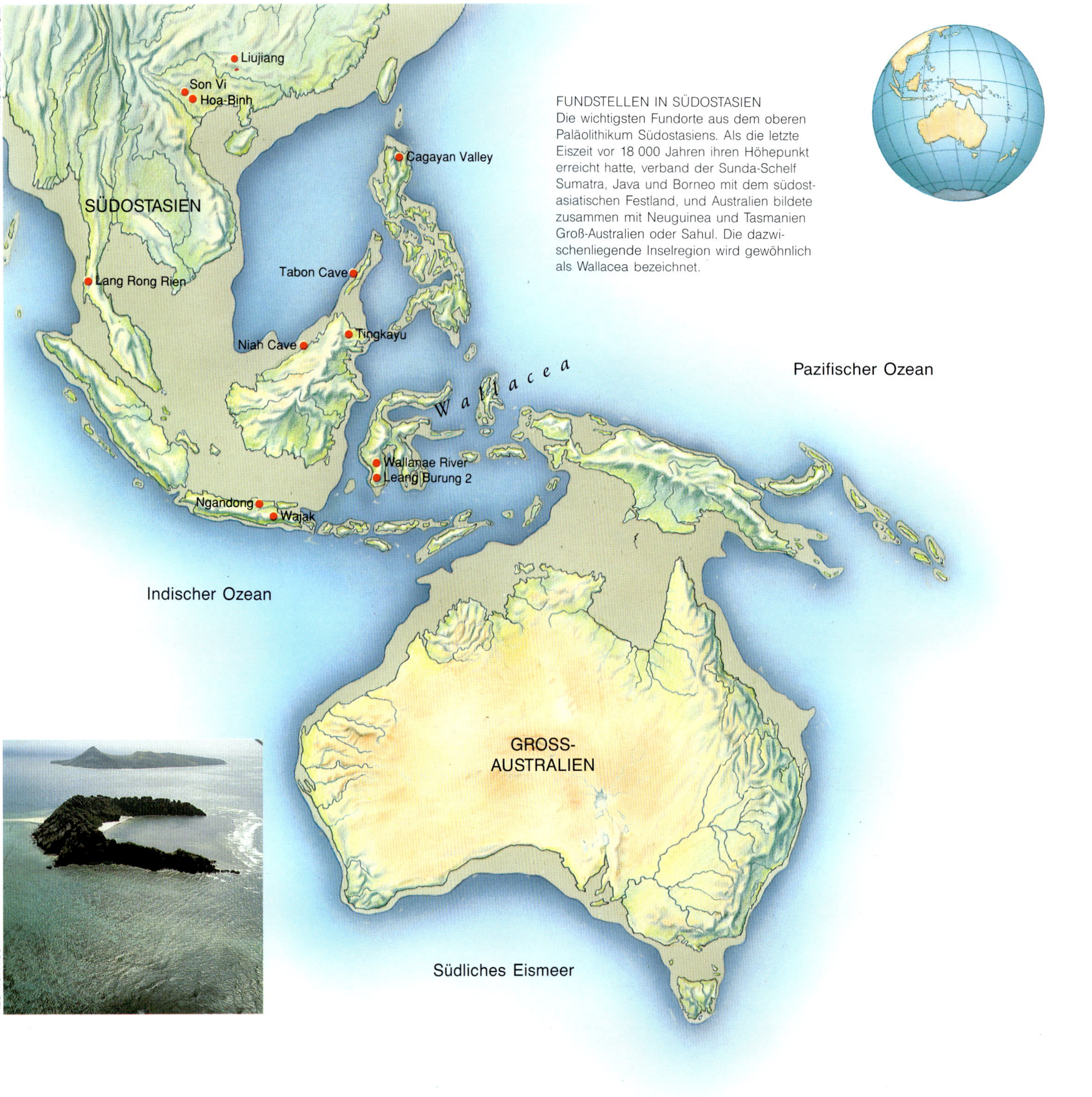

FUNDSTELLEN IN SÜDOSTASIEN
Die wichtigsten Fundorte aus dem oberen Paläolithikum Südostasiens. Als die letzte Eiszeit vor 18 000 Jahren ihren Höhepunkt erreicht hatte, verband der Sunda-Schelf Sumatra, Java und Borneo mit dem südostasiatischen Festland, und Australien bildete zusammen mit Neuguinea und Tasmanien Groß-Australien oder Sahul. Die dazwischenliegende Inselregion wird gewöhnlich als Wallacea bezeichnet.

REG MORRISON

△ Die Mer-Inseln in der Torres-Straße – isolierte Reste des Landgebiets, das einst Australien mit Neuguinea verband. Vor 8000 Jahren wurde die Landbrücke überflutet, so daß die Bevölkerungen beider Länder getrennt waren.

▷ Die indonesischen Inseln Ost-Java, Madura, Bali und Lombok aus dem Weltraum gesehen. In diesen Gewässern hat der Mensch zum ersten Mal das Meer erobert und damit die Besiedlung des australischen Kontinents ermöglicht.

Vor ungefähr 53 000 Jahren und nochmals vor 35 000 Jahren senkte sich der Meeresspiegel ganz erheblich, so daß Sahul noch leichter zugänglich wurde. Wenn man vor 53 000 Jahren Sahul über Timor erreichen wollte, mußte man jedoch immer noch eine Seereise von über 90 Kilometer in Kauf nehmen. Wenn man dies bedenkt, dürfte Sahul ursprünglich eher zufällig besiedelt worden sein. Die ersten Bewohner waren vermutlich kleine Gruppen, die an unterschiedlichen Stellen gelandet waren. Da zwischen den Bewohnern Neuguineas und den australischen Aborigines bezeichnende physische Unterschiede bestehen, landeten wohl getrennte Gruppen in verschiedenen Teilen Sahuls und gründeten dort überlebensfähige Populationen. Da sich diese Völker über sehr lange Zeiträume ganz unterschiedlichen Umweltbedingungen anpaßten, wurden diese physischen Unterschiede immer deutlicher.

Die meisten Siedlungen aus der ersten Besetzung Sahuls wird man niemals finden, da sie sich heute mindestens 100 Meter tief im Meer befinden. Die Tatsache, daß bisher keine frühen Funden gemacht wurden, weist wohl darauf hin, daß diese ersten Siedler überwiegend an der Küste lebten. Nach und nach verbreiteten sie sich über den Kontinent und erreichten schließlich vor 30 000 Jahren den äußersten Süden Australiens. Und vor 20 000 Jahren hatten sie sämtliche Landschaftstypen besetzt, einschließlich der zentralen Wüstengebiete.

▷ Diese Schnitzarbeit in Mammut-Elfenbein, auf der fliegende Wasservögel zu sehen sind, wurde bei Mal'ta, einem sibirischen Fundort des oberen Paläolithikum, in der Nähe des Baikalsees, gefunden. Einige dieser Vogelfiguren tragen weibliche Merkmale, und man vermutet, daß sie eine weibliche Vogelgottheit darstellen.
SISSE BRIMBERG

Die Herausforderung der Arktis

Zwar waren in Europa die Neandertaler während der Sommermonate bereits in die weiten Tundrensteppen des Nordens vorgedrungen, doch siedelten sie dort nicht auf Dauer. In einer Gegend zu überleben, in der alljährlich neun Monate lang der Winter herrschte, erforderte ganz andere technische Voraussetzungen, und diese Technologie wurde erst von *Homo sapiens* entwickelt. Viele der Werkzeuge, die es ihnen ermöglichten, sich der unwirtlichen Umgebung anzupassen, bestanden aus Geweihen oder Knochen. Die zahlreichen durchlöcherten Knochennadeln, die man entdeckte, lassen vermuten, daß genähte Lederkleidung damals schon verbreitet war. Und ihre gut durchdachten, aus Geweihen gefertigten und häufig reichverzierten Speerschleudern erlaubten es ihnen, Tiere aus größerer Entfernung zu erlegen als zuvor — für die Jäger dieser offenen, baumlosen Landschaft eine lebenswichtige Voraussetzung.

Eine Reihe mehr oder weniger spektakulärer Siedlungen, die sich von der ehemaligen Tschechoslowakei im Westen bis zu der an der Beringstraße gelegenen sibirischen Halbinsel Chukchi im Osten erstreckt, beweist, daß die nördlichen Tundrensteppen vor 30 000 bis 15 000 Jahren bereits besiedelt waren. Die älteste dieser bisher freigelegten Siedlungen befindet sich bei Dolní Vestonice in der ehemaligen Tschechoslowakei. Diese Ansammlung großer Häuser mit ihren zentral angeordneten Feuerstellen ist etwa 28 000 Jahre alt.

Am russischen Don, ungefähr 470 Kilometer südlich von Moskau, liegt die Siedlung Kostenki, der die Kostenki-Bershevo-Kultur ihren Namen verdankt. Die meisten Fundstellen dieser Tradition wurden auf ein Alter zwischen 27 000 und 13 000 Jahren datiert. Die Häuser von Kostenki sind als Grubenhäuser bekannt, denn der Fußboden ist etwa einen Meter tief im Boden versenkt, um das Haus so windgeschützt wie nur möglich zu machen. Das rippenförmige Gestell des Daches bestand aus Mammut-Stoßzähnen, die dann mit Fellen bespannt wurden. Die Größe dieser Häuser und die zahlreichen Feuerstellen darin sprechen dafür, daß sie zugleich von mehreren Familien bewohnt wurden.

Offenbar handelte es sich bei diesen großartigen Siedlungen um Stellen, an denen sich große Menschengruppen anläßlich von Zeremonien und anderer sozialer Aktivitäten versammelten. Am deutlichsten zeigt sich ihre rituelle Funktion in der bemerkenswertesten dieser Siedlungen: Mezhirich, an den Ufern des Dnjepr, südöstlich von Kiew in der Ukraine. An dieser 15 000 Jahre alten Siedlung legte man fünf Häuser frei, die vollkommen aus in genialer Weise verschachtelten Mammutknochen und -stoßzähnen bestanden. Dabei bedeckte die Siedlung mehr als 10 000 Quadratmeter. Die Häuser waren sehr groß; ein jedes umfaßte eine Fläche von 80 Quadratmeter. Hier lebten vermutlich mindestens 50 Leute gleichzeitig. Bernsteine und Muscheln, die über Entfernungen von 160 bis 800 Kilometer dorthin gebracht worden sein müssen, legen die Vermutung nahe, daß Mezhirich ein Treffpunkt für Zeremonien und für den Warentausch war. (Vergleiche den Kasten *Hütten aus Mammutknochen*.)

Die berühmten, guterhaltenen Gräber von Sungir, außerhalb von Moskau, erlauben uns sogar noch einen größeren Einblick in das rituelle Leben und die soziale Organisation der paläolithischen Großwildjäger. Hier waren sowohl die Kinder als auch die Erwachsenen mit bemerkenswert reichen Grabbeigaben bestattet. Zudem waren sie in aufwendige Kleidung gehüllt und trugen Kopf- und Perlenschmuck aus Tausenden durchbohrter Tierzähne. Diese Gräber gelten als Hinweis für die Anfänge einer sozialen Schichtung unter den eiszeitlichen Gesellschaften der Jäger und Sammler. (Vergleiche den Kasten *Sungir: Ein steinzeitlicher Friedhof*.)

△ Aus den Resten einer oberpaläolithischen Siedlung bei Mal'ta (Sibirien) wurden mehr als 30 kleine Figuren aus Mammut-Elfenbein geborgen. Viele von ihnen zeigen, wie diese hier, steif wirkende weibliche Figuren.
MUSEE DE L'HOMME, PARIS/J. OSTER

GEORGE W. CALEF/MASTERFILE

◁ Als die ersten Einwanderer Alaska erreichten, entdeckten sie ein Land mit atemberaubenden Ausblicken. Auf dem zuvor unbewohnten Kontinent lebte so viel Großwild, daß es für die ersten Amerikaner ein Land gewesen sein muß, in dem Milch und Honig flossen.

△ Sibirische Figurinen, wie einige derer, die am Baikalsee gefunden wurden, repräsentieren die östlichsten Beispiele der weitverbreiteten und ausdauernden Venus-Tradition. Ganz ähnliche Schnitzereien entstanden über eine Strecke von beinahe 8000 Kilometer bis zur Atlantikküste. Die Großwildjäger des eiszeitlichen Eurasien müssen also intensive Kontakte untereinander gepflegt haben.

SISSE BRIMBERG

Südöstlich von Samarkand, im Zentrum Asiens, liegt Shugnou, ein Fundort, der sich ebenfalls am Ufer eines Flusses befindet, und zugleich eine der am höchsten gelegenen paläolithischen Fundstellen darstellt. Aus den dortigen Knochenlagern geht hervor, daß Pferde, Auerochsen, Wildschafe und Ziegen die häufigsten Jagdwild-Arten bildeten. Die ältesten Schichten von Shugnou werden auf ein Alter von 20 000 Jahren datiert. Die Lage dieser Siedlung zeigt, daß die Menschen aufgrund der wachsenden Bevölkerung gezwungen waren, sich weiter nördlich und höher im Gebirge anzusiedeln, noch dazu in immer kälteren Regionen.

Während des oberen Paläolithikums waren Sibirien und der Nordosten Asiens von zwei völlig verschiedenen kulturellen Gruppen besiedelt. Die Mal'ta Afontova ist vermutlich die ältere von beiden und trägt ihren Namen nach zwei Fundstellen im Jenissei-Tal, unweit des Baikalsees. Vor etwa 22 000 Jahren hatten sich Menschen in dieser arktischen Umgebung niedergelassen. Sie wohnten in Langhäusern und jagten hier und auf den Ebenen weiter südlich Großwild, darunter auch das Mammut und das Pferd. Abgesehen von bearbeiteten Steinwerkzeugen, wie Speerspitzen, Schaber und Meißeln, fertigten sie auch Werkzeuge aus Knochen, Geweihen und Elfenbein an, ja sogar kleine Frauen- und Vogelfiguren. Ganz eindeutig unterhielt dieses Gruppe enge Verbindungen zu den zeitgenössischen Kulturen des Westens, besonders zu denen Osteuropas.

Die zweite Gruppe, die sich in der arktischen Region Nordostasiens niedergelassen hatte, waren die Dyukhtai, die überwiegend in der Nähe der Flüsse Lena und Aldan, östlich des Jenissei, lebten. Ihre Kultur wurde auf ein Alter zwischen 18 000 und 12 000 Jahren datiert, obwohl es unbestätigte Hinweise für eine noch frühere Siedlungsstufe gibt. Ihre Werkzeuge waren ganz anders als die der Mal'ta-Afontova-Tradition. Neben anderen Dingen fertigten sie aus kleinen Steinklingen, die als Mikroklingen bekannt sind, sehr wirkungsvolle Werkzeuge an. Wir wissen nicht, woher diese Praxis stammt. Allerdings wurden im Norden Chinas ähnliche Werkzeuge gefunden, die etwa 22 000 Jahre alt sind, und ebenso in Japan, obwohl man letztere nicht verläßlich datieren konnte.

Im Gegensatz zu den Mal'ta-Völkern waren die Dyukhtai eindeutig nach Osten orientiert, was eine besondere Bedeutung bekommt, wenn man den ersten Einwanderungszug über die Beringstraße nach

HÄUSER AUS MAMMUT-KNOCHEN

ROLAND FLETCHER

Als die Zeit extremer Kälte vor 20 000 bis 18 000 Jahren zu Ende gegangen war, begannen die Menschen, in die mittelrussische Ebene zurückzukehren. Im Winter und Frühjahr lebten sie in Häusern aus Mammutknochen. Eine solche Siedlung, die bei Mezhirich in der Ukraine entdeckt wurde, war vor etwa 15 000 bis 14 000 Jahren bewohnt. Sie befand sich, unweit des Zusammenlaufs zweier Flüsse, am höher gelegenen westlichen Ufer des Hauptflusses. Unterhalb der grasbedeckten Hügel wuchsen Kiefern, Birken und Erlen. Die Gemeinschaft jagte Mammute (wir wissen allerdings nicht, wie), Wisente, Pferde und Rentiere. Zudem fingen die Leute Vögel und einige Fischarten, Polarfüchse und -hasen. Wahrscheinlich lebten hier zwischen 30 und 60 Menschen. Jedes Haus besaß einen Herd, der mit Knochen geheizt wurde. Um die Häuser herum befanden sich Feuerstellen, Vorratsgruben für Fleisch und Knochen sowie Bereiche, in denen Werkzeuge aus Feuerstein und Knochen hergestellt wurden.

△ Dieses gravierte Stück Mammut-Elfenbein, das bei Mezhirich entdeckt wurde, stellt vielleicht ein Bild ihrer Hütten dar – dies ist möglicherweise die älteste bekannte Landkarte. Darstellungen von Landschaften sind in der Kunst des oberen Paläolithikum äußerst selten.

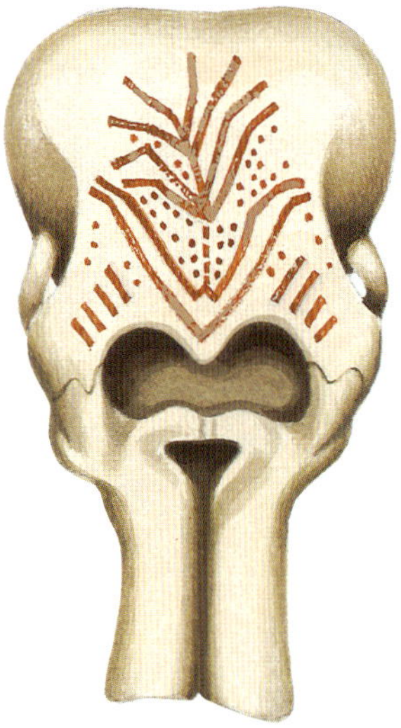

◁ In einer der Hütten entdeckte man einen sorgfältig mit rotem Ocker bemalten Mammutschädel. Ähnlich verzierte Mammutknochen wurden auch bei Mezin, 200 Kilometer weiter nördlich, gefunden. Zudem sind aus dem Gebiet um Kiew kleine Figuren aus Elfenbein und Perlen aus Bernstein bekannt.

▽ Mezhirich wurde von I. Pidoplichko, N.L. Kornietz und M.I. Geadin zwischen 1966 und 1983 in verschiedenen Stadien ausgegraben. Olga Soffer, auf deren Arbeit ein großer Teil dieser Beschreibung basiert, analysierte die tierischen Überreste.

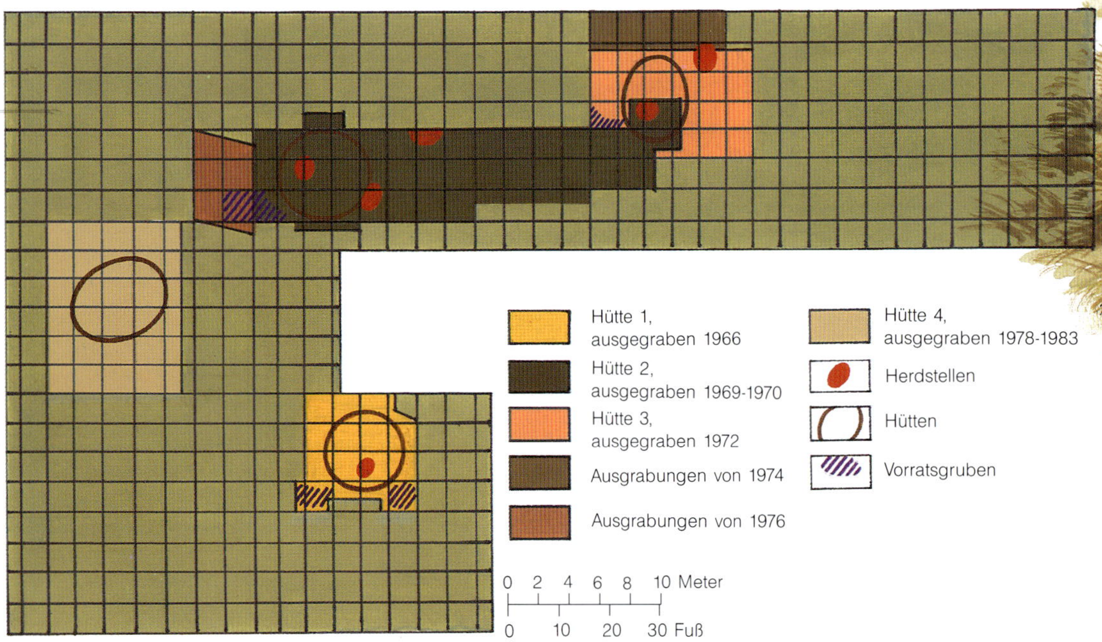

ILLUSTRATIONEN JOHN RICHARDS

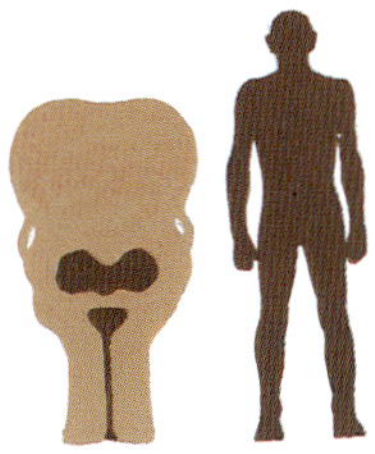

▷ Jede Hütte besaß eine solide Basis aus großen Mammutknochen und einen leichteren Oberbau. Die Knochen waren sorgfältig ineinandergesteckt, häufig sogar in symmetrischen Mustern. In jeder Hütte dominieren bestimmte Knochen. So bestand die Basis der einen aus Unterkiefern, die einer anderen überwiegend aus langen Röhrenknochen. In einige der großen Knochen waren Löcher geschnitten worden, vermutlich um einen Rahmen aus Holz zu tragen. Große Stoßzähne waren zu einem Dachbogen zusammengefügt. Der Rahmen wurde wahrscheinlich mit Häuten und Rasensoden bedeckt.

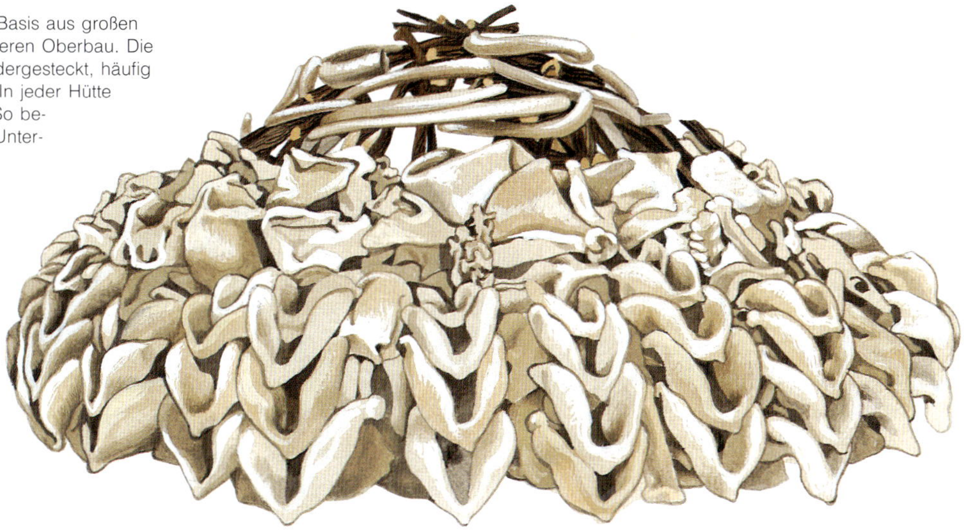

▽ Zehn Menschen hätten etwa 15 Tage benötigt, um die Siedlung zu errichten. Die etwa einen Meter tiefen Speichergruben können nur bei wärmerem Wetter angelegt worden sein, als der Boden nicht gefroren war. Also begann der Bau vermutlich im Herbst. Für jede Hütte wurden zwischen 150 und 650 Knochen verbraucht - insgesamt 97 Schädel, 109 Unterkiefer, 92 Stoßzähne sowie einige hundert andere große Knochen. Die größte Hütte bestand aus 20 Tonnen Knochen, darunter 46 Schädel, 95 Unterkiefer und 40 Stoßzähne. Ein einziger Schädel wiegt 100 Kilogramm, und ein Stoßzahn kann bis zu 200 Kilogramm schwer sein. Die meisten Teile des Mammuts wurden verbraucht, und in verschiedenen Hütten fand man Knochen desselben Individuums. Vermutlich stammten die Knochen aus einem natürlichen »Friedhof« der Umgebung.

◁ Nur etwa 80 Kilometer eiskalten Wassers trennen heute die sibirische Halbinsel Chukchi von Alaska. Während der letzten Eiszeit lag die Beringstraße trocken, so daß die Menschen trockenen Fußes von Asien in die Neue Welt einwandern konnten.

DIE EISZEITLICHE LANDBRÜCKE VON BERINGIA
Vor 25 000 bis 14 000 Jahren waren Ostsibirien und Alaska durch eine Landbrücke verbunden, die in der Regel als Beringia bezeichnet wird. Wann die ersten Menschen nach Nordamerika einwanderten, ist noch heftig umstritten. Außerdem sind der Küstenverlauf und die Eisdecke eingezeichnet, wie sie am Höhepunkt der letzten Eiszeit, vor 18 000 Jahren, vorlagen.
KARTOGRAPHIE: RAY SIM

Amerika verfolgt. Mit der Zeit bewiesen die Dyukhtai ihre Fähigkeit, sich ganz anderen Klima- und Umweltbedingungen anzupassen als die, an die traditionelle Jäger der Tundra gewöhnt waren.

Eines der ältesten Beispiele dafür, wie sich ein Volk einer nacheiszeitlichen Umgebung anpaßte, bietet die japanische Jomon-Kultur. Sie entwickelte sich vor etwa 12 000 Jahren und gründete sich in erster Linie auf den Fischfang und auf andere Ressourcen des Meeres. Das reiche Nahrungsangebot an den Küsten erlaubte den Jomon-Menschen, seßhaft zu werden, was wiederum dazu führte, daß sie zu den ersten Völkern gehörten, die die Töpferei betrieben. Ihre 12 000 Jahre alten Töpfe dienten vermutlich dazu, Mollusken und Pflanzen zu kochen. In einigen Gebieten überlebte die Jomon-Kultur unverändert bis zum Beginn des ersten nachchristlichen Jahrhunderts.

Während der letzten Eiszeit gab es zwei Perioden, – einmal vor 50 000 bis 40 000 Jahren und wiederum vor 25 000 bis 14 000 Jahren – während derer die heutige Bering-Straße trocken lag. Dies gilt auch für große Bereiche des Polarmeeres im Norden und der Beringsee im Süden. Dieses Gebiet, das häufig als Beringia bezeichnet wird, verband Alaska mit der sibirischen Halbinsel Chukchi, so daß Menschen und Tiere ungehindert von einem Kontinent zum anderen überwechseln konnten. Während des ersten Zeitraumes sind wahrscheinlich keine Menschen nach Nordamerika eingewandert, und auch im Nordosten Asiens gibt es aus dieser Zeit keinerlei Hinweise auf eine menschliche Besiedlung. Auch vor dem nächsten Trockenfallen der Bering-Straße, vor 40 000 bis 25 000 Jahren, haben vermutlich keine Menschen das Polarmeer überquert, denn eine Bootsfahrt über diese Meeresstraße dürfte damals extrem schwierig gewesen sein. Das warme Klima und die Gewässer Südostasiens boten sich für die Seefahrt wesentlich besser an, wie schon aus der Tatsache hervorgeht, daß einige Menschen über die Sunda-Straße nach Australien und Neuguinea gelangten.

Am wahrscheinlichsten wurde die Bering-Straße vor 25 000 bis 14 000 Jahren überquert. Dies deckt sich – nach dem heutigen Stand der Forschung – mit der Ausbreitung des modernen Menschen in die arktischen Gebiete Europas, und auch die ältesten Siedlungen der Großwildjäger aus den Mal'ta- und Dyukhtai-Traditionen sprechen dafür, die auf ein Alter von 18 000 bis 15000 Jahren datiert wurden. Beiderseits der Bering-Straße weisen die frühesten Werkzeuge eine ähnliche mikrolithische Klingentechnik auf: diejenigen aus der sibirischen Dyukhtai-Tradition und jene, die man in Alaska fand, etwa in den Bluefish-Höhlen (etwa 13 000 vor Christus), bei Dry Creek (9000 vor Christus) und Akmak (etwa 8000 vor Christus). Obwohl man sich intensiv bemühte, noch ältere Spuren einer Besiedlung Alaskas zu entdecken, gibt es zur Zeit keine verläßlicher datierbaren Funde als die aus den Bluefish-Höhlen, die auf ein Alter von 15 000 Jahren zurückgehen. Auf der Halbinsel Chukchi wurden an verschiedenen Fundstellen des oberen Paläozän ähnlich alte Werkzeuge freigelegt. Dazu gehören die Stätten Kurupka, Puturak und Ul'khum. Hier hatten zweifellos die Vorfahren der ersten Amerikaner gelebt.

SUNGIR: EIN STEINZEITLICHES GRAB

OLGA SOFFER

Die Fundstelle von Sungir birgt die reichhaltigsten Gräber aus dem oberen Paläolithikum, die man bis heute kennt. Sie befindet sich am Rande der Stadt Vladimir, 200 Kilometer ostnordöstlich von Moskau (Rußland). Im Jahre 1955 wurde der Ort bei Steinbrucharbeiten entdeckt und anschließend, zwischen 1956 und 1977, freigelegt.

Die archäologisch relevante Schicht war zwischen 15 und 90 Zentimeter stark. Sie befand sich auf einem 50 Meter hohen Hügel, der von den Ufern des Klyazma-Flusses und seines Zuflusses, des Sungir, gebildet wurde, und zwar drei Meter unter der heutigen Oberfläche über den Resten eines Briansk-Bodens, der sich in einer warmen Zwischeneiszeit vor 29 000 und 25 000 Jahren gebildet hatte. Radiokarbon-Messungen, die man an dort gefundener Holzkohle vornahm, ergaben ein Alter zwischen 25 500 und 22 000 Jahren. Allerdings dürfte die erste Zahl eher zutreffen.

Obwohl Sungir während eines wärmeren Abschnitts der letzten Eiszeit besiedelt wurde, lebten die Menschen immerhin in einer Tundra, in der die klimatischen Bedingungen noch immer ausreichten, um Permafrostboden (einen dauerhaft gefrorenen Boden) zu erzeugen. Nachdem die Siedlung wieder verlassen war, verschlechterte sich das Klima, und zweifellos hat die Fundschicht und die darin enthaltenen Objekte durch wiederholtes Gefrieren und Auftauen gelitten.

Sungir besaß eine Ausdehnung von 10 000 Quadratmeter, wovon etwa 4500 Quadratmeter ausgegraben wurden. In dem freigelegten Gebiet sind die kulturellen Objekte an fünf Stellen konzentriert. Darin fand man die Reste an der Oberfläche gebauter Häuser, zahlreiche Herdstellen und Gruben verschiedener Größen, Arbeitsbereiche, in denen Steine und Knochen bearbeitet wurden und schließlich die Reste von wenigstens sechs Gräbern, von denen drei unversehrt waren. Aufgrund der Tierreste (sie stammen von Rentieren, Pferden, Mammuten, Polarfüchsen, einigen Wölfen, Bären, Vielfraßen, Schneehasen und Wisenten) kann man vermuten, daß die Menschen sich nur vom Sommer bis zum Frühherbst in Sungir aufhielten. Ferner zeigt die Verteilung der Kulturgegenstände, daß dieser Ort über mehrere Jahre wiederholt aufgesucht wurde.

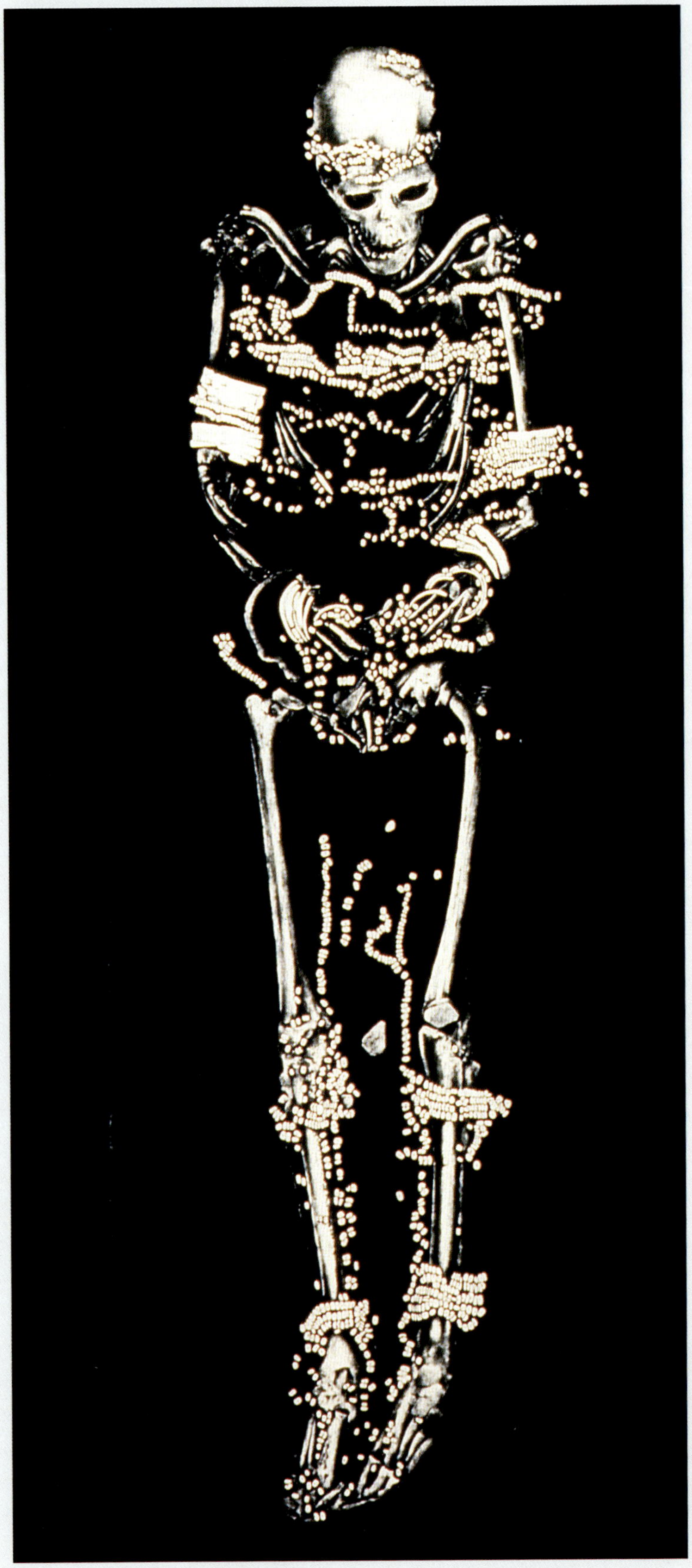

MUSEE DE L'HOMME, PARIS/O. BADER

△ Mehr als 3000 Elfenbeinperlen waren auf die Kleidung des älteren Mannes genäht worden, den man in dem paläolithischen Grab von Sungir fand.

△ Das Doppelgrab eines heranwachsenden Jungen und eines Mädchens aus der oberpaläolithischen Fundstätte von Sungir. Es enthielt reiche Beigaben in Form von Speeren, Lanzen und Schmuck aus Elfenbein. Nahezu 6000 Perlen waren auf die Kleidung genäht worden, doch waren diese bereits entfernt worden, als diese Aufnahme entstand.

MUSEE DE L'HOMME, PARIS/ARLETTE LEROI-GOURHAN

Werkzeuge und Schmuck

Die Sammlung der Steinwerkzeuge aus Sungir besteht aus über 50 000 Stücken, die aus den Steinen der Umgebung hergestellt wurden. Zu den Steinwerkzeugen (sie bilden 3,6 Prozent aller Fundstücke) gehören beidseitig bearbeitete dreieckige Spitzen, Stücke aus der Aurignac-Tradition und archaische Formen des Moustérien. Auch dies verweist auf die Zeit des frühen oberen Paläolithikums. Allerdings besteht unter den Fachleuten noch keine Einigkeit darüber, welcher Kultur dieser Fundort zuzuordnen sei. So rechnen einige alle Fundstücke dem Aurignacien mit den Blattspitzen zu, während andere in ihnen ein jüngeres Stadium der örtlichen Kostenki-Streletskaja-Kultur sehen.

In Sungir entdeckte man außerdem zahlreiche bearbeitete Knochen, Elfenbein und Geweihstücke, die zu verschiedenen Gegenständen verarbeitet waren. Es gab Reste von Halsschmuck aus Steinen, Knochen, Elfenbein, Muschelschalen und Belemmiten. Eckzähne von Polarfüchsen waren durchbohrt und zu Perlen, Spangen, Nadeln, Ohrgehängen und Ringen verarbeitet. Unter den geschnitzten Schmuckgegenständen fand man zwei Tierfiguren (Pferd oder eine Saiga-Antilope und ein Mammut) und perforierte Scheiben aus Elfenbein und Steinen.

Die menschlichen Überreste

Zwar wurden in Sungir bisher die Überreste von neun anatomisch modernen Menschen (*Homo sapiens sapiens*) gefunden, doch haben zwei unverletzte Gräber mit drei Leichen, die man im südwestlichen Bereich entdeckte, die Fundstelle weltberühmt gemacht. Es handelt sich um das Einzelgrab eines 45- bis 60jährigen Mannes (Grab 1) und um ein Doppelgrab, in dem ein 13jähriger Junge Kopf an Kopf mit einem neun- bis zehnjährigen Mädchen bestattet worden ist (Grab 2). Die Gräber, deren Abmessungen 2,05 mal 0,7 Meter beziehungsweise 3,05 mal 0,7 Meter betragen, liegen etwa drei Meter auseinander. Beide befanden sich innerhalb von Häusern und waren 65 bis 75 Zentimeter tief in den Permafrostboden eingegraben. Der Boden der Gräber war mit einer Schicht schwarzer Holzkohle, dann mit Kalkstein und mit rotem Ocker bedeckt. Die Leichen lagen auf dem Rücken ausgestreckt, ihre Arme über dem Becken gefaltet, und alle drei Gräber waren großzügig mit rotem Ocker bestreut. Die Lage Tausender von Perlen, die über ihrer Leder- und Fellkleidung ausgestreut waren, lassen vermuten, daß alle drei Hemden trugen, ferner lange Hosen mit angearbeiteter Fußbekleidung. Sie trugen Fellschuhe, die über das Knie hinaufreichten, und kurze Umhänge. Die männlichen Leichen trugen Hüte, das Mädchen eine Haube aus Fell.

Die Kleidung des Mannes war mit 3000 Elfenbeinperlen geschmückt. Sein Hut (oder Kappe) war mit durchbohrten Zähnen von Polarfüchsen besetzt. Stirn und Oberarme trugen schmückende Spangen aus Elfenbein. Knapp 5000 Perlen waren auf der Kleidung des Jungen verstreut worden. Dieser trug einen Gürtel aus mehr als 250 durchbohrten Eckzähnen des Polarfuchses sowie eine Armspange und Ohrgehänge aus Elfenbein. Unter seinen Körper hatte man das elfenbeinerne Bild eines Mammuts gelegt. Neben ihm lagen ein 2,4 Meter langer Speer, der über 20 Kilogramm wog, dazu Speere und Lanzen aus Elfenbein mit einem Gittermuster. Zu seiner Linken, am Rande des Grabes, lag ein menschlicher Oberschenkelknochen, deren gebrochene Epiphysen (Endstücke) mit rotem Ocker gefüllt waren.

Am aufwendigsten war jedoch das Grab des Mädchens. Es enthielt 5274 Perlen und Perlenfragmente, zahlreiche Elfenbeinlanzen, von denen eine 1,6 Meter lang war. Ferner fand man zwei durchlöcherte und verzierte Geweihstücke, die als Batons de commandement (manchmal auch Schaftstrecker genannt) sowie vier geschnitzte, runde Elfenbeinscheiben mit einem Gittermuster, von denen eine in einen elfenbeinernen Schaft gesteckt war.

Sowohl das Einzel- als auch das Doppelgrab waren von derselben Schicht aus in den darunter gelegenen Löß- und Lehmboden gegraben worden. Allerdings führen mikrostratigraphische Untersuchungen zu der Vermutung, daß die beiden Kinder früher beigesetzt worden waren als der Erwachsene, der vielleicht erst einige Jahre später bestattet wurde. Das Kindergrab war von dem eines weiteren Erwachsenen überlagert, dessen nahezu vollständig verweste Überreste, allerdings ohne den Kopf, im oberen Bereich des Grabes gefunden wurden. Dagegen war der obere Bereich des Grabes, in dem der erwachsene Mann lag, mit Ockerfarbe bedeckt. Und über dieser Schicht befand sich ein ansehnlicher Felsblock, auf dem der schlecht erhaltene Schädel einer erwachsenen Frau lag. Der kopflose Erwachsene muß einige Zeit nach den Kindern beigesetzt worden sein, der Frauenschädel wurde jedoch anläßlich der Begräbnisfeier des erwachsenen Mannes auf dessen Grab gestellt.

Wie sah die Sozialstruktur aus?

Die Grabbeigaben und anderen Gegenstände gleichen einander stilistisch so sehr, daß man annehmen kann, daß der Mann und die Kinder derselben sozialen Schicht angehörten. Angesichts der Fülle dieser Beigaben und der Arbeit, die in ihre Herstellung investiert wurde, müssen diese Individuen in ihrer Gesellschaft einen besonderen Rang eingenommen haben. Da die Kinder aufgrund ihres geringen Alters durch eigene Fähigkeiten noch keinen hohen Rang erreicht haben können, gehen einige Fachleute davon aus, daß sie – dafür sprechen ihre verschwenderischen Grabbeigaben – mit hochrangigen Leuten verwandt waren und dadurch ihre bedeutende soziale Stellung geerbt hatten. Sollte das zutreffen, belegen die Gräber von Sungir, daß einige Gruppen des oberen Paläolithikums in komplizierten sozialen Gefügen lebten. Allerdings sind Botschaften aus dem Grab immer fragwürdig. Es ist durchaus möglich, daß die Pracht dieser Gräber lediglich den hohen Rang widerspiegelt, den diese Menschen im Tode erreichten, so daß die Beigaben mit dem Rang lebender Menschen nichts zu tun hätten.

▷ Am Matanuska-Gletscher in Alaska kann man einen Eindruck davon bekommen, wie das Leben am Rande des eurasischen und nordamerikanischen Gletschers ausgesehen haben muß.

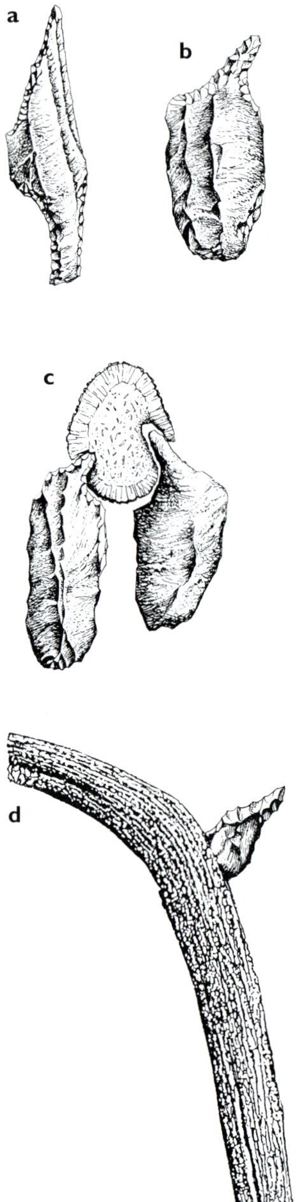

△ Typische Werkzeuge der Hamburg-Kultur. Abgebildet sind: eine grobe Spitze mit Heftzapfen (Kerbspitze, **a**) und ein hochspezialisierter Nagelbohrer, der sogenannte Zinken (**b**). Beide bestehen aus Feuerstein. Letzterer wurde benutzt, um Knochen zu spalten (**c**). Der Riemenschneider (**d**), ein sichelförmiges Werkzeug, mit dem vermutlich Leder bearbeitet wurde, besteht aus einer groben Feuersteinspitze, die in ein Stück Rentiergeweih eingesetzt war.
ILLUSTRATIONEN: RAY SIM

Die Besiedlung Nordeuropas

Am Ende der letzten Eiszeit, vor 15 000 und 8000 Jahren, änderte sich das Klima überall auf der Welt. Diese Veränderungen prägten die Lebensweise der Menschen ganz entscheidend und führten irgendwann zur Entstehung der Landwirtschaft. Als das Klima in Westeuropa rasch besser wurde und die Eisränder sich zurückzogen, wanderten die für die Großwildjäger des Magdalenien so wichtigen Rentier- und Pferdeherden nach Norden. Die Wälder, die sich nun ausbreiteten, ermöglichten eine ganz andere Form der Nahrungsversorgung. Einige Menschengruppen folgten den Tieren nach Norden, während andere sich den neuen Lebensbedingungen ihrer Umgebung anpaßten. Also stellten sie die Großwildjagd ein und fingen stattdessen Fische, suchten die Strände ab, jagten Kleinwild und sammelten — was zunehmend wichtiger werden sollte — Pflanzen. Den Großwildjägern boten die einsamen Tundren Skandinaviens noch für kurze Zeit eine Möglichkeit, ihre Jahrtausende alte Lebensweise fortzuführen.

Gegen Ende der Eiszeit tauchten Gruppen von Rentierjägern in Norddeutschland, den Niederlanden und in Belgien auf. Sie waren nicht nur der westlichen europäischen Tradition des Magdalenien verbunden, sondern auch den weiter östlich gelegenen Kulturkreisen.

Zu den ältesten gehört die sogenannte Hamburg-Kultur. Im Umkreis der Hansestadt wurden mehrere Fundstellen mit einem Alter zwischen 17 000 und 12 000 Jahren entdeckt. Dazu gehören Meiendorf, Stellmoor, Borneck und Poggenwisch. Bei den ältesten Fundorten, wie Meiendorf, handelt es sich offenbar um sommerliche Jagdgründe, während die jüngeren Anzeichen dafür bieten, daß sie auch im Winter bewohnt waren. Diese Menschen waren überwiegend Rentierjäger, die allerdings auch Wildpferden, Hasen, Füchsen und Wildgeflügel nachstellten. Einige Siedlungen befanden sich nahe am Rande des Eises, wo im rauhen Tundrenklima nur Birken und Weiden mit ihren Wurzeln im gefrorenen Boden Halt finden konnten.

Die Werkzeuge der Hamburg-Kultur sind ziemlich unverwechselbar. Dazu gehören grobe Speerspitzen mit einem Heftzapfen (sogenannte Kerbspitzen), Messer mit Griffen aus Rentiergeweih (sogenannte Riemenschneider), mit denen vermutlich Leder bearbeitet wurde, und schließlich gebogene Nagelbohrer (sogenannte Zinken), mit denen Knochen gespalten wurden. Aus der Zeit um 10 000 vor Christus wurden in Nordeuropa noch viele weitere Jagdlager gefunden — so zum Beispiel Usselo und Tjonger (in Belgien und den Niederlanden) und Wehlen und Rissen (Norddeutschland). Sie sind als »Federmesser-Kulturen« bekannt, nach einer federförmigen Speerspitze, die für sie alle typisch ist.

Nach und nach breiteten sich diese Großwildjäger über die riesigen Tundren Nordeuropas aus, wobei sie gezwungen waren, umfangreiche Gebiete zu besiedeln. Die Besiedlungsdichte war also gering, und große Gebiete im Westen, die heute von der Nordsee bedeckt sind, gehörten zum Territorium der Rentierjäger. Vor etwa 13 000 Jahren wanderten Rentierjäger der Feldmesser-Kulturen in die eisfreien Gebiete Südskandinaviens ein. Zwar entdeckte man Skelette und Geweihe von Rentieren in Dänemark und in Südschweden, doch geht aus dem Alter dieser Knochen hervor, daß die Menschen dort nur kurze Besu-

ALAIN THOMAS/AUSCAPE

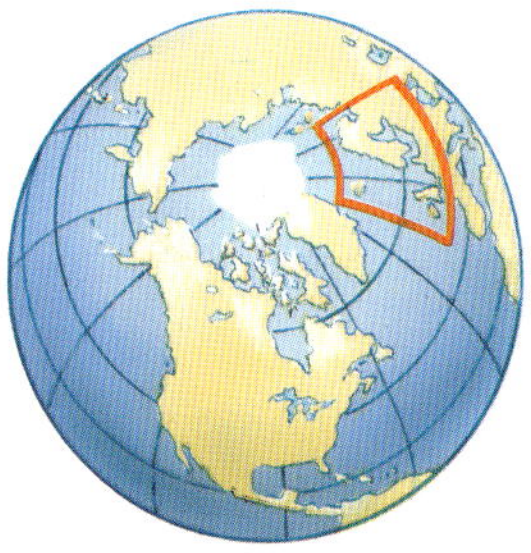

che abgestattet hatten, vielleicht nur für wenige Wochen. Mit hoher Wahrscheinlichkeit liegt darin auch die Ursache dafür, daß aus dieser Zeit so wenige Siedlungen bekannt sind: Bromme auf Seeland (Dänemark) sowie Segebro und der Finja-See in der Provinz Scania (Schweden). Sie alle wurden auf ein Alter von etwa 10 000 Jahren vor Christus datiert. Ähnliche Klingenwerkzeuge fand man bei Bromme und Segebro, darunter Schaber, Meißel, Bohrer, Messer und Spitzen mit Heftzapfen. Am Finja-See wurde auch ein Zinken nach Hamburger Vorbild ausgegraben. Obwohl an diesen Fundorten kein organisches Material erhalten war, ist anzunehmen, daß die Menschen außer Rentieren auch Elche, Wildgeflügel und in gewissem Umfang auch Fische aßen.

Da die weitaus meisten Bewohner West- und Nordeuropas Rentiere jagten, ist ein vergleichbares Werkzeugsortiment bis etwa 10 000 vor Christus in allen diesen Gebieten zu finden. Dann breiteten sich die Wälder infolge von Klimaveränderungen weiter nach Norden aus. Dadurch nahm sowohl das Groß- als auch das Kleinwild zu. Pflanzen gewannen als Nahrungsquelle an Bedeutung, und allmählich entwickelte man neue Werkzeugtypen, um den Lebensbedingungen vor Ort und dem veränderten Nahrungserwerb gerecht zu werden. Da die Ökosysteme bei weitem reichhaltiger geworden waren, konnten nun größere Menschengruppen auf kleineren Landflächen ihr Auskommen finden. Also nahm die Bevölkerung

SPÄTEISZEITLICHE FUNDSTÄTTEN IN NORDEUROPA
Bedeutende Fundorte vom Ende der letzten Eiszeit Nordeuropas, vor etwa 13 000 Jahren. Damals war nur noch Skandinavien vom Eis bedeckt, und um 6000 vor Christus war die Eisdecke vollständig weggetaut.

KARTOGRAPHIE: RAY SIM

© PÅL HERMANSEN/NN/SAMFOTO

◁ Bereits vor 10 000 Jahren besiedelten kleine Gruppen aus dem Osten die öden, aber eisfreien Küsten der nördlichsten Regionen Europas. Im norwegischen Nordland schufen sie die sogenannte Komsa-Kultur.

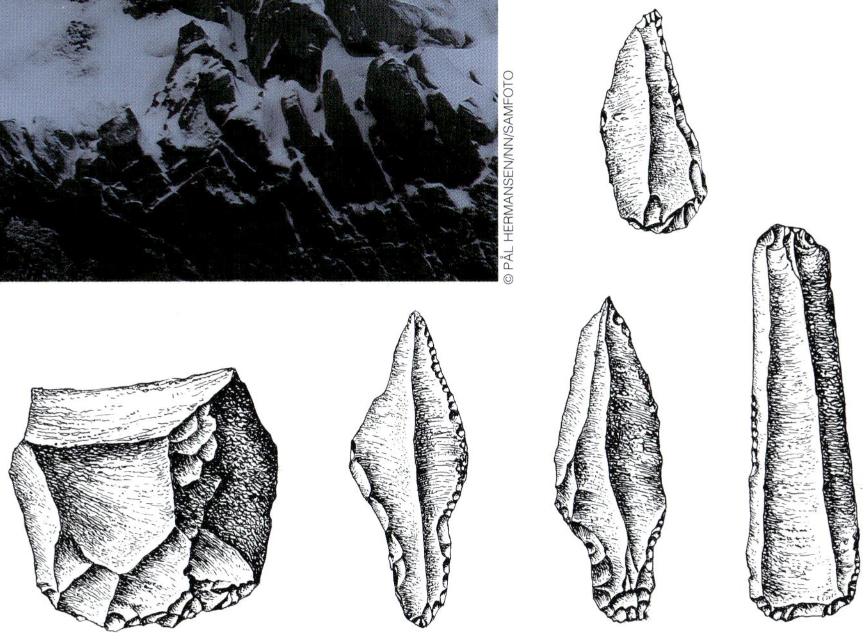

△ Die Werkzeuge der ersten Skandinavier sind denen anderer späteiszeitlicher Rentierjäger Nordeuropas sehr ähnlich. Sie bestehen überwiegend aus Schabern, Meißeln und Spitzen. Die hier gezeigten Beispiele stammen aus Segebro in Südschweden.
ILLUSTRATIONEN: RAY SIM

rasch zu, und innerhalb verschiedener Regionen neigte man dazu, saisonale Siedlungen anzulegen. Immer häufiger siedelte man an der Küste. Leider wissen wir darüber nur wenig, da die meisten Küstenverläufe der Eiszeit, wie etwa in der frühen nacheiszeitlichen Periode, dem sogenannten Holozän, schon lange von den ansteigenden Meeren überflutet sind.

Ein bedeutendes Beispiel dafür, wie sich eine Kultur den wechselnden Umweltbedingungen anpaßt, ist die sogenannte Ahrensburg-Kultur, die nach einer Kleinstadt im Norden Hamburgs benannt wurde. Diese Menschen, die vor 9000 bis 8300 Jahren vor Christus lebten, besaßen die meisten Werkzeuge, die für die paläolithische Welt typisch gewesen waren, jedoch keine der eindeutig mesolithischen – dies sind insbesondere Faustkeile und Mikrolithen (in der Tundrenlandschaft waren Faustkeile überflüssig). Dagegen belegt eine Reihe von Werkzeugen, wie der Übergang von einer Form des Nahrungserwerbs auf eine andere erfolgte. Als das Klima freundlicher wurde und der Fischfang, aber auch das Sammeln von Pflanzen an Bedeutung gewannen, neigten die Menschen dazu, für diese neuen Aufgaben kleinere Werkzeuge herzustellen – nicht gerade Mikrolithen, aber etwas, das man als Vorläufer der Mikrolithen-Technik bezeichnen könnte. Dazu gehörten etwa kleine, beidseitig zugeschlagene Spitzen mit Heftzapfen (sogenannte Stielspitzen), die belegen, daß im Norden bereits Pfeil und Bogen in Gebrauch waren. Damit steht die Ahrensburg-Kultur für das Ende der späten eiszeitlichen Tundrenwirtschaft in Nordeuropa.

Natürlich ging die Großwildjagd als eine Form der Lebensweise nicht einfach unter. Die Jäger, die in den Süden Skandinaviens vorgedrungen waren, wanderten vermutlich entlang der eisfreien Gebiete Westskandinaviens weiter nach Norden. Hier schufen sie verschiedene Lebensweisen von Jägern und Sammlern, die in Gestalt der Fosna-Kultur Jahrtausende unverändert überdauerte. Im hohen Norden gelang es verstreuten Gruppen von Rentierjägern aus den Tundrensteppen Osteuropas, die eisfreien Küsten der Kola-Halbinsel und Nordlands zu erreichen. Dort gründeten sie die sogenannte Komsa-Kultur, die bis etwa 2000 vor Christus überdauerte – ein ganzes Stück in das späte Neolithikum hinein.

Für den größten Teil Europas stand ein neues Zeitalter unmittelbar bevor. Die mesolithischen Völker bewiesen eine bemerkenswerte Fähigkeit, sich unterschiedlichsten Umweltbedingungen und Ökosystemen anzupassen. Und später sollte die Nahrungsversorgung dieser erfolgreichen Jäger und Sammler zunehmend durch die Viehzucht und den Ackerbau bestimmt werden.

IBL AB, SWEDEN

◁ An der Küste von Sagelven, im norwegischen Nordland, entdeckte man gewaltige Felsgravuren, auf denen Rentiere abgebildet waren. Diese Arbeiten aus dem äußersten Norden Europas werden den Menschen der Komsa-Kultur zugeschrieben, die vor 10 000 Jahren dieses Gebiet erreichten.

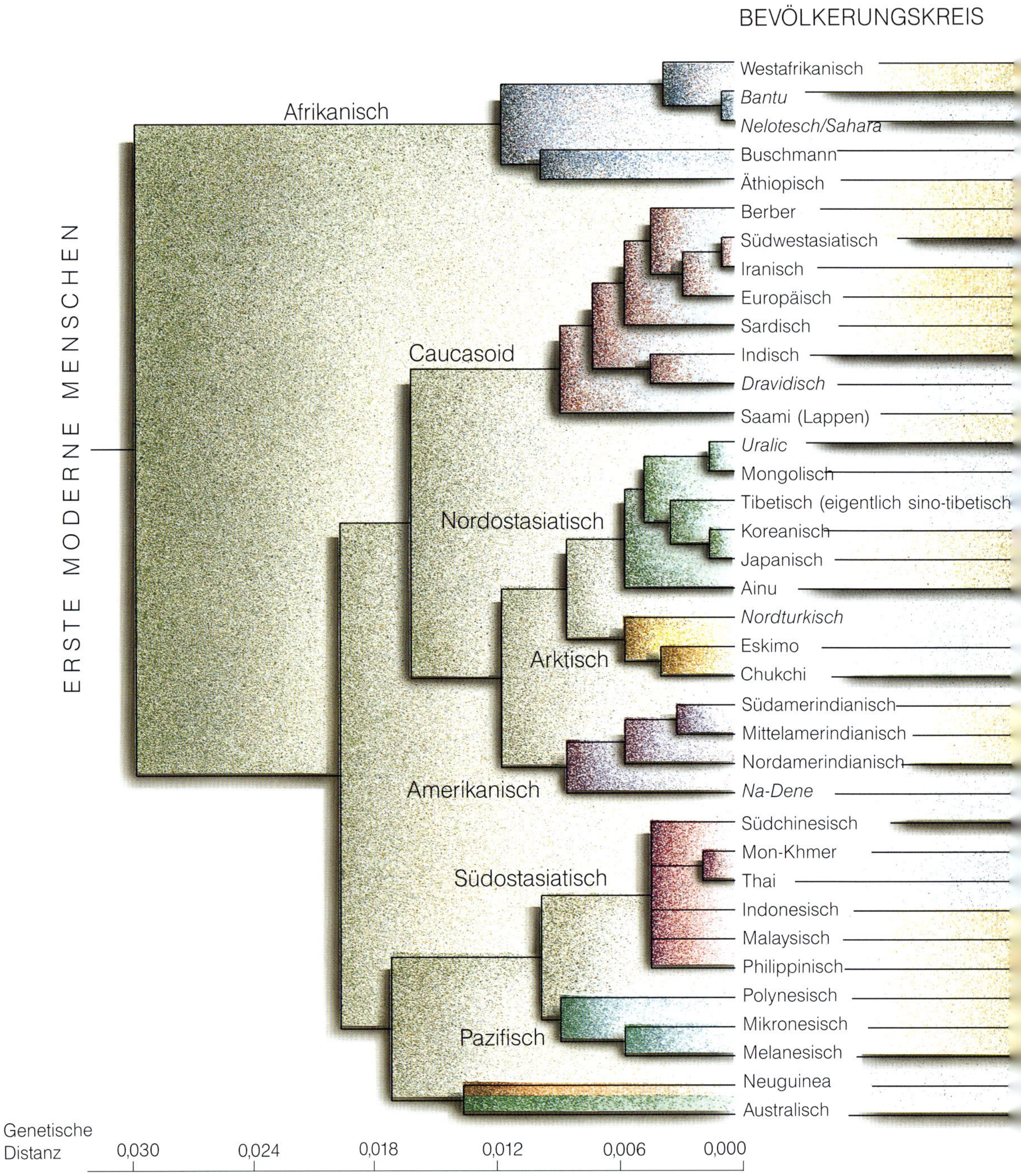

▷ Es gibt revolutionäre neue Indizien dafür, daß die Sprache mit unseren genetischen Ursprüngen verbunden sein könnte. Zwar ist der hier gezeigte »Familienstammbaum« noch umstritten, doch zeigt er die letzten Forschungsergebnisse auf diesem faszinierenden Gebiet.

Der Verwandtschaftsgrad ergibt sich daraus, wie weit man auf der Grafik nach links wandern muß, um eine Verbindungslinie zwischen zwei Populationen zu finden. Innerhalb der caucasoiden Gruppe sind also die Populationen des Iran und Südostasiens am nächsten verwandt. Dann folgen die Europäer, danach die Berber - und so weiter, bis schließlich auch die Saami als die am entferntesten verwandte Population in die caucasoide Gruppe eingeschlossen sind.

Höhere Einheiten sind noch weiter links zusammengefaßt: Die caucasoide, die nordostasiatische, die arktische und die amerikanische Gruppe bilden zum Beispiel solche Einheiten, die wiederum mit den Einheiten Südostasiens, des Pazifischen Raumes, Australiens und Neuguineas nur entfernt verwandt sind. Dies belegt, daß alle lebenden Menschen ihren Ursprung in Afrika haben. Hätte sich der moderne Mensch anderswo entwickelt, verbreitet und wäre später nach Afrika eingewandert, müßten die modernen Afrikaner gemeinsam mit ihren nichtafrikanischen Verwandten wiederum eine höhere Einheit bilden, doch die gibt es nicht.

Kursive Namen stehen für Populationen, die nicht ethnisch, sondern linguistisch definiert sind.

Die genetische Distanz berechnet sich auf der Basis der Durchschnittshäufigkeit von 120 Genen, die in den verschiedenen Populationen untersucht wurden.

GENE, SPRACHEN UND DIE ARCHÄOLOGIE

PETER ROWLEY-CONWY

In letzter Zeit gibt es bedeutende genetische Erkenntnisse, denen zufolge sich die Abstammung aller heute lebenden Menschen auf eine einzige hypothetische Frau (»Eva«) zurückführen läßt, die vor weniger als 250 000 Jahren in Afrika zu Hause war. Die Genetik hat uns einen »Familienstammbaum« beschert. Die verschiedenen menschlichen Völker zeichnen sich nicht einfach durch das Vorhandensein oder Fehlen besonderer Gene aus. Sie besitzen verschiedene *Häufigkeiten* unterschiedlicher Gene. Durch Analyse gewaltiger genetischer Datenmengen gelang es L.L. Cavalli-Sforza vor kurzem, den obenabgebildeten Familienstammbaum aufzustellen. Die Völker, die er dabei untersuchte, sind in der Mitte aufgeführt. Die meisten von ihnen sind ethnisch definiert, einige wenige jedoch nur linguistisch; diese sind in kursiver Schrift dargestellt. Sofern Beziehungen zueinander bestehen, sind sie auf der linken Seite festgehalten und zudem gegen die genetische Distanz (oder den genetischen Unterschied) der verschiedenen Völker ins Verhältnis gesetzt (siehe Bildunterschrift). Die afrikanischen Völker sind mit allen anderen Gruppen entfernt verwandt.

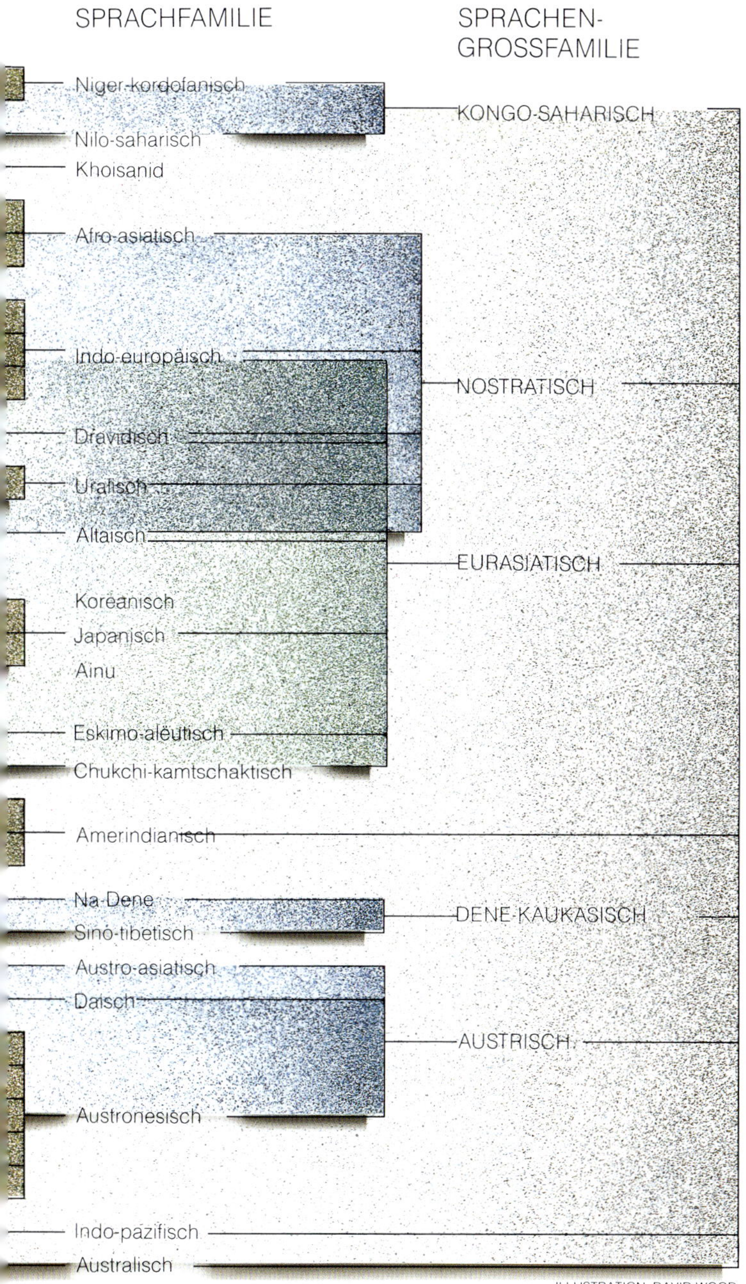

ILLUSTRATION: DAVID WOOD

Das Problem der Sprachen wurde erst vor kurzem diskutiert, und man ist sich über ihre Rolle kaum einig. Die rechte Seite des Diagramms zeigt, wie die Sprachfamilien mit den genetischen Populationen zusammenpassen, die Cavalli-Sforza untersuchte. Ganz eindeutig besitzen relativ engverwandte genetische Populationen auch engverwandte Sprachen.

Auch die Frage, inwiefern eine Sprache auf einen ursprünglichen Zustand verweisen kann, wird zur Zeit erörtert. Zwar können Menschen ihre Genetik nicht verändern, was für ihre Sprache offenbar nicht gilt. So entsprechen zum Beispiel die schwarzen Amerikaner genetisch den Afrikanern, linguistisch jedoch den Europäern. Auf dem Diagramm sind noch weitere Probleme dieser Art vermerkt. Die Äthiopier sind, genetisch gesehen, Afrikaner, obwohl sie eine afroasiatische Sprache haben. Die Tibetaner besitzen eine sino-tibetische Sprache.

Ungeachtet dieser Probleme neigen heute einige Gelehrte zu der Ansicht, daß sich in den Sprachen Hinweise auf einen ursprünglichen Zustand und auf Völkerwanderungen finden, etwa wie damals, als sich die ersten Bauern ausbreiteten, um die Jäger und Sammler anderer Regionen zu verdrängen. Dies mag plausibel sein, ist aber schwer zu beweisen, da die verschiedenen Verbreitungswellen der Landwirtschaft lange vor der Zeit erfolgten, als die Schrift erfunden war. In jüngster Zeit sind einige wenige Linguisten sogar noch weiter gegangen. Sie stellten die Behauptung auf, es gebe Sprachgruppen, die größer sind als diejenigen, die im Diagramm unter der Überschrift »Sprachfamilien« aufgeführt sind. Sollten diese Gruppen wirklich gelten, wären die Konsequenzen ganz enorm. Vladislav Illich-Svitych postulierte eine »nostratische« Überfamilie, während Joseph Greenberg sich für die Anerkennung einer abweichenden, aber überlappenden »eurasiatischen« Überfamilie einsetzte. Dies würde bedeuten, daß zu irgendeiner Zeit, vielleicht vor 15 000 bis 10 000 Jahren, eine »proto-nostratische« oder »proto-eurasiatische« Sprache tatsächlich irgendwo gesprochen wurde. Als sich die Menschen ausbreiteten, zerfielen diese Ursprachen in verschiedene regionale Sprachen, die sich letzlich in heutige Sprachen aufsplitterten.

Man unterstellt gegenwärtig noch weitere solche Übergruppen, die ebenfalls im Diagramm zu finden sind. Es bleiben allerdings erhebliche Fragen offen. So verbindet die dene-kaukasische Makrofamilie nicht nur die Völker Amerikas und Südostasiens, sondern auch die Basken. Diese Menschen bewohnen den Grenzraum zwischen Frankreich und Spanien und besitzen eine Sprache, die nach allgemeiner Ansicht mit keiner anderen auf der Welt verwandt ist. Demnach dürfte diese Gruppierung eher unwahrscheinlich sein. Allerdings geht Merrit Ruhlen davon aus, daß selbst diese Makrofamilien untereinander verbunden sind. Es ist mit anderen Worten denkbar, daß sie allesamt von einer einzigen Sprache abstammen, für die der Name »Protowelt« geprägt würde. Man vermutet, daß diese Sprache in Afrika benutzt wurde.

Läßt sich das entfernte Echo eines liguistischen »Urknalls« noch vernehmen? Könnte es sein, daß unser aller Sprache, wie entfernt auch immer, die Sprache einer einzigen, ursprünglichen »Protowelt« widerspiegelt, die von den ersten modernen Menschen in Afrika gesprochen wurde? Die meisten Linguisten sind davon überzeugt, daß eine derartige Sprache existiert hat. Allerdings halten sie es für unmöglich, daß auch nur eine Spur davon bis heute überlebt hat.

Auch die Archäologie ist dabei, Indizien zu liefern, im wesentlichen auf zweierlei Weise. Zunächst einmal ist es unmöglich, eine Sprache auszugraben. Es ist jedoch denkbar, in den archäologischen Funden den Typ des symbolischen Gedankenganges herauszuspüren, der irgendwann zu der Entwicklung moderner, komplizierter Sprachen führte. Die Kunst und andere Belege symbolischen Denkens sind erst vor etwa 35 000 Jahren aufgetaucht. Und gleichzeitig nahmen die Werkzeugtypen eine stilisierte Form an. Zudem gibt es (durchaus umstrittene) Indizien aus Untersuchungen unterer Schädelpartien, denen zufolge die Neandertaler nicht imstande waren, all die komplizierten Töne zu erzeugen, derer wir fähig sind. Vor kurzem äußerten William Noble und Iain Davidson die Ansicht, daß die Sprache, wie wir sie kennen, höchstens etwa 50 000 Jahre alt sei - ein unvermutet kurzer Zeitraum. Sollte dies zutreffen, ist es durchaus denkbar, daß sich linguistische Spuren einer »Protowelt«-Sprache bis in die Gegenwart erhalten haben.

Zweitens ist die Archäologie imstande, fossile Belege für unsere Ursprünge zu liefern. Zur Zeit stützen neue Funde und neue Datierungsmethoden die Hypothese, daß der moderne Mensch aus Afrika stammt. Die ältesten datierten Funde des modernen Menschen wurden dort entdeckt und sind über 100 000 Jahre alt. Diese Menschen waren Zeitgenossen der europäischen Neandertaler. Aus Funden in Israel weiß man, daß moderne Menschen dort vor 90 000 bis 100 000 Jahren zu Hause waren. Die nächstjüngeren Daten des modernen Menschen liegen erst wieder bei 67 000 Jahren (es handelt sich um menschliche Überreste aus Liujiang, China) und um den Zeitraum vor 50 000 Jahren, als Australasien besiedelt wurde. Europa wurde erst vor etwa 35 000 Jahren besiedelt, die amerikanischen Kontinente etwa gleichzeitig oder etwas später. Also spricht alles dafür, daß der Mensch tatsächlich aus Afrika stammt und sich von dort aus über den Rest der Welt ausbreitete.

Diese drei Indizienketten — genetisch, linguistisch und archäologisch — *können* daher durchaus zusammengeführt werden, um eine einzige, zusammenhängende Geschichte zu ergeben.

ANNE HIGGINS

DIE BESIEDLUNG DES ALTEN AUSTRALIEN

Vor 50 000 bis 10 000 Jahren

Die erste Neue Welt

J. PETER WHITE

Jede Gesellschaft erklärt auf ihre eigene Weise, wie sie entstand. Die australischen Aborigines führen ihre eigenen Ursprünge und die ihres Landes auf die großen Geistervorfahren der Traumzeit zurück. Nach dem Glauben der Aborigines schufen diese Wesen die Welt und legten die Lebensformen fest, wie sie den Aborigines bekannt sind. Auch heute noch üben sie auf das Leben der Aborigines einen entscheidenden Einfluß aus. Im folgenden werden Teile zweier Schöpfungsberichte wiedergegeben, um einen Einblick in die Art und Weise zu vermitteln, wie die Aborigines Australiens Vergangenheit – und Gegenwart – sehen. Bei der »Traumzeit« handelt es sich nämlich um die Übersetzung eines Begriffes, der weder auf die Vergangenheit noch auf die Zukunft verweist, sondern auf eine ewige Gegenwart. Wir übertragen diese Geschichten in einen Zeitrahmen, aber für die meisten Aborigines ist die Schöpfung ein fortdauernder Vorgang.

Unsere eigene Anschauung der australischen Geschichte, diejenige unserer Industriegesellschaft, stammt aus der neueren wissenschaftlichen Forschung. Sie ist weniger personenbezogen als die Berichte der Aborigines, und die Chronologie, also die zeitliche Bestimmung von Ereignissen, wird stärker hervorgehoben.

Gemeinsam ist den Berichten der Wissenschaft und der Aborigines, daß sie versuchen, das Emporkommen einer neuen Welt zu erklären. Die Menschen, die Australien besiedelten, durchbrachen als erste die Grenzen des Meeres, die die Menschen zuvor in der Alten Welt zurückgehalten hatten. Australasien war für *Homo sapiens* die erste Neue Welt.

◁ An den Ufern des Lake Mungo haben Menschen vor 35 000 Jahren gelagert, gefischt und ihre Toten begraben. Als die Ostufer dieser Seen von Wind und Wasser aufgeschüttet wurden, gingen auch die Indizien für dieses vorgeschichtliche Leben in der Erde unter. Heute, da diese Sandküsten erodieren, treten die alten Reste wieder zutage.

△
THE NATURAL HISTORY MUSEUM, LONDON

Die Sonnenmutter und die Schöpfung

Einst war die Erde ganz dunkel und still, und nichts regte sich auf der kahlen Fläche. In einer tiefen Höhle unterhalb der Ebene von Nullarbor schlief eine wunderschöne Frau, die Sonne. Sanft weckte der große Vatergeist sie auf und befahl ihr, die Höhle zu verlassen und das Universum mit Leben zu erfüllen. Die Sonnenmutter öffnete ihre Augen, und als sich ihre Strahlen über dem Land ausbreiteten, verschwand die Dunkelheit. Sie holte Atem; die Atmosphäre veränderte sich, und die Luft zitterte leicht von einer kleinen Brise. Dann machte sich die Sonnenmutter auf eine lange Reise. Vom Osten nach Westen und vom Norden bis zum Süden durchquerte sie das öde Land, und wo immer ihre sanften Strahlen die Erde berührten, wuchsen Gräser, Büsche und Bäume, bis das Land mit Pflanzen bedeckt war. In jeder der tiefen Erdlöcher fand die Sonne lebende Tiere, die – wie sie selbst – seit unzähligen Zeiten geschlafen hatten. Sie erweckte die Insekten in allen ihren Formen zum Leben auf und befahl ihnen, sich über die Gräser und Bäume auszubreiten. Dann weckte sie die Schlangen, Echsen und vielen anderen Reptilien, und sie schlüpften aus ihrem tiefen Loch heraus. Hinter den Schlangen flossen mächtige Ströme, voll von allen möglichen Fischen und Wassertieren. Dann rief sie nach den Vierfüßern, den Beuteltieren und vielen anderen Geschöpfen, damit sie erwachten und sich auf der Erde niederließen. Dann ließ die Sonnenmutter alle Tiere wissen, daß von Zeit zu Zeit auf feuchte Tage trockene folgen werden und auf heiße kalte Tage. So schuf sie die Jahreszeiten. Eines Tages, als alle Insekten, vierfüßige Tiere und andere Kreaturen ihr zusahen, wanderte die Sonne im Himmel weit nach Westen, und als der Himmel rot aufleuchtete, war sie verschwunden, und aufs Neue verbreitete sich Dunkelheit über dem Land. Die Tiere bekamen Angst und kuschelten sich aneinander. Aber einige Zeit später begann der Himmel im Osten am Horizont zu glimmen, und die Sonne erhob sich wieder lächelnd in den Himmel. So unternahm die Sonnenmutter diese Reise jeden Tag und sorgte dafür, daß alle ihre Geschöpfe Zeit zum Ausruhen hatten.

Stamm der Karraru

Wie der Eyre-See entstand

Als eine alte Frau einmal auf der Jagd war, erblickte sie in der Ferne ein riesiges Känguruh. Da sprang ein Knabe, Wilkuda, aus ihrem Bauch, jagte das Känguruh nach Westen und wollte es mit dem Speer erlegen. Er jagte es, bis sein Speer das Ziel erreichte, und weil er das Tier für tot hielt, warf er es zum Kochen über sein Feuer und legte sich schlafen. Als er wieder erwachte, war das Känguruh fortgesprungen und ihm entkommen. Von Sonnenaufgang bis Sonnenuntergang verfolgte Wilkuda das Känguruh viele Tage lang, bis er schließlich genug hatte. Da kreuzte ein alter Mann mit seinem Hund seinen Weg, und mit Hilfe seines Hundes gelang es diesem, das Känguruh zu töten. Wilkuda sagte zu dem Mann, er könne das Fleisch seines Känguruhs haben, er benötige jedoch die Haut. Dann zog Wilkuda wieder nach Osten und warf die Haut östlich von Ann Creek auf den Boden, wo sie sich in einen großen See, den Eyre-See, verwandelte. Wilkuda ist heute noch als ein Fels am Ufer des Sees zu sehen.

Stamm der Arabana

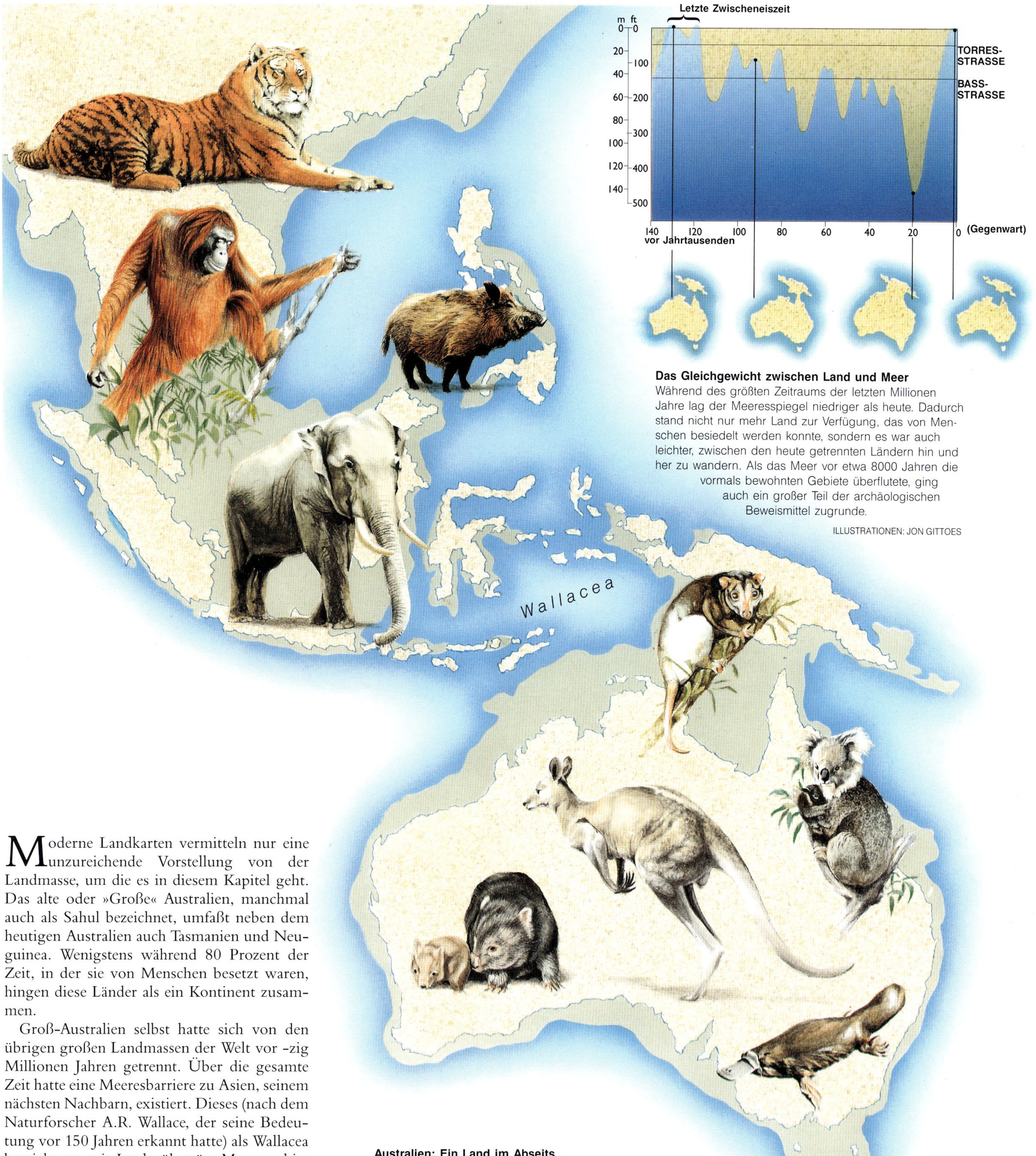

Das Gleichgewicht zwischen Land und Meer
Während des größten Zeitraums der letzten Millionen Jahre lag der Meeresspiegel niedriger als heute. Dadurch stand nicht nur mehr Land zur Verfügung, das von Menschen besiedelt werden konnte, sondern es war auch leichter, zwischen den heute getrennten Ländern hin und her zu wandern. Als das Meer vor etwa 8000 Jahren die vormals bewohnten Gebiete überflutete, ging auch ein großer Teil der archäologischen Beweismittel zugrunde.

ILLUSTRATIONEN: JON GITTOES

Moderne Landkarten vermitteln nur eine unzureichende Vorstellung von der Landmasse, um die es in diesem Kapitel geht. Das alte oder »Große« Australien, manchmal auch als Sahul bezeichnet, umfaßt neben dem heutigen Australien auch Tasmanien und Neuguinea. Wenigstens während 80 Prozent der Zeit, in der sie von Menschen besetzt waren, hingen diese Länder als ein Kontinent zusammen.

Groß-Australien selbst hatte sich von den übrigen großen Landmassen der Welt vor -zig Millionen Jahren getrennt. Über die gesamte Zeit hatte eine Meeresbarriere zu Asien, seinem nächsten Nachbarn, existiert. Dieses (nach dem Naturforscher A.R. Wallace, der seine Bedeutung vor 150 Jahren erkannt hatte) als Wallacea bezeichnete, mit Inseln übersäte Meeresgebiet bildet die Grenze zwischen den beiden großen Faunenbereichen der orientalischen Säuger, Vögel und Insekten und ihrer australischen Gegenstücke. So leben auf der einen Seite Affen, Elefanten, Tiger und Schweine, auf der anderen dagegen Känguruhs, Koalas und Wombats.

Australien: Ein Land im Abseits
Obwohl die einzigartigen australischen Säugetiere häufig als primitiv beschrieben werden, handelt es sich bei seinen Kloakentieren (dem Schnabeltier und den Schnabeligeln) und Beuteltieren (zum Beispiel den Känguruhs und Koalas) um hochspezialisierte Tiere, die sich in hohem Maße der ungewöhnlichen Vegetation und unberechenbaren Umgebung des Kontinents angepaßt haben. Sie haben über Jahrmillionen eine andere Entwicklungsrichtung eingeschlagen als die Formen anderswo auf der Welt.

◁ Dieses Ausleger-Kanu wurde von Abel Tasman im Jahre 1643 vor Neuirland beobachtet. Wie aus den propellerähnlichen Schwimmern zwischen den Männern hervorgeht, wurde es für die Haifischjagd eingesetzt. Zwar dürfte dieses Boot relativ seetüchtig gewesen sein, doch erforderte es viel Mühe, damit zwischen den Inseln umherzupaddeln.

△ Ausleger-Kanus, die mit Paddeln angetrieben werden, trifft man heute im gesamten tropischen Bereich des Pazifik an. Sie sind stabil und seetüchtig. Im Jahre 1775 beobachtete John Forrest in der Nähe von Neuguinea Inselbewohner, die von solch einem Boot aus Schweine jagten.

AUSTRALIAN NATIONAL MARITIME MUSEUM

▷ Ein Floß und Paddel aus Mangrovenholz, Hibiskusrinde und Ranken. Dieses Stück, mit dem die Kaiadilt von der Mornington-Insel Flüsse überquerten und es als Jagdplattformen zum Speeren von Fischen einsetzten, wurde 1987 gebaut. Derartige Boote wurden allerdings nicht für Reisen zwischen weitentfernten Inseln eingesetzt.

▽ Tasmanische Aborigines wurden 1802 dabei beobachtet, wie sie Kanu-Flöße aus drei Bündeln Rinde oder getrockneten Schilfes herstellten, die sie mit Grasfasern zusammenbanden. Aufgrund ihres hohen Auftriebs waren diese Boote in rauher See recht brauchbar. Allerdings saugten sie sich bei Reisen, die länger waren als zehn Kilometer, voll mit Wasser.

AUSTRALIAN NATIONAL MARITIME MUSEUM

Groß-Australien sah ganz anders aus als das Australien von heute. Wo heute die »Roaring Forties« ununterbrochen über die Bass-Straße fegen, befand sich vor 10 000 Jahren eine breite, flache Ebene mit mehreren isolierten Hügeln. Zwischen Australien und Neuguinea erstreckte sich eine ähnliche Ebene, die allerdings tropischen Charakter hatte. Die letzte Spitze der Torres-Straße wurde erst vor 8000 Jahren vom Meer zugedeckt. Und bevor das Meer schließlich vor etwa 6000 Jahren seinen gegenwärtigen Pegelstand erreicht hatte, dehnten sich die Küsten noch weiter aus als heute, an einigen Stellen nur wenig, an anderen um mehrere hundert Kilometer, wie wir aufgrund der Umrisse vor der Küste abschätzen können. Daraus folgt, daß sich die heutigen Küstenverläufe nicht als Grenzen früherer Kulturen ansehen lassen. Natürlich sind einige Ressourcen, die noch im Pleistozän verfügbar waren, etwas später schon nicht mehr zugänglich, und nahezu alle Lebensspuren der Küstenbereiche, die älter sind als 6000 Jahre, wurden schon seit langem von der ansteigenden See zugedeckt.

Die ersten Siedler

Die Menschen, die sich in Groß-Australien niederließen, kamen unzweifelhaft aus Südostasien. Dies läßt sich durch mehrere Indizien belegen. Zunächst dürfen wir als sicher annehmen, daß *Homo sapiens* sich nicht in Groß-Australien entwickelt hat. Östlich von Java, Sumatra und Borneo kommen keine Primaten (Affen, Menschenaffen), ja nicht einmal noch entferntere Verwandte des Menschen vor. Die permanente Wasserbarriere von Wallacea hielt die frühen Menschen und andere rezente Säugetiere fern. Alle menschlichen Überreste, die jemals in Australien gefunden wurden, stammen von *Homo sapiens sapiens*, unserer eigenen modernen Art. Von älteren Formen wissen wir nichts. Daraus folgt, daß erst der moderne Mensch die kulturelle Fähigkeit entwickelte, die Wasserbarrieren mit Hilfe von Booten oder Flößen zu überwinden.

Zweitens bildet Südostasien die nächstgelegene Landmasse, aus der Menschen gekommen sein können. Vor 50 000 Jahren gab es noch keine hochentwickelten Segelschiffe, und es ist undenkbar, daß Menschen von Indien, China oder Afrika aus in Rindenkanus oder Bambusflößen gepaddelt sind und Australien lebend erreichten. Am wahrscheinlichsten ist, daß Auslegerkanus oder Einbäume mit Auslegern beteiligt waren. Dabei boten die Inselketten des heutigen Indonesien einen Durchgang. Und in der Tat dürften die tropisch warmen, grundsätzlich ruhigen Gewässer dieser Gegend den Menschen einen weitgehend geschützten »Übungsplatz« geboten haben, auf dem die Menschen zum ersten Mal in ihrer Geschichte lernen konnten, das Meer und seine Ressourcen zu nutzen.

Und schließlich lebten Menschen in Südostasien mindestens seit einigen Millionen Jahren. So wurden Skelettreste früher Hominiden (*Homo erectus*) auf Java gefunden, aber auch die Reste modernerer Menschentypen, die allerdings noch als ursprünglich gelten müssen. Wir kennen die genauen Routen nicht, denen die Menschen auf dem Weg nach Groß-Australien folgten. Vermutlich zogen immer nur wenige von einer Insel zur nächsten, die sie als Land sehen konnten oder auf deren Existenz sie durch Buschfeuer, Wolken oder den Zug der Vögel schlossen. Man kann nahezu sicher sein, daß niemals eine großangelegte Massenwanderung stattgefunden hat. Andererseits wurden vermutlich verschiedene Teile Groß-Australiens (zum Beispiel Neuguinea und Australien) von unterschiedlichen Menschengruppen besiedelt. Heute sind die Bewohner Neuguineas und Australiens zueinander enger verwandt als zu jeweils irgendeinem anderen Volk auf der Welt. Allerdings handelt es sich noch immer um zwei Gruppen, die sich trotz ihrer Ähnlichkeiten und ihres daraus abgeleiteten gemeinsamen Urspungs gut auseinanderhalten lassen. Obwohl es unwahrscheinlich ist, könnte jede dieser Gruppen aus jeweils einer einzigen Bootsbesatzung hervorgegangen sein, deren Nachkommen weitgehend im eigenen Lager heirateten und deren Genpool durch Nachzügler nur wenig beeinflußt wurde.

Man kann nicht genau sagen, wann die ersten Menschen Australien erreichten. Da die Menschen damals keine langen Seereisen unternehmen konnten, reisten sie vermutlich zu einer Zeit, als das Meer tiefer stand, die Inselgruppen noch umfangreicher und die Seewege kürzer waren. Derartige Bedingungen herrschten vor etwa 55 000 bis 50 000 Jahren. Leider gelangen verläßliche Radiokarbonmessungen bei diesem Alter an ihre Grenzen. Einerseits nämlich wurden zahlreiche menschliche Siedlungen überall in Groß-Australien auf ein Alter zwischen 28 000 und 37 000 Jahren datiert, während man andererseits einige wenige noch ältere Fundstellen kennt. Dies ist vermutlich so zu deuten, daß die Grenzen dieser Datierungsmethode erreicht sind. Andererseits könnte es bedeuten, daß die Bevölkerung damals groß genug geworden war, um archäologische Spuren zu hinterlassen. Es kommen auch andere radiometrische Datierungsmethoden zum Einsatz (die meisten davon messen die quantitativen Anteile bestimmter radioaktiver Isotope in den Objekten). Wenn wir uns den Behauptungen heutiger Wissenschaftler anschließen, kommen wir zu dem Ergebnis, daß Australien vor mindestens 50 000 Jahren besiedelt wurde. Zwei Fundstellen aus dem Norden des Kontinents wurden mit Hilfe der Thermolumineszenz-Technik als geringfügig jünger datiert.

Die ältesten Fundstellen

Bobongara ist eine Hügellandschaft, die sich an der Nordseite der zu Neuguinea gehörenden Halbinsel Huon aus dem Meer erhebt. Sie liegt, was für Neuguinea ganz untypisch ist, in einem Regenschattengebiet und ist mit Gras bedeckt, so daß die horizontalen Terrassen, die ihre Oberfläche bilden, deutlich zu sehen sind. Jede dieser Terrassen besteht aus einem alten Korallenriff. Irgendwann vor langer Zeit war der flache Gipfel eine Lagune. Und indem sich die zugrundeliegende Felsbasis allmählich nach oben erhob, wurden nach und nach auch die Terrassen aus dem Meer geschoben. Über die Hügellandschaft verstreut findet man Kerben, die von großen, schweren Gegenständen aus Stein verursacht wurden. Diese Objekte waren bis zu zwei Kilogramm schwer und bestanden aus großen Stücken, die man von großen Flußsteinen abgeschlagen hatte. Sie sehen wie Beilklingen aus und tragen jederseits der Mitte eine Kerbe, die offenbar für die Verbindung mit einem Griff vorgesehen war.

△ Kerben eingeschnürter Werkzeuge wurden in den angehobenen Riffen von Bobongara Hill gefunden. Diese sehr großen Stücke wurden von Felsblöcken geschlagen, die ins Wasser gerollt waren, und die seitlichen Kerben (»Einschnürungen«) waren eindeutig dafür vorgesehen, sie irgendwo zu befestigen. Diese Werkzeuge gelten allgemein als Äxte. Da sie jedoch nicht besonders scharf sind, wurden sie wahrscheinlich eher als Keile oder Grabwerkzeuge gebraucht.

J. PETER WHITE

▽ Die angehobenen Korallenriffe erstrecken sich wie eine Stufenreihe vom Meeresniveau bis zu einer Höhe von über 1000 Meter nach Bobongara Hill aus. Das jüngste Riff wurde vor 6000 Jahren aus dem Meer gehoben. Einst umschloß jedes Riff eine seichte Lagune, deren Wellen sich an der steilen Front brachen. Die hier gefundenen Gegenstände waren älter als 40 000 Jahre.

ROBERT RAYMOND

DIE THERMOLUMINESZENZ-DATIERUNG

RICHARD G. ROBERTS

Die Archäologen bedienen sich ganz verschiedener Datierungsmethoden, von denen jede für bestimmte Materialien geeignet ist. So läßt sich die Radiokarbon-Methode bei organischem Material einsetzen, etwa bei Holzkohle und Knochen. Anorganische Objekte dagegen, wie Quarz- und Feldspatkristalle, kann man durch das Thermolumineszenz-Verfahren (TL) datieren. Diese Kristalle kommen in den meisten Böden vor (Lehm, Schlick und Sand), ebenso auch im Feuerstein und in vulkanischer Asche. Die TL-Methode ist imstande, Objekte bis zu einem Alter von 200 000 Jahren (unter günstigen Bedingungen auch mehr) zu bestimmen, und in der Regel liegt die Verläßlichkeit der Angaben innerhalb zehn Prozent.

Das Verfahren beruht auf der Tatsache, daß innerhalb der Kristalle selber sowie im umliegenden Boden und Gestein ein geringes Maß an Radioaktivität existiert. Beim radioaktiven Zerfall werden regelmäßig kleine Strahlungsmengen (Alpha- und Beta-Teilchen sowie Gamma-Strahlen) freigesetzt, die wiederum innerhalb der Kristalle freie Elektronen produzieren. Diese Elektronen werden an defekten Stellen manchmal zurückgehalten, können jedoch wieder austreten, sobald man den Kristall auf 500 Grad Celsius erhitzt oder mehrere Stunden lang dem Sonnenlicht aussetzt. Das TL-Verfahren macht sich diese Tatsache zunutze.

Die Datierung von getöpferten Objekten

Ursprünglich wurde die TL eingesetzt, um Töpfe zu datieren, die in einem Brennofen oder über dem offenen Feuer gehärtet worden waren. Durch diesen Brennvorgang werden alle eingeschlossenen Elektronen freigesetzt, so daß die TL-»Uhr« des Topfes auf Null gesetzt wird. Sobald der Topf (oder Bruchstücke davon) im Boden vergraben ist, werden aufs neue Elektronen in den Kristallen eingeschlossen. Dieser Vorgang setzt sich fort, bis der Topf (oder das Fragment) wieder erhitzt wird. Erfolgt dies in einem verdunkelten Labor, werden die freigesetzten Elektronen als Licht sichtbar, dessen Quantität meßbar ist. Diese Methode wird weithin angewandt, um die Echtheit von Töpferei- und Keramikobjekten für Museen und Kunstauktionen zu belegen.

Die Datierung von Sedimenten

Die TL-Datierung eignet sich ebenso für die Bestimmung von Gegenständen aus Feuerstein, die einmal erhitzt waren, sowie von vergrabenen Sedimenten, die über einen gewissen Zeitraum in der Vergangenheit dem Sonnenlicht ausgesetzt waren. In diesem Fall beruht die Methode darauf, daß die TL-Uhr zurückgesetzt wurde, als der Boden zuletzt dem Sonnenlicht ausgesetzt war. Es ist schon etwas trickreicher, die TL-Methode auf diese Weise einzusetzen, denn das Sonnenlicht setzt nur selten alle Elektronen frei, so daß die Uhr nicht wirklich auf Null gesetzt wird. Allerdings muß man an diejenigen der eingeschlossenen Elektronen Zugeständnisse machen, die seit der letzten Exposition im Sediment verblieben sind. Dies geschieht, indem man die Zahl der zurückbehaltenen Elektronen in einem vergleichbaren Sediment mißt, das aus einem exponierten Gebiet stammt. Zur Zeit arbeitet man an einer ähnlichen Technik, die als »optische Datierung« bezeichnet wird und die das Problem der unvollständigen Zurücksetzung der Uhr durch die Sonnenstrahlung bewältigt.

Da die Elektronen in verschiedenen Objekten in unterschiedlichem Maße zurückgehalten werden, wird die Rate dieser Elektronen für jede Probe neu bestimmt. Dazu setzt man im Labor verschiedene Teilstücke eines jeden Objekts unterschiedlichen Strahlungsmengen aus und mißt anschließend die Lichtmenge, die jeweils bei Erhitzung freigesetzt wird. Um nun die Strahlungsmenge zu berechnen, die der Topf ansammelte, ehe er in die Erde gelangte (die sogenannte Paläodosis), vergleicht man die Lichtmenge unbehandelter Teile des Topfes mit der bestrahlter Teile.

Die Altersbestimmung

Um schließlich das Alter eines Topfes zu bestimmen, muß man nicht nur die Paläodosis kennen, sondern auch die Strahlungsmenge, der die Probe im Jahresdurchschnitt ausgesetzt war, seitdem sie sich im Boden befindet, mit anderen Worten: die Jahresdosis. Dabei entspricht das Alter des Objektes der Paläodosis geteilt durch die Jahresdosis. Bei Töpfereigegenständen ergibt sich letztere überwiegend aus dem radioaktiven Zerfall von Uran, Thorium und Kalium, die in dem Ton enthalten sind, aus dem der Topf besteht, aber auch im Boden ringsum. Beim Sediment weisen die Probe und der umliegende Boden meistens dieselbe mineralische Zusammensetzung auf und zeigen daher dieselbe Radioaktivität. Bei Töpfereiobjekten muß man sowohl die Radioaktivität des Bodens als auch des Topfes selber messen, um ein genaues Alter zu erhalten. Zudem muß der Wassergehalt der Probe berücksichtigt werden, den man zu der Zeit, während der sie sich im Boden befindet, ins Verhältnis setzt. Die Jahresdosis reduziert sich nämlich, sobald Wasser in Töpfen und im Boden vorhanden ist.

ZALEHO TASVILLO/MUSEUMS DEPARTMENT OF MALAYSIA

ILLUSTRATIONEN: RAY SIM

◁ Wenn ein Topf in einem Brennofen oder über dem Feuer erhitzt wird, setzt sich die sogenannte TL- (Thermolumineszenz)-Uhr zurück. Wird der Topf dann später im Labor abermals erhitzt, setzt man die Menge des emittierten Lichtes ins Verhältnis zu der Zahl der freigesetzten Elektronen und damit zu dem Zeitraum, der verstrich, seitdem der Topf zum letzten Mal erhitzt wurde.

Die meisten dieser Werkzeuge wurden an der Oberfläche entdeckt. Nur drei stammen aus einer Schicht verwitterter vulkanischer Asche, die die Oberfläche des Riffs IIIA und die Vorderseite des Riffs IV bedeckt. Riff IIIA wurde auf ein Alter zwischen 45 000 und 53 000 Jahren datiert. Riff IIIB, auf dem sich keine Asche befindet, ist etwa 40 000 Jahre alt. Die Asche, die die schmal zulaufenden Beilklingen umgab, war – mit der Thermolumineszenz-Methode bestimmt – älter als 40 000, aber jünger als 60 000 Jahre. Es ist daher wahrscheinlich, daß die Werkzeuge 45 000 Jahre oder ein wenig älter sind.

Zwei der drei Werkzeuge, die in der Asche eingeschlossen waren, verjüngten sich in der üblichen Weise. Eines davon besaß jedoch an beiden Flächen eine Kerbe, was besonders deutlich zeigt, daß hier ein Griff angebracht werden sollte. Nach Mutmaßungen einiger Wissenschaftler handelte es sich um Äxte, die dazu dienten, in den Wäldern, die nach stärkeren Niederschlägen dort wuchsen, kleine Lichtungen zu hauen. Auf diesen freien Plätzen sollten dann Bäume mit eßbaren Früchten oder mit einem Holz, das sich zum Bauen eignete, mehr Raum zum Gedeihen haben. Derartige Erklärungen sind jedoch schwer zu überprüfen.

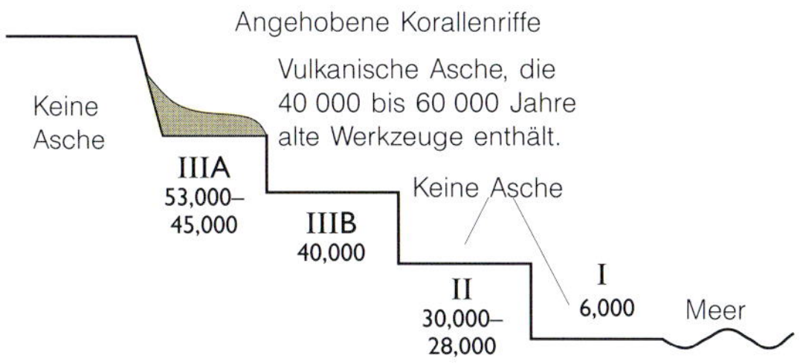

Eine andere, circa 50 000 Jahre alte Stelle, an der sich Spuren menschlicher Besiedlung fanden, ist Malakunanja II, ein großer Felsüberhang nahe dem Steilhang von Arnhem Land. Sie besteht aus über vier Meter Sandablagerungen, deren obere 2,6 Meter Artefakte aus Stein bergen. Diese sind allerdings bei weitem nicht so unverwechselbar wie die zulaufenden Klingen, denn es handelt sich lediglich um Abschlagwerkzeuge mit scharfen Rändern. Sie sind jedoch besonders zahlreich: Allein im Bereich der untersten 20 Zentimeter konnte man aus einer Grube von einem Quadratmeter mehr als 100 davon bergen. Bezeichnenderweise findet man unterhalb von 2,6 Meter keine Gegenstände mehr. Demnach war dieser Ort vor dieser Zeit noch unbewohnt.

Einige Forscher behaupteten, daß Menschen schon viel früher als vor 50 000 Jahren Groß-Australien erreicht hätten. Allerdings wurde keine dieser Behauptungen auf breiter Ebene akzeptiert. Dafür gibt es zwei wesentliche Gründe. Zum einen läßt sich das Material, das zum Beweis einer so frühen Besiedlung herangezogen wird – zum Beispiel eine Zunahme der Holzkohle in einem Flußbett oder eine Anhäufung von Muschelschalen an einem Meeresstrand – nicht nachweislich auf menschliche Aktivitäten zurückführen. Zweitens könnte die Verbindung zwischen dem datierten Material und von Menschen gemachten Gegenständen auch auf späteren Ereignissen beruhen. Obwohl man geeignete Gebiete, etwa alte Seeufer, mit großem Aufwand absuchte, wurden niemals menschliche Überreste oder Gegenstände gefunden, die älter waren als 50 000 Jahre.

RICHARD G. ROBERTS

△ Der große Felsüberhang, der als Malakunanja II bekannt ist, befindet sich an der Basis einer aufsehenerregenden Sandstein-Aufwölbung im nordwestlichen Arnhem Land. Dieser Ort, von dem aus man eine flache Sandebene überblickt, war vor 50 000 Jahren bewohnt.

	Tiefe der Probe unter der Erdoberfläche in Zentimeter	TL-Datum (wahrscheinlichste Zeitspanne)
GEGENSTÄNDE AUS STEIN VORHANDEN	149 - 155	12 000 - 18 000
	190 - 209	19 000 - 29 000
	230 - 236	36 000 - 54 000
	241 - 254	41 000 - 48 000
	254 - 259	48 000 - 74 000
KEINE STEINOBJEKTE	295 - 315	51 000 - 79 000
	339 - 362	65 000 - 97 000
	452 - 458	86 000 - 128 000

◁ Die TL-Daten von Malakunanja II. Die oberen (jüngeren) Schichten dieser Fundstelle wurden zusätzlich mit der Radiokarbon-Methode datiert. Der Zusammenhang zwischen beiden Verfahren - und natürlich die normale wissenschaftliche Zurückhaltung - lassen es geraten erscheinen, den jüngeren Angaben einer jeden TL-Datierung den Vorzug zu geben. (Demnach sind die Steinwerkzeuge dort mindestens 12 000 bis 48 000 Jahre alt.)

Die Besiedlung des Kontinents

Soweit man das Klima vergangener Zeiten kennt, dürften die Menschen, als sie den Norden des Kontinents erreichten, nur unwesentlich andere klimatische Bedingungen vorgefunden haben als in ihrer ehemaligen Heimat. Daher empfanden diese einstigen Bewohner der asiatischen Tropenküsten ihre neue Heimat wohl kaum als besonders fremdartig, sieht man von der Tierwelt einmal ab. Die meisten Fische und Krustentiere waren ganz ähnlich, was auch für die Pflanzen galt, insbesondere für die genießbaren. Es ist daher höchst wahrscheinlich, daß die Siedler alle tropischen Gebiete rasch besetzten: die Küsten und Tiefländer Neuguineas und Nordaustraliens, das dazwischen liegende Land und die großen Inseln Neubritanniens und Neuirlands, soweit sie sichtbar waren.

Weiter südlich sah es ganz anders aus: Das Australien der gemäßigten Breiten (siehe Karte) unterschied sich nicht nur in klimatischer Hinsicht. Hier waren auch ganz andere Pflanzen und Tiere zu Hause, über deren Verhalten, Verfügbarkeit und Nutzbarkeit die Menschen erst Erfahrungen sammeln mußten, ehe sie das Land dauerhaft besiedeln konnten. Vor 50 000 Jahren war das gemäßigte Australien, wie man sagt, ein »Land der Seen«. Sie entstanden durch zunehmende Niederschläge am Rande eines trockenen Kerngebiets, das damals wesentlich kleiner war als heute. Allerdings waren diese Seen nicht von Dauer. Nach und nach gingen die Niederschlagsmengen zurück, und der trockene Kern des Kontinents dehnte sich aus. Vor etwa 25 000 Jahren war Australien dann so trocken wie heute und vor 20 000 Jahren sogar noch wesentlich trockener, kälter und stürmischer.

Die Theorie, der zufolge der Kontinent wahrscheinlich in zwei Wellen besiedelt wurde, wird durch die Art der entdeckten Steinwerkzeuge gestützt: Es sind Klingen und Beilklingen, die sich in beachtlichem Umfang verjüngen und manchmal gestielt sind und deren Kanten durch Schleifen geschärft wurden. Das Verfahren, harten Stein zu schleifen, um Werkzeuge herzustellen und zu schärfen, ist verhältnismäßig neu. In Europa und anderen Bereichen der Alten Welt reicht diese Erfindung etwa 10 000 Jahre zurück (sie erfolgte also im Holozän) und taucht normalerweise in landwirtschaftlichen Gemeinschaften auf. Nun sprechen sogar weitverbreitete, umfassende Indizien dafür, daß diese Technik im Norden Groß-Australiens schon vor 25 000 Jahren bekannt war.

Derartig geschliffene Werkzeuge wie die modernen australischen Beilklingen wurden in Arnhem Land sowohl bei Nawamoyn als auch bei Malangangerr nachgewiesen und auf ein Alter von etwa 20 000 Jahren datiert. Zudem fand man vergleichbare Werkzeuge in Cape York und in den Kimberleys, und eines aus dem Hochland Neuguineas, das bei Nombe ausgegraben wurde, datierte man auf 26 000 Jahre. Noch älter sind die zulaufenden Klingen, die grundsätzlich nicht geschliffen, sondern zugehauen wurden. Es sind die wichtigsten Werkzeuge, die man bei Bobongara fand. Andere derartige Klingen, die entweder jünger waren oder von der Oberfläche stammten (und daher nicht zu datieren waren), wurden in ganz Neuguinea und in Cape York geborgen.

Es bleibt noch zu klären, wie diese beiden Arten von Werkzeugen zueinander stehen. Die meisten Forscher neigen zu der Ansicht, beide für Äxte, Beile oder etwas Ähnliches zu erklären. Warum aber im Pleistozän zwei Versionen eines Werkzeugs existier-

▽ Viele der klimatisch gemäßigten Landschaften Australiens liegen auf einem Sandsteinboden, der zumeist flach oder steil abschüssig verläuft. Angesichts der normalerweise dünnen, sauren Böden ist die Vegetation in hohem Maße spezialisiert. In Gebieten wie Grose Gorge, in den Blue Mountains von Neusüdwales, lebten die Menschen entlang der Flußtäler und nutzten die Grate für ihre Zeremonien sowie als Route zu anderen Gebieten.

PHILIP QUIRK/WILDLIGHT

ten, von denen eine alle Einsatzmöglichkeiten im Holozän beider Gebiete abgedeckt hätte, ist noch unklar. Der entscheidende Punkt ist, daß beide Werkzeuggruppen nur in den Tropen gefunden wurden und daß im klimatisch gemäßigten Bereich Australiens erst vor 5000 Jahren Spuren davon auftauchen (vielleicht mit Ausnahme einiger weniger Exemplare auf Kangaroo Island vor der südaustralischen Küste). Also unterschieden sich beide Gebiete kulturell offenbar schon im Pleistozän, und diese Unterschiede – dokumentiert durch die physische Trennung Neuguineas von Australien – blieben bis heute erhalten. Auch die Felsgravuren aus den tropischen und gemäßigten Gebieten Groß-Australiens (siehe unten) lassen auf eine ähnliche kulturelle Spaltung schließen.

Nachdem die Menschen einmal gelernt hatten, die gemäßigten Bereiche Australiens nutzbar zu machen – das war vermutlich vor mehr als 40 000 Jahren der Fall – breiteten sie sich offenbar recht schnell aus. Die frühen Datierungen von Tasmanien, dem Südwesten Australiens und der Regionen des Binnenlandes stammen alle aus der Zeit vor 35 000 bis 40 000 Jahren. Danach kam es zu jener umfangreichen Klimaveränderung, die außer einigen Küstenregionen den gesamten Kontinent in Mitleidenschaft zog und deren trockenkaltes Klima vor 18 000 Jahren seinen Höhepunkt erreichte. Damals waren jedoch große Bereiche des Hinterlandes kaum noch bewohnt.

Zu anderen Zeiten traten dagegen lokal begrenzte Umweltveränderungen auf. So wurde in Tasmanien vor etwa 12 000 Jahren plötzlich keine der bekannten Siedlungen des Südwestens mehr bewohnt. Das wärmere Klima verursachte eine Ausbreitung der Wälder, so daß einige Tiere und Pflanzen dort keine geeigneten Lebensbedingungen mehr vorfanden und auch die Menschen abwanderten. So kam es, daß die Menschen allmählich andere Gebiete des Landes erreichten, auf denen grundsätzlich nicht so viele ihr Auskommen finden konnten. Als der Meeresspiegel wieder anstieg, kam es an einigen Küstenorten sicherlich zu örtlichen Veränderungen. Davon besitzen wir jedoch keinerlei Belege, ehe das Meer seinen heutigen Stand vor etwa 6000 Jahren erreichte.

REG MORRISON

△ Heute sind wenigstens zwei Drittel Australiens arid oder semi-arid, und während des Pleistozän war der trockene Anteil des Kontinents sogar noch größer. Ungeachtet ihrer äußeren Erscheinung beherbergen diese Landschaften eine Vielfalt von Pflanzen und Tieren. Da es jedoch selten und in ganz unregelmäßigen Abständen regnet, können nur wenige Menschen dort leben.

△ Dieser Mahlstein wurde 1989 aus den unteren Schichten von Malakunanja II geborgen. Mit einem Alter von 50 000 Jahren gehört er gegenwärtig zu den ältesten bekannten Mahlsteinen und diente vermutlich dazu, den Ocker zu mahlen, mit dem die Menschen sich selbst oder Höhlenwände bemalten.

D. MARKOVIC

Wir können die Zahl der Menschen, die zu einer bestimmten Zeit ein Land bewohnt haben können, nur unzureichend schätzen. Dafür sind die archäologischen Befunde zu spärlich. Wir können jedoch davon ausgehen, daß Australien von höchstens einer Million und Neuguinea von maximal 1,5 Millionen Menschen bewohnt wurde. Dies entspricht einer großzügigen Schätzung zu Beginn der europäischen Kolonisierung im Jahre 1788. Da aber der gesamte großaustralische Kontinent besiedelt war, kann andererseits die Zahl der Bewohner nicht unter 250 000 gelegen haben, anderenfalls hätten wir es mit anderen archäologischen Befunden zu tun. Stets müssen genügend Menschen dagewesen sein, um ein organisiertes Sozialsystem mit angemessenen Möglichkeiten der Partnersuche und anderen Verbindungen aufrechtzuhalten.

Natürlich war die Bevölkerung nicht gleichmäßig über das Land verteilt. Viele Menschen dürften an den Küsten gelebt haben, wie es ihre Vorfahren schon früher getan hatten. Allerdings wurden die Reste ihrer Siedlungen schon vor langer Zeit unter dem Meer begraben. Auch innerhalb Australiens ließen sie sich in der Nähe der Flüsse und Seen nieder. So fand man Spuren menschlicher Besiedlung, die 35 000 Jahre zurückreichen, entlang des Darling River, aber auch an den Ufern des Willandra und anderer Seen im Westen von Neusüdwales. Aus naheliegenden Gründen hielten sich die Bewohner Australiens immer schon dort auf, wo es Niederschläge und Wasser gab.

Weniger leicht läßt sich die Bevölkerungsverteilung auf dem Gebiet bestimmen, das heute Neuguinea heißt. Außer den Küsten wurde vermutlich auch das Hochland von Anfang an genutzt, obwohl nur wenige Gebiete von tropischen Krankheiten frei waren. Es ist unwahrscheinlich, daß das innere Tiefland in größerem Umfang bewohnt war, denn in diesem von starken Niederschlägen heimgesuchten Gebiet herrschten Malaria, Frambösie (eine chronische Infektionskrankheit) und andere Tropenkrankheiten.

D. ELFORD/WESTERN AUSTRALIAN MUSEUM

Die Bewohner Australiens

Schon viele Anthropologen bemühten sich zu zeigen, daß sich nicht nur die australischen Aborigines von den Bewohnern Neuguineas genetisch unterscheiden, sondern sich zudem die modernen Aborigines aus verschiedenen Rassen entwickelten, die zu unterschiedlichen Zeiten den Kontinent erreicht hatten. Die frühen Anthropologen unterschieden die Bewohner des australischen Festlandes von denen Tasmaniens, oder sie unterteilten die Bevölkerung dieser beiden Inseln in drei Gruppen: Es handelt sich im Prinzip um die nördliche, die zentrale und südliche Region sowie die Region der Regenwälder (Queensland und Tasmanien). Die Befunde, auf Grund derer man zu dieser Ansicht kam, waren entweder im wahrsten Sinne des Wortes oberflächlich (sie gründeten sich auf oberflächliche Merkmale, wie Hautfarbe und Form der Haare), oder es waren einige wenige Schädelmessungen vorgenommen worden. Damals hielt man noch nicht für möglich, daß derartige Merkmale einem Selektionsdruck oder zufälliger Veränderung unterworfen sind. Statt dessen glaubte man, daß sich in ihnen die ursprünglichen Unterschiede zwischen Gruppen widerspiegelten, die über Zigtausende von Jahren erhalten geblieben waren. Heute wissen wir, daß diese Annahme falsch war.

Im Gegensatz dazu bieten menschliche Skelette aus prähistorischer Zeit schon verläßlichere Informationen über alte Siedlungsformen. Einige der umfangreichsten und besterhaltenen überhaupt wurden in Australien entdeckt, insbesondere im Südosten. Diese Zeugnisse der Vergangenheit australischer Ureinwohner verraten uns eine ganze Menge über die Geschichte einzelner Völker, aber auch der gesamten Siedlungsgeschichte auf diesem Kontinent.

Im Laufe der letzten 20 Jahre kam es anläßlich der Untersuchung menschlicher Knochen immer wieder zu Auseinandersetzungen. Während einige Aborigines durchaus daran interessiert sind, was die Wissenschaft an Neuigkeiten über ihre Vergangenheit zutage fördert, sind andere der Meinung, man solle den Toten ihre Ruhe lassen. Bis vor kurzem dachte kaum ein Wissenschaftler – wie auch die meisten weißen Australier – daran, welche Beleidigung für die Aborigines darin liegt, deren Vorfahren auszugraben und die Knochen in Museen auszustellen. Allerdings setzt sich langsam die Einsicht durch, daß eine Zusammenarbeit in der Forschung möglich sein kann, sobald man einmal akzeptiert hat, daß den Aborigines selbst die Bearbeitung ihrer Vergangenheit überlassen bleibt.

Die ältesten bisher bekannten Skelette von Australiern stammen aus drei Gräbern, die an den Ufern des Lake Mungo, im Westen von Neusüdwales, entdeckt und auf ein Alter von mehr als 20 000 Jahren datiert

wurden. Viele weitere, die zwischen 15 000 und 10 000 Jahren alt sind, kennt man aus der Zeit, als Menschen, insbesondere entlang des Murray-River-Tals, ihre Toten im Sandufer bei Kow Swamp, Coobol Creek und anderen Orten begruben. Aus der Analyse dieser Skelette geht eindeutig hervor, daß sie alle dem modernen Menschen, *Homo sapiens sapiens*, angehören. Dann aber scheiden sich die Geister.

Einige biologische Anthropologen stellten die sehr dickwandigen Schädel, die großen Zähne und die schweren Überaugenwülste einiger Skelette anderen Knochenfunden gegenüber, die wesentlich dünnwandiger, leichter und graziler gebaut waren. So teilen sie die Skelette in zwei Gruppen ein. Die robustere Gruppe vergleichen sie alten Skelettfunden aus Indonesien, die feiner gebaute Gruppe dagegen mit alten chinesischen Skeletten. Es gab also, so folgern sie, zwei Einwanderungswellen nach Australien, die von verschiedenen Orten ausgingen und zu unterschiedlichen Zeiten erfolgten. Sie halten die robuste Gruppe für die ältere, konnten dies jedoch noch nicht beweisen.

Andere Wissenschaftler haben die Funde noch einmal untersucht und kommen zu dem Schluß, daß sich zwischen den »robusten« und »grazilen« Skeletten keine eindeutige Grenze ziehen läßt. Ihrer Meinung nach besteht auch kein nachweisbarer Altersunterschied zwischen ihnen. Statt dessen gehen sie davon aus, daß es sich bei den meisten größeren Skeletten um die von Männern und bei den kleineren um die von Frauen handelt. Die Tatsache, daß ausgerechnet die beiden ältesten Skelette relativ grazil sind, schreiben sie dem Zufall und der geringen Probenzahl zu. Demnach belegen die Skelette lediglich, daß einige pleistozäne Australier größer waren als die des Holozän und daß die Population insgesamt eine größere morphologische Variabilität aufwies als in späteren

◁ Dieser Halsschmuck aus den Gehäusen von Meeresschnecken wurde vor kurzem aus einem Felsüberhang im Nordwesten Australiens geborgen. Er ist über 30 000 Jahre alt - dies entspricht ungefähr der Zeit, als die Menschen überall auf der Welt begannen, sich zu schmücken.

▽ Vertiefungen dieser Art stammen aus tropischen Gebieten vor 20 000 Jahren. Sie sind vermutlich darauf zurückzuführen, daß man hier viele Jahre lang Nüsse knackte und Ocker zu einem Farbpulver zermahlte. Diese Grubenreihe aus dem Kakadu-Nationalpark in Arnhem Land ist besonders umfangreich.

REG MORRISON

DIE KUNST DES FESTLANDS

PAUL TACON

Seit Zehntausenden von Jahren haben die australischen Aborigines ihre Felslandschaften mit Gravuren und Malereien verziert. Obwohl an diesen Kunstwerken die verschiedensten Datierungsmethoden erprobt wurden, sind sich die Archäologen über das Alter der frühesten Höhlenkunst noch nicht einig. Sie sind jedoch davon überzeugt, daß viele Formen wenigstens seit 15 000 Jahren existieren. Die gemalten Werke sind höchst interessant, denn sie sind vergänglich und zeigen Aspekte eines Lebens, von dem es keine weiteren Zeugnisse gibt.

PAUL TACON

△ Bumerang-Schablonen gehören zu den ältesten Schablonen von Arnhem Land im Northern Territory. Zwar werden Bumerangs in Arnhem Land seit 6000 Jahren nicht mehr als Waffen eingesetzt, doch findet man unter zahlreichen alten Malereien Darstellungen von Figuren, die mit Bumerangs kämpfen oder jagen.

PAUL TACON

△ Ein großer, mit Widerhaken versehener Speer ragte aus der Brust dieses Emus hervor, der im »dynamischen Malstil« des Pleistozän von Arnhem Land dargestellt ist. Bei den Strichen neben dem geöffneten Schnabel handelt es sich vielleicht um ein frühes visuelles Symbol für Töne. Auch dynamisch abgebildete Menschen wurden mit derartigen Strichen dargestellt, wenn sie jagten oder einander bekämpften.

PAUL TACON

△ Spuren von Macropoden (Känguruhs und Wallabies) und Vögeln (häufig vom Emu) kommen in den ältesten australischen Petroglyphen häufig vor. Diese Beispiele aus dem Kakadu-Nationalpark liegen unter einem dicken Überzug aus Kieselerde. Ein großer Teil der Forschungsaktivitäten bemüht sich gegenwärtig um eine Möglichkeit, diese Überzüge genauer zu datieren.

PAUL TACON

PAUL TACON

△ Männliche, dynamisch dargestellte Figuren tragen häufig große Speere und Bumerangs und werden häufig im Kampf oder bei der Jagd dargestellt. Hier wird eine Lebensweise gezeigt, die es in Arnhem Land seit mehr als 10 000 Jahren nicht mehr gibt.

△ Weibliche dynamische Figuren sind selten, doch werden auch sie mit ihren üblichen Gegenständen des täglichen Gebrauchs dargestellt. Manchmal kommen sie auf den Bildern mit Männern, Tieren oder Wesen mit Tierköpfen zusammen.

REG MORRISON

△ Sogenannte Bradshaw-Figuren, ähnlich denen des Northern Territory, wurden weit im Norden Westaustraliens in der Kimberley-Region gemalt. Auch sie sind mit Bumerangs, Speeren, Grasschurzen und kunstvollen Frisuren dargestellt. Zur Zeit konzentrieren sich die Untersuchungen auf die Frage, ob beide Stile gleich alt sind und einen gemeinsamen Ursprung haben.

Zeiten. Dies gilt jedoch für viele menschliche Populationen jener Zeit, das heißt nicht, daß mehr als eine ursprüngliche Siedlergruppe existiert haben muß.

In Neuguinea sind die Indizien spärlicher. Bisher tauchten nur wenige kleine Fragmente pleistozäner Skelette auf. Gegenwärtig geht man davon aus, daß sich die Ureinwohner aus demselben Umkreis zusammensetzen wie die ersten Australier. Heute sehen die Australier und die Bewohner Neuguineas ganz unterschiedlich aus. Das liegt unter anderem am Klima, an der geographischen Isolation, der Selektion und der genetischen Drift. Allerdings enden diese Unterschiede bereits knapp unter der Haut, denn genetisch stehen beide Gruppen einander recht nahe.

Höhlen und Überhänge

Relikte aus dem Pleistozän findet man überall in Groß-Australien. Ob man sie jemals entdeckt, hängt von zwei Fragen ab: zunächst, wo haben die Menschen damals gelebt, und zweitens, wo sind ihre Abfälle bis heute erhalten geblieben? Besonders gut für die Suche nach dergleichen Hinterlassenschaften eignen sich Höhlen und Felsüberhänge: Der Abfall, den die Menschen bei ihren widerholten Besuchen hinterließen, ist vor dem Wetter geschützt, und aus den Schichten, die sich im Laufe der Jahre ausbilden, können wir eine zeitliche Folge rekonstruieren. Ein solcher Fundort ist Malakunaja II (vergleiche Landkarte). In vielen Fällen blieben leider nur Steine und Holzkohle erhalten, da organisches Material häufig durch örtliche Umwelteinflüsse, etwa durch saures Grundwasser, zerstört werden. Eine bemerkenswerte Ausnahme davon bildet Tasmanien. (Siehe Kasten *Jäger am Rande des tasmanischen Eises.*)

Derartige Fundstellen unter Felsüberhängen und in Höhlen bergen häufig Belege dafür, wie sich die menschliche Besiedlung über lange Zeiträume veränderte. Bei Lawn Hill zum Beispiel, im nördlichen Queensland, wies Peter Hiscock nach, daß die ersten Menschen, die dort vor 20 000 Jahren wohnten, ihre Werkzeuge aus verschiedenen Steinsorten herstellten, von denen einige nur auf den Ebenen des Nordens, andere dagegen auf dem südlichen Plateau vorkommen. Als dann das kalte, trockene Klima vor etwa 18 000 Jahren auf seinen Höhepunkt zusteuerte, wurden jene Felsüberhänge am häufigsten bewohnt, die sich in der Nähe permanenter Gewässer befanden. Auch wurden die Steinwerkzeuge überwiegend aus dem Material der Umgebung gemacht. Vor ungefähr 13 500 Jahren verbesserte sich das Klima wiederum, und man bediente sich, wie zuvor, mehrerer Steinsorten. Hier wird deutlich, wie Umweltveränderungen langfristig das menschliche Verhalten beeinflußt haben — Veränderungen, die den damals lebenden Menschen vermutlich gar nicht bewußt waren.

Die meisten pleistozänen Fundstellen befinden sich jedoch außerhalb geschützter Orte. Die meisten Menschen lebten damals unter freiem Himmel und errichteten nur vorübergehende Unterkünfte. Daher besteht die Mehrzahl derartiger Fundstellen lediglich aus verstreuten Materialien, die bei den kurzen Aufenthalten zurückgeblieben waren.

Abfallhaufen am Fluß

Vor kurzem führten Jane Balme und Jeanette Hope im Westen von Neusüdwales Untersuchungen durch, die aufzeigten, wie Umweltveränderungen das menschliche Verhalten beeinflussen, aber auch, wie durch örtliche Umweltveränderungen die Natur archäologischer Funde bestimmt wird. Sie untersuchten eine 15 000 Quadratkilometer große Fläche des unteren Beckens vom Darling River. Diese außerordentlich flache Landschaft wird vom gegenwärtigen Fluß und einigen Totarmen (Läufe des Talyawalka, Tandou und Redbank) durchströmt, die zeigen, wo der Fluß vor 9000 bis 7000 Jahren verlief. Daneben gibt es zwei Gruppen von Seen, die durch übermäßige Wasserstände der heutigen und früheren Flüsse entstanden.

Balme und Hope entdeckten nun an den Ufern des Flusses und seiner Totarme, sowie an den Seen mehrere Abfallhaufen mit den Resten von Schalentieren des Süßwassers. Zumeist handelte es sich um kleine Ansammlungen von Molluskenschalen und Krebspanzern aus dem Süßwasser, die um eine kleine Feuerstelle herumlagen. Diese Abfallhaufen blieben nur dann erhalten, wenn sie rasch vom langsam wandernden Schlick des Flusses oder der Seen bedeckt wurden. Legte die Erosion des Windes das Material wieder frei, ging es jedoch bald zugrunde. Natürlich ist es unmöglich, nur aufgrund der noch erhaltenen Funde Aussagen darüber zu machen, nach welchen Gesichtspunkten prähistorische Menschen siedelten. Die meisten Fundstellen wurden nämlich schon vor langer Zeit Opfer der Elemente.

GROSS-AUSTRALIEN
Als sich vor 18 000 Jahren die Gletscher über die Nordhalbkugel ausbreiteten, banden sie soviel Meerwasser, daß der Meeresspiegel um 150 Meter sank. So entstand im Pleistozän die Landmasse Groß-Australiens. Zwar lebten die Menschen überall auf dem Kontinent, doch sind nur noch jene archäologischen Funde erhalten geblieben, die damals über dem heutigen Meeresniveau lagen. Im Pleistozän lag das gesamte Gebiet des heutigen Australien im klimatisch gemäßigten Raum, und ein großer Teil davon war recht kalt und trocken.

KARTOGRAPHIE: RAY SIM

REG MORRISON

◁ Schalentiere des Süßwassers, in der Regel die Muschel *Velesunio* sp., bewohnen zahlreiche Flüsse und Seen der gemäßigten Breiten Australiens und gehören seit langem zur Nahrung der Aborigines. Häufig findet man ihre fortgeworfenen Schalen an archäologischen Fundstätten, wie etwa hier am Lake Mungo. Diese Schalen geben nicht nur einen Einblick in die Umgebung und die Ernährungsgewohnheiten der Menschen jener Zeit, sondern lassen sich zudem mit der Radiokarbon-Methode datieren. Dadurch tragen sie dazu bei, das Alter der Fundorte zu bestimmen.

Wie aus der Landkarte hervorgeht, haben jedoch Kohlenstoff-Datierungen der Abfallhaufen dieses Gebietes ein eindeutiges Siedlungsmuster zutage gefördert. Dabei existieren pleistozäne Funde lediglich entlang der Totarme und in der Umgebung jener durch Hochwasser entstandenen Seen. Funde unterhalb eines Alters von 7000 Jahren trifft man dagegen nur entlang des heutigen Flusses und seiner Seen an, etwa am Lake Menindee. In der Zeit vor 9000 bis 6000 Jahren wurde Ratcatchers Lake und andere Seen eindeutig vom Hochwasser gefüllt, so daß für kurze Zeit Bedingungen entstanden, die sowohl der Siedlungsaktivität der Aborigines als auch der Erhaltung jener Abfallhaufen förderlich waren.

Ihren Untersuchungen an den Abfallhaufen dieser Gegend konnten Balme und Hope entnehmen, daß ein Teil des Gebietes seit nahezu 27 000 Jahren von Aborigines ununterbrochen bewohnt worden war. Nimmt man noch die Befunde anderer Abfallhaufen und Herdstellen vom Lachlan River hinzu, der etwa 100 Kilometer weiter südlich liegt, wird deutlich, daß diese Gegend seit 35 000 Jahren fortlaufend bewohnt war. Allerdings vermag kein einziger archäologischer Fundort ein vollständiges, verläßliches Bild darüber zu liefern, wie das Verhältnis zwischen den Menschen und ihrer Umwelt damals aussah.

Die Gräber von Lake Mungo

Es sind besonders aufregende und seltene Funde, die uns einen Einblick in das Alltagsleben alter Völker gewähren. Am bekanntesten davon sind die Gräber von Lake Mungo. Bei Mungo I handelt es sich um die Überreste einer durch Verbrennung beigesetzten Frau. Die Leiche war, auf ihrer linken Seite liegend, verbrannt worden. Dann hatte man die Knochen eingesammelt, in kleine Stücke zerbrochen und in eine Grube nahe oder vielleicht sogar unterhalb des Scheiterhaufens gelegt. Mungo III bezeichnet das Grab eines erwachsenen Mannes, der auf dem Rücken liegt. Ehe er begraben wurde, hatte man rosafarbenen Ockerstaub über seinem Oberkörper verstreut. Wir wissen nicht, ob die Unterschiede dieser Gräber zeit- oder geschlechterbedingt sind, auf ein Totem zurückgehen oder andere Ursachen haben. Allerdings zeigen diese komplizierten Begräbnispraktiken, daß die Australier des Pleistozäns, ebenso wie ihre Zeitgenossen

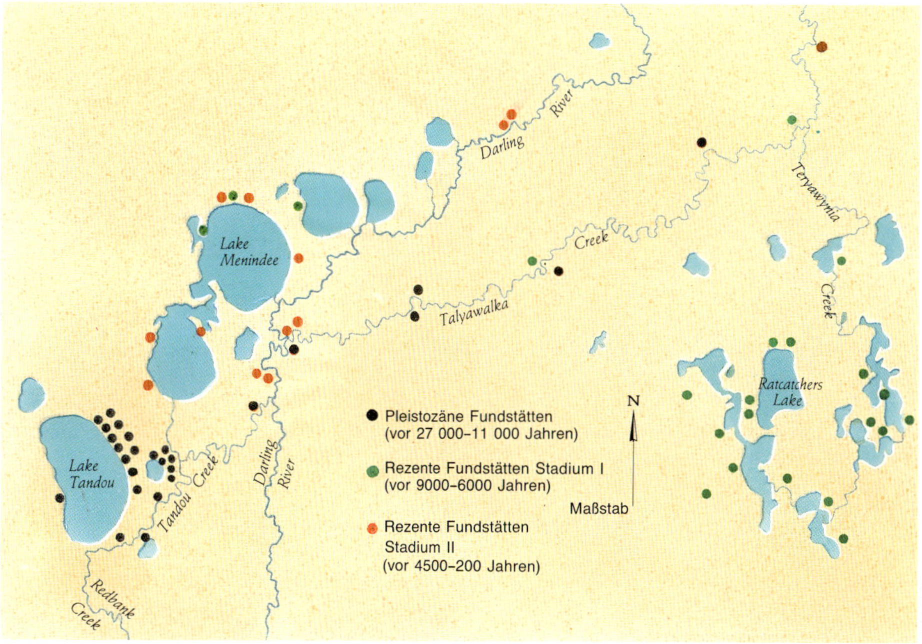

KARTOGRAPHIE RAY SIM

MODERNE UND FOSSILE SEEN
Die Seen im Westen von Neusüdwales sind heute überwiegend ausgetrocknet. In der Vergangenheit waren sie jedoch mehrfach mit Wasser gefüllt. Immer schon haben sich die Bewohner Australiens in der Nähe der Flüsse niedergelassen, denn Wasser war ein seltenes Gut.

RICHARD WRIGHT

△ Dieser 26 000 Jahre alte Knochen trägt die Zahnspuren des ausgestorbenen Raubtiers *Thylacoleo*, eines Verwandten der modernen Kletterbeutler.

RICHARD WRIGHT

△ Der Unterkiefer des ausgestorbenen Känguruhs *Sthenurus*, der in den stärker bewaldeten Teilen Ostaustraliens zu Hause war.

▽ Prähistorische Gravierungen an den Felswänden von Early Man Shelter, Cape York. Offenbar besaßen viele von ihnen eine symbolische Bedeutung.

anderswo auf der Welt, ein wie auch immer geartetes Verhältnis zu einer spirituellen Welt besaßen. (Diese Überreste von Mungo wurden vor kurzem der örtlichen Gemeinde der Aborgines wieder übergeben.)

Der Mensch und seine Umwelt

Eines der größten Rätsel in der Archäologie des frühen Groß-Australien betrifft das Verhältnis, das der Mensch zu seiner Umwelt hatte. Wie man weiß, wurde vor nicht allzu langer Zeit ein großer Teil des gemäßigten und ariden Australien regelmäßig abgebrannt. Diese Methode wird von den Aborigines, die sie praktizieren, als »Aufräumen« bezeichnet. Es ist schwierig, die langfristigen Folgen dieses Umgangs mit dem Boden abzuschätzen, was auch für die gegenseitige Beeinflussung von Aborigines und den Tieren gilt, die damals das Land bewohnten. Eine Aufzählung der betroffenen Tierarten und eine Sichtweise ihrer Abhängigkeit finden Sie in dem Kapitel *Die verschwundenen Tiere Australiens.*

Mit Sicherheit haben Menschen anderenorts auf der Welt Tierarten überjagt und damit ausgerottet. Wo immer dies geschah, wurden an menschlichen Siedlungplätzen zahlreiche Knochen ausgestorbener Tierarten nachgewiesen. Für Groß-Australien gilt dies aber nicht. Bisher deuten die bekannten Indizien kaum auf einen bedeutenden Einfluß des Menschen auf die Tierwelt.

Bei Ausgrabungen am Lancefield Swamp, im Süden Australiens, wurde ein gewaltiges, 2000 Quadratmeter großes Knochenfeld freigelegt. Es ruhte auf grünem Lehm und war von einer 70 Zentimeter dicken Schicht von schwarzem Lehm versiegelt worden. Unterhalb des Knochenfeldes, das Tausende von Knochen aller Größen enthält, bildete sich durch Erosion ein kleiner Kanal in den grünen Lehm hinein. Dieser enthält sowohl Knochenfragmente als auch Holzkohle. Letztere wurde auf ein Alter von etwa 25 000 Jahren datiert, und das darüber liegende Knochenfeld muß wenigstens ein wenig jünger sein. Die meisten Knochen stammen von einer heute ausgestorbenen Känguruh-Art. Daneben finden sich jedoch einige Stücke des Diprotodon sowie ausgestorbener Vögel. Da diese Knochen weder zerschnitten noch verbrannt wurden, ist ihre Anhäufung jedenfalls nicht darauf zurückzuführen, daß man sie gejagt, zerlegt oder gekocht hätte. Wahrscheinlicher ist, daß es sich um Reste der Beute von *Thylacoleo* handelt, denn einige der Knochen tragen Zahnspuren, die zu den scharfen Reißzähnen dieses Tieres passen. (*Thylacoleo* war ein großer, eng mit den Kletterbeutlern verwandter Fleischfresser. Er ernährte sich, wie ein Panther oder ein Leopard, von Fleisch und war wohl nicht imstande, Knochen zu zermalmen, wie es die Hyäne oder ihr australisches Gegenstück, *Sarcophilus*, vermochte. Beide sind heute ausgestorben.)

Aus den Funden von Lancefield geht hervor, daß einige Tierarten, die heute ausgestorben sind, noch lange nach der Ankunft des Menschen überlebten. Auch bei Nombe, im Hochland Neuguineas, wird dies deutlich. Hier fand man Knochen des Diprototon sowie drei verschiedener Macropoden-Arten (Känguruh-Verwandte), die offensichtlich von Menschen getötet worden waren, zusammen mit Steinwerkzeugen und anderem Material meschlicher Herkunft. Die Fundschichten wurden auf 25 000 bis 15 000 Jahre datiert. Keines dieser Tiere ist besonders groß: Das Diprotodon besitzt etwa die Größe eines Schweins.

Sollte der Mensch für das Aussterben dieser Tiere verantwortlich gewesen sein, hat sich dieser Vorgang jedenfalls anders abgespielt als in anderen Teilen der Welt. Anderenorts sind viele Vogel- und Säugerarten nach der Ankunft des Menschen rasch verschwunden. Wie schon Beispiele unserer heutigen industrialisierten Welt deutlich machen (die Dronte, die Wandertaube sowie einige Wale, Robben und Bären), wurden umfangreiche Tierpopulationen in nur wenigen Jahrhunderten ausgelöscht. In Australien ist dies nicht der Fall. Sollten wir nicht später noch Beweise für eine Massenausrottung finden, müßte die Hauptursache für das Aussterben dieser Tierarten vielleicht in klimatischen Veränderungen zu suchen sein.

Ist das aber plausibel? Wie man weiß, ist es während der letzten zwei Millionen Jahre immer wieder zu Klimaveränderungen gekommen, und wir haben keinen Grund anzunehmen, daß die jüngsten Veränderungen in ihren Auswirkungen extremer oder weiterreichend gewesen wären als frühere. Macht man die Klimaveränderungen der letzten 50 000 Jahre für das Aussterben so vieler Tierarten verantwortlich, müßten sich Hinweise auf eine Katastrophe großen Ausmaßes finden lassen, etwa eine extreme Dürre mit anschließenden Sandstürmen — und selbst dann ist es höchst unwahrscheinlich, daß ein solches Ereignis das gesamte Gebiet Groß-Australiens betroffen hätte. Wahrscheinlicher ist, daß sowohl klimatische Umstände als auch menschliches Einwirken mit dem Verschwinden der Arten zu tun haben und sich jeder dieser Faktoren in unterschiedlichen Gegenden anderes auswirkte. Vermutlich war die Rolle des Menschen in den Tropen besonders groß, sowie die des Klimas in den ariden Gebieten, was aber örtlich variierte.

Die Kunst des frühen Australien

Dank neuester Entwicklungen auf dem Gebiet der Datierungsmethoden weiß man heute, daß während des Pleistozäns in weitem Umfang Felsoberflächen verziert wurden. In dieser Hinsicht ist Early Man Shelter in Cape York am besten belegt. Hier entdeckte Andrée Rosenfeld Gravuren an einer Felswand, die von 13 000 Jahre alten archäologischen

ANDREE ROSENFELD

Ablagerungen eingedämmt war. Unter den Figuren befinden sich Spiralen, »Vogelfährten« und andere dreigezinkte Formen sowie meanderartige Linienverläufe - keine davon stellt irgendein Wesen direkt dar, und einige besitzen offenbar einen symbolischen Gehalt.

Ganz ähnliche Figuren fand man im gesamten nicht tropischen Australien auf Stein graviert. Die Verbreitung des sogenannten Panaramitee-Stils, der seinen Namen einem Fundort im Zentrum Australiens verdankt, gilt als Indiz für eine Art »kultureller Gemeinschaft« zwischen dem pleistozänen Australien und Tasmanien. Es ist natürlich interessant, daß diese Form der Gravur nicht nur auf Neuguinea oder in Arnhem Land gefunden wurde. Dieser Stil dürfte sich eher dazu eignen, den klimatisch gemäßigten Bereich Groß-Australiens zu bezeichnen.

Sobald man einige dieser Gravuren mit dem neuen Verfahren datiert, das den Anteil der Kationen mißt, wird ihr Alter vielfach in Frage gestellt. Diese Technik, bei der man Radiokarbon-Daten mit den jeweiligen Anteilen von Mineralien in Beziehung setzt, ist zwar noch nicht vollständig akzeptiert, scheint aber in verschiedenen Gebieten der Welt übereinstimmende Ergebnisse zu liefern. Entsprechenden Messungen zufolge besitzen die untersten Schichten des »Desert Varnish« (einer Ablagerung, die von Mikroorganismen erzeugt wird, die Mangan und Eisen oxidieren), die die Felsgravuren der südaustralischen Halbwüste von Olary bedecken, ein Alter zwischen 1500 und vielleicht 30 000 Jahren. Allerdings müssen die älteren Daten mit dieser Technik als weniger gesichert gelten. Sollten diese Angaben bestätigt werden, kann man annehmen, daß derartige Gravuren aus der Zeit stammen, als die ersten Menschen Australien erreichten. Dies gilt auch für eine Fülle weiterer Höhlenbilder, die nahezu alle für nur wenige tausend Jahre alt gelten. Noch immer weiß man über die Hintergründe dieser Gravuren und Malereien zu wenig, um eine solche Altersspanne mit Sicherheit ausschließen zu können. Allerdings wäre eine künstlerische Tradition, die 30 000 Jahre lang unverändert geblieben sein soll, schon erstaunlich. Andere auf der Radiokarbon-Methode basierenden Techniken lassen vermuten, daß die jüngeren Daten vermutlich eher zutreffen.

Es gibt noch weitere Beispiele pleistozäner Kunst. So hinterließen tief im Inneren der südaustralischen Koonalda-Höhle zahlreiche Hände mehrere Linien

REG MORRISON

◁ Gravierungen wie diese wurden in verschiedenen Gebieten Australiens entdeckt. Diese unter dem Namen »Panaramitee-Stil« bekannten Strukturen sehen wie die Fußabdrücke von Känguruhs und Emus aus und sind manchmal in einer Linie angeordnet. Obwohl sie normalerweise als Gravierungen bezeichnet werden, wurden sie in Wirklichkeit in die Felsoberfläche geschlagen. Wenn an einem Fundort zugleich auch Bilder vorkommen, liegen die Gravierungen immer darunter und sind daher wahrscheinlich älter.

REG MORRISON

△ Solche Kreise mit aufwendigem Strahlenmuster wurden manchmal zusammen mit Werken des Panaramitee-Stils entdeckt. Dieses Symbol wurde bisher noch nicht datiert.

MARGARET NOBBS

◁ In der Region von Olary fand man eine Fülle von Motiven, die im Panaramitee-Stil in den Stein geschlagen waren. Vermutlich entstanden sie im Verlauf von Zeremonien und dienten dazu, traditionelle Kenntnisse und Gesetze zu überliefern. Mit der Zeit bildete sich über ihnen eine Schicht aus überwiegend organischem Material, die man datieren kann.

REG MORRISON

▷ Diese Felsmalerei in Arnhem Land zeigt den Beutelwolf, der zuletzt auf Tasmanien lebte und auf dem australischen Festland schon vor 3000 Jahren ausstarb.

PAUL TACON

REG MORRISON

◁ Der rote und gelbe Ocker, der in der Natur zumeist als oxidiertes Eisen vorkommt, wurde abgebaut, um mit den Farbstoffen den Körper, aber auch Werkzeuge, Waffen und Felswände, zu bemalen.

auf den weichen Höhlenwänden, als sie sie vor mindestens 15 000 Jahren besuchten. In tasmanischen Höhlen, die zuletzt vor 12 000 Jahren bewohnt waren, entdeckte man rote Handschablonen, und in der Nähe der Mungo-Gräber bezeugen Klumpen von Ocker, daß die Bemalung von Leichen oder Gegenständen schon sehr lange praktiziert wird. Es wurden sogar seriöse Versuche unternommen, die beweisen sollten, daß einige Bilder große, ausgestorbene Tiere zeigen. Dies wird jedoch heftig umstritten. Die einzigen brauchbaren Beispiele betreffen den tasmanischen »Wolf«, *Thylacinus*, der auf dem australischen Festland vor 3000 bis 4000 Jahren ausgestorben ist. Aus unserer Kenntnis der pleitozänen Kunst können wir festhalten, daß sie in der Vielfalt ihrer Motive, des Farbengebrauchs und der Ausarbeitung des Entwurfs viel eingeschränkter war als die Kunst unserer Zeit. Es bleibt aber noch zu klären, ob die Ursache darin liegt, daß die Kunst damals anderen Zwecken diente oder darin, daß nur wenig davon erhalten blieb. (Vergleiche den Kasten *Die Kunst des Landes*.)

Wieviel wissen wir nun?

Vor etwa 30 000 Jahren war der gesamte Kontinent Groß-Australiens von den Nachfahren tropischer Entdecker besiedelt worden, die von Asien aus die Meeresbarrieren überquerten. Sie entdeckten dann klimatische Zonen, die von denen ihrer Heimat bis zu den unteren gemäßigten reichten, vom Regenwald bis zum Wüstenrand, und ließen sich dort nieder. Vielleicht war sogar das Zentrum der Wüste, wenn auch spärlich, bewohnt. Diese Menschen waren die unmittelbaren Vorfahren der meisten heutigen Aborigines.

△ Malereien der Aborigines wurden in verschiedenen Höhlen Tasmaniens entdeckt. In den meisten Fällen handelt es sich um Handschablonen, die dadurch entstanden, daß man durch ein Blasrohr rote Farbe gegen eine Hand auf die Felswand blies. Das organische Material, - vielleicht Speichel oder Blut - das man mit der Farbe mischte, damit sie haften blieb, wurde auf etwa 10 000 Jahre datiert.

JOHN VOSS FÜR TASMANIAN DEPARTMENT OF PARKS, WILDLIFE AND HERITAGE

▽ Koonalda ist nur eines von zahlreichen Schlundlöchern, die auf der Ebene von Nullarbor liegen. Heute wird der Ort, wie die Spuren zeigen, von vielen Menschen besucht, aber nur wenige dürfen in diese alte Mine einsteigen.

REG MORRISON

△ In der Tiefe der Koonalda-Höhle bauten die Aborigines den Feuerstein ab, um Werkzeuge herzustellen. Die Holzkohleablagerungen der Feuer, mit denen sie sich Licht verschafften, wurden auf ein Alter zwischen 15 000 und 20 000 Jahren datiert. Die weichen Kalksteinwände in der Umgebung des Abbaugebietes sind mit Gravierungen bedeckt, die mit scharfen Steinen oder Stöcken und mit den Fingern erzeugt wurden.

JÄGER AM RANDE DES TASMANISCHEN EISES

RICHARD COSGROVE

△ Dieser kleine Gegenstand aus Darwin-Glas wurde aus der Höhle von Nunamira geborgen.

R. COSGROVE/SOUTHERN FORESTS ARCHAEOLOGICAL PROJECT

Die Besiedlung Tasmaniens im späten Pleistozän bildet ein überraschendes und zugleich wichtiges Kapitel in der Geschichte, wie sich der anatomisch moderne Mensch über die Erde verbreitete. Archäologische Befunde, die man kürzlich aus Kalksteinhöhlen im Südwesten Tasmaniens erhielt, beweisen, daß Menschen vor 35 000 Jahren den riesigen Kontinent Groß-Australiens durchwandert hatten, vom tropischen Norden und den Inseln Melanesiens bis zum vereisten Süden. Sie bewiesen damit eine bemerkenswerte Fähigkeit, ganz unterschiedliche Lebensräume für sich zu nutzen.

Während der letzten fünf Jahre nahm das Southern Forests Archaeological Project an der La-Trobe-Universität mehr als 100 Radiokarbon-Daten von Materialien auf, die man im Südwesten Tasmaniens an sieben weitverstreuten Höhlen und Freiluftsiedlungen freigelegt hatte (siehe Landkarte). Ihr Alter umfaßt einen Zeitraum von 35 000 bis 11 000 Jahren. Das älteste dieser Daten hat unsere Vorstellungen über die Menschen der Spätsteinzeit erheblich verändert. Wir wissen nun, daß Jäger und Sammler nicht nur von den Ressourcen leben konnten, die das Meer, Seen und Flüsse ihnen lieferten. Sie waren auch imstande, das subantarktische Binnenland und das Hochland zu erobern, Gebiete, die man zuvor für so unwirtlich gehalten hatte, daß ihre Besiedlung ausgeschlossen wurde. Die Funde sind insofern von besonderem Interesse, als sie die südlichste Grenze bezeichnen, an der Menschen zu jener Zeit auf der Erde lebten.

Eine alte Landbrücke

Noch bis vor kurzem dachte man, daß der Mensch erst vor ungefähr 23 000 Jahren nach Tasmanien gekommen sei, zu einer Zeit, als die Welt auf die sogenannte Große Kaltzeit zusteuerte. Damals war soviel Wasser gefroren, daß der Meeresspiegel um 60 Meter tiefer lag als heute. Vor etwa 20 000 Jahren fiel er dann um 120 Meter ab und legte dabei das Land frei, das sich heute unter der Bass-Straße befindet. Man weiß heute, daß die Menschen jedoch 12 000 Jahre früher, in einem milderen Abschnitt der letzten Eiszeit eintrafen, als das Meer seinen zweittiefsten Stand erreicht hatte. Die sinkenden

SPÄTPLEISTOZÄNE FUNDSTÄTTEN IM SÜDWESTEN TASMANIENS

KARTOGRAPHIE: RAY SIM

Temperaturen erreichten ihren Tiefstpunkt in Tasmanien vor 18 000 Jahren, als die Jahresdurchschnittstemperatur zwischen zwei und vier Grad Celsius lag. Während dieser Kälteperiode entwickelten sich Gletscher über vielen der westlichen Täler, die von Menschen bewohnt waren. Oberhalb einer Höhe von 250 Meter konnten keine Bäume mehr wachsen.

An ihrer Stelle breiteten sich stellenweise Gräser und Kräuter aus und zogen Tiere wie Wallabies und Emus an. Weil die westlichen Gebirge einen Regenschatten verursachten, gingen im trockeneren östlichen Teil der Inseln wesentlich weniger Regenfälle nieder. Destabilisierte Böden und kalte Nordwestwinde behinderten das Pflanzenwachstum. Die Sommer waren vermutlich kurz und kühl. Obwohl die Niederschläge vermutlich auf die Hälfte reduziert waren, hatte der Südwesten Tasmaniens wahrscheinlich nicht unter den fluktuierenden Trockenzeiten zu leiden, wie sie im Osten herrschten. Daher konnte man sich auf seine Ressourcen besser verlassen als auf die im Südosten der Insel.

Die subantarktischen Jäger und Sammler

Trotz ihrer ungeschützten Lage enthielten die meisten archäologisch relevanten Höhlen im Südwesten Tasmaniens ungewöhnlich viele menschliche Nahrungsreste. Allein aus der Nunamira-Höhle, die im Florentine Valley liegt, wurden aus weniger als einem Kubikmeter Ablagerungen mehr als 200 000 Knochenstücke geborgen, die zusammen etwa 30 Kilogramm wogen. 90 Prozent davon stammen vom Rotnackenwallaby. Anderenorts tauchten zahlreiche Eierschalen des Emu auf. Diese Orte waren vermutlich im Winter und zu Beginn des Frühjahrs bewohnt gewesen. Das ist insofern von Bedeutung als dieser Jahresabschnitt für die Jäger und Sammler, aber auch für ihre Beute, am schwierigsten zu überstehen ist, insbesondere in subantarktischen Gebieten.

Die Bewohner dieser Höhlen waren imstande, eine ganze Reihe von Tierarten für sich zu nutzen. Etliche gedrungene Knochenspitzen, die aus den Unterschenkelknochen von Wallabies hergestellt

△ Dieser kleine Schaber aus der Höhle von Nunamira ist 23 000 Jahre alt.

R. COSGROVE/SOUTHERN FORESTS ARCHAEOLOGICAL PROJECT

wurden, zeigen, daß diese Menschen vor mindestens 26 000 Jahren bereits Kleidung herstellten. Viele davon besitzen polierte Enden, dienten also wohl der Bearbeitung von Tierfellen, während andere eine feine, nadelförmige Gestalt besaßen. Wieder andere dienten vermutlich als Speerspitzen.

An allen diesen Stellen fand man eine ganze Reihe kleiner Schaber. Ihr Alter liegt zwischen 23 000 (Nunamira und Bone Caves) und 18 500 Jahren (Warreen Cave). Andere, die man außerhalb des südwestlichen Bereiches bei Cave Bay Cave im Nordwesten Tasmaniens entdeckte, sind ungefähr 19 000 Jahre alt. Sie wurden aus ganz verschiedenen Rohstoffen hergestellt, darunter feinkörnigem Hornstein, Kieselerde, Hornfels, Quarz und - besonders bedeutsam – aus Glas vom Darwin-Krater, das sich vor 700 000 Jahren durch den Einschlag eines Meteoriten bildete. Dieses Glasmaterial war an sämtlichen Fundstellen nachweisbar und wurde lange Zeit benutzt, etwa vor 27 000 bis 13 000 Jahren. Da man es noch hundert Kilometer von seiner Ursprungsstelle entfernt fand, müssen diese Jäger und Sammler – höchstwahrscheinlich zu bestimmten Jahreszeiten – weite Strecken zurückgelegt haben.

Vor kurzem wurden in einer Höhle Spuren künstlerischer Aktivität entdeckt, die uns neue Einblicke in das Leben dieser Steinzeitmenschen geben. Wahrscheinlich lagen die intellektuellen und spirituellen Fähigkeiten dieser Menschen weit jenseits dessen, was zum täglichen Überleben nötig war. In zwei dieser Höhlen (Ballawinne Cave und Judds Cavern) wurden jeweils 60 Meter unter der Erde mehr als 30 menschliche Handschablonen entdeckt.

Bezeichnenderweise waren die Menschen desselben Breitengrades (43 Grad Nord) auf der anderen Seite der Welt – in Frankreich, Spanien und Rußland – während derselben Eiszeit ebenfalls dabei, tief im Innern von Höhlen Kunstwerke zu schaffen. Und auch sie jagten – unter vergleichbaren eiszeitlichen Umweltbedingungen – Tiere wie Wisent, Rentier, Pferd und Steinbock. Dies läßt vermuten, daß der moderne Mensch dazu neigt, sich auf ganz ähnliche Weise seiner Umgebung anzupassen und lebensfeindliche Landschaften für sich nutzbar zu machen.

Was hat sie vertrieben?

Die gesamten archäologischen Nachweise bezeugen, daß diese eiszeitlichen Tasmanier eine Technik und ein Sozialgefüge entwickelt hatten, die ihnen ermöglichten, den Südwesten der Insel über 25 000 Jahre lang zu bewohnen. Ganz eindeutig waren sie Veränderungen der Umwelt nicht wehrlos ausgesetzt. Vor 12 000 Jahren jedoch waren sämtliche Höhlen verlassen. Den Grund dafür kennen wir nicht. Vielleicht breitete sich in diesem Gebiet durch die rasche Klimaveränderung am Ende des Pleistozäns ein unproduktiver, gemäßigter Regenwald aus, der das Jagdwild vertrieb – und mit ihm die Menschen, die mehr als tausend Generationen lang Jagd darauf gemacht hatten.

△ Knochen und Knochenwerkzeuge aus Bone Cave.

R. FRANK/SOUTHERN FORESTS ARCHAEOLOGICAL PROJECT

◁ Eine Auswahl von Spitzen aus Warreen Cave. Sie bestehen aus den Beinknochen von Wallabies.

B. DOUGLAS/SOUTHERN FORESTS ARCHAEOLOGICAL PROJECT

▽ Nunamira-Höhle im Florentine-Tal.

R. FRANK/SOUTHERN FORESTS ARCHAEOLOGICAL PROJECT

DIE VERSCHWUNDENEN TIERE AUSTRALIENS

TIMOTHY FLANNERY

Im Verlaufe der letzten 50 000 Jahre war die Geschichte der Tierwelt Australiens überwiegend eine Geschichte aussterbender Arten. Es stand bei weitem nicht genügend Zeit zur Verfügung, daß sich neue Arten großer Tiere, etwa Säuger und Vögel, hätten entwickeln können. Im Gegenteil, während dieser Zeit starb nahezu ein Drittel aller australischen Säugetierarten aus und mit ihnen beinahe sämtliche große Reptilien und zahlreiche flugunfähige Vögel. Die Ursachen dafür sind noch immer heftig umstritten.

△ Mit der Körpergröße eines großen Nashorns waren die Diprotodonten die größten Landsäuger, die jemals in Australien lebten. Der hier gezeigte Rüssel beruht nur auf Mutmaßungen.

Das größte Problem bei der Bewertung dieser Ansichten ist, daß wir nicht wissen, wann diese Tierarten genau ausgestorben sind. Fossilen Funden zufolge, die von mehreren gutdatierten Höhlen und Seeufern stammen, waren alle heute ausgestorbenen Arten bereits vor 35 000 Jahren verschwunden. Einige andere Fundstellen legen jedoch den Verdacht nahe, daß Riesenbeuteltiere bis vor 25 000 oder gar bis vor 6000 Jahre noch überlebt hatten. Man weiß, daß das Klima Australiens während der letzten 40 000 Jahre erheblichen Veränderungen unterworfen war. Vor 25 000 bis 15 000 Jahren sank der Meeresspiegel um mehr als 100 Meter, und es wurde auf dem Kontinent extrem trocken. Mit Sicherheit ist der Zeitpunkt, zu dem die Arten ausstarben, von entscheidender Bedeutung. Sollte sich nachweisen lassen, daß ihr Verschwinden mit der Ankunft des Menschen vor 50 000 Jahren zusammenfällt, würde alles dafür sprechen, diesen zum Verursacher zu erklären. Waren die Riesenbeuteltiere aber vor 25 000 Jahren noch am Leben, läge die Ursache eher in der zunehmenden Trockenheit.

Die frühen Riesen Australiens

Damals, als die Tiere noch nicht ausgestorben waren, war Australien ein ganz anderes Land. Buschfeuer waren vermutlich weniger häufig als heute, denn ungefähr 40 Arten großer, heute ausgestorbener Beuteltiere hielten die Vegetation kurz. Die Pflanzen des Regenwaldes waren in den trockeneren Bereichen Australiens weiter verbreitet. (Heute wird ihre Verbreitung nicht durch ungenügende Wasserversorgung, sondern durch Buschfeuer begrenzt, durch die sie zugrundegehen.)

Das größte Beuteltier war das Diprotodon. Es besaß, ähnlich anderen Riesenbeuteltieren Australiens, ungefähr ein Drittel des Gewichtes, das sein ökologisches Gegenstück in anderen Kontinenten aufwies. Sein Gewicht lag vermutlich zwischen 1000 und 2000 Kilogramm, während der afro-eurasische Elefant etwa 5000 Kilogramm wiegt. Die relativ geringe Körpergröße der australischen Riesenbeuteltiere ist auf die außerordentlich nährstoffarmen Böden und das unberechenbare Klima dieses Kontinents zurückzuführen, wodurch das Pflanzenwachstum behindert wird.

Den Zähnen der ausgestorbenen Arten nach zu urteilen, gab es zahlreiche Gras- und Blätterfresser, ähnlich den großen Säugetiergemeinschaften des heutigen Afrika. Ganz anders waren dagegen die Raubtiere. Zum Beispiel fehlte ein Gegenstück zum Löwen (das australische Beuteltier *Thylacoleo carnifex* war nur so groß wie ein Leopard), und auch der riesigen Zahl katzen- und hundeähnlicher Carnivoren, wie sie in Afrika vorkommen, hatte Australien nichts Vergleichbares entgegenzusetzen. Unter den größeren räuberischen Säugetieren gab es nur eine katzenähnliche Art (den Beutellöwen), eine hundeähnliche Art (den Beutelwolf, *Thylacinus cynocephalus*) und einen einzigen Aasfresser (den Tasmanischen Teufel, *Sarcophilus harrisii*). Alle anderen größeren australischen Raubtiere gehörten zu den Reptilien. Die entscheidenden, über den ganzen Kontinent verbreiteten Räuber waren die über sechs Meter langen Riesenschlangen der Gattung *Wonambi*. Die wärmeren Teile Australiens wurden dagegen von dem Riesenwaran *Magalania priscsa* beherrscht, der eine Länge von sieben Meter er-

◁ Der Beutellöwe war das größte warmblütige Raubtier Australiens. Dieses Tier, das in seiner Größe eher einem Leoparden als einem Löwen entsprach, hatte sich aus pflanzenfressenden Vorfahren entwickelt.

reichte. Ein anderer bedeutender Räuber dieser Gebiete war das drei Meter lange Landkrokodil *Quinkana fortirostrum*.

Die meisten Arten kamen niemals in großen Zahlen vor. Große, warmblütige Tiere waren im Nachteil, weil ihre Beute wegen des kargen Bodens und launischen Klimas nur eingeschränkt zur Verfügung stand. Daher gelang es den wechselwarmen räuberischen Reptilien, die weniger Energie benötigten, die Herrschaft an sich zu reißen.

Der Einfluß des Menschen

Der Mensch hatte sich in seiner afro-eurasischen Heimat als ein mittelgroßer Vertreter einer zahlreichen Gemeinschaft räuberischer und omnivorer Säugetiere entwickelt. Vor 40 000 Jahren nutzte er schon ein ungewöhnlich breites Artenspektrum von Beutetieren, zu denen auch Säuger gehörten, die größer waren als er selber. Er war zu einem außerordentlich erfolgreichen, unspezialisierten Räuber geworden. Forschungsarbeiten haben gezeigt, daß Menschen oder andere Beutegreifer, die in Gebiete eindringen, in denen es zuvor keine ökologisch entsprechenden Arten gegeben hatte, stets einen fundamentalen Einfluß ausüben. So haben die Polynesier während der letzten 1000 Jahre auf Hawaii mehr als 70 Prozent aller Vogelarten ausgerottet. Im 19. Jahrhundert wurden auf der Insel Macquarie zahlreiche Robbenarten von Robbenfängern arg dezimiert. Und als im Jahre 1918 Ratten (*Rattus rattus*) auf Lord Howe Island eingeschleppt worden waren, starben bald darauf neun Vogelarten aus.

Die Tierwelt Australiens reagierte auf den Einfluß des Menschen besonders empfindlich. Die pflanzenfressenden Beuteltiere waren lediglich dazu geeignet, den großen, aber relativ unintelligenten räuberischen Reptilien auszuweichen. Obwohl es viele großwüchsige Tierarten gab, waren ihre Individuenzahlen vermutlich recht gering. Demnach ist der Mensch der erfolgreichste und größte warmblütige Beutegreifer, der jemals in Australien existiert hat.

Von den oberen Regenwäldern des Gebirges von Irian Jaya bis zur zentralen australischen Wüste starben die Tiere aus, und es leerte sich eine Landschaft nach der anderen. Schließlich war der Mensch selber das größte überlebende Säugetier. Die mittelgroßen Arten mit einem Gewicht zwischen 10 und 100 Kilogramm starben ebenfalls aus oder wurden im Laufe der Jahrtausende immer kleiner. Graue Riesenkänguruhs sind heute nur noch halb so schwer wie damals und Koalas, Tasmanische Teufel und die größeren Wallabies sind durchschnittlich um ein Drittel leichter als früher. Grundsätzlich reduzierten die Arten ihre Größe umso mehr, je größer sie anfangs gewesen waren. Ausnahmen bildeten nur der Mensch und vielleicht der Wombat (der vermutlich durch seine grabende Lebensweise geschützt war). Auch dies dürfte der Jagdpraxis des Menschen zuzuschreiben sein. Wenn Jäger die größten Exemplare für sich beanspruchen, haben schnell heranreifende, kleinwüchsige Tiere eher eine Chance, die Geschlechtsreife zu erreichen. Anschließend bringen sie zunehmend kleinere Nachkommen hervor.

Lediglich die kleinsten Säugetiere mit einem Gewicht unter zehn Kilogramm konnten sich größtenteils unverändert behaupten, sieht man davon ab, daß sich das Verbreitungsgebiet in einigen Fällen reduzierte. Erst mit der Ankunft der Europäer, die am Ende des 18. Jahrhunderts Australien erreichten, änderte sich die Lage auch für sie. Im Verlauf des folgenden Jahrhunderts wurden nicht nur 21 mittelgroße Säugerarten ausgerottet, sondern auch eine große Art – der Beutelwolf, das letzte ursprünglich einheimische Raubtier.

▽ Der Beutelwolf, Australiens einziges hundeähnliches Raubtier, war auf dem australischen Festland bereits vor 3000 Jahren verschwunden. Auf Tasmanien überlebte er dagegen noch bis in die dreißiger Jahre unseres Jahrhunderts.

TASMANIAN MUSEUM AND ART GALLERY

MICHAEL McCOY

DIE ERSTEN BEWOHNER DER PAZIFISCHEN INSELN

Vor 30 000 bis 10 000 Jahren

Pioniere der Meere

J. PETER WHITE

Östlich von Australien und Neuguinea liegen im Pazifischen Ozean mehrere Inseln, deren Größe allmählich zurückgeht. Am größten sind Neubritannien und das benachbarte Neuirland, die sich nahe bei Neuguinea befinden. Manus und die anderen Admiralitäts-Inseln im Norden, aber auch Bougainville und die übrigen Inseln der Salomonen, sind wesentlich kleiner und sind von den größeren Inseln aus nicht zu sehen. Bei einigen Inseln der Salomonen handelt es sich lediglich um die Hügel, die von einer größeren pleistozänen Landmasse stammen. Alle diese Inseln zusammen kann man als das westliche Ozeanien zusammenfassen, und dieses Kapitel widmet sich den Menschen, die dort gelebt haben. Sie erwarben Fähigkeiten und Techniken, die es ihnen schließlich ermöglichten, nahezu alle Inseln des Pazifik aufzusuchen und viele von ihnen zu besiedeln.

Bei der Besiedlung Westozeaniens mußten mehr als 100 Kilometer offener See überquert werden, wobei häufig kein Land mehr sichtbar war. Lange Zeit wurde nirgendwo sonst auf der Welt die Seefahrt in einem solchen Umfang betrieben. Vergleichbare Verhältnisse kamen anderswo erst in den letzten Jahrtausenden auf, als die Inseln Zypern und Kreta zum ersten Mal besucht wurden. Daß sich die Seefahrt im pazifischen Raum so viel früher entwickelte, liegt einerseits am warmen Klima und den hohen Wassertemperaturen, andererseits aber daran, daß sich östlich von Südostasien zahlreiche Inseln erstrecken, von denen aus die Nachbarinseln mit bloßem Auge zu erkennen sind. Also waren die Menschen, die Westozeanien betraten, an die Seefahrt bereits gewöhnt.

◁ Die Salomonen waren die ersten großen Inseln, die von Menschen erreicht wurden, nachdem sie ihr eigenes Land aus der Sicht verloren hatten. Als die ersten Menschen hier vor 30 000 Jahren eintrafen, bildeten viele der heutigen Inseln nur Berge im Inneren einer wesentlich größeren Insel.

△ RAY SIM

DIE ERSTEN PAZIFISCHEN FUNDSTÄTTEN
Sämtliche hier gezeigten Fundstätten Westozeaniens sind in den letzten zehn Jahren entdeckt worden. Ihr Alter, das dem Australiens und Neuguineas gleichkommt, überrascht insofern, als diese frühen Siedler lange Seereisen auf sich nehmen mußten , um diese Inseln zu erreichen. Selbst heute kennt man nur eine Handvoll dieser Siedlungen - genug zwar, um ihr hohes Alter zu belegen, aber immer noch zu wenig, um die Vergangenheit dieses Gebietes besser als nur in Ansätzen zu erfassen. Wahrscheinlich haben sich die meisten Siedlungen nicht erhalten, da sie unter freiem Himmel angelegt waren. Zudem wurden viele durch Holzabbau, Plantagen und Umsiedlungen in unserem Jahrhundert zerstört.

KARTOGRAPHIE: RAY SIM

▷ Mit ihrer enormen Vielfalt an Pflanzenwuchs sind die Regenwälder die mannigfaltigsten Ökosysteme überhaupt. Sie sind jedoch zugleich höchstempfindlich, da die verfügbaren Nährstoffe nicht im Boden gespeichert werden, wie in den gemäßigten Breiten, sondern bei allen Tieren und Pflanzen ständig in Gebrauch sind. Ein großer Teil des Lebens im Regenwald spielt sich in den Baumkronen ab, und nur an den Flüssen, wo das Sonnenlicht den Boden erreicht, gibt es eine üppige Bodenvegetation.

J. PETER WHITE

△ An der Höhle von Balof 2, die lange Zeit bewohnt war, werden die ausgegrabenen Tierknochen - jeder Haufen stammt aus einem eigenen Planquadrat und einer anderen Schicht - nach dem Waschen zum Trockenen ausgelegt. Sie alle sind Reste von Mahlzeiten, die Menschen vor Tausenden von Jahren eingenommen hatten.

Wir wissen nicht, mit welcher Art von Fahrzeugen derartige Reisen unternommen wurden, da kein einziges davon erhalten blieb. Zwar müssen sie zweifellos größer gewesen sein als einfache Flöße oder kleine Kanus, doch wissen wir nicht, ob sie nur durch Paddel oder auch mit Segeln angetrieben wurden. Während der letzten Jahrhunderte waren beide Antriebsarten im pazifischen Raum zu finden, allerdings bediente man sich der Kanus mit Paddeln eher auf kürzeren Reisen und vorzugsweise in geschützten Gewässern. Für längere Reisen kommen wahrscheinlich Segelboote in Frage oder wenigstens Boote, die von ihrer Größe her mehrere Erwachsene und Vorräte mitführen können. Vermutlich gab es schon damals die Ausleger-Kanus mit der Plattform zum Sitzen, das Allzweckfahrzeug heutiger pazifischer Inselbewohner. Zudem hatte eine ganze Bootsladung von Menschen eine bessere Chance, sich erfolgreich niederzulassen als irgendwelche vereinzelt gestrandete Pärchen.

Nach der Lage dieser Inseln und unseren Kenntnissen zu urteilen, die wir über die Klimaveränderungen haben, waren diese Inseln während des gesamten Pleistozän wahrscheinlich mit Regenwäldern bedeckt, wie es auch heute der Fall ist. Während der letzten zehn Jahre entdeckte man auf vier der Hauptinselgruppen Spuren einer Besiedlung, die im Pleistozän erfolgt sein muß. Zwei Fundstellen aus Neuirland und eine von den nördlichen Salomonen wurden mit der Radiokarbon-Methode auf etwa 30 000 Jahre datiert. (Zwar wurden auf Neubritannien bisher keine so alten Objekte gefunden, doch kann man davon ausgehen, daß sie existieren, denn diese Insel liegt Neuguinea am nächsten.) Alle ganz alten Fundstellen befinden sich in den Felsüberhängen oder Kalksteinfelsen alter Riffe, die heute aus dem Meer herausragen. Wegen ihrer alkalischen Eigenschaften haben sich Knochen, Muschelschalen und andere organische Materialien gut erhalten und boten zugleich geschützte Räume, in denen sich organische Reste ansammeln konnten. Diese Höhlen trugen also erheblich dazu bei, Indizien für eine menschliche Besiedlung zu erhalten.

Die Nahrungsquellen: Tiere und Pflanzen

Als Seefahrer waren diese Menschen daran gewöhnt, ihre Nahrung aus dem Meer zu holen, insbesondere Schalentiere und Fische. Es überrascht daher, daß nichts in den alten Fundstellen darauf hinwies, daß man mit Hilfe von Schleppangeln oder anderer Methoden versuchte, die großen Fische der Hochsee zu fangen. Alle erhaltenen Fischknochen stammen nachweislich von riffbewohnenden Arten, die sich mit Reusen oder Speeren fangen lassen.

Am besten kennen wir die Tierwelt dieser Gegend aus Neuirland, wo an allen fünf bekannten pleistozänen Fundstellen Knochen der Tiere vorkamen, die man damals kochte und aß. Bei Balof 2 sammelte man aus fünf Kubikmeter Ablagerungen die Knochen von 250 bis 300 Kletterbeutlern aber auch die von Ratten, Fledermäusen, Echsen, Schlangen und, in späteren Schichten, die von Wallabies. Andere Stellen bargen

△ *Pteropus temincki ennisae* ist eine neuentdeckte Fledermaus-Unterart. Man kennt sie bisher nur aus dem Nordteil Neuirlands. Ihre nächsten Verwandten leben auf Neubritannien und einigen kleinen Inseln der Umgebung. Sie ist eine von nur zwei Säugetieren Neuirlands (das andere ist eine Ratte), die es geschafft haben, sich im Laufe ihrer Entwicklungsgeschichte von anderen Säugern des Bismarck-Archipels zu unterscheiden.

ILLUSTRATIONEN: PETER SCHOUTEN/AUSTRALIAN MUSEUM

Knochen in vergleichbarer Menge.

Besonders interessant ist die vertikale Verteilung dieser Knochen innerhalb der Ablagerungen, denn daraus geht hervor, wann diese fortgeworfen wurden. So weist keine einzige Fundstelle in den untersten Schichten die Reste von Beuteltieren auf, weder im natürlichen Boden noch in den Schichten, die von Menschen hinterlassen wurden. Bei den tierischen Überresten handelt es sich allein um die zweier Rattenarten, zahlreicher Fledermaus- und einiger Reptilienarten. Dann, vor 14 000 und 10 000 Jahren, tauchen erstmals die Knochen von Kletterbeutlern auf, und zwar in erheblicher Zahl. Später dann, ab frühestens 7000 Jahren, findet man Knochen von Wallabies. Da es höchst unwahrscheinlich ist, daß die Menschen sie nicht gejagt hätten, wenn sie vorhanden gewesen wären, muß man davon ausgehen, daß diese anderenorts so häufigen Tiere erst eingeführt wurden. Wir wissen zwar nicht, ob dies absichtlich oder zufällig geschah, doch wurden derartige »wilde« Tiere, insbesondere Kletterbeutler (eine Familie baumbewohnender Beuteltiere, zu der die Kuskusse und Kusus gehören), häufig zunächst herumgetragen, um sie später zu essen und ihr dekoratives Fell zu nutzen. Außerdem hielt man sie als Haustiere. Da diese Tiere so viel später nach der Ankunft des Menschen eingeführt wurden, glaube ich, daß dies wohl eher zufällig erfolgte. (Vergleiche den Kasten Das *Verschleppen von Tieren*, wo ein anderer Standpunkt deutlich wird.)

Weniger klar sind die Umstände auf Neubritannien, das eine Fläche von etwa 37 000 Quadratkilometer bedeckt, und auf den Admiralitäts-Inseln, denn hier sind die Fundstellen spärlicher, es gibt weniger tierische Überreste, und bis heute sind von dort keine Überreste vorgeschichtlicher Menschen bekannt. Allerdings leben auf beiden Inseln nur sehr wenige Arten von Beuteltieren. Auf Neubritannien leben zwei Arten von Kletterbeutlern, ein Wallaby und ein Nasenbeutler, auf den Admiralitäts-Inseln dagegen eine Kletter- und eine Nasenbeutler-Art. Dies steht in starkem Gegensatz zu den Verhältnissen der Hauptinsel Neuguineas. Auf ihren 820 000 Quadratkilometern leben 53 Arten größerer Beuteltiere, darunter wenigstens neun Nasenbeutler, acht Kletterbeutler, sowie 14 Wallabies und Känguruhs. Zwar lassen sich diese Unterschiede in gewisser Hinsicht dadurch erklären, daß die Inseln kleiner sind als Neuguinea und auch weniger vielfältige Ökosysteme besitzen. Wenn Tiere jedoch auf natürliche Weise dorthin gelangen, müssen sie dies im Laufe vieler Jahrtausende getan haben. Man müßte dann größere entwicklungsgeschichtliche Unterschiede zwischen den Tieren verschiedener Inseln sehen und zudem mehr Arten auf den großen als auf den kleinen Inseln erwarten. Da jedoch auf allen Inseln immer wieder dieselben wenigen Arten vorkommen, sind sie vermutlich erst vor kurzem dorthin gelangt, und zwar durch Menschen – sei es mit Absicht oder zufällig.

JEAN-PAUL FERRERO/AUSCAPE

▷ Der Dunkle Filander (*Thylogale brunii*) ist im östlichen Neuguinea weit verbreitet. Er bewohnt dort den Wald und das obere gebirgige Grasland, nicht jedoch die Savanne des Tieflandes. Vermutlich pflanzt er sich ganzjährig fort und ist damit imstande, sich relativ problemlos neuen Lebensräumen anzupassen.

DAS VERSCHLEPPEN VON TIEREN

TIMOTHY FLANNERY

JEAN-PAUL FERRERO/AUSCAPE

△ Der Graue Kuskus (*Phalanger orientalis*), ein Bewohner der Tiefland-Regenwaldgebiete im Norden Melanesiens, verbirgt sich am Tage zwischen den Epiphyten der Baumwipfel und wird erst in der Dämmerung aktiv. Dann sind sein lautes Fauchen und die hundeähnlichen, kläffenden Rufe häufig im Regenwald zu hören.

Der einzige Räuber unter den Wirbeltieren, der einige seiner Beutetier-Arten umsiedelt, um anderenorts neue Populationen zu gründen, ist der Mensch. Dieses Verhalten ist so ungewöhnlich, daß wir, um etwas Vergleichbares in der Tierwelt zu finden, schon die Ameisen betrachten müssen, die bekanntlich saftsaugende Insekten, etwa Aphiden (Blattläuse), umsiedeln. Wie Musik und Mathematik gehört dieses Verhalten zu den Dingen, die uns von anderen Wirbeltieren unterscheidet. Es ist deshalb so interessant, weil damit vermutlich der erste Schritt zur Domestikation von Tieren vollzogen wurde.

Es ist schwierig zu verfolgen, wie frühe Menschen Tiere umsiedelten, denn kaum jemals finden sich Hinweise in den fossilen Belegen. Wenn zum Beispiel solchen Menschen gelang, ein Hirschrudel von einem Tal in ein anderes zu treiben, in dem sie normalerweise nicht vorkamen, ließe sich das niemals nur aufgrund der Fossilien nachvollziehen. Ebensogut könnten die Hirsche von selbst dorthin gezogen sein. Daher finden wir die deutlichsten Beweise für eine solche Umsiedlungsaktivität auf Inseln, und zwar besonders in solchen Gebieten, wo sich einerseits die Tiere von einer Insel zur anderen deutlich unterscheiden und andererseits auch auf den Inseln andere Tiere leben als auf dem Festland. Kommt eine Tierart also auf einer Insel vor, wo sie eigentlich nicht hingehört, muß sie zweifellos dorthin gebracht worden sein.

Die frühesten Hinweise

Ideal für die Untersuchung verschleppter Tiere sind die Inseln Melanesiens, und es überrascht keineswegs, daß hier die frühesten Belege gefunden wurden. Auf Neuguinea, der größten Insel dieser Gegend, leben mehr als 200 einheimische Arten von Säugetieren. Dazu gehören zwei Arten von Monotremen (Kloakentieren), 63 Beuteltier-Arten, 59 Arten ratten- und mausähnlicher Nagetiere (von denen einige sehr groß werden) und 79 Fledermaus-Arten. Vor der Ankunft des Menschen gab es dort auch riesige Beuteltiere, die ein Gewicht bis zu 300 Kilogramm erreichten. Bei weitem weniger vielfältig ist die Lage auf nahegelegenen Inseln wie Halmahera, wo nur 27 einheimische Säugerarten leben (25 davon sind Fledermäuse), und Neuirland. Hier sind 29 Säugetierarten heimisch, wiederum bis auf zwei durchweg Fledermäuse.

Von der vorgeschichtlichen Vergangenheit Neuirlands wissen wir mehr als von irgendeiner anderen Insel Westozeaniens, und hier entdeckt man auch die frühesten Hinweise darauf, daß Tiere verschleppt wurden. Die Art, um die es hier geht, ist der Graue Kuskus (*Phalanger orientalis*), der vor 19 000 bis 10 000 Jahren nach Neuirland gebracht worden war.

Der anpassungsfähige Kuskus

Im Laufe der letzten 20 000 Jahre wurde der Kuskus wiederholt verschleppt und wurde dadurch zu einem der am weitesten verbreiteten Beuteltiere. Die Ursache dafür liegt in seiner Biologie. Es gibt Gründe anzunehmen, daß es sich bei den umgesiedelten Tieren um Jungtiere handelte, die bereits ein Fell besitzen und nicht mehr auf die Muttermilch angewiesen sind, jedoch für kurze Zeit von der Mutter auf dem Rücken umhergetragen werden. Tiere jüngerer Entwicklungsstadien kühlen nämlich leicht aus oder verhungern, während die älteren, weniger fügsamen Individuen beim Fang verletzt werden und häufig an einer entkräftenden Form des Schocks leiden, die manchmal tödlich endet.

Der Kuskus besitzt aber noch eine Eigenschaft, die unter den größeren Beuteltieren, die im Norden Neuguineas leben, nicht ihresgleichen hat: Er bringt nämlich in der Regel Zwillinge zur Welt. Es ist daher für ein einziges Weibchen, das seine Jungen auf dem Rücken trägt, nicht schwierig, eine neue Population zu gründen. Bei anderen Beuteltieren, die nur jeweils ein Junges haben, wäre dies weitaus weniger wahrscheinlich. Die meisten Säugetiere Neuguineas haben keine besonderen Fortpflanzungszeiten. Geht man also davon aus, daß die Jungen während eines der zwölf Monate auf dem Rücken getragen werden, die für eine Fortplanzung in Frage kommen, liegen die Chancen dafür, derartige Jungtiere zu fangen, bei eins zu 24. (Im Durchschnitt ist die Hälfte dieser Jungen männlich.) Die Wahrscheinlichkeit, zwei Weibchen zu fangen, von denen eines ein männliches und das andere ein weibliches Jungtier trägt – und zudem noch rechtzeitig vor Beginn einer Handelsreise – wäre in der Tat verschwindend gering.

Falls die Kuskusse Neuirlands wirklich von einem Bruder und einer Schwester abstammen sollten, müßten deutliche Auswirkungen der Inzucht nachweisbar sein. Vorläufigen Untersuchungen zufolge ist dies wirklich der Fall, besonders unter den Tieren der Salomonen-Inseln (die höchstwahrscheinlich von Neuirland stammen).

Wenn eine Art erfolgreich umgesiedelt werden soll, müssen zwei wesentliche Voraussetzungen erfüllt sein. Zunächst müssen die Tiere von der Nahrung leben können, die ihnen während ihrer Gefangenschaft angeboten wird und zweitens müssen sie dort überleben können, wo man sie wieder aussetzt. Oft genug wird dieser Ort nicht sorgfältig gewählt. Natürlich haben anpassungsfähige Arten bessere Chancen als andere, die in bezug auf Ernährung und Lebensraum hochspezialisiert sind. Obwohl nicht viel über den Kuskus bekannt ist, weiß man, daß er in dieser Hinsicht nicht wählerisch ist.

Die Umsiedlung von Tieren ist in vielen Punkten der Haustierhaltung vergleichbar. In beiden Fällen sind nur wenige Arten geeignet, und Mensch und Tier müssen in engem Kontakt zueinander leben. Es ist schon bemerkenswert, daß die vorgeschichtlichen Menschen den letzten kleinen Schritt zur Domestikation des Kuskus nicht mehr vollzogen. Vielleicht pflanzt er sich nicht ohne weiteres in Gefangenschaft fort, oder es lagen andere biologische Gründe dafür vor, daß er nicht domestiziert wurde.

1 Einen Stein aussuchen
Einen Stein für Werkzeuge nimmt man entweder aus guten Steinlagern, oder, wie hier, vom Flußgeröll. Kiesel und andere Rohsteine werden zerschmettert, indem man sie zu Boden wirft, so daß man ihre frisch gebrochenen Oberflächen in Augenschein nehmen und ihre Qualität beurteilen kann.

2 Einen Ofen bauen
Da ein direkter Kontakt mit dem Feuer dazu führt, daß der Stein zerbricht und splittert, werden die Steine vier oder fünf Zentimeter tief im Boden vergraben und ein Feuer darüber angezündet, Moderne Forscher benutzen dazu eine sandgefüllte Schale in einem Ofen.

HITZEBEHANDLUNG: EINE 50 000 JAHRE ALTE TECHNIK

J. PETER WHITE

Während der letzten zwei Millionen Jahre haben Menschen Steine zugehauen, um Werkzeuge und andere Gegenstände herzustellen. Der dazu verwendete Stein war in der Regel spröde und feinkörnig und frei von großen Kristallen, nicht aber haltbar und sehr kristallin. Das liegt daran, daß spröde Steinsorten, wie Feuerstein, Hornstein und Obsidian, sauber brechen und eine scharfe Bruchkante liefern. Kristallhaltigere Steine, wie Quarzite und kieselerdehaltige Steine, sind schwieriger zu schlagen, weil die Kraft des Hammers um all die winzigen Kristalle herumwandern muß, so daß die Bruchkante weniger scharf wird.

Durch Hitzebehandlung brechen Steine leichter, weil dadurch das Wasser aus den Kristallzwischenräumen entfernt und die Zahl der inneren Mikrofrakturen erhöht wird. So kann die Schlagkraft das Kristallgitter durchwandern, statt den Umweg darum herum zu nehmen. Dies macht den Stein brüchiger und reduziert seine Zugfestigkeit um etwa die Hälfte. Daher erlaubt die Hitzebehandlung, wesentlich mehr Gesteinsarten präziser zu schlagen. Zudem entstehen dabei schärfere, wenn auch sprödere Kanten. Der Ablauf wird in den Bildern gezeigt. Steine, die mit Hitze behandelt wurden, besitzen nach dem Schlagen meist ein schimmerndes Aussehen, weil die gehauenen Oberflächen flacher sind. Sie können auch ihre Farbe verändern, entweder auf der Oberfläche oder über die ganze Tiefe, und die Oxidation der mikroskopischen Eisenanteile führt dazu, daß sie rot werden. Offenbar wurde die Hitzebehandlung während der letzten 50 000 Jahre erfunden. So fand man abgeschlagene Stücke von hitzebehandelten Steinen aus dem späten Pleistozän Sibiriens, Amerikas und Australiens.

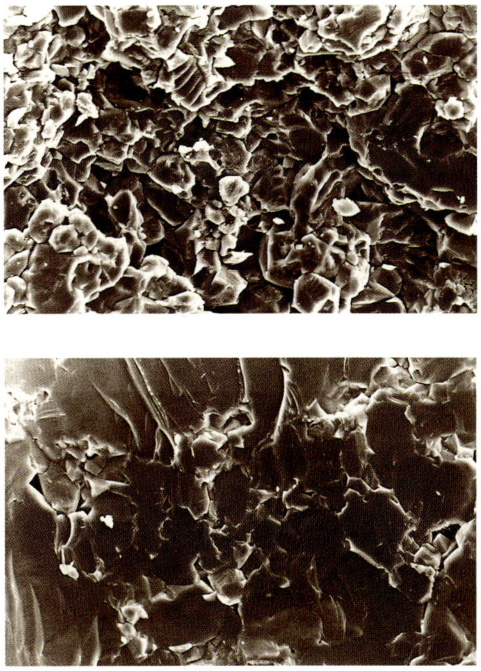

S.E.M. UNIT, UNIVERSITY OF SYDNEY

△ Rasterelektronen-mikroskopische Aufnahmen von der Abschlagfläche ein und desselben Steins vor (oben) und nach (unten) der Hitzebehandlung. Nach der Erhitzung kann die Wucht eines Schlages die meisten Steingranula durchwandern. Die Aufnahmen sind 2500fach vergrößert.

3 Langsam erhitzen, langsam abkühlen lassen
Das Feuer muß zwar klein sein, dafür aber ständig erhalten werden. So wird die Temperatur des Steins im Laufe mehrerer Stunden auf etwa 275 Grad Celsius erhöht und ungefähr acht Stunden lang beibehalten. Dann läßt man ihn allmählich abkühlen, um einen thermischen Schock zu vermeiden.

4 Das Abschlagen
Man kann Abschlagstücke gewinnen, indem man den zu bearbeitenden Stein auf einen Amboß setzt und ihn, wie hier zu sehen ist, dann mit einem anderen Stein schlägt. Man kann aber auch den Stein in der einen Hand halten und den Hammer in der anderen.

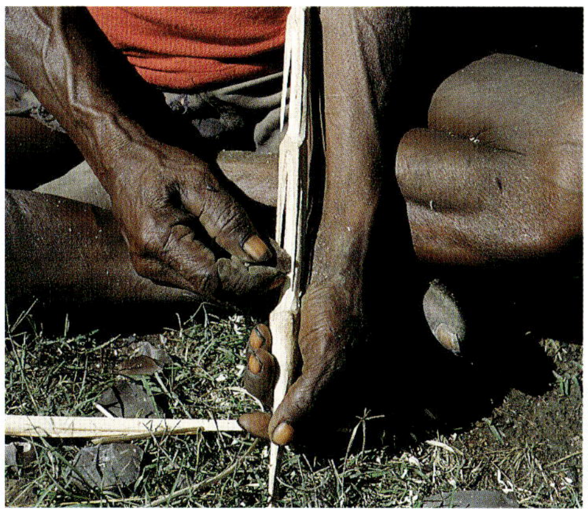

J. PETER WHITE

△ Ein Mann aus dem östlichen Hochland von Papua-Neuguinea schneidet mit Hilfe eines scharfen Abschlagsteins lange Widerhaken in einen Pfeil. Überall in Westozeanien wurden Abschlagwerkzeuge für derartige Aufgaben der Holzbearbeitung eingesetzt. Durch Hitzebehandlung wurden die Stücke zwar schärfer, aber auch spröder.

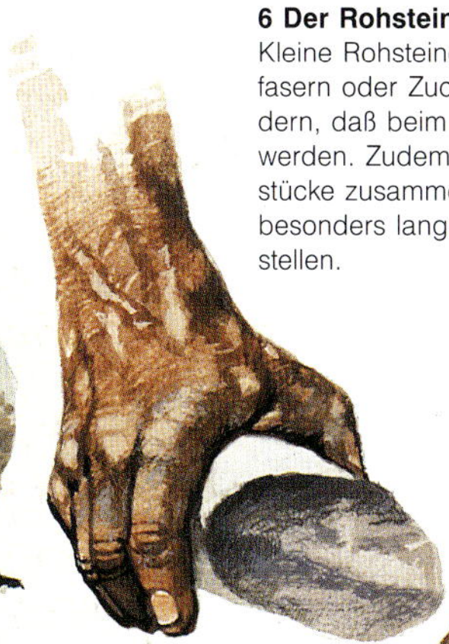

6 Der Rohstein wird eingewickelt
Kleine Rohsteine werden manchmal in Pflanzenfasern oder Zuckerrohr gewickelt, um zu verhindern, daß beim Zuschlagen die Finger verletzt werden. Zudem werden dadurch die Abschlagstücke zusammengehalten, und es wird leichter, besonders lange und dünne Exemplare herzustellen.

5 Der Rohstein wird gespalten
Durch das Spalten des Rohsteins entstehen scharfe Kanten. Entweder nutzt man diese Stücke, wie sie sind, oder schlägt weitere Stücke von ihnen ab.

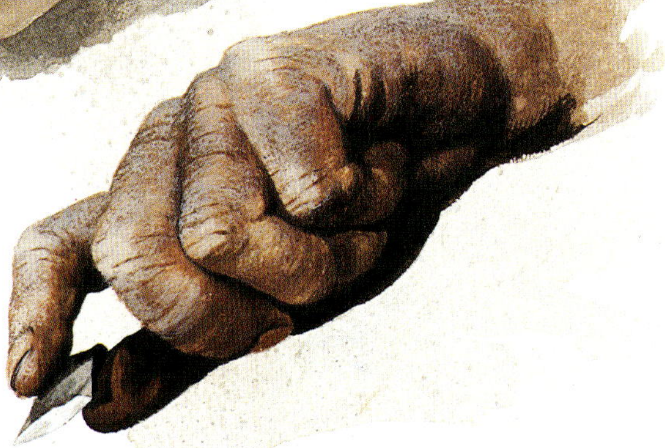

7 Der Abschlagstein ist fertig
Abschlagstücke aller Größen kann man zum Schneiden und Schaben einsetzen. Ihre Kanten sind häufig ebenso scharf wie die eines Stahlmessers, aber nicht ebenso haltbar.

ILLUSTRATIONEN JOHN RICHARDS

VOM STEIN ZUM WERKZEUG: ANALYSE ORGANISCHER RESTE

TOM LOY

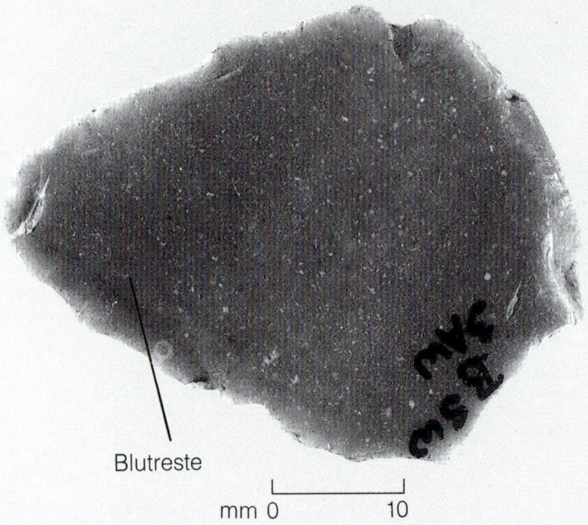

△ Die dunkle Verfärbung, die von dem Blutrest herrührt, kann man an der linken Schnittkante sehen.
TOM LOY

Vor 100 000 Jahren nahm ein Handwerker, der bei Barda Balka an einem Fluß im nordwestlichen Irak lebte, einen kleinen Feuerstein auf, schuf daraus mit wenigen Schlägen ein Werkzeug, benutzte es und warf es fort. Zusammen mit Hunderten anderer Werkzeuge wurde es von einem Forschungsteam des orientalistischen Instituts Chicago ausgegraben und analysiert. Die Wissenschaftler fanden an dem Objekt nichts Ungewöhnliches und entschieden aufgrund von Form und Schlagmuster, daß es sich um einen Schaber oder ein Messer handelte. Vor einigen Jahren entdeckte man jedoch Blutspuren an seiner Oberfläche. Die anschließenden mikroskopischen und biochemischen Analysen der organischen Reste ermöglichten überraschend umfassende Aussagen darüber, wie das Werkzeug benutzt wurde.

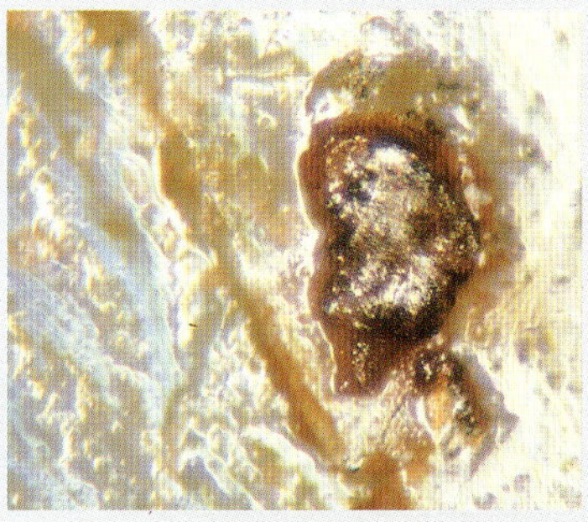

TOM LOY

△ Diese mikroskopische Aufnahme zeigt den Blutrest des Werkzeugs von Barda Balka in 600facher Vergrößerung. An den rötlich-braunen und braunen Stellen sind die Blutreste besonders dick, an den gelblichen Stellen wesentlich dünner. Der Feuerstein selbst ist hellgrau.

An der Schneidkante des Werkzeugs von Barda Balka entdeckte man Spuren holzigen Gewebes mit den typischen Gruben in den Zellwänden. Also wurde es, vermutlich nur ein einziges Mal, dazu verwendet, um ein weiches Nadelholz zu hobeln. Dabei verletzte sich der Handwerker, ohne jedoch seine Arbeit zu unterbrechen. Eine Untersuchung der Moleküle des Serumalbumins, des Hämoglobins und Immunoglobin G von der Oberfläche zeigte, daß sie von menschlichem Blut stammten. Beim Trocknen waren Holzreste im Blutfilm erhalten geblieben. Obwohl man bei Barda Balka keine menschlichen Skelette gefunden hatte, kann man aufgrund der Altersbestimmung vermuten, daß der Benutzer dieses Werkzeug ein Neandertaler war.

Indizien im Laufe der Zeiten

Auf dergleichen Reste stößt man häufiger. Sie wurden schon an Objekten nachgewiesen, die unter freiem Himmel oder in Höhlen gefunden wurden, und zwar sowohl in arktischen Regionen als auch in Wüsten oder tropischen Dschungelsümpfen. Allerdings liegen die meisten Fundorte außerhalb dieser klimatisch extremen Gebiete. Nachdem man bereits zahlreiche biochemische Analysen solcher erhaltenen Rückstände vorgenommen hat, wird deutlich, daß Blutmoleküle durchaus Millionen von Jahren überleben können, während derer der Mensch bereits Werkzeuge benutzt und herstellt.

Allerdings verrät uns die Analyse nicht nur etwas über die Menschen jener Zeit. So wurden in weiter Entfernung von Barka Balka elf Hornstein-Messer an einem Ort entdeckt, der als der Toad River Canyon bekannt ist. Diese Funde vom Nordrand der Rocky Mountains in Westkanada landeten irgendwann im Royal British Columbia Museum (Victoria, Kanada). In den sauren, subarktischen Böden dieser Gegend bleiben keine Tierknochen erhalten. Allerdings zeigte sich durch die Untersuchung von Blutresten an den Werkzeugen, daß von den prähistorischen Jägern unter anderem Bergschafe und Karibus geschlachtet wurden. Was aber noch wichtiger ist: Es wurden auch zahlreiche Blutreste und Haarstücke des nordamerikanischen Bison auf den Oberflächen der Werkzeuge nachgewiesen.

Sobald die Werkzeuge gesammelt waren, wurde die Fundstätte zerstört. Daher war es unmöglich, die Sammlung mit konventionellen Methoden zu datieren. Unterdessen erlaubten jedoch die Fortschritte bei der Radiokarbon-Datierung, auch winzige Mengen von Kohlenstoff zu analysieren. Auf diese Weise wurden 50 Mikrogramm (das ist ein fünfhunderttausendstel Gramm) gereinigter Blutproteine von einem solchen Werkzeug auf ein Alter von etwa 3000 Jahren datiert. Von dieser Werkzeugsammlung stammen die frühesten Proben tierischer DNA, die man jemals aus angetrocknetem Blut gewonnen hat. Mit Hilfe unserer heutigen Verfahren, die imstande sind, die DNA einer einzigen Zelle zu analysieren, ist der Weg nun geebenet, um verschiedene Tierarten bezüglich ihrer taxonomischen und entwicklungsgeschichtlichen Einordnung direkt zu bearbeiten.

Neue Einblicke in das Leben der Vergangenheit

Blut und Gewebe sind nicht die einzigen organischen Materialien, die erhalten geblieben sind. So belegen Stärkekörner und pflanzliches Gewebe, das auf 27 000 Jahre alten Werkzeugen aus der Kilu-Höhle (auf den nördlichen Salomonen, im Südwestpazifik) erhalten blieb, den frühesten Gebrauch von nahrhaften Pflanzenwurzeln. Die Stärkekörner stammten vom Taro (*Colocasia esculenta*), einem Grundnahrungsmittel, das in ganz Südostasien und im pazifischen Raum verbreitet ist. Obwohl pflanzliche Samen oder Gewebe an archäologischen Fundstellen nur selten vorkommen, wird es durch direkte Analyse pflanzlicher Reste von der Oberfläche von Steinwerkzeugen möglich sein, viele Lücken zu schließen, die unsere Kenntnis von der langen Geschichte des Sammelns und Kultivierens von Pflanzen noch aufweist. Diese Geschichte fand ihren Höhepunkt schließlich in der neolithischen Technik des Ackerbaus.

△ Ein Stückchen neben der Spitze sieht man auf diesem Werkzeug zahlreiche Haare. Es wurde bei Toad River Canyon im nördlichen Britisch-Kolumbien (Kanada) ausgegraben. Für Radiokarbon-Datierungen und DNA-Analysen wurden Blutreste von den bezeichneten Flächen entnommen.
TOM LOY

TOM LOY

△ Diese niedrig vergrößerte mikroskopische Aufnahme zeigt die Haar- und Blutreste auf dem Werkzeug aus dem Toad River Canyon. Die Haare stammen vom Bison (*Bison bison*), was auch durch eine DNA-Analyse des Blutrestes bestätigt wurde.

DAVID MOORE/WILDLIGHT

Auf den 39 000 Quadratkilometer großen Salomonen-Inseln sieht es schon anders aus. Die untersten Schichten von Kilu (siehe Landkarte) bergen die Überreste von fünf Rattenarten, einigen Fledermäusen und zwei echsenähnlichen Reptilien. Alle Ratten sind außergewöhnlich, denn sie erreichen ein Körpergewicht bis zu zwei Kilogramm und wurden eindeutig nicht in letzter Zeit eingeschleppt. Zwei dieser Arten sind, nachdem der Mensch dort Fuß gefaßt hatte, wieder verschwunden, vermutlich weil sie ausgerottet wurden oder ihr Lebensraum sich veränderte. Überreste von Tieren, die dort nicht schon immer heimisch waren, tauchen frühestens vor 3000 Jahren auf. Eine Ausnahme bildet lediglich das Bruchstück eines Kletterbeutler-Unterkiefers, der in einer 10 000 Jahre alten Schicht gefunden wurde. Es handelt sich vermutlich um den Rest einer Handelsware aus Räucherfleisch oder eines eingeschleppten Tieres, dem die Flucht in die Wildnis nicht gelang.

Derartige Untersuchungen über das Verhältnis von Menschen und Tieren haben weitreichende Folgen. Sie zeigen nicht nur, daß Jäger und Sammler durchaus imstande sind, Tiere auszurotten, sondern in welchem Umfang sie ihre natürliche Umgebung zum eigenen Vorteil verändern können. Angesichts dieser archäologischen Indizien müssen Vorstellungen über die Biogeographie von Inseln nochmals überdacht werden, die ein unmittelbares, einfaches Verhältnis zwischen der Zahl von Tierarten und der Größe einer Insel, ihrer ökologischen Diversität und ihrer Entfernung von einer kontinentalen Landmasse oder einer anderen möglichen Quelle voraussetzen, von der aus eine Besiedlung erfolgen kann. Die gegenwärtige »Wildfauna« der pazifischen Inseln ist zum großen Teil das Ergebnis menschlicher Einwirkung.

△ Eine klassische Pazifik-Insel mit dichter Vegetation, weißem Strand, einem ausgedehnten Riff und dem Meer – insgesamt eine Insel, die man wohl aufsucht, um Fische, Schalentiere und vielleicht Vögel zu fangen. Höchstwahrscheinlich verfügt sie aber über kein Süßwasser, und der Boden ist für Pflanzungen nicht gut genug.

MICHAEL McCOY

◁ Die Uromys-Riesenratte (*Uromys rex*) gehört zu den großen mosaikschwänzigen Ratten der Salomonen-Inseln. Die Schuppen ihres Schwanzes überlappen nicht, sondern stoßen, wie bei einem Mosaik, aneinander. Sie ist etwa 60 Zentimeter lang, wovon die Hälfte auf den Schwanz entfällt. Diese Baumbewohnerin kommt noch immer auf einigen Inseln vor, ist aber heute selten geworden.

MICHAEL McCOY

△ *Canarium-indicum*-Bäume sind im Raume Neuguineas heimisch. Sie wurden auch auf andere pazifische Inseln gebracht, denn man schätzt sie einerseits wegen der vielen eßbaren Nüsse, die sie hervorbringen, und andererseits, weil man mit ihrer Rinde Brandwunden behandeln kann. Manchmal werden die Bäume, wie hier, in der Nähe der Dörfer angepflanzt. Häufiger jedoch stehen sie im Wald, wo sie von Dorfbewohnern gepflegt werden. Diese sind ihre Eigentümer und ernten auch deren Nüsse.

MICHAEL McCOY

△ *Caranium*-Nüsse sind stark proteinhaltig. Man kann sie roh essen, aber man kann sie auch über dem Feuer trocknen und dann viele Monate lang aufbewahren.

Außer nützlichen Tieren wurden auch nützliche Pflanzen über das Meer transportiert. So wurden bei Pamwak auf der Insel Manus, die ungefähr 2100 Quadratkilometer groß ist, die Nüsse von *Canarium indicum* gefunden, die ursprünglich auf dem Festland von Neuguinea heimisch waren. Diese glänzend schwarzen Nüsse besitzen ungefähr die Größe eines Golfballs und wachsen auf großen, leicht zu züchtenden Bäumen. Ihre hochproteinhaltigen Kerne schmecken gut und lassen sich auch mühelos aufbewahren, besonders, wenn sie geräuchert wurden. *Canarium*-Nüsse wurden zudem auf den Salomonen bei Kilu in 10 000 Jahre alten Schichten entdeckt. Und Reste von Taro-Stärke wurden auf Steinwerkzeugen der ältesten Schichten nachgewiesen (vergleiche den Kasten *Vom Stein zum Werkzeug: Analyse organischer Reste*). Es ließ sich jedoch nicht bestimmen, ob es sich bei diesen Taro-Pflanzen einfach um Wildformen handelt, die vor dem Kochen geschabt wurden, oder ob man sie damals schon angebaut hatte.

Diese pflanzlichen Funde sprechen dafür, daß sich die Inselbewohner im Pleistozän schon um wildwachsende Pflanzen kümmerten. Zwar dürften diese Menschen keine eingezäunten Gärten besessen haben, doch existierte vermutlich eine Regelung, nach der einzelne Menschen Nahrungspflanzen besaßen, die wild im tropischen Dschungel wuchsen, sie pflegten und auch ernteten.

Vom Menschen hergestellte Gegenstände

In allen Höhlen und Felsüberhängen, die als Fundstellen bekannt sind, fanden sich mehrere Gegenstände. Dabei handelte es sich entweder um fortgeworfene Werkzeuge oder um Abfälle, die bei deren Herstellung entstanden. An derartigen Orten blieben Steine und Knochen erhalten, und an den Kanten, die zum Einsatz kamen, fand man zudem organische Reste, insbesondere von pflanzlichem Gewebe und von Blut.

Auf Neuirland bestehen die Steinwerkzeuge lediglich aus scharfkantigen Abschlagwerkzeugen und den Knollen, von denen sie geschlagen wurden. Beides wurde als Werkzeug benutzt. Viele dieser Gegenstände entstanden aus dem Gestein der Umgebung, darunter teilweise marmorierten Kalksteinen und grobkörnigen vulkanischen Gesteinen, die am Grunde von Bächen aufgesammelt wurden. In ihren unteren Schichten enthalten sämtliche Fundstellen Werkzeuge aus hartem, feinkörnigem Gestein, wie etwa Hornsteine, die in verschiedenen Farben vorkamen. Allerdings wirft die Herkunft dieser Steine Probleme auf. Im Falle von Balof ergab eine Untersuchung von 102 Stücken mit Hilfe des Neutronen-Aktivierungs-Verfahrens, daß sie in zwei Gruppen zerfallen. Bei einigen wenigen aus den untersten Schichten, die etwa 14 000 Jahre alt waren, handelt es sich um Kalzium-Aluminium-Silikate vulkanischen Ursprungs. Der Rest dagegen setzte sich aus Hornsteinen und quarzhaltigen Gesteinen zusammen, die im Meer vorkommen. Die Steine der vulkanischen Gruppe müssen mindestens 30 Kilometer von der Stelle entfernt entstanden sein, wo sie gefunden wurden, denn einerseits gibt es keine näherliegenden vulkanischen Quellen, und andererseits konnte keine genaue Quelle ermittelt werden. Sie können sogar von einer anderen Insel stammen. (Derartige Quellen haben häufig nur eine geringe Ausdehnung, und man findet sie eigentlich nur dann wieder, wenn sich Einheimische daran erinnern können.) Hornsteine und quarzhaltige Steine wurden im Kalkstein der Umgebung nicht nachgewiesen, der sich natürlich unter Wasser oder in Form von Flußkieseln in den lokalen Bächen gebildet hatte. In diesem Fall liegt die Quelle vermutlich im Meer, vielleicht in Gestalt einer Kalksteinschicht, die während des Holozäns schon früh vom ansteigenden Meer überflutet wurde. Keines dieser feinkörnigen Gesteine wurde vor weniger als 8000 bis 10 000 Jahren benutzt.

J.SPECHT/AUSTRALIAN MUSEUM

Der andere wesentliche Gesteinstyp, aus dem Werkzeuge gemacht wurden, ist der Obsidian, eine Art vulkanischen Glases. Dieses Material kommt nur an drei kleinen Stellen Neuguineas und Westozeaniens vor: auf Fergusson Island, an verschiedenen Stellen in der Nähe von Talasea auf Neubritannien sowie auf einer kleinen Insel der Admiralitätsgruppe

(vergleiche Karte). Alle Obsidiane, deren Alter 3000 Jahre übersteigt, stammen aus einer Quelle, die als Mopir (unweit von Talasea) bekannt ist. Der älteste Obsidian stammt aus Matembek (etwa 400 Kilometer von Mopir entfernt). Da die Schichten, in denen er gefunden wurde, auf ein Alter von 19 000 Jahren datiert wurden, kann man annehmen, daß Menschen in einem weiten Umkreis dieses Material über Jahrtausende zu schätzen wußten.

Im Holozän (während der letzten 10 000 Jahre) wurde der Obsidian noch viel weiter in den pazifischen Raum hinausgetragen. Wir wissen zwar nicht, wogegen er eingetauscht wurde, doch kam eine ganze Reihe lokaler Güter dafür in Frage, unter anderem Federn, Lebensmittel und Holzschnitzereien. Man könnte zwar vermuten, daß dieses umfangreiche Verteilungsnetz von spezialisierten Händlern organisiert wurde, doch war dies unter den frühen Jägern und Sammlern eher unwahrscheinlich. Man kann statt dessen davon ausgehen, daß der Handel von einer Gruppe zur nächsten ausgetragen wurde, wie es auch heute noch der Fall ist.

Das Auftauchen des Obsidians auf Neuirland stellte die Archäologen vor ein Rätsel. Er trat nämlich bei Matembek erstmals vor etwa 19 000 Jahren auf, bei Balof und Panakiwuk dagegen vor weniger als 10 000 Jahren. Da sich nun beide Fundstellen auf derselben Insel befinden, noch dazu nicht weit voneinander entfernt, kann man dieses Phänomen kaum auf fehlende Kontakte zwischen diesen Orten zurückführen. Es ist natürlich denkbar, daß die Datierung ungenau war, doch auch dies läßt sich dadurch widerlegen, daß jede der Fundstellen von zahlreichen Gegenständen Datierungen ergab, die in sich konsistent waren.

△ Die vulkanische Landschaft der Halbinsel Willaumez (Neubritannien). Zwar wurde Obsidian von einigen ihrer Vulkane weit über den westpazifischen Raum verbreitet, doch war es sehr riskant, in diesem vulkanisch aktiven Gebiet zu leben.

▽ Ausbruch des Kavachi-Vulkans auf den Salomonen. Sobald der Ausbruch abklingt, wird der Lavahügel langsam von Pflanzen und Insekten besiedelt. Sofern beim letzten Ausstoß Asche herauskommt, die einen fruchtbaren Boden ergibt, wird die Besiedlung noch beschleunigt.

Vielleicht brauchte man für das Leben in Balof und Panakiwuk vor mehr als 10 000 Jahren einfach keinen Obsidian, aber diese Vermutung wird durch nichts gestützt. Stattdessen wurden sämtliche Höhlen offenbar in sehr ähnlicher Weise benutzt. Vielleicht existierte eine Art von Kulturbarriere, oder es war verboten, den Obsidian im Nordteil der Insel zu benutzen. Aber auch dafür gibt es keine Belege, und derartige Unterstellungen sind in jedem Fall schwer zu belegen.

Wie wurden die Steinwerkzeuge eingesetzt? Auch dies ist selten verläßlich zu beurteilen, da ihre äußere Form nicht immer unmißverständliche Hinweise gibt. Es gibt allerdings zwei Forschungsbereiche, die uns neue Einblicke in das Leben alter Völker ermöglicht haben. Dabei handelt es sich einerseits um die mikroskopische Analyse der Abnutzungsspuren, die an den Werkzeugen entstehen und die mit den Spuren verglichen werden, deren Herkunft man eindeutig kennt, sowie andererseits um die Analyse organischer Reste. Bei Balof fand zum Beispiel Huw Barton heraus, daß alle Werkzeuge aus feinkörnigem Gestein, darunter auch der Obsidian, zum Bearbeiten holziger oder anderer Pflanzenteile dienten. Auch stärkehaltige Teile (vermutlich waren es Knollen, die zum Essen bestimmt waren) wurden so bearbeitet. Zudem entdeckte er einige Bruchstücke von Vogelfedern, aber nur wenig Blut. Also wurden nur sehr wenige der untersuchten Werkzeuge für Tiere benutzt. An diesem Fundort lagen die Knochen etlicher vollständiger Tiere herum. Davon waren einige verbrannt und abgekaut. Demnach wurden diese Tiere dort eindeutig auf einem Feuer gekocht und gegessen. Vielleicht wurden sie mit hölzernen Werkzeugen abgehäutet und zerlegt. Die auf der Manus-Insel gelegene Fundstelle bei Pamwak birgt Steinwerkzeuge, die aus dem Hornstein der Umgebung angefertigt und zudem erhitzt wurden, um das Zurechtschlagen zu erleichtern. (Vergleiche den Kasten *Hitzebehandlung: Eine 50 000 Jahre alte Technik.*)

MICHAEL McCOY

RESTE DER ERSTEN SIEDLER VON NEUIRLAND

CHRISTOPHER GOSDEN

Der Fundort mit dem Namen Matenkupkum, an der Südostküste Neuirlands unweit von Papua-Neuguinea, ist eine trockene Kalksteinhöhle von 18 Meter Länge und zehn Meter Breite. Sie befindet sich unmittelbar oberhalb des heutigen Meeresniveaus auf einer emporgeschobenen Kalksteinterrasse. Ihr Eingang öffnet sich nach Südosten, wo man auf den Pazifischen Ozean blickt.

Die ersten Ausgrabungen erfolgten im Jahre 1985, ein Jahr, nachdem Archäologen sie entdeckt hatten. Das Grabungsteam bestand aus meiner Person, Pru Gaffey (einem weiteren Archäologen von der Australian National University) und fünf Leuten aus Hilalon, einem in der Nähe gelegenen Dorf, in dem auch wir gerade wohnten. Wir hatten uns zwei Ziele gesetzt: Wir wollten herausfinden, wann die Höhle zum ersten Mal bewohnt wurde, und wir wollten einen Einblick in das Leben jener Bewohner bekommen. Da wir es für möglich hielten, daß das Licht die Aktivitäten in der Höhle beeinflußt haben könnte, entschlossen wir uns, einen zehn mal einen Meter großen Graben vom Eingang der Höhle bis zu ihrer Mitte zu graben.

Unsere Entscheidung erwies sich als richtig. Wir entfernten jeweils nur eine einzige Erdschicht über die ganze Länge des Grabens und stießen in der Mitte auf eine Reihe von Herdstellen, die später auf ein Alter zwischen 14 000 und 12 000 Jahren datiert wurden. Sie waren aus Gruben gemacht, die zum Teil mit Kalksteinblöcken ausgelegt waren und 2000 Jahre lang immer wieder angelegt und benutzt wurden. Dabei lieferten die Herde und die danebenliegenden Haufen von Küchenabfällen ein bemerkenswert vollständiges Zeugnis der Menschen, die diese Höhle über etwa 80 Generationen benutzt hatten. Die Laboranalyse zeigte, daß ein großer Teil der ausgegrabenen Erde in Wirklichkeit Asche von den Herdstellen war. Hinter diesen entdeckten wir einen Haufen von Muschelschalen, der dem nahegelegenen Riff entstammte, sowie Knochen von Tieren aus dem Regenwald (zum Beispiel vom Kuskus (*Phalanger orientalis*), von Ratten, Fledermäusen, Vögeln, Echsen und Schlangen, die alle potentielle Nahrungsquellen waren). Zudem lagen dort große abgehauene Steinstücke aus einem Fluß der Umgebung. Wir fanden auch mehrere Stücke von Obsidian, einem vulkanischen Glas, das scharfe Schnittkanten besitzt. Sie stammten von den Vulkanen der Insel Neubritannien, die etwa 350 Kilometer entfernt liegt.

△ Die Höhle von Matenkupkum wurde zum ersten Mal vor 33 000 Jahren von Menschen aufgesucht. Der Obsidian, der hier in 12 000 Jahre alten Schichten gefunden wurde, gelangte aus 350 Kilometer Entfernung übers Meer hierher.
CHRISTOPHER GOSDEN

Von der entfernten zur nahen Vergangenheit

Was wir vor der Höhle ausgruben, stammte aus einer ganz anderen Zeit. Während des Zweiten Weltkriegs hatten japanische Soldaten die Höhle besetzt, um die Sabotage einer Telefonverbindung zu verhindern, die entlang der Küste verlegt war. Um sich gegen Angriffe zu schützen, legten sie quer über den Eingang einen Graben an, und als sie fortzogen, füllten sie ihn mit Abfall. Dieser Graben hat die meisten prähistorischen Ablagerungen vor der Höhle zerstört, enthielt jedoch eine Reihe alltäglicher Gegenstände - Pfannen, Bierflaschen, Schuhe und so weiter — die uns einen interessanten Einblick in das Leben des Gemeinen Soldaten und die Umstände des Dschungelkrieges gewährten.

Unterhalb der Schichten, in denen die Herde gefunden wurden, fanden wir Hinweise darauf, daß diese Höhle schon vor 21 000 bis 18 000 Jahren bewohnt war. Hier entdeckten wir feine Schichten aus Sand und Asche, die während der Ausgrabung nur schwer zu unterscheiden sind, die aber vermutlich auf vorübergehende Besetzungen der Höhle über einen längeren Zeitraum zurückzuführen waren. Da weder Obsidiane noch Kukus-Knochen gefunden wurden, hatten die Menschen jener Zeit vermutlich keine Kontakte nach außen. Die Basis der Ablagerungen bestand aus Sand von einem alten Strand, der schon existierte, ehe die Höhle auf ihre heutige Position gehoben worden war. Und hier fanden wir Indizien dafür, daß die Höhle vor 33 000 Jahren zum ersten Mal bewohnt worden war.

In diesen untersten Ablagerungen fanden wir keine Spuren von Herdstellen mehr, und die Küchenabfälle waren offenbar wahllos verstreut worden. Wenn nur wenige Menschen diese Höhle gelegentlich aufsuchten, bestand keine Notwendigkeit, sie aufzuräumen. Die Tatsache, daß der Abfall später, vor etwa 12 000 Jahren, ordentlich geschichtet wurde, belegt, daß zu jener Zeit mehr Menschen auf Neuirland lebten und die Höhle häufiger besuchten.

Obwohl die Höhle von Matenkupkum nur ein Punkt auf einer Karte ist, auf der die Menschen wahrscheinlich weit verstreut lebten, kann sie uns viel verraten, sowohl über die Erstbesiedlung einer großen pazifischen Insel als auch über die Veränderungen, die auf ihr im Laufe von 20 000 Jahren erfolgten.

J. PETER WHITE

△ Diese Kalksteinblöcke mögen vor 12 000 Jahren als Basis für einen Herd gedient haben.

CHRISTOPHER GOSDEN

△ 20 000 Jahre lang benutzten die Menschen Steinwerkzeuge wie diese, die sie aus Flußsteinen der Umgebung herstellten.

◁ Schneckenschalen, die vor 33 000 Jahren gesammelt worden waren.

JIM BRANDENBURG/MINDEN PICTURES

DER MODERNE MENSCH IN DER NEUEN WELT

Vor 12 000 bis 10 200 Jahren

Die Mammutjäger von Clovis und die Bisonjäger von Goshen und Folsom

GEORGE C. FRISON

Mehr als ein halbes Jahrhundert lang wurden die Archäologen nicht müde, in den spätpleistozänen Ablagerungen nach den ersten Menschen zu suchen, die ihren Fuß auf nordamerikanischen Boden gesetzt hatten. Diese Bemühungen erwiesen sich als gleichermaßen frustrierend und lohnend. Obwohl viele Einzelheiten ans Licht kamen, bleibt noch immer ungeklärt, wer diese ersten Einwanderer waren, aus welchem Teil der Alten Welt ihre Vorfahren stammten, welchen Weg sie damals genommen hatten und unter welchen Umständen sie eingetroffen waren. (Vergleiche Kasten *Wer waren die ersten Amerikaner?*)

Der älteste kulturelle Komplex Nordamerikas, der von allen Archäologen akzeptiert ist, ist als Clovis bekannt. (Ein kultureller Komplex bezeichnet eine abgegrenzte Gruppe kultureller Gegenstände, die miteinander zu tun haben und, vermutlich über mehrere Generationen, von einer einzigen Bevölkerung benutzt wurden.) Er tauchte irgendwann vor 12 000 bis 11 000 Jahren auf, kurz bevor die großen Säugetiere (die Megafauna) des späten Pleistozäns ausstarb. Bald nach Clovis entstanden Folsom und Goshen, zwei weitere kulturelle Komplexe. Unser gesamtes Wissen über die frühen paläoindianischen Jäger Nordamerikas beruht auf diesen drei Kulturen.

◁ Eine Bisonherde (*Bison bison*) unserer Tage. Obwohl diese Tiere gewöhnlich gesellig leben, verändert sich die Größe der Herde ständig, da sich kleine Gruppen absplittern und andere hinzugesellen. Außerhalb der Fortpflanzungszeit leben die geschlechtsreifen Männchen einzeln oder bilden kleine, separate Gruppen. Die Steppenbisons des späten Pleistozän waren größer und bildeten die Nahrungsgrundlage der auf den Prärien lebenden Paläoindianer.

△ Eine Clovis-Spitze aus Colby im Norden Wyomings.

GEORGE C. FRISON

Als die letzte Eiszeit vor 18 000 Jahren auf ihrem Höhepunkt stand, bedeckten gewaltige Eisdecken beinahe ganz Kanada und dehnten sich noch südlich der Großen Seen in den Osten der Vereinigten Staaten aus. In den Gletschern der ganzen Welt war soviel Meerwasser gebunden, daß der Meeresspiegel sank und dabei einen Kontinentalschelf freilegte. Zu diesem Schelf gehörte Beringia, eine große, unvereiste Landmasse, die Nordostasien mit dem heutigen Alaska verband. Auf dem flachen, gutbewachsenen Beringia konnten nicht nur die Riesentiere des späten Pleistozän ihr Auskommen finden, sondern auch menschliche Jäger, die vom Westen aus in dieses Gebiet vordrangen.

Mit dem Schmelzen der Gletscher begannen die Meere wieder anzusteigen und begruben den ehemals freigelegten Kontinentalschelf unter sich. Vor 12 000 Jahren hatte sich der laurentische Eispanzer nach Osten und die Eisdecke der Kordilleren nach Westen zurückgezogen. Dabei entstand zwischen ihnen ein offener Korridor, der sich vom heutigen Yukon über Kanada bis nach Montana erstreckte. Von vielen Prähistorikern wird dieser sogenannte »eisfreie Korridor« als die Route angesehen, auf der die ersten Großwildjäger zu den Prärien Nordamerikas zogen. Andere meinen dagegen, sie seien von Alaska aus südwärts an der Nordwestküste entlang gekommen.

Eine neue Umgebung

Vor 12 000 bis 10 000 Jahren kam es zu bedeutenden Veränderungen des Klimas und der Umwelt. Als der Kulturkomplex von Clovis vor 12 000 bis 11 000 Jahren erstmals auftauchte, waren die Winter wärmer und die Sommer kälter als heute, die jahreszeitlichen Temperaturextreme also weniger ausgeprägt. Auch die Vegetation sah ganz anders aus: So waren die heutigen, mit kurzem Gras bestandenen Ebenen damals mit hohen Gräsern bewachsen. Die gewaltigen Säuger des späten Pleistozäns, wie Mammute, Mastodonten, Pferde, Kamele und Riesenfaultiere, waren im Aussterben. Die riesigen Steppenbisons sollten noch 3000 Jahre überleben. Vielleicht noch eindrucksvoller waren die Raubtiere, zum Beispiel der amerikanische Höhlenbär – etwa doppelt so groß wie der heutige Grizzlybär – sowie der amerikanische Löwe und der amerikanische Gepard, die ebenfalls größer waren als ihre heutigen Verwandten in Afrika. Es gab aber auch zahlreiche kleine Tiere. Der Halsbandlemming zum Beispiel, ein winziges Tier, das nur in kalter Umgebung überleben kann, lebte am Rande der Gletscher. Er ist an den arktischen Gletschern auch heute noch zu finden.

Vor etwas weniger als 11 000 Jahren veränderte sich die Umwelt abermals. Die Jahreszeiten grenzten sich stärker gegeneinander ab. Es gab lange, warme und sonnige Zeiten, während die jährlichen Niederschläge und Schneefälle zurückgingen. Zu Beginn des Holozäns, vor ungefähr 10 000 Jahren, hatte diese Entwicklung ihren Höhepunkt erreicht, und die Klimaverhältnisse waren denen vergleichbar, die wir heute kennen.

Obwohl viele Archäologen davon überzeugt sind, daß schon vor der Clovis-Kultur Menschen in Nordamerika zu Hause waren, stimmen alle darin überein, daß die Waffen und Werkzeuge dieser Kultur die bisher ältesten sind, mit deren Hilfe die Menschen damals imstande gewesen sein könnten, die großen Tiere ihrer Zeit zu jagen. Man kann daraus wohl schließen, daß die Clovis-Jäger mit den altweltlichen Jägern des oberen Paläolithikums verwandt waren, die schon viele Jahrtausende zuvor Mammuten, Wisenten, Rentieren und anderen großen Säugern nachgestellt und sie gejagt hatten.

Die ältesten paläoindianischen Funde

Zu Beginn dieses Jahrhunderts war man allgemein der Ansicht, daß der Mensch – aus prähistorischer Sicht – erst vor kurzem nach Nordamerika gelangt sei. In den zwanziger Jahren dann hütete George McJunkin, ein schwarzer Cowboy, eine Rinderherde in der Nähe der Kleinstadt Folsom, die im Nordosten Neumexikos liegt. Dabei machte er eine historische Entdeckung: Am Ufer eines Arroyo (eines steilwandigen Kanals) ragten einige große Knochen aus der Erde heraus. Das Naturhistorische Museum von Colorado wurde von dem Fund unterrichtet, und im Jahre 1926 entdeckten die Paläontologen des Museums Waffen aus Stein, die später als die Pfeilspitzen von Folsom bekannt werden sollten. Zudem fanden sich Schlachtwerkzeuge zwischen den Knochen, die von einer ausgestorbenen Bison-Art stammten. Allerdings waren die Archäologen nicht davon überzeugt, daß die Werkzeuge und Waffen etwas mit den Knochen zu tun hatten. Daher bat man mehrere hervorragende Wissenschaftler dieser Zeit, sich an Ort und Stelle eine Pfeilspitze zwischen den Knochen anzuschauen. (Zu diesen Forschern gehörten unter anderen Barnum Braun, ein Paläontologe vom amerikanischen Naturhistorischen Museum, und Frank H.H. Roberts jr. vom Smithsonian Institution.) Erst nachdem sich die Ausgrabungen über drei Jahre hingezogen hatten, beugten sich alle Archäologen und Paläontologen den überwältigenden Indizien: Tatsächlich hatten Menschen Nordamerika in einem viel früheren Stadium der Vorgeschichte bewohnt als man es zunächst für möglich gehalten hatte, und sie hatten mit Er-

JOSEPH H. BAILEY/© NATIONAL GEOGRAPHIC SOCIETY

▷ Zwar war ein Mammut nicht größer als ein heutiger Asiatischer Elefant, doch waren seine massiven Stoßzähne ungleich größer. Als Grasfresser war es den offenen Ebenen angepaßt, während das laubfressende Mastodon in den bewaldeten Gebieten lebte.

GRÖSSERE PALÄOINDIANISCHE FUNDSTÄTTEN IN NORDAMERIKA:
An den Fundstätten von Benefish Cave und Meadowcroft: Bei Dry Creek fand man ungekehlte Spitzen, die ebenso alt waren wie die Clovis-Kultur. Und bei Charlie Cave wurde eine gekehlte Spitze geborgen, die 10 500 Jahre alt war.

1 Bluefish Caves
2 Dry Creek
3 Charlie Cave
4 Clovis-Waffenlager von Richey-Roberts, Washington
5 Clovis-Waffenlager von Simon, Idaho
6 Clovis-Mammut-Jagdplatz von Lange-Ferguson, South Dakota
7 Mammut-Jagdplatz von Lehner und Lager von Murray Springs, Arizona
8 Blackwater Draw, Neumexiko (Clovis-Mammut-Jagd- und Lagerplatz sowie Jagd- und Lagerplatz der Folsom-Jäger)
9 Mammut-Jagdplatz von Domebo, Oklahoma
10 Kimswick, Missouri (Clovis-Spitzen und Überreste vom Mastodon)
11 Vail, Maine (Lagerplatz mit Clovis-Spitzen)
12 Debert, Neuschottland (Lagerplatz mit Spitzen im Debert-Stil)
13 Felsüberhang von Meadowcroft, Pennsylvania (? 19 000)
14 Thunderbird, Virginia (Clovis-Lager)
15 Aucilla River, Florida (Unterwasser-Fundort mit Elfenbeinobjekten aus der Clovis-Zeit)
16 Clovis-Waffenlager von Anzick, Montana
17 Mill Iron, Montana (Bison-Jagdplatz der Goshen-Jäger)
18 Hanson, Wyoming (Folsom-Lager)
19 Carter/Kerr-McGee, Wyoming (Goshen, Jagdplatz der Folsom-Jäger)
20 Colby, Wyoming (Clovis-Mammut-Jagdplatz)
21 Casper, Wyoming (Bison-Jagdplatz aus der Hell-Gap-Zeit)
22 Agate Basin, Wyoming (Bison-Jagdplatz der Folsom-Jäger)
23 Hell Gap, Wyoming (Bison-Jagdplätze und Lager der Goshen- und Folsom-Jäger)
24 Lindenmeier, Colorado (Folsom-Lager)
25 Dent, Colorado (Mammut-Jagdplatz der Clovis-Jäger)
26 Cattle Guard, Colorado (Bison-Jagdplatz und Lager der Folsom-Jäger)
27 Folsom, Neumexiko (Folsom-Bison-Jagdplatz)
28 Taima-taima (? 13 000)
29 El Inga (9000)
30 Pachamachay (10 500)
31 Pikimachay (? 25 000 – ? 15 000)
32 Pedra Furada (? 35 000)
33 Tagua-Tagua (11 500)
34 Monte Verde (? 33 000)
35 Fell's Cave (11 000)
Alle Angaben in Jahren vor unserer Zeit

GRÖSSERE PALÄOINDIANISCHE FUNDSTÄTTEN IN SÜDAMERIKA
An den Fundstätten von Taima-taima, Pedra Furada und Monte Verde finden sich starke Indizien für eine Besiedlung Amerikas vor der Clovis-Zeit. Einige Spitzen vom Fischschwanz-Typ, wie die von Fell's Cave, bieten Beispiele für eine echte Auskehlungstechnik.

▷ Ausgrabungen bei Dent in Colorado im Sommer 1933. Im Jahr davor waren in der Nähe, am South Platte River, große Knochen gefunden worden, die sich als die Überreste einiger Mammute erwiesen. Pfarrer Conrad Bilgery vom Regis College (Denver) leitete die Ausgrabungen, und am 5. November entdeckte man dicht neben den Knochen eine Clovis-Projektilspitze. Im Jahre 1933 setzte das Colorado Museum of Natural History die Ausgrabungen fort, wobei noch eine zweite Clovis-Spitze gefunden wurde.

PHOTO ARCHIVES, DENVER MUSEUM OF NATURAL HISTORY

PHOTO ARCHIVES, DENVER MUSEUM OF NATURAL HISTORY

△ Ein mit Bisonknochen gefüllter Gipsblock wird aus dem Arroyo bei Folsom im Nordosten Neumexikos abtransportiert.

folg Tiere gejagt, die heute lange ausgestorben sind.

Als 1932 der North Platte River im Norden Colorados über die Ufer trat, legte er die Überreste mehrerer Mammute frei. Bei den anschließenden Grabungsarbeiten entdeckte man unter den Mammutknochen zwei Pfeilspitzen, bei denen es sich, wie später bestätigt wurde, um die ausgekehlten Spitzen von Clovis handelte. Ihren Namen verdankt die Clovis-Kultur allerdings einer Ansammlung von Funden an einem Ort, der als Blackwater Draw, Fundort 1, bekannt ist und sich im Osten Neumexikos nahe der Stadt Clovis befindet. Da Clovis am Westrand des Llano Estacado liegt, wird der Komplex manchmal auch als Llano bezeichnet.

Blackwater Draw ist ein Entwässerungskanal, der in einer wesentlich früheren geologischen Zeit als ein Bach in Südostrichtung den Llano Estacado durchquerte. Zur Zeit der Clovis-Kultur war davon aufgrund klimatischer Veränderungen nur eine Reihe seichter, saisonaler Teiche übriggeblieben, in denen sich, wenn das Wasser ablief, Sedimente ansammelten. Diese Teiche waren natürliche Versammlungsplätze, an denen große Tiere wie Mammute und Bisons zusammenkamen. Entweder hatten die Jäger diese Tiere an den Wasserlöchern erlegt, oder sie waren ihren Opfern, die sie anderswo schon verletzt hatten, zum Wasser gefolgt, wo die Tiere sich eine Erleichterung ihrer Schmerzen versprachen. Die Werkzeuge und Waffen, die sich in stratigraphischer Folge in den ständig wachsenden Sedimenten ansammelten, bezeugen, daß die Paläoindianer um Blackwater Draw viele tausend Jahre lang Tiere jagten und zerlegten. Es besteht kein Zweifel, daß die Clovis-Jäger vor 11 000 Jahren Mammute und Bisons erlegten. Unmittelbar über der Clovis-Schicht finden sich Hinweise auf die Folsom-Jäger, die ein wenig später Bisons, aber keine Mammute mehr töteten.

Die Entdeckungen von Blackwater sind der Tatsache zu verdanken, daß die archäologisch interessanten Sedimente unter Kies begraben lagen, was auf dem Llano Estacado ungewöhnlich ist. Als man den Kies für den Straßenbau abtrug, wurden Mammut- und Bisonknochen sowie menschliche Werkzeuge und Waffen freigelegt. Allerdings wurde die Fundstelle zu einer Kiesgrube erklärt, und die Archäologen mußten retten, was sie retten konnten (der Betreiber der Kiesgrube verdient insofern Anerkennung, als er mit ihnen zusammenarbeitete). Im Jahre 1956 unternahm man den Versuch, zwei Hektar des Gebietes für künftige Forschungen zu reservieren, aber ohne Erfolg. Auf diese Weise ging der vermutlich größte Teil der bedeutendsten paläoindianischen Fundstelle Nordamerikas der Nachwelt verloren. Nach der Entdeckung von Clovis und Folsom hielten die meisten Archäologen Clovis für die älteste Kultur, der Folsom nur wenig nachstand. Diese Ansicht änderte sich, als in den sechziger Jahren bei Hell Gap, im südöstlichen Wyoming, eine der ältesten und umfangreichsten paläoindianischen Fundstellen Nordamerikas freigelegt wurde. Da Hell Gap eine tiefreichende Schichtung aufweist, konnte eine verläßliche Chronologie der Paläoindianer der nördlichen Ebenen aufgestellt werden. Einige Gegenstände aus Steinsplittern, die bei Hell Gap unter einer Folsom-Schicht entdeckt wurden, ordnete man zunächst der Clovis-Kultur zu. Bei näherer Betrachtung zeigte sich aber bald, daß sie weder zu Clovis noch zu Folsom gehörten. Statt dessen ähnelten die Pfeilspitzen einem Typ, den man aus den südlichen Ebenen kannte, dem sogenannten Plainview-Typ. Da jedoch die Plainview-Kultur nach übereinstimmender Ansicht jünger war als Folsom, die Funde von Hell Gap aber ein deutlich höheres Alter besaßen als Folsom, wurden sie – nach dem Bezirk, in dem sie entdeckt worden waren, als Goshen-Kulturkomplex bezeichnet. Obwohl seitdem noch weitere Gegenstände der Goshen-Kultur bekannt wurden, bleibt das Verhältnis zwischen Goshen einerseits und Clovis und Folsom andererseits ungelöst.

Der Clovis-Kulturkomplex

Als die Menschen der Clovis-Kultur begannen, sich südlich der kontinentalen Eisdecken auszubreiten, drangen sie in ein Gebiet vor, dessen großwüchsige Tierwelt noch nie von menschlichen Jägern genutzt worden war. Sie entwickelten hervorragende Werkzeuge und Waffen und wurden zu erfolgreichen Jägern. Da kein nennenswerter Wettbewerb um die Nahrungsressourcen existierte, bestand praktisch keine Notwendigkeit, ihre Jagdreviere zu verteidigen. Sie lebten in kleinen Verbänden, und wenn das Nahrungsangebot zurückging, zogen sie einfach in ein neues Gebiet. Dies erklärt wahrscheinlich, warum sich die Clovis-Kultur so rasch und weit über die eisfreien Gebiete Nordamerikas ausbreitete und warum ganz ähnliche Werkzeuge und Waffen weit voneinander entfernt gefunden wurden. Im Gegensatz zu späteren paläoindianischen Gruppen waren die Clovis-Jäger noch nicht gezwungen, besondere Strategien des Nahrungserwerbs zu entwickeln, die sie in ihrer Bewegungsfreiheit eingeschränkt und außerdem genötigt hätten, ihre Waffen und Werkzeuge den Erfordernissen der jeweiligen Umgebung anzupassen.

Überall in Nordamerika, wo die Reste getöteter Mammute auftauchten, entdeckte man jene typischen ausgekehlten Pfeilspitzen und Variationen dieser Waffen, die Spuren der Clovis-Jäger. In den fünfziger Jahren verlagerte man die Suche nach Südarizona in das Gebiet des San Pedro Valley. Bei Naco, einem Fundort nahe der mexikanischen Grenze, wurden ein einzelner Mammut-Stoßzahn und acht Clovis-Pfeilspitzen geborgen. Weiter talabwärts fand man bei Lehner die Überreste mehrerer Mammute und 13 Clovis-Pfeilspitzen, von denen drei ziemlich klein und aus Quarzkristall gefertig waren. In demselben Tal wurden bei Murray Springs jeweils ein erjagtes Mammut und ein Bison aus der Clovis-Zeit freigelegt. Die Reste befanden sich unmittelbar unter einer »Black Mat«, einer dunklen, mehrere Zentimeter dicken Schicht, die nach allgemeiner Ansicht aus organischem Material entsteht. Die Oberfläche der

GEORGE C. FRISON

△ Die Umgebung des tiefgeschichteten Fundorts von Hell Gap im Südosten Wyomings. Hier stieß man auf eine chronologisch verläßliche Folge mehrerer paläoindianischer Kulturkomplexe aus dem Westen Nordamerikas.

SAM ABELL/© NATIONAL GEOGRAPHIC SOCIETY

◁ Clovis-Projektilspitzen vom Jagdplatz von Murray Springs (Arizona), wo man Reste von Mammuten und Bisons gefunden hatte. Die Waffen der Clovis-Jäger waren gutgeformt, bewiesen eine überlegene Technik und bestanden aus dem bestmöglichen Rohmaterial.

WER WAREN DIE ERSTEN AMERIKANER?

DAVID HURST THOMAS

Das bedeutendste, wenn auch am wenigsten dramatische Ereignis in der Geschichte Amerikas trug sich zu, als der erste Mensch die Neue Welt betrat. Niemand weiß genau, wann oder wo dies geschah. Wir wissen nicht, welche Kleidung diese Paläoindiander trugen, wie sie aussahen, sprachen oder dachten. Wir wissen nicht einmal, wann sie ihre asiatische Heimat verließen oder welche Umweltbedingungen sie unterwegs vorfanden. Dennoch besteht kein Zweifel daran, daß die ersten Amerikaner am Ende des Pleistozäns aus Asien eingewandert sind. Sowohl ihre Biologie als auch ihre Sprache und archäologische Vergangenheit verweisen auf eine asiatische Heimat. Lediglich der Zeitablauf und die Umstände ihrer Ankunft bleiben im Dunkeln.

In diesem Kapitel äußerte George Frison die Ansicht, daß Clovis der älteste Kulturkomplex der Neuen Welt sei und sich vor 12 000 bis 11 000 Jahren etabliert habe. Diese relativ konservative Einschätzung bleibt gültig, da bisher trotz jahrzehntelanger organisierter Suche nirgendwo auf der westlichen Hemisphäre Indizien gefunden wurden, die auf eine noch frühere Besiedlung hingedeutet hätten.

Zudem wird diese Ansicht von Hinweisen gestützt, die außerhalb der Archäologie liegen. Joseph Greenberg, der vor kurzem die Sprachen der amerikanischen Indianer aufs neue analysierte, kam zu dem Schluß, daß drei Einwanderungswellen in die Neue Welt stattgefunden haben müssen, deren früheste vor etwa 12 000 Jahren erfolgte: Dies waren die Menschen der Clovis-Kultur. Wissenschaftler, die unabhängig voneinander die Morphologie menschlicher Zähne und erbliche Blutmerkmale untersucht hatten, waren zu derselben Erkenntnis gekommen.

Allerdings sind die Rekonstruktionen Greenbergs nicht unumstritten, und es gibt genügend kritische Stimmen, die die Relevanz zahnmorphologischer und genetischer Indizien in diesem prähistorischen Zusammenhang in Frage stellen. Dazu tauchen - ebenfalls nicht unwidersprochene — Indizien aus mehreren Fundstellen auf, die vermuten lassen, daß Menschen schon erheblich früher den Kontinent erreicht hatten. Viele Archäologen neigen zu der Ansicht, daß der Mensch bereits vor 40 000 Jahren in der Neuen Welt eingetroffen sein könnte.

TOM D. DILLEHAY

△ Unter den Funden von Monte Verde waren auch Holzpflöcke, die man an einem am Boden liegenden Baumstamm befestigt hatte.

▷ Dieser Druckstichel aus Geweih, mit denen man die Blutrinnen auskehlte, stammt aus der Woodland-Schicht des Felsüberhangs von Meadowcroft.

MERCYHURST ARCHAEOLOGICAL INSTITUTE, ERIE, PENNSYLVANIA

MERCYHURST ARCHAEOLOGICAL INSTITUTE, ERIE, PENNSYLVANIA

▷ Die Westseite des Felsüberhangs von Meadowcroft vor Beginn der Ausgrabungen im Jahre 1973. Diese bemerkenswert deutlich geschichtete Fundstelle im Südwesten Pennsylvanias wurde mit der Radiokarbon-Methode auf ein Alter von 19 000 Jahren datiert. Die ältesten Steinwerkzeuge stammen offenbar aus der Zeit vor 15 000 bis 14 000 Jahren.

Hinweise auf eine Besiedlung vor Clovis

Schon viele Fundstellen in ganz Nord- und Südamerika gaben Anlaß zu der quälenden Vorstellung, daß hier schon vor den Clovis-Jägern Menschen gelebt haben könnten. Keine von diesen lieferte jedoch unumstößliche Beweise, die von allen Archäologen akzeptiert worden wären. Einige der brauchbarsten Indizien stammen von den Ausgrabungen beim Felsüberhang von Meadowcroft, einem bemerkenswerten Fundort im Südwesten Pennsylvanias. Hier dokumentierten James Adovasio und seine Kollegen mehr als 40 Radiokarbon-Daten in nahezu perfekter stratigraphischer Reihenfolge. Die älteste kulturelle Datierung liegt geringfügig oberhalb von 19 000 Jahren, und die ältesten Steingegenstände stammen offenbar aus der Zeit zwischen 15 000 und 14 000 Jahren. Unter den frühen Spuren menschlicher Besiedlung, die in den verschiedenen Schichten vorkamen, fand man Feuergruben, Steinwerkzeuge und deren Abfallprodukte, den hölzernen Vorderschaft eines Pfeiles, ein geflochtenes Korbstück sowie zwei Bruchstücke menschlicher Knochen.

Obwohl zahlreiche Archäologen die Befunde von Meadowcraft für schlüssig halten, bleiben andere skeptisch. Die Steinwerkzeuge sind klein und selten, so daß sie uns nicht viel verraten. Zudem besitzen sie eine unangenehme Ähnlichkeit zu Gegenständen aus wesentlich späterer Zeit. Es überrascht auch, daß hier keine Überreste der riesigen Säuger gefunden wurden, die im Pleistozän mit Sicherheit existierten. Alle pflanzlichen Reste stammen eindeutig von Gruppen, die in den gemäßigten Klimazonen wachsen. Damals lag jedoch wenigstens zeitweise die Eisgrenze im Norden weniger als 75 Kilometer entfernt.

Eine weitere bedeutende Fundstelle, die älter sein könnte als Clovis, ist Monte Verde, eine Freiluftsiedlung im Süden Chiles. Hier legten Tom Dillehay und seine Kollegen vier verschiedene Zonen vergrabener Kulturreste frei. Man grub die Grundrisse und die umgestürzten Stützstangen von beinahe zwölf Hütten aus, und an den Stangen hingen Reste von Häuten. Außer zahlreichen pflanzlichen Resten wurden in den Ablagerungen auch viele zurechtgeformte Steinwerkzeuge entdeckt, darunter mehrere gekerbte *Bola*-Steine.

Dillehay behauptet nun, daß die oberen Schichten von Monte Verde »guterhaltene und eindeutig schlüssige Indizien« auf eine Besiedlung liefern, die vor 13 000 Jahren erfolgte. Noch widersprüchlicher sind die tieferen Schichten, deren Reste möglicherweise Spuren menschlicher Bearbeitung aufweisen und mit der Radiokarbon-Methode auf ein Alter von 33 000 Jahren datiert wurden.

TOM D. DILLEHAY

△ Diese bei Monte Verde im Süden Chiles entdeckten Fundamente belegen, daß hier einst zwölf halbrechteckige Hütten standen. Hier fand man auch umgestürzte Stangen, an denen noch immer Hautreste (vielleicht vom Mastodon) hingen.

▷ Ein bearbeiteter knöcherner Awi aus der spätarchaischen Siedlungsschicht von Meadowcroft.

MERCYHURST ARCHAEOLOGICAL INSTITUTE, ERIE, PENNSYLVANIA

▽ Dieses Fragment einer Schale aus dem Panzer einer Schildkröte stammt aus der Woodland-Schicht von Meadowcroft.

MERCYHURST ARCHAEOLOGICAL INSTITUTE, ERIE, PENNSYLVANIA

△ Eine paläoindianische Projektilspitze (lanzenförmiger Miller-Typ) aus Meadowcroft.

MERCYHURST ARCHAEOLOGICAL INSTITUTE, ERIE, PENNSYLVANIA

TOM D. DILLEHAY

◁ Bruchstücke bearbeiteter Mastodon-Zähne und Rippen aus Monte Verde.

Großwildjäger oder Sammler?

Aufgrund dieser widersprüchlichen Funde kann man nicht nur annehmen, daß der Mensch die Neue Welt wesentlich früher als zuvor vermutet erreicht hatte, sondern auch, daß diese ersten Amerikaner keineswegs die strahlenden Großwildjäger waren, wie sie durch die hochentwickelte Clovis-Kultur und deren elegante Steinwerkzeuge belegt sind. Im Gegenteil legen die pflanzlichen und tierischen Reste von Monte Verde die Vermutung nahe, daß sie Jäger und Sammler waren, die sich in erster Linie von wildwachsenden Pflanzen und Schalentieren ernährten. Sie haben vielleicht auch Aas gegessen und langsame Säugetiere gejagt, doch war dies von untergeordneter Bedeutung.

Man muß festhalten, daß trotz der Funde von Meadowcroft, Monte Verde und anderen Stellen keine eindeutigen, unwiderlegbaren archäologischen Beweise dafür existieren, daß die Neue Welt noch vor der Clovis-Zeit von Menschen bewohnt war. Die Debatte dauert an, und bis handfestere Belege ans Licht kommen, kann man die Identität der ersten Amerikaner ebenso auf eine psychologische wie auf eine archäologische Grundlage stellen.

△ Dieser aus Mammutknochen gefertigte Gegenstand aus Murray Springs (Arizona), war ein Ausrichtungswerkzeug für den Schaft und wurde vermutlich benutzt, wie auf diesem Bild gezeigt wird. Der ebenfalls aus Mammutknochen bestehende Schaft stammt aus Anzick in Montana.

Clovis-Schicht war so gut erhalten, daß einige Eindrücke im Boden unzweifelhaft als Fußspuren von Mammuten gedeutet wurden. Hier wurde auch ein Gegenstand aus geschnitztem Mammutknochen zutage gefördert, mit dem vermutlich Pfeilschäfte begradigt wurden. Er war wenigstens einem Exemplar, das man aus Nordostasien kennt, außerordentlich ähnlich.

In den siebziger Jahren entdeckte man bei Colby im Norden Wyomings eine weitere Fundstelle, an der Mammute erlegt worden waren. In diesem Fall waren die Tiere in einen trockenen Arroyo (Flußbett) getrieben worden. Zwei recht große Haufen von Mammutknochen lassen zweifelsfrei darauf schließen, daß hier Menschen am Werk waren. Einer der Haufen bestand aus dem linken vorderen Viertel eines Mammuts, um das herum die Beinknochen und andere Knochen mehrerer anderer Mammute im Boden steckten und das mit dem Schädel eines jungen männlichen Tieres gekrönt war. An der linken Basis des Brustkorbs befand sich eine ausgekehlte Pfeilspitze. Weil Colby so weit nördlich liegt, vermutet man, daß dieser Knochenhaufen die Reste einer Vorratsgrube mit gefrorenem Fleisch repräsentiert, die niemals benutzt wurde. In der Nähe befindet sich ein weiterer, aber verstreuter Haufen von Mammutknochen, der ebenfalls die Reste mehrerer Tiere enthält. Vielleicht handelte es sich bei diesem zweiten Haufen um einen ähnlichen Fleischspeicher, der jedoch geöffnet und benutzt worden war. Diese Haufen sind den Speichern für Karibu-Fleisch ähnlich, die bei den moderneren Bewohnern der Arktis üblich waren. Dabei steckte man die Röhrenknochen um das abgeschälte Fleisch herum in den Boden. Der Schädel wurde oben auf den Haufen gesetzt, der anschließend mit Schneematsch überschüttet wurde, so daß das Fleisch gefror und vor Aassuchern und Fleischfressern geschützt war. Diese Vorratsgruben wurden im Winter nur kurzfristig angelegt, und das ungenutzte Fleisch verdarb, sobald der Frühling kam. Die Clovis-Jäger waren auf derartige Gefrierlager angewiesen, um für die langen, extrem kalten Winter der nördlichen Ebenen gerüstet zu sein. Fleisch, das man nicht brauchte, ließ man einfach verfaulen.

Es gibt daneben noch andere Fundstätten, etwa bei Domebo (Oklahoma) und Lange-Ferguson (im Westen Süddakotas), die nur ein oder zwei getötete Mammute bargen. Bei Kimswick in Missouri wurden neben einigen Clovis-Waffen Überreste von Mastodonten gefunden. Schließlich kennt man mehrere Orte, an denen zwar keine Mammutknochen, aber wo in typischer Weise ausgekehlte Clovis-Pfeilspitzen vorkamen. Dazu gehören Debert (im Zentrum Neuschottlands), Lamb (New York), Vail (Maine), Bull Brook (Massachusetts) sowie Thunderbird und Williamson (Virginia). Gemeinsam belegen sie, daß sich die Clovis-Jäger über den ganzen Nordosten der Vereinigten Staaten und den Südosten Kanadas ausgebreitet hatten.

Einige ausgekehlte Pfeilspitzen und zylindrisch geformte, aus Elfenbein geschnitzte Gegenstände, die man aus den Flüssen im Norden Floridas geborgen hatte, erwiesen sich als nahezu identisch mit einem Exemplar, das aus einer Clovis-Fundstätte im äußersten Osten Wyomings stammte. Wenigstens zwei Fundorte im Westen Kentuckys, an denen Steine geschlagen worden waren, besitzen eine Fläche von über 40 Hektar und befinden sich in der Nähe hochwertiger Hornstein-Quellen. Häufig werden Clovis-Pfeilspitzen in Ohio und Illinois beim Pflügen freigelegt, und weiter südlich, im unteren Mississippi-Tal, stößt man regelmäßig auf ausgekehlte Pfeilspitzen, wo der Boden aus der Clovis-Zeit offenliegt. Auch im Südwesten, in Kalifornien, und im Great Basin kommen sie vor. Allerdings gibt es nur wenige Fundstellen, deren Stratigraphie sich mit der Radiokarbon-Methode datieren läßt. Sie sind zudem überwiegend auf die Prärien und den Südwesten beschränkt, wo die Wahrscheinlichkeit besonders hoch ist, daß Erosion und Ablagerungen die archäologisch interessanten Objekte nicht aus der stratigraphischen Reihenfolge mit anderen paläoindianischen Kulturkomplexen herausgelöst haben.

In Texas entdeckte man bei Pavo Real (unweit von San Antonio) Gegenstände aus Stein, die noch unversehrt unterhalb jüngerer Kulturschichten lagen und von diesen durch eine beinahe einen Meter dicke Schicht getrennt waren, die keinerlei Kulturobjekte enthielt. Die Klingen und Klingenwerkzeuge sind denen aus den europäischen und asiatischen Fundstellen des oberen Paläolithikums sehr ähnlich. Ähnliches gilt auch für Material, das an der Oberfläche der ausgedehnten, bereits erwähnten Fundorte im westlichen Kentucky geborgen wurde. Und im Südwesten der Vereinigten Staaten kennt man mindestens zwei Lager von Clovis-Klingen. Insgesamt entsteht dadurch der Eindruck, daß die Clovis-Tradition enge Verbindungen zu der altweltlichen Tradition des oberen Paläolithikums aufweist.

Werkzeug- und Waffenlager der Clovis-Jäger

Im Jahr 1961 fuhr der Rancher William Simon auf der Big Camas Prärie in der Nähe von Fairfield (Idaho) mit seiner großen Planierraupe. Plötzlich streifte etwas die Schaufel seines Fahrzeugs. Als er anhielt und nachschaute, waren fünf ungewöhnlich schöne Clovis-Pfeilspitzen freigelegt, aber nicht beschädigt worden. Bei weiteren Nachforschungen tauchten noch weitere Steinwerkzeuge auf, von denen einige jedoch durch die Planierraupe beschädigt worden waren. Dieser Ort, der als das Simon-Clovis-Waffenlager bekannt wurde, war nur der erste von mehreren ähnlichen Funden.

1968 legten Arbeiter, die unweit der Kleinstadt Wilsall (Montana) einen Kipplaster bedienten, ein Lager frei, das mehr als 100 Objekte enthielt. Darunter befanden sich Clovis-Spitzen, beidseitig bearbeitete Schlag- und Schnittinstrumente, andere Werkzeuge, geschnitzte Knochen sowie einige Knochenreste zweier Jugendlicher. Zudem barg man mehrere zylindrische geschnitzte Gegenstände aus schweren Röhrenknochen, vermutlich vom Mammut. Wahrscheinlich handelte es sich um Vorderschäfte, die Clovis-Pfeilspitzen aufnehmen sollten. Einige davon besitzen ein einseitig geneigtes, kreuzschraffiertes Ende und eines das sich konusförmig verjüngt, während bei anderen Spitzen beide Enden nur einseitig schräg und kreuzschraffiert sind. Alles war dick mit rotem Ocker bedeckt. Dieser Fundort von Anzick ist als das einzige Grab der Clovis-Kultur bekannt.

Ein anderes Lager, das 1988 bei Entwässerungsarbeiten in einer Obstpflanzung bei Wenatchee am Columbia River freigelegt wurde, enthielt einige zylindrisch geformte Gegenstände aus Knochen, ähnlich denen von Anzick, dazu jedoch ungewöhnlich große Clovis-Pfeilspitzen, Schnittinstrumente und andere Werkzeuge. Ein weiteres Waffenlager, das man etwa zu gleicher Zeit im Nordosten Colorados entdeckt hatte, barg 13 Clovis-Spitzen, von denen die meisten aus Alibates-Dolomit hergestellt waren, einem unverwechselbaren Material, das nur im Texas Panhandle, nördlich von Amarillo, vorkommt. Die anderen bestanden aus einem Material der Umgebung, das als Flat-Top-Hornstein bekannt ist. Daneben fanden sich auch Spuren von Elfenbein.

Die Aufmerksamkeit, mit der man die Funde von Wenatchee bedachte, förderte auch ein Waffenlager mit 56 Clovis-Objekten ans Tageslicht, das viele Jahre zuvor entdeckt worden war und heute als das Waffenlager von Fenn bekannt ist. Wir werden niemals erfahren, wo es ursprünglich lag, da der Entdecker bereits vor vielen Jahren verstarb. Es dürfte aber in der Gegend gewesen sein, wo Utah, Idaho und Wyoming aneinandergrenzen. Dieses Lager enthielt vollständige und überarbeitete Clovis-Spitzen, Schnittinstrumente, ein einzelnes Klingenwerkzeug und eine Sichel. Drei Spitzen aus Quarzkristall bestanden aus ähnlichem Material wie einige beidseitig bearbeitete Schnittwerkzeuge aus dem Simon-Lager. Mehrere Gegenstände waren aus Obsidian hergestellt (einer Art vulkanischen Glases), dessen Herkunft bis in den Südosten Idahos zurückverfolgt wurde. Eine Pfeilspitze trägt Kratzspuren auf dem ausgekehlten Teil jederseits der Spitze, aus dem der Stein herausgehauen worden war, ganz ähnlich denen, die man von Clovis-Spitzen aus Obsidian kennt, die aus Kalifornien und Oregon stammen. Das sichelförmige Objekt entspricht in seiner Aufmachung den Sicheln, die man an der Oberfläche des Great Basin fand und die seit langem der Clovis-Zeit zugerechnet werden. Alle Gegenstände waren stark mit rotem Ocker bestreut, der an das Lager von Anzick erinnert. Leider werden wir jedoch niemals erfahren, ob auch menschliche Skelettreste oder Objekte aus Elfenbein oder Knochen vorhanden waren.

Viele der Schnittwerkzeuge und Pfeilspitzen bestehen aus einem Stein, der nur in einem schmalen Landstreifen vorkommt, der sich vom Nordwesten Utahs über die südöstliche Ecke Wyomings und in den Westen Colorados hinzieht. Andere Gegenstände wurden aus einem extrem hochwertigen Hornstein hergestellt, der aus den Bighorn Mountains Nordwyomings stammt. Auch je ein Exemplar aus Simon und Anzick sowie zwei Stücke aus Fenn bestanden aus dem Material von Bighorn Mountain.

Aus diesen Waffen- und Werkzeuglagern kann man viele Informationen gewinnen. Da man nun mehrere davon kennt, gelten sie nicht mehr als Ausnahmen, sondern als ein integraler Bestandteil der Clovis-Kultur. Das Lager von Anzick gewährt uns zudem Einblicke in die Begräbnispraktiken der Clovis-Jäger. Sollte es üblich gewesen sein, die Toten zunächst über längere Zeit im Freien aufzubahren, ehe sie endgültig bestattet wurden, würde dies erklären, warum paläoindianische Gräber so selten sind. Der Gebrauch von rotem Ocker erinnert an rituelle Aktivitäten. Vermutlich weist diese Praxis Verbindungen zu den Gräbern auf, die von den Jägern und Sammlern des oberen Paläolothikums in der Alten Welt angelegt wurden.

Einige Steinwerkzeuge dieser Lager respräsentieren Meisterwerke der Clovis-Steinschläger und bestehen aus den besten Materialien, die damals zur Verfügung standen, während andere zerbrochen sind oder irgendwie lieblos überarbeitet wurden. Sollte es sich bei diesen Sammlungen wirklich um Grabbeigaben handeln, wäre der Begriff »Vorratslager« möglicherweise unangebracht, da die Gegenstände niemals für eine spätere Verwendung vorgesehen waren. In diesem Fall wären einige der am makellosesten gehauenen Steinwerkzeuge für die Zukunft verloren gewe-

▽ Überreste eines vermutlich unbenutzten Tiefkühl-Fleischspeichers aus Colby (Wyoming). Um das linke Vorderviertel eines Mammuts herum waren lange Mammut-Röhrenknochen in den Boden gesteckt worden, und obendrauf befand sich der Schädel eines fünfjährigen Bullen.

GEORGE C. FRISON

WIE GUT WAREN DIE WAFFEN DER CLOVIS-JÄGER?

GEORGE C. FRISON

Die archäologischen Funde lassen keinen Zweifel daran aufkommen, daß die Paläoindianer der nordamerikanischen Ebenen mehrere großwüchsige Tierarten, darunter auch das Mammut, mit großem Erfolg bejagt haben. Obwohl die Archäologen niemals imstande sein werden, die Jagdbedingungen dieser Zeit nachzuvollziehen, geschweige denn den Rat dieser paläolithischen Jäger einzuholen, können uns Versuche mit Afrikanischen Elefanten einen Eindruck von der Brauchbarkeit ihrer Waffen geben. Zugleich lassen diese Experimente aber auch erahnen, auf welche Verhaltensweisen der Tiere sich die Jäger einstellen mußten. Die Grenzen derartiger Versuche liegen einerseits in den Unterschieden zwischen Elefanten und Mammuten und andererseits in der Verschiedenheit der natürlichen Umwelt damals und heute.

Allerdings sind die Speerspitzen erhalten geblieben, mit denen die Clovis-Jäger Mammute erlegten, und wir können die Physiologie der Elefanten mit denen gefrorener Mammutkadaver vergleichen, die im Sibirien geborgen wurden. Wir wissen, daß die Haut von Mammuten und Afrikanischen Elefanten ähnlich dick ist. Die des Elefanten besitzt jedoch eine eher panzerartige Oberfläche, vielleicht, weil diese Tiere in einer dornenreichen Vegetation leben. Die Haut des Mammuts ist dagegen mit langen Haaren und einem kurzen, dicken Pelz bedeckt, die der Spitze eines gekonnt geschleuderten Speeres nur wenig Widerstand entgegensetzt.

◁ Dies ist die Nachbildung einer Clovis-Projektilspitze, die bei den Versuchen mit Elefanten benutzt wurde. Die Spitze sitzt auf einem Vorderschaft, der wiederum am Ende des Hauptschaftes befestigt ist.

GEORGE C. FRISON

In den Nationalparks Zimbabwes haben die Elefanten eine Populationsdichte erreicht, die die Tragfähigkeit ihres Ökosystems übersteigt. Daher richtete man das Verfahren des Kontrollabschusses ein. Das Naturschutzamt von Zimbabwe erteilte uns die Genehmigung, Experimente mit Clovis-Waffen durchzuführen, allerdings unter der Bedingung, daß nur tote oder sterbende Tiere beschossen werden durften.

Beim Kontrollabschuß afrikanischer Elefanten muß immer eine ganze Familie getötet werden – das älteste Weibchen, alle seine Nachkommen und die Nachkommen seiner Familie, nur die Männchen nicht, die die Pubertät bereits hinter sich haben. Da Elefanten eine matriarchalisch bestimmte Sozialstruktur besitzen, empfiehlt es sich nicht, willkürlich nur einige Tiere herauszuschießen. Tiere ohne eine Familie werden von anderen Familien nicht akzeptiert, und ohne eine Leitkuh verwandeln sie sich zu Außenseitern, die für die Besucher des Nationalparks zur Gefahr werden.

Ein international bekannter Hersteller prähistorischer Waffen, Dr. Bruce Bradley, stellte aus verschiedenen Rohsteinen Nachbildungen der Clovis-Speerspitzen her. Sie wurden auf kurze hölzerne Schäfte (Vorderschäfte) montiert, die entweder mit einem Stoß-, einem Wurfspeer oder einer Speerschleuder (einer Art Wurfstock) mit langem Schaft benutzt werden konnten. Der Stoß- oder Wurfspeer wird beim Zeitpunkt des Aufpralls entweder mit beiden Händen gehalten oder aus der Entfernung mit einem Arm geworfen. Die Speerschleuder hat die Aufgabe, den Wurfarm zu verlängern. Sie besitzt an einem Ende einen Haken, der in eine seichte Mulde am Ende des Langschaftes greift.

Am besten trifft man das Tier vermutlich in der Lungenhöhle, auf halbem Wege zwischen der Basis des Brustkorbs und des Rückens. Bei einem Elefanten durchschnittlichen Alters ist die Haut hier acht bis zehn Millimeter stark. Zudem sind die Rippen rundlich, wodurch ein Geschoß, das eine Rippe getroffen hat, abgleitet und den Brustkorb durchbohrt. Weiter unten sind die Rippen breiter und flacher, so daß es schwierig ist, das Herz zu durchbohren, das beinahe am Boden des Brustkorbs liegt. Weiter oben wiederum wird die Haut dicker. Wenn der Speer in das Fleisch oben am Rücken eindringt, verursacht er eine schmerzhafte Wunde, der das Tier nur dann irgendwann erliegt, wenn er in den Brustkorb eingedrungen ist.

GEORGE C. FRISON

△ Ein Geschoß, das mit Hilfe einer Speerschleuder aus beinahe 20 Meter Entfernung abgeschossen worden war, durchbohrte das Hinterende dieses jungen Afrikanischen Elefanten bis zum Ende des Vorderschaftes.

Es erfordert erhebliche Kraft, die Haut eines Elefanten mit einem Stoßspeer zu durchbohren. Dagegen ist ein aus der Distanz geworfener Speer zwar wirkungsvoll, erfordert jedoch für einen gezielten Wurf viel Übung. Am effektivsten erwies sich die Kombination aus Speerschleuder und einem Geschoß, dessen Schaft, Vorderschaft und Spitze zusammen 478 Gramm wogen und eine Gesamtlänge von 220 Zentimeter besaßen. Allerdings muß jeder Jäger solange experimentieren, bis er die Länge und das Gewicht herausgefunden hat, die seinen Kräften entsprechen.

Während der Kontrollabschüsse gelang es einer tödlich getroffenen Elefantenkuh, noch einmal auf die Beine zu kommen, so daß wir mit der Speerschleuder einen Wurf auf einen stehenden Elefanten anbringen konnten. Aus einer Entfernung von 20 Meter steht der Körper eines Elefanten wesentlich höher über dem Boden als etwa der eines Bisons. Daher ging der erste Schaft knapp unter dem Bauch des Tieres hindurch. Obwohl der zweite Wurf die Lungenhöhle traf und das Tier tötete, war es schwierig, der Flugbahn des Speerschaftes eine der Höhe des Tieres angemessene Steigung zu verleihen.

Bei diesen Versuchen wurden rasch einige Dinge deutlich, die sich nicht einfach aus den archäologischen Befunden ergeben hätten. Zunächst müssen Jäger sehr viel Zeit dafür aufbringen, ihre Waffen herzustellen und in Ordnung zu halten. Wenn zum Beispiel der Schaft nicht gerade ist, wird die Kraft nicht richtig auf die Basis der Speerspitze übertragen. Zudem können von außen nicht sichtbare Risse in einem bearbeiteten Stein dazu führen, daß die Spitze im entscheidenden Moment bricht, so daß das Tier entkommt oder sogar den Jäger ernsthaft verletzt. Die Waffen werden zu einer unentbehrlichen Hilfe des Jägers, der sie, wenn er dadurch überleben will, ständig pflegen und ihren Gebrauch üben muß.

sen. Ein Teil des Rohmaterials, der in den Lagern gefunden wurde, stammt offenbar von weitentfernten Quellen und läßt vermuten, daß die weit verstreut lebenden Gruppen Handelsbeziehungen oder andere Kontakte zueinander pflegten.

Die Steinschläger der Clovis-Kultur waren Meister der Formung von Steinobjekten mit Hilfe von Hämmern aus Stein und Geweih. Solang nicht neue Entdeckungen das Gegenteil beweisen, haben die Clovis-Jäger als erste die Steinressourcen Nordamerikas für sich genutzt, und man kann davon ausgehen, daß alle für ihre Zwecke geeigneten Materialien an der Erdoberfläche ausreichend vorhanden waren. Ganz eindeutig haben die Steinhauer das zu bearbeitende Material mit hervorragenden Brucheigenschaften ausgesucht und zu Objekten von außergewöhnlicher Qualität verarbeitet, wie ihre Pfeil- und Speerspitzen belegen. Es gibt auch heute noch Menschen, die in der Lage sind, Steinwerkzeuge zu schlagen. Ihrem Urteil zufolge war es extrem aufwendig, gute Rohsteine in den Mengen zu sammeln, wie sie in den Lagern von Clovis gefunden wurden. An den Feuersteinquellen beim Knife River in Norddakota wurde nachgewiesen, daß Steine dort bereits vor 11 000 bis 10 000 Jahren abgebaut wurden. Demnach dürften das beste Material bereits am Ende der Clovis-Zeit erschöpft gewesen sein.

Die Mammutjagd in der Clovis-Zeit

Von allen Arten der Großwildjagd faszinierte die Forscher alter Jagdstrategien die auf das Mammut am meisten. Unglücklicherweise sind viele Abbildungen der Mammutjagd – was übrigens auf fast alle Arten der prähistorischen Großwildjagd zutrifft – irreführend. Daher muß man diese Frage in einer pragmatischeren Weise angehen, die sowohl das Verhalten der Tiere als auch die Jagdfertigkeiten des Menschen berücksichtigt.

Von Untersuchungen gefrorener Mammut-Kadaver aus Sibirien wissen wir, daß die Haut über dem Brustkorb eines Mammuts bis zu zwölf Millimeter dick war. Um sie zu durchbohren, bedurfte es unzweifelhaft besonderer Waffen. Diejenigen der Clovis-Kultur waren nun – absichtlich oder zufällig – nicht nur ästhetisch ansprechend, sondern auch funktionell. Ihre Lanzenspitzen bilden gute Beispiele für eine gelungene äußere Form, die das Risiko, unter Belastung zu brechen, möglichst gering hielt. Die distal von der Basis ausgehenden Hohlkehlen ermöglichen, die Spitze mühelos in einen gekerbten Vorderschaft einzusetzen und an diesem festzubinden. Zudem waren die rauhen Kanten der Spitze ein Stück von der Basis entfernt glattgeschmirgelt worden, um zu verhindern, daß die Klingenränder bei heftigem Aufprall diese Bänder zum Schaft durchschnitten. Sollte die Spitze einmal abgesprungen sein, ließ sich die Lanze mit einfachen Werkzeugen schnell wieder reparieren. Die Spitze wurde entweder an einem Stoßspeer oder einem Atlatl (einer Speerschleuder) befestigt, der aus einem langen, schweren Kopf und einem Vorderschaft bestand. Da ein Riß im Stein die Spitze unbrauchbar machen und den Jäger in Gefahr bringen konnte, wurden wahrscheinlich alle Spitzen vor dem Einsatz sorgfältig getestet, insbesondere vor einer Jagd auf große Tiere.

Morphologisch sind Mammute den modernen Elefanten ähnlich, obwohl deren Haut nicht ganz so derb ist wie die freilebender Afrikanischer Elefanten. Versuche an Afrikanischen Elefanten haben die Effizienz der Clovis-Waffen bewiesen, und wir können davon ausgehen, daß diese Menschen fähige Jäger waren. (Vergleiche den Kasten *Wie gut waren die Waffen der Clovis-Jäger?*) Allerdings setzt die Familienstruktur Afrikanischer Elefanten mit einem starken Weibchen, das die Familie

△ Diese ausgekehlte Projektilspitze aus dem Fenn-Clovis-Waffenlager ist ein Beispiel für hochpräzise diagonale Hammer-Bearbeitung. Die Spitze besteht aus einem roten, durchschimmernden Hornstein aus Wyoming.

GEORGE C. FRISON

▷ Eine ausgekehlte Clovis-Spitze aus hochwertigem Hornstein. Sie stammt aus dem Anzick-Waffenlager in Südwest-montana.

GEORGE C. FRISON

◁ Diese ausgekehlte Clovis-Spitze aus dem Simon-Waffenlager im südlich-zentralen Idaho, gehört zu den schönsten Beispielen der Steinverarbeitung der Clovis-Kultur. Der Fundort barg auch unvollständige Spitzen aus Quarzkristall.

GEORGE C. FRISON

JOSEPH H. BAILEY/© 1979 NATIONAL GEOGRAPHIC SOCIETY

▷ Paläoindianische Waffen: eine Speerschleuder (Atlatl), ein hölzerner Vorderschaft mit einer Projektilspitze aus Stein, die mit Sehnen festgebunden ist. Daneben befindet sich das Vorderende eines langen, mit Sehnen umwickelten Hauptschaftes. Das spitzzulaufende Ende des Vorderschaftes wird in ein Loch am Ende des sorgfältig gearbeiteten Hauptschaftes eingesetzt.

△ Eine von vier ausgekehlten Clovis-Spitzen aus dem Mammut-Jagdplatz von Colby (Wyoming). Sie wurden zusammen mit den teilweise erhaltenen Resten von acht Mammuten gefunden, die über eine Strecke von 100 Meter am Boden eines Arroyo verstreut lagen.

GEORGE C. FRISON

schützt, der Möglichkeit, dieser Tiere habhaft zu werden, eindeutige Grenzen. Jeder Versuch, ein Mitglied dieser Familie zu töten, zieht sofortige Vergeltungsmaßnahmen der Leitkuh nach sich. Es ist durchaus wahrscheinlich, daß die Mammute eine ähnliche Familienstruktur besaßen, doch werden wir dies niemals genau wissen.

Die Indizien sind zu spärlich, um zu entscheiden, ob die Clovis-Jäger den Mammuten nur gelegentlich oder zu bestimmten Jahreszeiten in geplanten Aktionen nachstellten oder ob beides zutrifft. Die Überreste eines oder zweier Tiere, die an einer Wasserquelle entdeckt wurden, lassen auf nur gelegentliche Jagden schließen, während manche Fundstellen, wie Lehner und Colby, offenbar die Reste von Tieren bergen, die über einen längeren Zeitraum in einer systematischeren und vorhersagbaren Jagdstrategie gejagt worden waren. Die Mammute von Lehner wurden als eine einzige Familie gedeutet, die gemeinsam getötet worden war. Dadurch hätten die kleinen Jagdgruppen allerdings einen Überschuß an Fleisch erhalten, der weit jenseits dessen lag, was sie mit sich führen oder aufbewahren konnten, so daß diese Deutung eher unwahrscheinlich ist.

Mit List auf Mammutjagd

Auf den meisten modernen Abbildungen einer Mammut-Jagd sieht man ein Tier, das in einer Fallgrube festsitzt und von Jägern umringt ist. Einige von diesen tragen Speere und Wurfgeschosse, andere werfen Felsbrocken. Hunde bellen, ein toter oder zermalmter Jäger wird aus der Szene fortgeschleift. Frauen und Kinder warten im Hintergrund, und die ganze Angelegenheit erweckt den Eindruck von Lärm und Verwirrung. Dies widerspricht ganz und gar den Regeln einer vernünftigen Jagd. Wenn ein gesundes Mammut so tief in eine Fallgrube einbrach, daß es sich nicht mehr befreien konnte, war auch die ganze Jagdgruppe nicht mehr imstande, es herauszuziehen. Das Tier zu zerlegen, wäre sogar noch schwieriger geworden, weshalb es naheliegt, daß es weitaus besser war, die Tiere zu ebener Erde zu töten. Den Clovis-Jägern standen jedenfalls sowohl die Waffen als auch die Erfahrung dafür zur Verfügung.

Der Kulturkomplex von Folsom

Die Jagdgruppen, die unter dem Kulturkomplex von Folsom bekannt sind, tauchten ungefähr vor 10 900 Jahren auf. Sie folgten zeitlich unmittelbar der Clovis-Kultur und hielten sich etwa 600 Jahre lang. Die Überreste von Folsom sind weniger weitverbreitet als die von Clovis. Sie sind auf die Prärien, den Südwesten, die Mitte und den Süden der Rocky Mountains sowie einige im Gebirge liegende Becken beschränkt, die teilweise oder vollkommen innerhalb der Rocky Mountains liegen. Anstatt Mammute zu jagen, stellten diese Menschen einer heute ausgestorbenen Bison-Art nach sowie zuweilen Gabelhornantilopen und Bergschafen. Zwar fanden sich an einigen Folsom-Fundstätten auch Kamelknochen – zumeist zu Werkzeugen verarbeitet – doch gibt es kaum Hinweise dafür, daß Kamele tatsächlich intensiv gejagt wurden.

Im Jahre 1934 entdeckten Hobby-Archäologen im Norden Colorados einige Projektilspitzen. Die Objekte dieses Fundorts, der heute als Lindenmeier bekannt ist, waren mit denen identisch, die man zuvor bei Folsom in Neumexiko ausgegraben hatte. Bis heute bleibt Lindenmeier der größte und umfassendste Fundort der Folsom-Kultur. Die große Zahl und die Vielfalt der Werkzeuge, Waffen und anderen hier gefundenen Gegenstände beweist, daß die Folsom-Gruppen in der Herstellung und im Gebrauch von Steinwerkzeugen sehr versiert waren. Zudem belegt eine kleine, aber bezeichnende Zahl von Werkzeugen und Schmuckgegenständen aus Knochen, daß sie Tierknochen ebenso geschickt bearbeiten konnten. Ihre Abschlagwerkzeuge aus sorgfältig ausgewähltem Material weist eine große Vielfalt geschickt bearbeiteter Kanten, Spitzen und Ecken auf, deren Qualität sich mit allen anderen paläoindianischen Kulturen der Neuen Welt messen kann oder sie gar übertrifft. Als man die Gebrauchsspuren an den Kanten mikroskopisch untersuchte, stellte sich heraus, daß sie wahrscheinlich zur Bearbeitung von Knochen, Holz und Häuten sowie weiterer Materialien eingesetzt wurden.

Die Projektilspitzen der Folsom-Kultur sind besonders gekonnt verarbeitet und bezeugen, daß diese Menschen die gleichen Kenntnisse von Bearbeitungsmethoden besaßen wie andere Völker. Die Auskehlung bildet eine Weiterentwicklung dessen, was man von den Clovis-Spitzen kennt. Dabei bleibt noch offen, ob das Auskehlen der Folsom-Spitzen als ästhetisches oder eher als funktionales Merkmal zu werten ist. Der Vorgang des Auskehlens erforderte einerseits einen hochwertigen Schlagstein und barg andererseits ein nicht unerhebliches Fehlerrisiko, so daß zwangsläufig ein großer Teil dieses begehrten Rohmaterials vergeudet wurde. Noch dazu war das Ergebnis mehr als zweifelhaft, sorgte das Auskehlen allenfalls dafür, daß die Spitze besser in der Beute steckenblieb, nicht aber für »tödlichere« Wunden.

Über den Auskehlungsprozeß wurde schon viel geschrieben, weil es so schwer ist, ihn nachzuvollziehen. Indessen ist es vielen zeitgenössischen Steinmetzen gelungen, mit Hilfe verschiedenster Methoden die Originale weitgehend zu rekonstruieren. Entscheidend dabei ist, daß man das Prinzip des Schlagens verstanden hat, daß man Steine entsprechender Qualität erkennen und sammeln kann und daß man schließlich fähig ist, die Stärke und Richtung des Drucks zu kontrollieren, der erforderlich ist, um den Steinkanal zu entfernen, der die Rinne bildet. Dazu eignen sich mehrere Hilfsmittel, die mehr oder weniger kompliziert gebaut sind.

So grub man aus einem Folsom-Lager bei Agate Basin zwei guterhaltene Schlagwerkzeuge aus, von denen eines aus Wapiti-Geweih und das andere aus dem Hinterbeinknochen eines Bisons gefertigt war. Sie befanden sich inmitten vieler ausgeschlagener Stein-

△ Ein hervorragendes Beispiel einer Folsom-Projektilspitze. Die Blutrinnen auf jeder Seite wurden jeweils in einem einzigen Stück entfernt.

GEORGE C. FRISON

PHOTO ARCHIVES, DENVER MUSEUM OF NATURAL HISTORY

◁ Zwei Rippen einer ausgestorbenen Bison-Unterart und eine Folsom-Spitze liegen im Boden bei Folsom (im Nordosten Neumexikos) noch in ihrer ursprünglichen Position. Dies bestätigte die Verbindungen zwischen menschlicher Waffentechnik und ausgestorbenen Bisons in Nordamerika.

▷ Im Agate Basin im Osten Wyomings, hatten Folsom-Jäger Bisons erlegt. Man fand hier die teilweise erhaltenen Reste von mindestens acht Exemplaren sowie die von mindestens vier Gabelhornantilopen (*Antilocapra americana*). Vermutlich waren die Tiere in dem Flußbett erlegt worden, das neben dem Knochenbett lag, und die Paläoindianer hatten wahrscheinlich während der Wintermonate ihr Lager neben den Fleischvorräten aufgeschlagen.

▽ Die Topographie des Bison-Jagdplatzes von Agate Basin. Die Tiere wurden in den Arroyos gejagt (auf dem Foto von rechts nach links), bis sie in natürlichen und/oder künstlichen Barrieren nicht mehr weiterkamen.

GEORGE C. FRISON

GEORGE C. FRISON

kanäle und Projektilspitzen, die in verschiedenen Bruchstadien ihrer Entstehung verstreut umherlagen. Vermutlich wurden sie in Verbindung mit einem einfachen Hebel dazu benutzt, die Steinkanäle zu entfernen.

Indizien der Paläoökologie

Die Folsom-Schicht bei Lindenmeier zum Beispiel war unter mehreren Meter starken Sedimenten vergraben und an den Ufern eines erodierenden Arroyo zutage getreten. Damals gab es die Radiokarbon-Datierung noch nicht, und weil sich der Fundort an einem trockenen Zufluß des Cache La Poudre River befindet, der in den Rocky Mountains im Front Range von Colorado entspringt, startete man ein geologisches Projekt mit dem Ziel, die Ablagerungen von Folsom im Vergleich mit den Flußterrassen zu datieren, die sich gewissen Ereignissen der Eiszeit zuordnen ließen. Der Erfolg dieser Bemühungen schuf ein allgemeines Interesse daran, archäologische Fundstätten in Zukunft nach verschiedenen wissenschaftlichen Methoden zu erforschen. Wie schon der Fundort von Lindenmeier, liegen zahlreiche bedeutende paläoindianische Siedlungen (besonders die auf den Ebenen und im Südwesten) innerhalb geschichteter geologischer Ablagerungen. Wenn wir die ökologischen Bedingungen des späten Pleistozän und des frühen Holozän möglichst genau rekonstruieren und zudem verstehen wollen, wie sich Menschen und Tiere in diese Umgebung einfügten, sind wir auf die Expertisen zahlreicher Fachleute aus unterschiedlichen Sachgebieten angewiesen, etwa auf Geologen, die auf Forschungen über das Quartär spezialisiert sind, auf Bodenkundler, Palynologen (Fachleute für fossile Pollenanalysen), sowie auf Paläobotaniker, Paläoklimatologen und andere. Derartige interdisziplinäre Untersuchungen werden immer weiter verfeinert, so daß Archäologen ihre kulturellen Funde immer besser vergleichen und letztlich interpretieren können.

Schlachtplätze und Knochenbetten

Knochenbetten, die sich in prähistorischen Zeiten beim Töten, Zerlegen und Verarbeiten von Bisons bildeten, sind von allen paläoindianischen Fundstellen am auffälligsten. Die Lage dieser Schlachtplätze wird weitgehend von der Topographie bestimmt. Arroyos sind überall auf den Prärien ein häufiger Anblick. Infolge geologischer Prozesse haben sie sich im Laufe der Zeit ständig verändert, und von Zeit zu Zeit bildete die Landschaft eine natürliche Bisonfalle. Manchmal ergänzten die prähistorischen Jäger einen

Zaun oder eine Linie von Treibern. Häufig sind noch Steinreihen erhalten, mit denen vermutlich die hölzernen Zäune verstärkt wurden.

Zwar haben die fortlaufenden geologischen Vorgänge die meisten archäologischen Indizien vernichtet, daß Arroyos für die Bisonjagd in großem Stil genutzt wurden, doch kommt es zuweilen vor, daß diese Prozesse im Gegenteil dazu beitragen, derartige Stellen zu erhalten. Unter normalen Umständen sind Arroyos einem Kreislauf von Erosion und Ablagerung unterworfen. So wird ein Knochenbett am Grunde eines Arroyo, der sich gerade auffüllt, vorübergehend von einer Sedimentschicht geschützt und bewahrt. Später dann wird das Knochenbett bei dessen Abbau normalerweise zerstört. In seltenen Fällen jedoch kann der Abbau eines Arroyo einen anderen Verlauf nehmen, so daß das Knochenbett oder Teile davon intakt bleiben.

Ein solches Knochenbett ist auf die Aktivitäten menschlicher Jäger zurückzuführen und bildet daher eine bedeutende Quelle kultureller Information. Die Untersuchung dieser Knochenbetten nennt man Taphonomie und befaßt sich mit dem Verbleib tierischer Überreste, nachdem die Tiere getötet und bevor die Knochen wieder freigelegt wurden. Archäologen nutzen viele Arten taphonomischer Daten. So kann man zum Beispiel normalerweise unterscheiden, welche Veränderungen an den Knochen von Menschen und welche von Raubtieren und Aasfressern verursacht wurden.

Ebenso kann man entscheiden, ob Knochenhaufen von Menschen zusammengesteckt und aufgehäuft oder ob sie lediglich vom Wasser zusammengespült wurden. Verschiedene Stadien der Verwitterung an einzelnen Knochen verraten, wie lange und unter welchen Umständen ein Knochenbett damals an der Erdoberfläche lag. Und an den Resten vieler Tiere läßt sich ablesen, ob die Knochen alle von einer einzigen Massenjagd stammen oder sich allmählich über einen längeren Zeitraum mit einzelnen Jagden angesammelt haben.

Paläontologen wiesen die Archäologen auf die Tatsache hin, daß die Zähne von Tieren, wie etwa des Bisons, in besonderen Altersstadien durchbrechen, so daß sich das Alter junger Tiere innerhalb weniger Wochen bestimmen läßt. Dazu kommt, daß die Zähne der Tiere nicht nur länger erhalten bleiben als andere Körperteile, sondern daß — insbesondere bei den Paläoindianern — die Unterkiefer in der Regel unversehrt fortgeworfen wurden, wenn man die Kadaver schlachtete und verarbeitete, da sie sich zum Verzehr kaum eigneten.

Wenn unter den Bisonknochen auch junge Tiere gefunden wurden, können wir einigermaßen genau den Zeitpunkt der Jagd bestimmen, indem wir das Alter eines Jungtieres zu seinem Geburtstermin addieren (man weiß nämlich, daß die Jungen innnerhalb eines kurzen Zeitraums im Frühling zur Welt kommen). Wenn dagegen Bisons oder andere Tiere im Winter erlegt wurden, können wir dies ebenfalls feststellen, indem wir untersuchen, welche Zähne durchgebrochen sind und/oder ob Reste fötaler Entwicklungsstadien erhalten sind. Die Knochenbetten können uns aber auch etwas darüber verraten, wie die Tiere zerlegt wurden und welche Mengen an Fleisch die paläoindianischen Jäger benötigten. Insgesamt helfen uns diese Informationen, die Lebensweise der Paläoindianer zu rekonstruieren.

Die Bisonjagd in der Folsom-Zeit

Nach Lindenmeier wurden noch viele andere Fundorte der Folsom-Kultur überall in den Prärien und den Becken der Rocky Mountains entdeckt. Die meisten davon geben Zeugnisse von der Bisonjagd. So barg der Lipscomb Bison Quarry, im Nordosten von Texas, die Kadaver von mindestens 14 Exemplaren einer ausgestorbenen Bison-Art sowie mehrere ausgekehlte Projektilspitzen und Steinwerkzeuge der Folsom-Jäger. Bei Folsom selbst, im Nordosten Neumexikos, fanden sich die Reste von etwa 30 dieser ausgestorbenen Bisons, wobei man nicht weiß, ob sie alle einer einzigen Jagd zum Opfer fielen. Ein Bereich der Fundstelle von Lindenmeier, der als die »Bisongrube« bekannt ist, enthält die Knochen von wenigstens neun Bisons (vergleiche den Kasten *Die paläoindianischen Bisonjäger*).

Der Fundort von Hell Gap entspricht topographisch etwa dem von Lindenmeier. Hier gibt es eine permanente Wasserquelle, und das Gebiet öffnet sich in eine Ebene, die für die weidende Megafauna des späten Pleistozän und des frühen Holozän ideal gewesen sein dürfte. Aus den Knochen und sonstigen Überresten der Bisons geht hervor, daß die paläoindianischen Jäger nahezu 3000 Jahre lang kleine Bisongruppen erlegt haben. Dabei nutzten sie die natürliche Barriere eines Arroyo oder stellten dort (vielleicht auch zusätzlich) Baumstämme auf, die sie als Falle einsetzten.

Wenigstens tausend Jahre seit den Zeiten von Folsom fingen die Paläoindianer Bisons in den Arroyos, die in der Nähe von Agate Basin im östlichen Mittelwyoming, nördlich von Hell Gap, lagen. Von einer Winterjagd in der Folsom-Zeit blieben teilweise erhaltene Reste von acht Bisons übrig. Offenbar lagerte die Jagdgruppe entlang der geschlachteten Tiere und nutzte das Fleisch, das vermutlich gefroren wurde, je nach Bedarf. Der Anordnung ihrer Aufenthaltsplätze, ihrer Gegenstände und anderer Dinge nach zu urteilen, lebten die Menschen damals in kleinen, zu ebener Erde gebauten Unterkünften, die denen der Tipis der Prärieindianer sehr ähnlich waren. Die Siedlung befindet sich auf einem Überschwemmungsgebiet, wo man im Winter gut leben konnte. Sobald es jedoch wärmer wurde und die Frühjahrsschmelze einsetzte,

PHOTO ARCHIVES, DENVER MUSEUM OF NATURAL HISTORY

△ Ein Blick auf das Flußbett von Wild Horse in der Nähe von Folsom, ehe die Ausgrabungen im Jahre 1926 begannen. Das Bison-Knochenbett wurde fast auf dem Boden des Arroyo freigelegt. Unmittelbar vor dem Knochenbett wird der Arroyo wesentlich enger, und die Steigung nimmt deutlich zu. Dies waren ideale Bedingungen für eine natürliche Falle.

DIE PALÄOINDIANISCHEN BISONJÄGER

GEORGE C. FRISON

Die paläoindianischen Bisonjäger der nordamerikanischen Ebenen waren mit ihrem Jagdrevier und dem Alltagsverhalten der Tiere vertraut. Zudem hatten sie die besten Waffen entwickelt, die auf der Welt damals bekannt waren. Die gemeinsame Jagd diente nicht nur der Nahrungsbeschaffung, sondern war zugleich ein bedeutendes, gesellschaftliches Ereignis. Die ganze Jagdgruppe – oder sogar mehrere von ihnen - versammelte sich an einem bestimmten Ort, aber nicht nur, um die Gemeinschaft mit Fleisch zu versorgen. Man ging hier auch anderen sozialen Verpflichtungen nach, die dazu beitrugen, den Zusammenhalt der Gruppe zu stärken und ihr Fortbestehen zu sichern.

Die gemeinschaftliche Bisonjagd war ein Ereignis, das immer die Möglichkeit von Fehlschlägen in sich trug. Daher wurde das Übernatürliche beschworen, um die Erfolgschancen zu steigern. Die dazu nötigen Rituale wurden von dem religiösen Anführer, dem Schamanen, durchgeführt. Er rief zum Beispiel die Tiere herbei und sorgte dafür, daß die Geister der getöteten Tiere angemessen behandelt wurden. Auf diese Weise wurde der künftige Jagderfolg mit Sicherheit nicht gefährdet, denn in Jagdgesellschaften wie dieser glaubte man allgemein, daß die Tiere sich den Menschen freiwillig zur Verfügung stellten, allerdings nur solange, wie ihnen durch etablierte Rituale der gebührende Respekt entgegengebracht wurde. Kam es dennoch wiederholt zu Fehlschlägen, machte man den Schamanen dafür verantwortlich. Dieser schützte sich, indem er die Schuld einem Mitglied der Gruppe zusprach, das sich angeblich weigerte, die angemessenen Rituale zu vollziehen. Viele paläoindianische Fundstellen auf den Prärien zeugen davon, daß sie zwei- bis dreitausend Jahre lang immer wieder gebraucht wurden. Das hängt von ihrer Topographie ab, die entweder auf natürlicher Basis oder mit geringfügigen Ergänzungen Fallen für das Jagdwild bildete. Da die Zähne des Bisons in gewissen Altersstufen durchbrechen und die Kalbzeit auf einen kurzen Zeitraum im Frühjahr beschränkt ist, können wir aus den fossilen Indizien herleiten, daß die Paläoindianer viele Bisonjagden im Spätherbst und Winter durchführten. Wie sich an Fundorten auf den nördlichen Prärien zeigte, wurde überschüssiges Fleisch vorübergehend eingefroren.

GEORGE C. FRISON

△ Schädel und andere Knochen der Bisons, die bei Casper zerlegt wurden.

GEORGE C. FRISON

◁ Ein modernes Modell zu der parabolförmigen Düne, in der bei Casper (Wyoming) Bisons gefangen wurden.

▷ Der spektakuläre Fundort von Olsen-Chubbuck im Osten Colorados barg die Überreste von über 200 großen pleistozänen Bisons. Diese Tiere waren vor etwa 10 000 Jahren in einen tiefen, schmalen Arroyo getrieben und dort getötet worden. Steinerne Projektilspitzen unter den Knochen zeigen, daß einige Tiere von den Jägern erlegt wurden. Die Herde umfaßte Männchen und Weibchen jeden Alters. Viele unten liegende Tiere waren unter den anderen so tief begraben, daß sie nicht geborgen werden konnten. Dies ist insofern ungewöhnlich, als an allen anderen paläoindianischen Jagdplätzen nur wenige Tiere nicht genutzt wurden.

JOE BEN WHEAT PHOTO, UNIVERSITY OF COLORADO MUSEUM

GEORGE C. FRISON

△ Knochen von Bisons, die vor 10 000 Jahren zerlegt worden waren, liegen im Graben einer parabolförmigen Sanddüne bei Casper (Wyoming). Als die Tiere erlegt wurden, war der Graben mehrere Meter tief und mindestens 150 Meter lang. Um fliehen zu können, mußten sich die Tiere, die in diese Falle getrieben worden waren, wieder umdrehen, wobei sie schutzlos den Geschossen der Jäger ausgesetzt waren.

▽ Diese Reste von Bison-Kadavern blieben in derselben Stellung erhalten, in der man sie nach dem Zerlegen in der Dünenfalle von Casper zurückgelassen hatte.

GEORGE C. FRISON

wurde dieses Gebiet überschwemmt und damit unbewohnbar.

Weiter nördlich, im Becken des Powder River im Nordosten Wyomings, standen – vermutlich vor einigen Millionen Jahren – mehrere über 30 Meter starke Kohlebetten in Flammen. Dieser Brand führte dazu, daß sich ein Landstück absenkte, das über einen Kilometer breit und mehrere Kilometer lang war. Im Laufe der Zeit sammelte sich Wasser an, und es entstand ein flacher See. Die hohen Gräser, die an den Ufern wuchsen, zogen die weidende Megafauna an, und als Schmelzwasser in den See gelangte, bildeten sich allmählich Arroyos. Einer davon, der heute die Bezeichnung Carter/Kerr-McGee trägt, wurde zu einer bedeutenden Bisonfalle, und dieser Fundort bildet mit seinen paläoindianischen kulturellen Gegenständen beinahe einen Doppelgänger von Hell Gap. Die Lage und die Form des Arroyo machten ihn zu einer idealen Falle für die großen Tiere dieser Zeit.

Zu den größeren Fundstätten der Folsom-Kultur gehört Hanson im Bighorn Basin im nördlichen Wyoming. Auch sie liegt am Kopf eines Arroyo, das sich in ein weites Gebiet öffnet, wo Bisons damals gegrast haben dürften. Damit war auch Hanson eine ideale Bisonfalle. Entweder gingen diese Tiere von sich aus am Arroyo entlang, bis sie die natürliche oder künstliche Falle erreicht hatten, oder sie wurden getrieben. Zahlreiche Bisonknochen, die man aus den Folsom-Schichten dieser Fundstelle barg, lassen vermuten, daß diese Tiere in der Nähe gejagt worden waren.

Die Sand Dunes National Monuments aus dem San Luis Valley im Süden Colorados entstanden, als der Sand, der sich über den Ostteil des Tales hinwegbewegte, an steilen Berghängen zum Stillstand kam. Am Rande der Dünen wurden mehrere Stellen nachgewiesen, an denen die Folsom-Jäger Bisons erlegt hatten. Eine davon, die den Namen Cattle Guard trägt, liegt sehr dicht an der Oberfläche, barg aber dennoch zahlreiche Gegenstände, die in ihrer Anordnung unversehrt erhalten waren. Zweifellos eignete sich dieses Gebiet für die Folsom-Jäger ganz hervorragend zur Bisonjagd, doch kennen wir die Jagdstrategie nicht genau. Im Zentrum Wyomings muß einmal vor 10 000 Jahren eine U-förmig gebogene Sanddüne als

Bisonfalle gedient haben. Vielleicht waren die Umstände in der Folsom-Zeit im San Luis Valley ähnlich.

Der Kulturkomplex von Goshen

Beinahe zwei Jahrzehnte nach der Erforschung von Hell Gap tauchte nichts in den paläoindianischen Fundstätten auf, das in irgendeiner Beziehung zum Goshen-Komplex gestanden hätte. Dies änderte sich, als man zu Beginn der achtziger Jahre im Südosten Montanas Mill Iron entdeckte. Die Projektilspitzen und Werkzeuge, die aus einem felsigen Steilhang in der Nähe des flachen Gipfels eines verwitterten Berges durch Erosion freigelegt worden waren, erinnerten in verblüffender Weise an diejenigen, die man aus der untersten Schicht von Hell Gap geborgen und mit dem Namen Goshen versehen hatte. Da sich bei Mill Iron lediglich Hinweise auf eine einzige paläoindianische Kultur fanden, bestand keine Möglichkeit, sie stratigraphisch mit den Schichten von Clovis und Folsom zu vergleichen. Allerdings geben Radiokarbon-Datierungen der Objekte an, daß sie etwa 11 000 Jahre alt sind. Obwohl hier zwei Bruchstücke von Mammutrippen geborgen wurden (einer davon diente als Werkzeug oder als Griff einer Waffe), spricht weiter nichts dafür, daß hier Mammute erlegt wurden. Zweifellos lagen hier noch Mammutknochen herum und wurden für eine gewisse Zeit genutzt, nachdem die Tiere ausgestorben waren.

Ein Lager mit Bisonknochen, das sich in der Nähe von Mill Iron befand, enthielt die teilweise erhaltenen Reste von mindestens 31 Tieren, die man in der Mitte oder am Ende des Winters erlegt hatte. Allerdings sorgte die extreme Erosion dieser Gegend für soviel Landverlust, daß man keine Schlüsse auf die Jagdstrategie jener Zeit ziehen kann. Zudem ist es unmöglich zu entscheiden, ob die Bisons alle bei einer einzigen Jagd ums Leben gekommen waren.

An der bereits erwähnten Fundstelle von Carter/Kerr-McGee, im zentralen Becken des Powder River im Norden Wyomings, wurde unterhalb einer

JIM BRANDENBURG/MINDEN PICTURES

◁ Im San Luis Valley im Norden Colorados wurden zahlreiche Fundstätten der Folsom-Kultur entdeckt. An der Ostseite des Tals haben sich mächtige Sandschichten angehäuft, und am Rande der Dünen wurden Bisonkadaver gefunden, die den Folsom-Jägern zum Opfer gefallen waren. Der Boden des Tales liegt auf einer Höhe von etwa 2400 Meter, und die Bergspitzen im Hintergrund erheben sich bis in eine Höhe von 4250 Meter.

△ Eine Goshen-Projektilspitze aus dem Bison-Jagdplatz von Mill Iron im Südosten Montanas.

GEORGE C. FRISON

Folsom-Schicht der winzige Rest einer Schicht entdeckt, die Projektilspitzen vom Goshen-Typ enthielt. Dies ist ein weiterer Fall, bei dem die stratigraphische Anordnung dafür spricht, daß Goshen älter ist als Folsom. Seiner Lage nach zu urteilen muß Carter/Kerr-McGee als eine Tierfalle genutzt worden sein. Allerdings wurden in der Goshen-Schicht nur ein Mittelfußknochen eines spätpleistozänen Kamels sowie verschiedene, nicht identifizierte Bruchstücke schwerer Röhrenknochen entdeckt. Wie schon bei Hell Gap rechnete man diese Schicht zunächst Clovis zu, und erst ein näherer Blick auf die Projektilspitzen zeigte, daß sie mit höherer Wahrscheinlichkeit zu Goshen gehörten.

Die Technologie der Projektilspitzen von Goshen ist der von Folsom sehr ähnlich, sieht man davon ab, daß die Spitzen von Goshen nicht ausgekehlt sind. Stattdessen gehen mehrere eingesenkte Stellen distal von der Basis aus, — vermutlich um die Basis dünner zu machen, damit die Spitze besser haften bleibt - doch läßt sich nichts nachweisen, das als Auskehlung gelten könnte. Die Werkzeuge sind sowohl denen von Clovis als auch denen von Folsom ähnlich. Zieht man alle diese Indizien — die Art der Werkzeuge und Projektilspitzen, die Stratigraphie und die Jagdstrategien — in Betracht, ist es wohl plausibel davon auszugehen, daß Goshen der direkte Vorläufer der Folsom-Kultur war.

Zur Zeit werden in einem kleinen Becken in den Rocky Mountains, unweit des Quellgebietes des Colorado River, das als Middle Park bekannt ist, archäologische Untersuchungen durchgeführt. Bisher förderten sie sowohl Folsom- als auch Goshen-Schichten zutage. An einem Jagdplatz mit mindestens 13 Bisons wurden Projektilspitzen der Goshen-Kultur gefunden. Er befand sich auf einer Anhöhe von 2620 Meter. In einem nicht weit entfernten Lager wurden Goshen- und Folsom-Gegenstände nebeneinander gefunden. Daraus geht eindeutig hervor, daß die Bisons im späten Pleistozän und im frühen Holozän diese Höhenlagen aufsuchten. Da die Bison-Überreste dort gefunden wurden, wo ein größerer Wildpfad den Kamm eines steilen Hügels erreicht, ist zu vermuten, daß die Jäger diese Tiere den Pfad hinauftrieben und dann töteten, als sie sich nach dem steilen Anstieg drängten und auf die Gefahr, die ihnen von den übrigen Jägern auf dem Gipfel drohte, kaum achteten.

Obwohl Stätten wie diese immer wieder entdeckt werden, haben wir noch nicht genügend Informationen, um das Verhältnis zwischen den Kulturen von Clovis, Goshen und Folsom mit Sicherheit klären zu können. Soweit man bisher den Radiokarbon-Datierungen und den stratigraphischen Indizien entnehmen konnte, haben die Clovis-Jäger den nordamerikanischen Kontinent vor etwa 11 000 Jahren erreicht, und die Kulturen von Goshen und Folsom folgten nur wenig später.

▽ Als man das schlecht erhaltene Bison-Knochenbett von Mill Iron freilegte, entdeckte man die teilweise erhaltenen Reste von mindestens 31 Tieren, die im Spätwinter oder zu Beginn des Frühjahrs erlegt worden waren. Vermutlich waren sie gleich in der Nähe getötet worden, doch wurden alle landschaftlichen Indizien für eine geeignete Falle durch Erosion zerstört.

GEORGE C. FRISON

Das große Sterben der Tiere

Was geschah nun mit den riesigen Tieren des späten Pleistozäns, die damals schon vom Aussterben bedroht waren, als die Clovis-Jäger das Land erreichten? Das ist eine faszinierende Frage. Solange nicht Indizien dafür auftauchen, daß bereits vor den Clovis-Jägern Menschen mit hochentwickelten Jagdtechniken in Nordamerika lebten, können wir den Untergang der Tiere nicht allein dem Menschen zuschreiben. Obwohl die Clovis-Kultur in Nordamerika weit verbreitet war, spricht nur sehr wenig dafür, daß diese Menschen die Tiere ausgerottet haben könnten - allerdings dürften sie ihnen in einigen Fällen, insbesondere im Falle der Mammute, den Gnadenstoß versetzt haben. Es ist auch unwahrscheinlich, daß Pferde oder Kamele in Nordamerika von Menschen gejagt wurden, während die Bisons auf den Prärien mindestens noch 3000 Jahre, nachdem die Clovis-Jäger verschwunden waren, die Hauptbeute der paläoindianischen Jäger bildeten. Für das umfassende Aussterben vieler Tierarten am Ende des Pleistozäns gibt es noch keine befriedigende Erklärung. Sicher ist, daß es auf mehrere zusammenwirkende Faktoren zurückzuführen sein dürfte. (Vergleiche den Kasten *Das Schicksal der frühen Tierwelt Nordamerikas.*)

Jenseits von Knochen und Steinen

Zwar sind an den Untersuchungen paläoindianischer Fundstellen viele verschiedene Fachgebiete beteiligt, doch müssen für eine endgültige Analyse alle Indizien im Rahmen des menschlichen Verhaltens gedeutet werden. Die archäologischen Funde zeigen, daß die Paläoindianer die Fähigkeit erworben hatten, verschiedene Arten von Werkzeugen und Waffen aus Stein herzustellen. Diese Waffen (und insbesondere die Projektilspitzen) änderten sich von Zeit zu Zeit, und aufgrund dieser Veränderungen sind die Archäologen imstande, unterschiedliche Kulturkomplexe zu unterscheiden. Die Werkzeuge sind für eine zeitliche Einordnung weniger brauchbar, da sie nur geringere Veränderungen zeigen. Daher wurde die haltbare Projektilspitze zum »Leitfossil« der nordamerikanischen Archäologen. Gemeinsam mit der Stratigraphie und der Radiokarbon-Datierung gelang es uns auf diese Weise, eine Chronologie der verschiedenen paläoindianischen Gruppen zu erstellen, die Nordamerika bewohnten.

Zwar können wir uns nicht in die Vergangenheit zurückversetzen und die Paläoindianer unmittelbar beobachten, doch haben wir die Möglichkeit, mit Hilfe unserer Kentnisse moderner Jäger-und-Sammler-Gesellschaften, die sich in verschiedenen Teilen der Welt auf einem vergleichbaren kulturellen Niveau befinden, die Vergangenheit ein wenig zu erhellen. Zum Beispiel bieten die Gruppen der Inuit (oder Eskimos), die Rentiere und Meeressäuger jagen, und die historischen Befunde der Bisonjäger der nordamerikanischen Prärien gute Anhaltspunkte für Vergleiche, so daß wir die Paläoindianer nicht nur als archäologische Fundstätten, sondern als menschliche Gesellschaften betrachten können. Wir dürfen dabei jedoch nicht vergessen, daß derartige Gruppen nur ganz allgemeine Vergleiche zulassen.

Auf dieser Basis können wir sagen, daß sich die Gemeinschaften der Paläoindianer aus kleinen Gruppen nomadischer moderner Menschen (*Homo sapiens sapiens*) zusammensetzten, die mit den Problemen des alltäglichen Überlebens konfrontiert waren. Sie lebten in enger Harmonie mit einer lebensfeindlichen und unnachsichtigen Umwelt, wo ein einziger Fehler bei der täglichen Nahrungssuche Tod oder Verkrüppelung, ja sogar den Hungertod der Familie nach sich ziehen konnte. Diese Menschen mußten mit großen Raubtieren und Aasfressern direkt um die Nahrung konkurrieren und ihre gespeicherten Nahrungsüberschüsse gegen diese und andere Gefahren verteidigen. So konnten Nagetiere, die einen Nahrungsspeicher von unten her angruben, dasselbe Resultat herbeiführen wie ein Grizzlybär, der den Speicher von außen aufriß.

Das Rückgrat der paläoindianischen Wirtschaft war die Jagd, die von den Männern ausgeübt wurde. Die Frauen schnitten das Fleisch von den Kadavern und bereiteten es für den Verzehr vor. Außerdem sammelten sie genießbare Pflanzen. Obwohl die Tätigkeit weniger prestigeträchtig war als die Jagd, bildeten die Pflanzen einen wichtigen Teil der täglichen Nahrung. Die Paläoindianer lebten in kleinen Gruppen, deren einziges politisches Führungsamt der Mann übernahm, der das größte Charisma als Jäger und Versorger der Gruppe für sich beanspruchen konnte. Die Größe der Gruppen variierte zwischen 20 und 50 Individuen, die wiederum vier bis zehn Kernfamilien bildeten. Während der meisten Zeit des Jahres zerfiel die Gruppe in kleinere Einheiten einzelner oder mehrerer Familien, um die verfügbaren Nahrungsressourcen wirkungsvoller nutzen zu können. Zur gemeinsamen Jagd oder wenn der Glücksfall eintrat, daß überschüssige Nahrung zur Verfügung stand, versammelte sich die ganze oder gar mehrere Gruppen. Die weitverbreiteten Quellen der Steine, aus denen die Werkzeuge von Lindenmeier (im nördlichen Colorado) gefertigt worden waren, lassen die Vermutung zu, daß sich hier mehr als eine Gruppe versammelt hatte, um an der gemeinsamen Bisonjagd teilzunehmen.

Jede Gruppe beanspruchte ihr eigenes Revier, und

▽ Großohr-Maultierhirsche (*Odocoileus hemionus*) fressen das üppige Gras am Rande der Sanddünen im San Luis Valley. Die Bäume, die an der Basis der Sanddünen stehen, beweisen, daß die Lebensbedingungen früher, als das Wasser noch floß, für die Bisons ideal waren.

JIM BRANDENBURG/MINDEN PICTURES

die Ressourcen eines Revieres wurden systematisch genutzt. Allerdings waren die Grenzen damals weniger deutlich als heutige Staats- oder Ländergrenzen. Zudem waren die Gruppen exogam, - heirateten also außerhalb der eigenen Gruppe – wodurch sie gezwungen waren, Territorialgrenzen zu überschreiten. In derartigen Jagdgesellschaften zog die Frau zum Haus des Ehemannes, denn es war von überlebenswichtiger Bedeutung, daß die genaue Kenntnis des Jagdreviers vom Vater auf den Sohn weitergegeben wurde.

Jagdgruppen wie diese hatten ein besonderes Verhältnis zur Tierwelt. Die meisten Jagdvorhaben wurden von Jagdmagie und von Ritualen beherrscht, insbesondere dort, wo die Wahrscheinlichkeit eines Fehlschlags hoch war, etwa bei einer gemeinsamen Bisonjagd. Diese Menschen glaubten, daß sich die Tiere freiwillig den Menschen zur Verfügung stellten und daß sie dafür ein wohlbemessenes Maß an Respekt für sich beanspruchten. So mußten die Geister der Tiere in jedem Stadium der Jagd angemessen behandelt werden. Geschah dies nicht, stellten sich die Tiere nicht länger zur Verfügung. Daher war der Schamane oder Medizinmann bei der gemeinsamen Jagd anwesend, um sicherzustellen, daß die richtigen Rituale vollzogen wurden. Ihm fiel auch die Rolle zu, Krankheiten zu heilen, die nach allgemeiner Ansicht keine natürlichen Ursachen hatten, sondern dadurch entstanden, daß irgendwelche Tabus gebrochen worden waren.

Diese paläoindianischen Jagdgesellschaften überlebten viele Jahrtausende, und eines der Geheimnisse ihres fortdauernden Erfolges war die Zusammenarbeit. Unabhängig davon, wer ein Tier getötet oder Nahrung gesammelt hatte, erhielten alle Gruppenmitglieder ihren Anteil, denn nicht jeder Jäger oder Sammler konnte bei jedem Versuch Erfolg haben. Wenn die Nahrung knapp wurde, war das Teilen sogar noch wichtiger. Es galt als verwerflich, Nahrung zu hamstern, und zudem war es in diesen Gesellschaften nahezu unmöglich, dies zu tun, ohne ertappt zu werden. Am meisten wurden jene bewundert, die am meisten heranschafften und verteilten. Die Aufbewahrung von Nahrung in Vorratslagern war etwas anderes als das Hamstern. Es galt als eine kurzfristige Maßnahme zur Vorsorge für Zeiten, in denen man draußen nicht nach Nahrung suchen konnte. Diese Art der Speicherung dürfte auch mehr in der Arktis verbreitet gewesen sein, während diese Notwendigkeit für Gruppen in wärmeren Gebieten nicht bestand.

Man kann sich nur schwer vorstellen, daß Menschen, so angepaßt sie gewesen sein mögen, den Winter der kälteren Regionen ohne passende Kleidung und Unterkunft überlebt hätten. Die archäologischen Befunde verraten uns über diesen Lebensbereich der Paläoindianer nur sehr wenig, und wenige Fundstellen lassen uns ahnen, wie die Winterquartiere aussahen. Vermutlich lebten sie in einfachen Unterkünften, ähnlich den Tipis der nordamerikanischen Prärie-Indianer. Letztere bestehen aus den Häuten großer Tiere, die über einen konischen Rahmen aus langen Stangen gespannt werden. Derartige Zelte sind im Winter tatsächlich bemerkenswert warm, wenn sie gut mit Schnee isoliert und von innen mit kleinen Feuern geheizt sind. Aber selbst so kann man sich kaum vorstellen, daß sie Temperaturen unter Null ohne eine angemessene Kleidung (insbesondere an den Füßen) überlebt hätten. Wir wissen auch, daß sie über die Werkzeuge verfügten, um solche Kleidung herzustellen. So kennt man zum Beispiel aus der Folsom-Kultur mit einer Öse versehene Knochennadeln, die unseren Metallnadeln nicht unähnlich sind.

WARREN MORGAN

△ Zwei Clovis-Spitzen vom Richey-Roberts-Waffenlager bei Wenatchee (Washington) am Columbia River. Dies war das erste Clovis-Waffenlager, das von professionellen Archäologen ausgegraben wurde. Ferner fand man dort Klingen, Klingenwerkzeuge, unvollendete Projektilspitzen sowie geschnitzte zylindrische Gegenstände aus Mammutknochen, ähnlich denen, die man von Anzick kennt.

Wunschtraum der Archäologen

Es ist natürlich der Wunschtraum des Archäologen, völlig unberührte Fundstätten freizulegen, die neben den charakteristischen Projektilspitzen auch organisches Material bergen, die sich mit der Radiokarbon-Methode datieren lassen. Leider kommt dies selten vor. Wir sollten aber niemals vergessen, daß es bei der Archäologie der Paläoindianer um Menschen geht, die uns recht ähnlich waren. Sie kämpften unter den schwierigsten Umweltbedingungen ums Überleben, zogen ihre Kinder auf und erhielten die menschliche Bevölkerung von einer Generation zur nächsten. Das ist bei weitem mehr als das bloße Studium von Gegenständen aus Stein und Knochen.

DAS SCHICKSAL DER FRÜHEN TIERWELT NORDAMERIKAS

DONALD K. GRAYSON

Am Ende des Pleistozäns starben in Nordamerika 35 Säugetiergattungen aus - einige existierten auch anderswo auf der Erde nicht mehr (29 Gattungen), während andere nur aus Nordamerika verschwanden (sechs Gattungen). Besonders bedeutungsvoll unter den Verlusten waren die großen Pflanzenfresser, darunter Mastodonten, Mammute, Moschusochsen, Pferde, Kamele, Riesenfaultiere und Riesenbiber. Viele andere gehörten zu den Carnivoren, die sich vermutlich von den Pflanzenfressern ernährten, etwa die Säbelzahnkatze, der amerikanische Gepard, der amerikanische Löwe und der pleistozäne Wolf.

Aus den archäologischen und paläontologischen Befunden geht hervor, daß praktisch alle diese Säuger am Ende des Pleistozäns, vor 10 000 Jahren, ausgestorben waren. Völlig offen dagegen ist, wann das Aussterben begann - und was die Ursache dafür war.

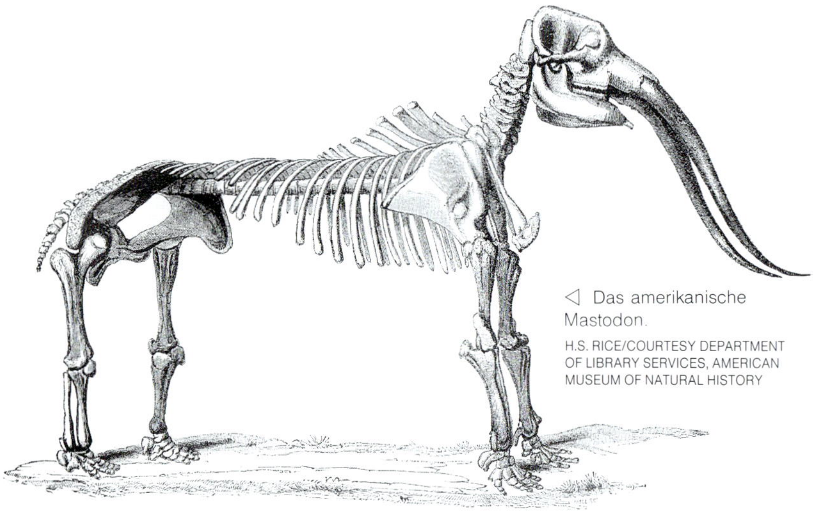

◁ Das amerikanische Mastodon.

H.S. RICE/COURTESY DEPARTMENT OF LIBRARY SERVICES, AMERICAN MUSEUM OF NATURAL HISTORY

▽ Im Pleistozän waren Säbelzahntiger, die etwa Löwengröße hatten, weit verbreitet.

CHIP CLARK/NATIONAL MUSEUM OF NATURAL HISTORY, SMITHSONIAN INSTITUTION

Nahezu alle dieser ausgestorbenen Säugetiere scheinen den Höhepunkt der Vereisung überlebt zu haben, der vor etwa 22 000 bis 18 000 Jahren eintrat. Seit Mitte der sechziger Jahre geht man allgemein davon aus, daß praktisch alle diese Tiere vor ungefähr 12 000 bis 10 000 Jahren ausgestorben sind, doch wird dies durch eine neue, detaillierte Untersuchung der verfügbaren Radiokarbon-Daten nicht bestätigt. Nur von neun der 35 ausgestorbenen Arten (darunter Pferde, Kamele, Mammute und Mastodonten) läßt sich nachweisen, daß sie vor 12 000 Jahren noch existierten. Die verbleibenden 26 Arten könnten während dieser Zeit ausgestorben sein. Sicher ist das aber nicht, denn sie könnten schon Jahrtausende vor dem Ende des Pleistozäns verschwunden sein.

Solange wir nicht mehr über den zeitlichen Ablauf wissen, können wir nur Vermutungen darüber anstellen, welche Ursachen zum Aussterben der Tiere führten. Dazu gibt es zwei Theorien. Die am besten bekannte ist die des Paläontologen Paul S. Martin, nach dessen Ansicht die Tiere offenbar zu der Zeit verschwanden, als die Clovis-Jäger in Nordamerika auftraten. Diese paläoindianischen Jäger tauchten, wie er meint, vor etwa 11 500 Jahren südlich des Gletscherrandes auf, wo sie sich mit einer Fülle großwüchsiger Jagdtiere konfrontiert sahen. Weil diese Pflanzenfresser niemals zuvor mit menschlichen Jägern zu tun hatten, besaßen sie diesen gegenüber keinerlei Verteidigungsverhalten. Indem sie sich nun diese massive, ahnungslose und leicht zugängliche Nahrungsquelle zunutze machten, vermehrten sich die menschlichen Jäger und breiteten sich sehr rasch nach Süden aus. Dabei hinterließen sie eine Spur ausgelöschter Säugetier-Populationen — und schließlich ausgestorbene Gattungen. Mit dem Verschwinden ihrer Beute gingen auch die Räuber dahin, wie die Säbelzahnkatze, der amerikanische Gepard und der amerikanische Löwe.

Obwohl diese »Overkill-Hypothese« auf den ersten Blick einleuchtet, hat sie in den letzten Jahren viele Anhänger verloren. Zunächst einmal gibt es Belege dafür, daß die Paläoindianer einen bei weitem vielfältigeren Speisezettel hatten als diese Hypothese voraussetzt. Zudem wurden nur die Reste von Mammuten und Mastodonten in einem Umfeld gefunden, aus dem hervorgeht, daß sie menschlichen Jägern zum Opfer fielen.

Obwohl unsere Kenntnisse über die Lebensweise der Paläoindianer sehr beschränkt sind, ist es schon merkwürdig, daß offenbar Mammut und Mastodon die einzigen Säugetiere waren, deren Reste man mit menschlichen Projektilspitzen zusammen auffand. Auf dem Festland der Vereinigten Staaten sind die häufigsten Fossilien die von Pferden (gefolgt von Mammuten), aber man kennt keine Fundplätze, an denen Pferde gejagt worden waren. Dasselbe gilt für das Kamel (gefolgt vom Mastodon). Auch hier wurde bei den Resten niemals eine menschliche Todesursache nachgewiesen.

Während nun die Ausrottungs-Hypothese an Bedeutung verliert, werden in stärkerem Maße klimatische Ursachen für möglich gehalten. Entsprechende Konzepte wurden von den Paläontologen Russell W. Graham, R. Dale Guthrie und Ernest L. Lundelius vorgestellt. Ungeachtet ihrer Komplexität gehen alle Vorstellungen davon aus, daß es in dem Zeitraum, als die Tiere ausstarben, zu massiven Umweltveränderungen kam, wobei sich auch die jahreszeitlichen Temperaturen verlagerten und die Vegetation ganz anders aussah. Infolgedessen veränderte sich die Verbreitung der Kleinsäuger, und die größeren Säugetiere, die nicht so zahlreich waren, aber höhere Ansprüche an ihre Umgebung stellten, mußten untergehen. Zwar schließen die Verfechter der klimatischen Ursachen keineswegs die Möglichkeit aus, daß auch der Mensch in einigen Fällen seinen Beitrag geleistet haben könnte – etwa, indem er einigen Arten den Gnadenstoß gab – doch halten sie daran fest, daß der entscheidende Grund in den einschneidenden Umweltveränderungen zu suchen ist, die für das Ende des nordamerikanischen Pleistozäns typisch sind.

CHIP CLARK/NATIONAL MUSEUM OF NATURAL HISTORY, SMITHSONIAN INSTITUTION

△ Mit einer Höhe von 5,5 Meter und einem geschätzten Körpergewicht von über drei Tonnen war das Harlan-Riesenfaultier das größte unter den vier Gattungen der Riesenfaultiere, die gegen Ende des Pleistozän in Nordamerika existierten.

STEPHEN J. KRASEMANN/BRUCE COLEMAN LTD

PIONIERE DER ARKTIS

2500 vor Christus bis 1500 nach Christus

Das letzte bewohnbare Land

MOREAU MAXWELL

Die Arktis, das letzte bewohnbare Land, wurde relativ spät in der Menschheitsgeschichte vor etwa 2500 Jahren besiedelt. Um in dieser unwirtlichsten und lebensfeindlichsten aller Gegenden überleben zu können, mußten die Menschen letztlich fähig sein, Tiere als Nahrung zu jagen, für Kleidung und Brennstoff zu sorgen. Das war eine nahezu übermenschliche Aufgabe. So konnte es vorkommen, daß ein einzelner Jäger mit seinem zerbrechlichen Speer einem Eisbären gegenübertreten mußte, der doppelt so hoch war wie er selber und von dem er wußte, daß ein einziger Tatzenhieb ihn in zwei Stücke zerteilen konnte.

Trinkwasser, das wichtigste menschliche Nahrungsbedürfnis, war extrem schwierig zu bekommen. In der eisigen Arktis liegt das Süßwasser in steinhartem Eis vor und muß zunächst geschmolzen werden. In vielen Gebieten dieser Region ist Treibholz das einzige Holz zum Feuermachen. Weil es so selten vorkommt, eignet es sich nicht zum täglichen Brennstoff. Daher verbrannten die Bewohner der Arktis stattdessen das Fett von Meeressäugern.

◁ Gegen Frühling zerbricht das Packeis der östlichen Arktis in treibende Felder, zwischen denen offene Wasserrinnen bleiben. Wenn ein Jäger auf dem Eis von der Küste forttreibt, ist er verloren. Manchmal kollidieren zwei treibende Eisfelder und bilden grobe Eishügel. Diese Erhebungen ragen dann fünf Meter oder mehr über die flache Eisebene.

△ Diese Holzmaske, deren Augen aus Knochen geschnitzt wurden, stammt aus einem Grab der Old Bering Sea Kultur. Vermutlich bedeckte die Maske einst das Gesicht des Schädels.

SMITHSONIAN INSTITUTION/COURTESY MUSEUM OF ANTHROPOLOGY AND ETHNOGRAPHY, ST. PETERSBURG

△ FUNDSTÄTTEN ARKTISCHER TRADITION
Einige frühe prähistorische Stätten, die zwischen 2000 vor und 500 nach Christus bewohnt waren.

▽ FUNDSTÄTTEN DER THULE-KULTUR
Die größte Verbreitung der klassischen Thule-Kultur von 1200 vor Christus bis zum Jahr 1500.

KARTOGRAPHIE: RAY SIM

Robben lieferten nicht nur das Fett, das als Brennstoff diente, sondern waren auch die wichtigste Quelle für Nahrung und Kleidung. Die Jagd war schwierig und gefährlich, besonders im Winter. Zu dieser Jahreszeit jagte man die Robben nämlich am besten in jenem Streifen offenen Wassers, das sich zwischen dem Eis des Meeres und der weiten Eisfläche befindet, die an der Küste festgefroren ist. Hier mußte der Jäger nun geduldig darauf warten, daß der Kopf einer Robbe auftauchte, kleiner als ein Volleyball, ein unbeständig treibendes Ziel für seine Harpune. Während der langen Wartezeiten mußte er ständig auf ein tiefes Krachen achten, das von dem Eis ausging, auf dem er stand. Es signalisierte nämlich, daß es gerade von der Küste abbrach und ihn mit sich auf das Meer hinaustrug. Selbst heute kommt es noch vor, daß Jäger mit dem Eis hinaustreiben und niemals wiederkehren.

Eine einzige Harpune herzustellen bedeutete Tage harter Arbeit. Zunächst sammelte der Jäger einige seltene, kostbare Treibholzstücke, die er geschickt zu einem Schaft zusammenfügte. Anschließend verbrachte er viele Stunden damit, den Harpunenkopf aus hartem Elfenbein zu schnitzen und eine Spitze aus Feuerstein zu schlagen. Schließlich stand er vor der gefährlichen Aufgabe, Robben und andere Beutetiere zu finden und zu erlegen. Wenn ein Jäger erfolgreich mit einem kleinen Robbenkadaver zurückkam, reichte es kaum, um seine Familie eine Woche lang zu ernähren. Dann stand ihm die gleiche Aufgabe erneut bevor.

Was ist die Arktis?

Die Arktis ist die nördlichste Region der Erde und erstreckt sich direkt bis zum Nordpol. Ihre Grenzen lassen sich in Breitengraden oder mit der Entfernung vom Äquator angeben. Die Südgrenze der Arktis, der Polarkreis, umläuft die Erde bei ungefähr 66 Grad 30 Minuten Nord. Dabei durchkreuzt sie den hohen Norden Alaskas, Kanadas und Skandinaviens und verläuft quer durch Sibirien. An einem Tag des Jahres, um den 21. Juni, geht die Sonne hier nicht unter, und etwa am 21. Dezember geht sie auch nicht auf. An der nördlichen Landgrenze gibt es von Mitte Februar bis Mitte März kein Sonnenlicht, und bis Anfang Oktober gibt es täglich nur wenige Stunden Dunkelheit. Diese dramatische Fluktuation zwischen Tageslicht und Finsternis hat bedeutende Auswirkungen auf das biologische Wachstum und die Verhaltensweisen der Menschen.

Da es hier darum geht, festzustellen, wie sich frühe Menschen dem Leben in der Arktis angepaßt haben, ist es nützlich, dieses Gebiet unter dem Aspekt ihres niedrigen »Wärmehaushalts« zu betrachten. Das bedeutet aber nicht, daß die niedrigsten Temperaturen in der Arktis vorkommen: In vielen Bereichen des sibirischen und Yukon-Binnenlandes sinken die Wintertemperaturen manchmal auf Werte, die in der Arktis niemals erreicht werden. Es ist vielmehr die – übers Jahr gesehen - relativ geringe Wärmeenergie, die für die Arktis typisch ist und eine einzigartige Umwelt schafft. Manchmal definieren Wissenschaftler die Grenzen der Arktis anhand der Durchschnittstemperatur im Juli. Eine Isothermenlinie, die alle nördlichen Gebiete durchläuft, deren Durchschnittstemperaturen im Juli zehn Grad Celsius nicht überschreiten, bildet hier eine hilfreiche Grenze.

Noch zwei weitere Linien, die man theoretisch auf den Globus schreiben kann, werden manchmal zur Definition der Arktis benutzt: die Permafrost-Linie und die Baumgrenze. Sie entsprechen in etwa der Isothermenlinie. Die Permafrostlinie bezeichnet jene Gebiete, in denen der Boden – von einer dünnen aktiven Oberfläche abgesehen – permanent gefroren bleibt. Die äußerlich besser sichtbare Baumgrenze, nördlich derer keine Wälder mehr wachsen, hat mit der Permafrostregion insofern zu tun, als der gefrorene Boden nicht nur ein tiefes Eindringen der Baumwurzeln verhindert, sondern auch den Abfluß des Schmelzwassers nach unten nicht erlaubt. Die Baumgrenze markiert die Grenze zwischen der borealen Taiga (mit ihren Nadelwäldern, die sich über weite Gebiete der Subarktis erstrecken) im Süden und der baumlosen Tundra im Norden.

Die Anpassung an das Leben in der Arktis

Obwohl es zahlreiche Arten von Säugern und Vögeln gibt, die die Baumgrenze in beiden Richtungen durchqueren, haben sich einige Tiere in besonderem Maße dieser Umgebung angepaßt und gelten als rein arktische Arten. Unter diesen ist der Eisbär am bekanntesten. Manchmal verbringt er den Sommer unterhalb der Baumgrenze und wartet darauf, daß das Meer gefriert, so daß er wieder jagen gehen kann. (Siehe Kasten *Tiere der Arktis.*) Weitere arktische Tiere sind zum Beispiel der Polarwolf, der Polarfuchs und der Schneehase, die Robben und Walrosse, eine Meerforelle, die vom Meer aus in einen Fluß oder in die Küstengewässer vordringt, um zu laichen, das Karibu sowie verschiedene ziehende Enten und Gänse. Sie

WAYNE LANKINEN/BRUCE COLEMAN LTD

△ Ein Eisbär, der aufgerichtet mehr als 3,5 Meter hoch sein kann, ist für einen Jäger, der nur einen Speer besitzt, eine furchterregende Bestie.

▷ Diese rasiermesserscharfen Mikroklingen aus Hornstein und Quarzkristall sind kaum zehn Millimeter lang. Sie wurden aus sorgfältig präparierten Steinen gedrückt. Bei diesen Gegenständen, die in der arktischen Kleinwerkzeug-Tradition häufig vorkommen, handelt es sich um Messer des täglichen Gebrauchs. Die scharfen Kanten eigneten sich besonders dafür, die Haut von Robben und Karibus für Kleidung zuzuschneiden.

alle waren Beute für die frühen Arktismenschen.

Die Menschen paßten sich den Lebensbedingungen der Arktis auf verschiedene Weise an. Sie entwickelten spezialisierte Techniken, – insbesondere unterschiedliche Typen von Harpunen – um Tiere an Land, auf dem Meer und auf dem Treibeis zu jagen. Außer der Nahrung lieferten die Tiere Häute und Federn für Kleidung und Fett als Brennstoff. Zudem lernten die Menschen, Unterkünfte zu bauen, die ihnen vor der extremen Kälte Schutz gewährten. Soweit die archäologischen Spuren dieser Aktivitäten erhalten blieben, können wir eindeutig zwischen Bewohnern der Arktis und – weiter südlich – den Völkern der borealen Taiga unterscheiden. Später wurden diese beiden Gruppen als Inuit (oder Eskimos) und Indianer bekannt.

Die ersten Paläoeskimos

Vermutlich haben die ersten Bewohner Nordamerikas bereits vor 20 000 Jahren die breite Landbrücke von Beringia, die Sibirien mit Alaska verband, überquert. Damals lag der Meeresspiegel wesentlich niedriger, und das freiliegende Gebiet bildete ein breite Ebene mit Tundren- und Artemisia-Vegetation. Indem sie den riesigen Tieren folgten, die damals den amerikanischen Kontinent durchstreiften (unter anderem Mammut, Mastodon und Bison), drangen diese frühen Jäger zunächst nach Süden vor, auf die nordamerikanischen Ebenen und dann weiter nach Südamerika. Diese Vorfahren der heutigen Indianer lebten in den unvereisten inneren Gebieten Alaskas noch bis etwa 6000 vor Christus.

Diese paläoarktische Tradition mit ihren unverwechselbaren Steinwerkzeugen (letztere werden von Fachleuten zu Einheiten wie Akmak, Anangula, Chindadn und Denali zusammengefaßt) dürften ihren Ursprung schon vor 30 000 Jahren tief in der sibirischen Region des Aldan-Flusses genommen haben. Diese frühen Völker fischten in den Flüssen und jagten Tiere an Land, inbesondere das Karibu, doch entwickelten sie keine Techniken zur Jagd auf dem Treibeis, wie es für die späteren Bewohner der Arktis typisch war.

Als Vorläufer der ersten Nordamerikaner, die sich dem Leben in der Arktis anpaßten, gilt allgemein der Denbigh-Feuerstein-Komplex. Er wurde nach Cape Denbigh (Alaska) benannt, wo die ältesten Feuersteinwerkzeuge der westlichen Paläoeskimo-Tradition entdeckt wurden und taucht in der archäologischen Folge mehrere tausend Jahre nach den Kulturen von Akmak und Anangula auf. Leider hat sich die Radiokarbon-Datierung in der Arktis als weniger zuverlässig erwiesen als anderswo, denn die verschiedenen verfügbaren organischen Materialien, wie Knochen, Geweihe und Stoßzähne aus Elfenbein, nehmen die Kohlenstoff-Isotope offenbar in unterschiedlichen Raten auf, die man bislang nicht nachvollziehen konnte. Dieser Methode zufolge kam die Denbigh-Kultur nicht wesentlich vor 2000 vor Christus auf. Ihre Ursprünge liegen noch im Dunkeln. Vielleicht entwickelte sie sich aus der Akmak-Kultur oder steht mit irgendeiner späteren Tradition aus Sibirien in Verbindung, die von Jägern über die Beringstraße importiert wurde.

Die arktische Tradition kleiner Werkzeuge

Alles, was von der Denbigh-Kultur in Alaska übrigblieb, ist eine eigenartige Ansammlung von Steinwerkzeugen, die man an mehreren Stellen nördlich und östlich entlang der Küste Alaskas entdeckte, und zwar von der Basis der Halbinsel Alaskas bis zur kanadischen Grenze. Zu diesen Werkzeugen gehören Meißel, die nur 2,5 Zentimeter lang sind und zum Schnitzen von Knochen, Geweihen und Elfenbein benutzt wurden. Ferner fand man sorgfältig zugeschlagene, zweispitzige Endklingen, die Pfeilköpfen aus Knochen und Geweihen aufgesetzt wurden, sowie Seitenklingen aus Feuerstein und Quarz. Letztere wurden in Pfeil- und Speerspitzen eingesetzt, um bei Landtieren, wie Karibus und Moschusochsen, den Blutverlust zu erhöhen und so rascher zu Boden zu zwingen. Dreieckige Endklingen dienten vermutlich dem Zweck, die Spitzen der Harpunenköpfe zu bilden, und winzige Klingen aus Feuerstein oder Quarzkristall, sogenannte Mikroklingen, deren Breite zehn Millimeter nicht überschritt, nutzte man zum Beispiel, um Tierhäute zu schneiden und Holzgriffe zu schnitzen. Die übrigen, weniger charakteristischen Werkzeuge umfaßten verschiedene Schaber zur Bearbeitung harter Materialien und Tierfelle, aus denen Kleidung entstehen sollte, sowie einige polierte Breitbeile.

Sieht man von letzteren ab, sind diese Werkzeuge und Waffenspitzen so klein, daß sie als die arktische Tradition kleiner Werkzeuge bekannt wurden. Sie läßt sich quer durch mehrere Kulturkomplexe entlang der arktischen Küste ostwärts bis nach Grönland nachweisen. Nur weil die Werkzeuge und Waffen dieser unterschiedlichen Komplexe einander so ähnlich sind, betrachtet man den Feuerstein-Komplex von Denbigh als die ursprüngliche Kultur der nordamerikanischen Arktis.

Die ältesten Denbigh-Fundstellen befinden sich landeinwärts an den Flüssen Kobuk und Brooks, an der Basis der Halbinsel von Alaska. An beiden Stätten fanden sich Hinweise auf Karibu-Jagd und auf Flußfischerei. Die Siedlungen setzten sich aus Einheiten von zwei bis drei flachen Grubenhäusern zusammen, die etwa 60 Zentimeter tief vergraben waren und von denen jedes über einen abschüssigen Eingang und eine zentrale Feuerstelle verfügte. Es scheint, daß die frühen Denbigh-Jäger nur während der kurzen Sommer an der Küste lebten. Spätere Fundstellen wurden dagegen ganzjährig genutzt; vermutlich hatten die Jäger zu der Zeit die Fähigkeit entwickelt, entlang der gefrorenen Küste Meeressäuger zu erlegen.

Ganz offenbar bildet die Denbigh-Kultur den einzig logischen Vorfahren der Tradition arktischer Kleinwerkzeuge, die sich von Alaska ostwärts nach Grönland ausbreitete. Es bleibt bei Denbigh jedoch ein Datierungsproblem, das noch nicht gelöst wurde. So geben Radiokarbon-Datierungen des ersten Fundplatzes auf Cape Denbigh und mehreren anderen Orten am Brooks River ein Alter der Kultur auf etwa 4000 Jahre an. Ähnlich verläßliche Daten kommen von den östlichsten Fundstellen der arktischen Kleinwerkzeug-Tradition, aus Grönland. Auch sie gehen auf etwa 2000 vor Christus oder einige Jahrhunderte früher zurück.

Es ist höchst unwahrscheinlich, daß die frühen Jagdgruppen die 4800 Kilometer vom Westen Alaskas bis nach Nordgrönland in weniger als einem Jahrhundert zurückgelegt hätten. Selbst vier oder fünf Jahrhunderte wären für eine solche Wanderung noch zu wenig Zeit. Zudem fehlt dafür eine einleuchtende

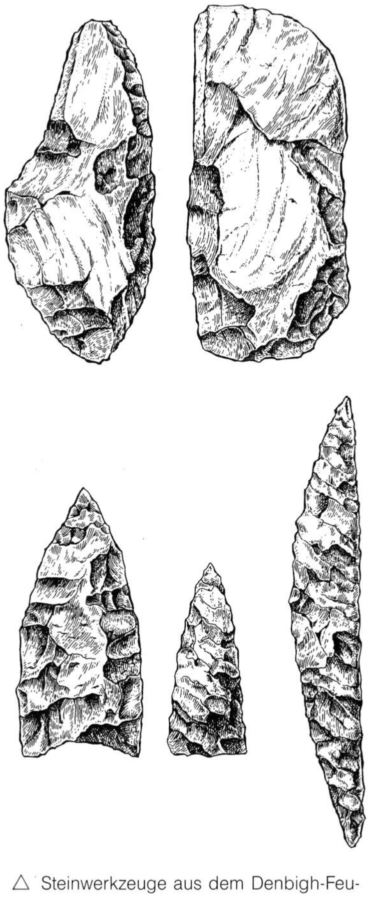

△ Steinwerkzeuge aus dem Denbigh-Feuerstein-Komplex. Die oberen beiden sind Meißel. Bei der unteren Reihe handelt es sich, von links nach rechts, um zwei Harpunen-Endklingen und um eine Seitenklinge, die in die Seite eines Pfeils gesteckt wurde.

ILLUSTRATIONEN: KEN RINKEL (NACH MOREAU MAXWELL)

◁ Einige kleine Karibu-Herden bleiben über den Winter in den arktischen Tälern. Die meisten jedoch verließen im Frühjahr die südlichen Wälder und wanderten in riesigen Herden nach Norden, um im Spätherbst nach Süden zurückzukehren.

△ Der Schwertwal war zu gefährlich, um häufiger von Kajaks aus gejagt zu werden. Allerdings belegen Knochenfunde schon aus der Sarqaq-Zeit, daß man diese Wale manchmal erlegte oder die Knochen angespülter Kadaver nutzte.

TIERE DER ARKTIS

Menschen, die in der Arktis leben, sind auf Tiere, die ihnen Nahrung und Kleidung liefern, in weit höherem Maße angewiesen als andere Sammler und Jäger. Heute lassen sich alle denkbaren Nahrungsmittel in einsame, abgelegene Siedlungen einfliegen, doch vor der Ankunft der europäischen Forscher setzten sich 90 Prozent der Nahrung aus Fleisch zusammen.

Viele Robbenarten – die Eismeer-Ringelrobbe, die Bartrobbe, die Sattelrobbe, die Kegelrobbe und die Klappmütze – bildeten die wesentlichen Nahrungsquellen, und ihre Speckschichten versorgten die Kochlampen mit Brennstoff. Die Häute der Karibus, die im Herbst erlegt wurden, besaßen hohle, luftgefüllte Haare, die die Winterkleidung gut isolierte, und ihr Fleisch war eine willkommene Abwechslung von der eintönigen Robbenkost. Bärenfleisch war im Frühjahr und Sommer mit Trichinen durchsetzt und sein Verzehr daher gefährlich.

△ Selbst heute noch versammeln sich Eisbären bei Churchill an der Hudson Bay in großer Zahl und warten darauf, daß das Treibeis gefriert, so daß sie wieder Robben jagen können. Hier erproben zwei junge Männchen, wer der Stärkere ist. Sie sind eher im Meer als auf dem Land zu Hause, verbringen den größten Teil des Jahres auf dem Treibeis und können große Entfernungen zwischen den Eisfeldern schwimmend zurücklegen.

△ Wenn im Frühjahr die Jagd auf dem Treibeis und auf dem offenen Wasser schwer wurde und die Karibus wenig auf den Rippen hatten, waren die ziehenden Enten und Gänse ein willkommener Anblick.

VARIN-VISAGE/JACANA-AUSCAPE

▽ Eine neugeborene Sattelrobbe liegt mit ihrem weißen Fell auf dem Treibeis vor Neufundland. Wenn der Frühling fortgeschritten ist, wandern die Robben an der Labradorküste nach Norden und folgen dem schmelzenden Packeis nach Grönland. Die Häute mit weißem Fell wurden besonders für Baby-Kleidung genutzt. Die großen Häute der erwachsenen Tiere eigneten sich für Parkas, Hosen und wasserdichte Stiefel, und mit der dicken Fettschicht unterhielt man die Feuerstellen.

DR ECKART POTT/BRUCE COLEMAN LTD

ERWIN AND PEGGY BAUER/BRUCE COLEMAN LTD

JEFF FOOTT/AUSCAPE

◁ Das Fleisch der Moschusochsen schmeckt wie gutes Rindfleisch. Die dicken, wolligen Felle dieser Tiere waren jedoch als Schlafmatten brauchbarer als für die Herstellung von Kleidung. Die Hörner ließen sich schnitzen, über Wasserdampf erweichen und zu Löffeln biegen.

△ Zwar wurde auch das Fleisch und der Blubber der Walrosse genutzt, doch schätzte man besonders die elfenbeinernen Stoßzähne, aus denen Waffen und Werkzeuge gefertigt wurden. Die 2,5 Zentimeter dicke Haut wurde gespalten und als Hülle für die Umiaks benutzt.

BOB AND CLARA CALHOUN/BRUCE COLEMAN LTD

Motivation. Es ist möglich, daß die Indianer die Bewohner der Arktis unter Druck setzten, als sie zwischen 2500 und 1600 vor Christus, als es überall wärmer wurde, in den Norden, nach Alaska, vordrangen. Dazu kommt, daß vor 4000 Jahren die Hudson Bay und die Hudson-Straße im Osten frei von Gletschern waren. Ihre menschenleeren Küsten, an denen nur wenige Raubtiere lebten, dürften so reich an Jagdwild gewesen sein, daß sie die Menschen anlockten.

Am wahrscheinlichsten lassen sich diese einander offenbar widersprechenden Indizien dadurch erklären, daß einige Datierungen sowohl aus Denbigh als auch aus Grönland ungenau sind. Allerdings wurden außerordentlich wenige Fundstellen zwischen Alaska und Grönland entdeckt, so daß man wohl vermuten muß, daß diese frühen Völker den Weg nach Osten wirklich in weniger als 500 Jahren bewältigten.

Grönland, die früheste östliche Siedlung

Die frühesten Hinweise darauf, daß sich die arktische Kleinwerkzeug-Tradition nach Osten ausbreitete, stammt von einem Komplex mit dem Namen Independence I, benannt nach einem Fjord im Nordosten Grönlands. Nach Radiokarbon-Datierungen, die an örtlichen Überresten von Weiden vorgenommen wurden, wanderten die Menschen dieser Kultur zwischen 2500 und 1700 vor Christus in die unvergletscherte arktische Wüste von Peary Land. Anschließend verbreitete sich die Kultur nach Westen und nach Süden über Ellesmere Island nach Devon Island und südlich entlang der Ostküste Grönlands etwa bis nach Dove Bay aus.

Independence I war eine einzigartige Kultur der Hocharktis (nördlich von 75 Grad nördlicher Breite), die sich einer der lebensfeindlichsten Regionen der Arktis angepaßt hatte. Da die Fjorde nur für wenige Sommermonate eisfrei waren und die Jagd durch beinahe drei Monate totaler Finsternis erschwert wurde, waren Nahrungsreserven recht knapp. Im Gegensatz zu den meisten Bewohnern der Arktis gingen die Menschen von Independence I zumeist im Landesinneren auf die Jagd, nur während des kurzen Sommers nicht, wenn sie an den Küsten und den küstennahen Flüssen Eismeer-Ringelrobben und arktische Forellen erbeuten konnten. Ihr wichtigstes Jagdwild waren Moschusochsen, Hasen, Schneehühner und Gänse. Ihr Brennstoff beschränkte sich in dieser binnenländischen Eiswüste auf gelegentlich angeschwemmtes Treibholz, winzige Weidenstämme und die fettigen Knochen der Moschusochsen.

Ihre Steinwerkzeuge waren die der arktischen Kleinwerkzeug-Tradition: Meißel, Mikroklingen und eine Fülle von End- und Seitenschabern, mit denen sie Tierhäute und harte Materialien bearbeiteten. Unter ihren Waffen fand man zweispitzige Endklingen für Pfeilspitzen und Seitenklingen für Pfeile oder Lanzen. Zudem fand man größere, an beiden Seiten zugeschlagene Klingen, die sich verjüngten und am stumpfen Ende gekerbt waren. Vermutlich handelte es sich dabei um Lanzenspitzen oder Messer. Unter den wenigen Gebrauchsgegenständen von Peary Land, die nicht aus Stein waren, fand man Knochennadeln mit winzigen gebohrten Ösen. Demnach nähten diese Menschen ihre Kleidung aus Häuten zusammen.

Bei Port Refuge auf Devon Island barg ein Fundort der Independence-I-Kultur Harpunenköpfe aus Elfenbein und Geweihen, die sich deutlich von den mei-

◁ Im Juni ist das Treibeis auf dem Meer zu einigen treibenden Schollen zerbrochen, und man kann mit den Kajaks wieder in der Umgebung der Schollen jagen. Eisbären, deren natürliche Domäne das feste Eis ist, sind gezwungen, an Land zu bleiben, wo die winzigen Lemminge ihre einzige Nahrungsquelle sind. Zu dieser Zeit sind sie besonders gefährlich.

MARK NEWMAN/AUSCAPE

△ Das Schneehuhn, hier im Winterkleid, bleibt über den Winter in der Arktis. In diesen kargen Zeiten bildet es für die Menschen eine Überlebensgrundlage.

Y. LANCEAU/JACANA-AUSCAPE

△ Das Fleisch des Polarfuchses ist reich an Ammoniak und kaum genießbar. Sein Fell wurde zu Babykleidung verarbeitet, und man schmückte damit die Parkas.

NATIONAL MUSEUM OF DENMARK, DEPARTMENT OF ETHNOGRAPHY

△ Diese runde Öllampe aus Speckstein stammt aus einem Fundort der Sarqaq-Kultur. Ein kleines Stück Speckstein, das einen Docht aus Moos hielt, wurde in die Mitte gesetzt.

△ Ein typischer Harpunenkopf der Sarqaq, der nicht in der Beute verkeilt ist. Die spitze Basis faßte in einen runden Sockel, und in die geschlitzte Spitze wurde eine Steinklinge eingepaßt.

NATIONAL MUSEUM OF DENMARK, DEPARTMENT OF ETHNOGRAPHY

sten anderen Harpunenköpfen unterscheiden, die man aus der östlichen Arktis kennt. Ein Ende läuft nämlich spitz zu und paßt in einen hohlen Sockel. Die Lage der Löcher läßt nicht zu, daß der Kopf als Knebel zu gebrauchen ist, sich also nach außen öffnet, nachdem er die Beute durchbohrt hat. Statt dessen wird die Beute mit zwei seitlichen Widerhaken festgehalten. Dadurch eignen sie sich weniger für die Jagd auf Meeressäuger als die Harpunenköpfe, die aus späteren Kulturen, etwa aus der Prä-Dorset-Kultur Kanadas stammen. Letztere faßten in einen klingenähnlichen Vorderschaft und verknebelten sich unter der Haut, so daß die Beute damit sicher eingeholt werden konnte.

Die Sommerlager der Independence-I-Kultur sind häufig nur durch steinerne Feuerstellen markiert. Ihre Unterkünfte waren also kaum mehr als einfache Zelte. Am typischsten waren vielleicht ihre Winterunterkünfte. Wie man anhand der Steine noch sehen kann, mit Hilfe derer die Ecken der Zelte befestigt wurden, besaßen die Zelte eine elliptische Form und belegten eine Fläche von drei mal vier Meter. In der Mitte waren parallele, senkrechte Steinplatten aufgeschichtet, die sich in Speicherräume für Nahrungsmittel und eine zentrale Feuerstelle zum Heizen aufteilten, die mit den üblichen, spärlichen Materialien gespeist wurden. Damals verbrachten die Familien den dunklen Winter, in die Häute von Moschusochsen eingehüllt und im Schutze ihrer verräucherten, aus Tierfellen gefertigten Zelte, indem sie möglichst viel schliefen und ihren Bedarf an Nahrung und Wasser auf das Überlebensminimum beschränkten.

Die Sarqaq gehen nach Süden

Etwa um 1700 vor Christus wurde die Independence-I-Kultur im Nordosten Grönlands durch eine Zeit wachsender Kälte beendet. Zum Süden hin entdeckten die Archäologen entlang der relativ eisfreien Westküste von Upernavik nach Julianehaab alte Siedlungen, deren Gegenstände denen der arktischen Kleinwerkzeug-Tradition in gewisser Hinsicht ähnlich waren, sich aber in anderen Punkten deutlich von diesen unterschieden. Die Steinwerkzeuge und Waffen dieser Menschen, die als die Sarqaq bekannt sind (auf Grönland heißen sie Saqqaq), ähneln sowohl denen von Denbigh als auch denen von Independence I. Es handelt sich um Meißel und Spaltwerkzeuge (letztere wurden aus Steinblättchen hergestellt), um Pfeil-, Lanzen- und Harpunenspitzen, Mikroklingen und Schaber zu bearbeiten. Sie sind allerdings kleiner und feiner geschlagen als die der Independence-I-Kultur. Anders als bei den Objekten von Independence I sind viele der Meißel und Endklingen poliert. Zudem kommen in den Siedlungen der Sarqaq kleine, runde Öllampen aus Speckstein häufig vor, die man vom Independence-I-Komplex nicht kennt.

Sowohl die Robben-Jagdlager als auch die im Landesinneren gelegenen Karibu-Lager der Sarqaq erwecken den Eindruck, dichter besiedelt gewesen zu sein als die Siedlungen von Independence I, vielleicht deshalb, weil das Nahrungsangebot besser oder die Jagdtechnik dieser Menschen höher entwickelt war. Dennoch war die Jagd im Sommer auf offenem Meer voller Gefahren. Die archäologischen Befunde der Sarqaq zeigen, daß bereits früh schmale, kajakähnliche Boote benutzt wurden. Eine Harpune von diesen prinzipbedingt instabilen Fahrzeugen aus zu werfen, war außerordentlich gefährlich und bedurfte einer bemerkenswerten Geschicklichkeit. Bis in die heutige Zeit war Ertrinken die häufigste Todesursache unter den Männern der Arktis. Eine weitere Bedrohung für den Jäger, der im stillen Wasser auf Robben lauert, ist eine Art von Schwindelgefühl, das normalerweise dann auftritt, wenn das Meer und der Himmel zu einem einzigen Licht verschmelzen und kein Horizont sichtbar ist. Unter derartigen Umständen meint der Kajakfahrer häufig zu Unrecht, daß das Boot umkippe und kentert dann tatsächlich.

Die ersten Siedlungen der Sarqaq, die man entdeckt hatte, wurden auf keinesfalls später als 1900 vor Christus datiert. Dies führte zu der Vorstellung, daß die Sarqaq Abkömmlinge einer Gemeinschaft von Independence I wären, die von der zunehmenden Kälte nach Süden vertrieben worden waren. Neuere Radiokarbon-Datierungen örtlicher Überreste von Weiden zeigen jedoch, daß diese mindestens auf das Jahr 2200 vor Christus zurückgehen. Dies läßt vermuten, daß während Menschen vom Independence-I-Komplex Grönland vom Norden her über Ellesmere Island und Smith Sound erreichten, andere Menschen, deren Objekte eher denen der kanadischen Prä-Dorset-Kultur ähnelten, vielleicht vom Süden her auf die Insel vorgedrungen sind. Dabei müssen sie die Baffin Bay überquert haben, die über viele Monate der Jahres offen oder nur von Treibeis bedeckt ist, oder sie kamen über die Eisfelder der Davis- Straße.

Die meisten Sarqaq-Fundstellen bargen nur wenige organische Reste. Eine bemerkenswerte Ausnahme bildet Qeqertasussuk bei Diso Bay, der ältesten bisher bekanntgewordenen Siedlung. Hier wurde eine überraschend umfangreiche Sammlung organischer Objekte gefunden. Neben einer Feuerstelle, die aus kleinen Steinen gebildet war, befanden sich ein geschnitzter Löffel aus Walknochen, die Seitenzacke eines Fischspeeres sowie Reste hölzerner Schüsseln. In der Nähe lagen das Schulterblatt eines Schwertwals, Bruckstücke eines hölzernen Bogens, einige Holzpfeile, Reste eines schmalen Bootes und die Knochen des ältesten Haushundes, der bislang aus der Arktis bekannt wurde. Man fand zudem über 60 000 Knochen von Vögeln und Säugern, die gegessen worden waren.

Die Prä-Dorset-Menschen von Nordkanada

Die dritte der frühesten Paläoeskimo-Kulturen der ostarktischen Region, die sogenannte Prä-Dorset-Kultur, war auf den Norden Kanadas beschränkt. Sie erstreckte sich von Ellesmere Island entlang der Küsten mehrerer dazwischenliegender Inseln bis zur Mitte von Labrador, sowie in Richtung Westen nach Banks und den Victoria Islands. Radiokarbon-Datierungen ergaben für diese Kultur ein Alter von wenigstens 1800 vor Christus, möglicherweise sogar 2000 vor Christus. In einem späteren Stadium, etwa um 1000 vor Christus, weitete sie sich — vielleicht aufgrund des zunehmend kälteren Klimas — nach Süden in die Keewatin Barren Grounds und bis an den Rand der borealen Taiga aus. Die Prä-Dorset-Steinwerkzeuge sind denen der arktischen Kleinwerkzeug-Tradition ähnlich. Sie umfassen verschiedene Meißel (von denen einige an der Spitze poliert sind), Bohrköpfe, zahlreiche Mikroklingen, mehrere Typen von End- und Seitenschabern, sowie Seitenklingen, die in Lanzenköpfe aus Geweihen eingefügt wurden.

Gegenstände aus organischem Material (Knochen, Geweih und Elfenbein) bleiben in den südlicher gelegenen Fundorten nur selten erhalten. Unter den kälteren, trockeneren Bedingungen, wie sie nördlich des Polarkreises herrschen, wurden dagegen Harpunenköpfe aus Geweih und Elfenbein, Geweihlanzen mit Seitenklingen, Teile von Jagdbögen aus Holz und Geweih, sowie knöcherne Pfeilköpfe, Fischspeere und Nadeln mit winzigen, runden, gebohrten Ösen. Außerdem waren da noch Knochen von Haushunden, die vermutlich zur Jagd eingesetzt wurden.

Nach den Nahrungsresten zu urteilen haben diese Prä-Dorset-Menschen alle Beutetiere ihrer Umge-

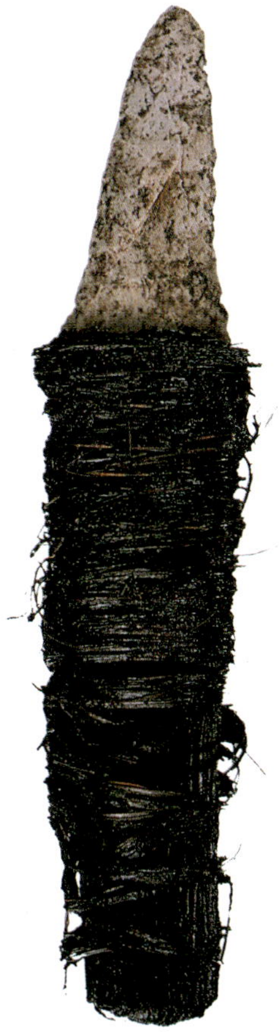

△ Diese steinerne Sarqaq-Messer steckt in einem Holzgriff, der mit Stücken von Barten-Walen umwickelt ist. Dieses Werkzeug stammt aus der Siedlung von Qeqertasussuk, die mit der Radiokarbon-Methode auf das Jahr 2200 bis 2300 vor Christus datiert wurde.

NATIONAL MUSEUM OF DENMARK, DEPARTMENT OF ETHNOGRAPHY

△ Ein Hornstein-Grabstichel der Prä-Dorset-Kultur. Die linke Seite weist eine meißelähnliche Kante auf, mit der Elfenbein und Karibugeweihe geschnitzt wurden.

MOREAU MAXWELL

NORMAN TOMALIN/BRUCE COLEMAN LTD

◁ Etwa Mitte Juni ist der größte Teil der Schneedecke an Land getaut - ein Blick aus der Nähe der Küste auf Baffin Island.

FRÜHE ARKTISCHE KULTUREN

MOREAU MAXWELL

Von den Anfängen bis heute waren geschnitzte Gegenstände aus Geweihen und Elfenbein typisch für die Kulturen der Arktis. Die Harpunenköpfe, Vorderschäfte, Nadelbüchsen und Kämme, die zunächst mit Meißeln aus Feuerstein, später jedoch aus meteoritischem Eisen geschnitzt wurden, besaßen regional jeweils typische Formen und Ausführungen. Die Veränderungen einzelner Merkmale an den Harpunenköpfen geben uns die verläßlichste Hilfe an die Hand, sie zeitlich einander zuzuordnen. Während sich die Schnitzereien arktischer Völker auf die Verzierung von Waffen beschränkte, schnitzten die Dorset-Jäger dreidimensionale Menschen- und Tierfiguren.

BIRNIRK
Diese prähistorisch westliche Töpferkunst mit Verzierungen, die in den noch weichen Ton gedrückt wurden, drang nur selten zu den östlichen Fundstätten der Thule-Kultur vor.

IPIUTAK
Einige Gesichter verstorbener Ipiutak waren von Masken aus Elfenbeinstücken bedeckt.

PUNUK
Diese Schnitzarbeit aus Elfenbein stellt vermutlich einen Grönlandwal dar, der als Glücksbringer auf die Kleidung der Walfänger genäht wurde.

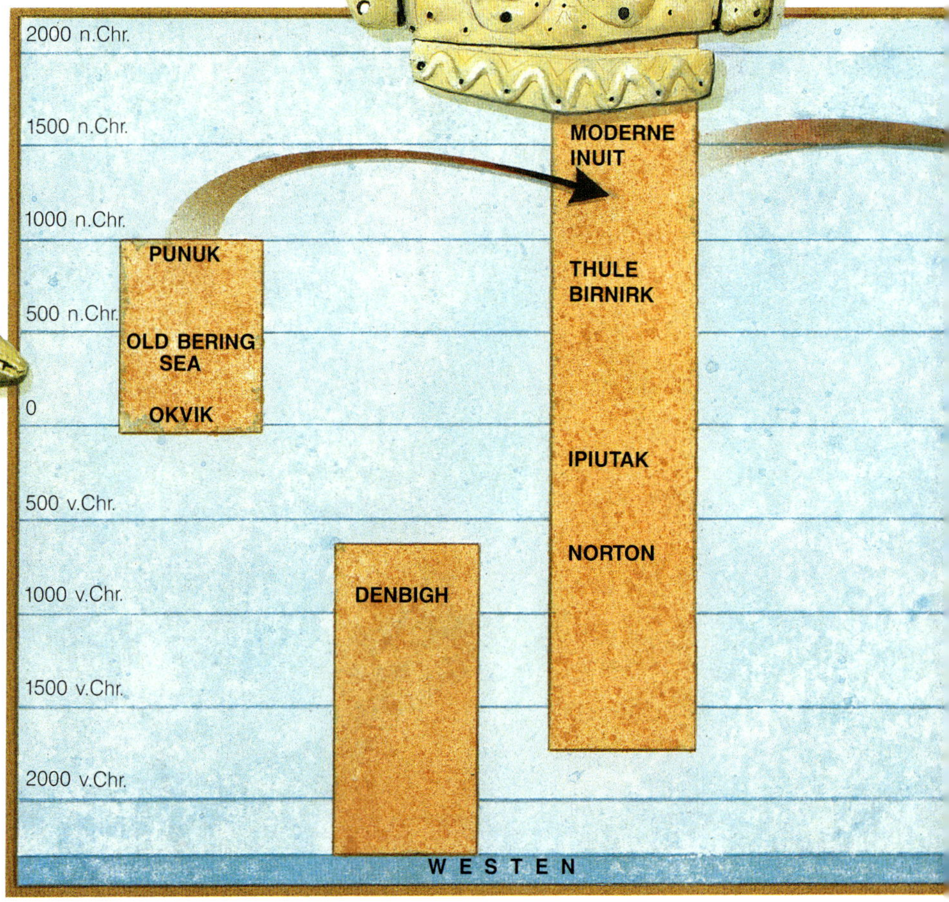

OLD BERING SEA
Da den Old-Bering-Sea-Jägern reichlich Walrosse zur Verfügung standen, bestanden die meisten ihrer sorgfältig verarbeiteten Schnitzereien aus Elfenbein. Dieser Bär gehört zu den wenigen naturalistischen Darstellungen.

DENBIGH
Die Feuersteinwaffen von Denbigh waren präziser zugeschlagen als die meisten übrigen Klingen der arktischen Kleinwerkzeug-Tradition. Die sorgfältig angeordneten, parallelen Schläge können beinahe als künstlerisch gelten.

INUIT
Dieses mit einem Heftzapfen versehene Ulu (Frauenmesser) besitzt eine Form, die für alte und moderne Inuit-Kulturen typisch ist. Das hier gezeigte Beispiel trägt an einem Griff aus Geweih eine aus Kupfer des Coppermine River gehämmerte Klinge.

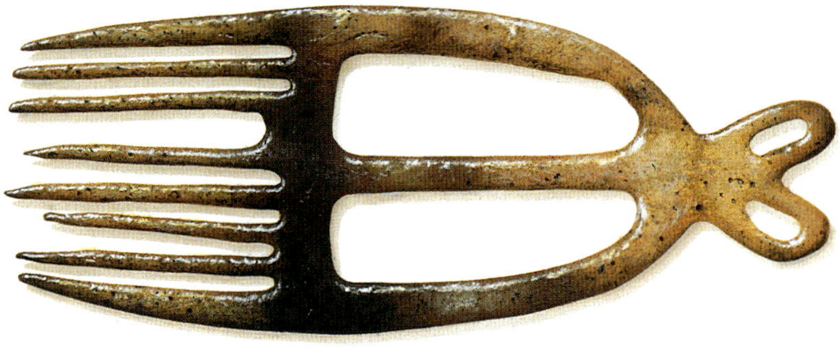

THULE
Trotz ihrer offensichtlichen technischen Begabungen schufen die Schnitzer der Thule-Kultur nur wenige künstlerische Arbeiten. Unter den wenigen Ausnahmen finden sich aufwendige durchbrochene Handarbeiten und mit Gravuren versehene Kämme aus Knochen oder Elfenbein.

PRÄ-DORSET
Die meisten der bisher bekannten Prä-Dorset-Harpunenspitzen tragen offene Sockel, in die ein Vorderschaft faßte. Sie verhakten sich nicht im Körper der Beute.

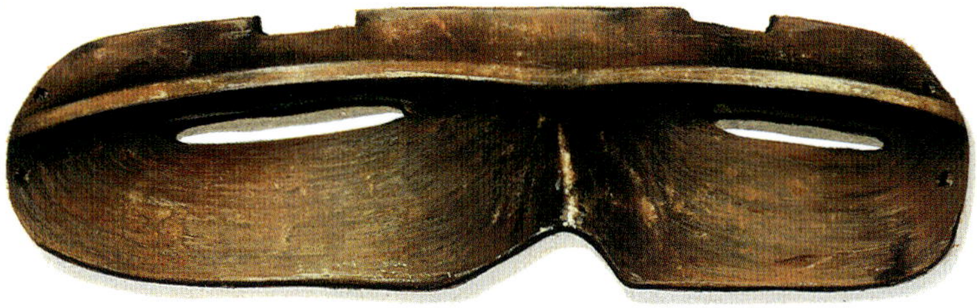

THULE
Enggeschlitzte Schneebrillen aus Knochen, Geweih oder Elfenbein waren für die Jagd auf dem Eis im blendenden Licht der Frühjahrssonne unentbehrlich. Sie waren vor der Einführung getönter Gläser in Gebrauch. Selbst an grauen, bedeckten Tagen kann man schneeblind werden.

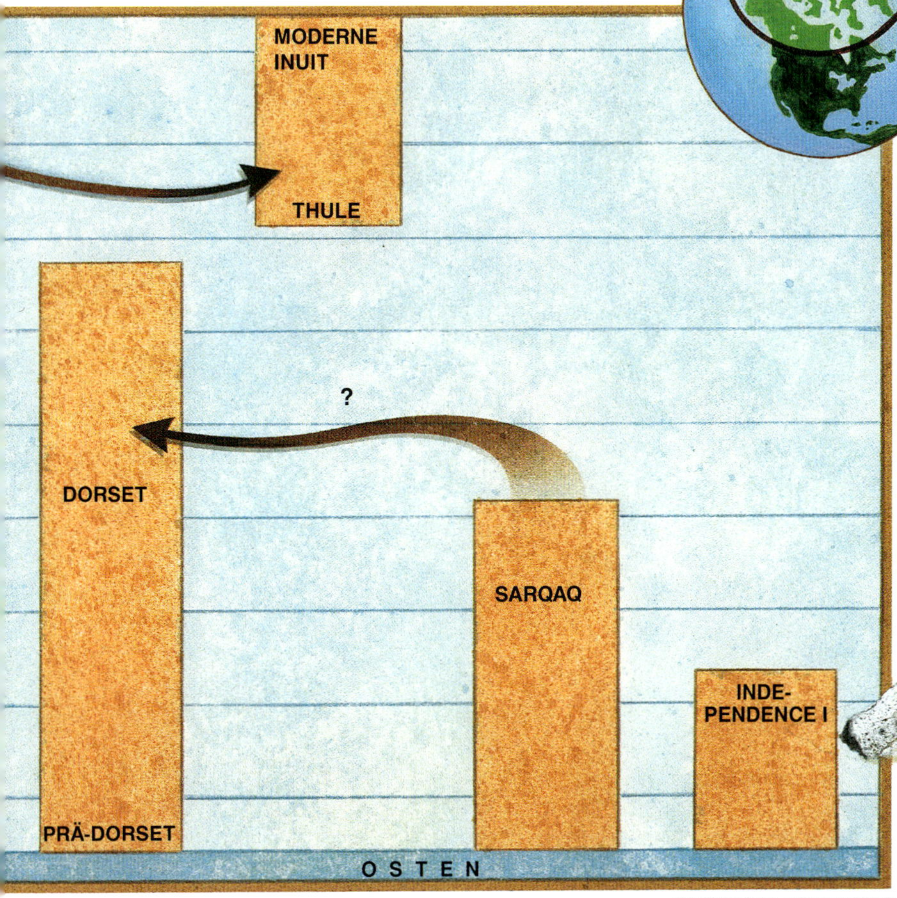

DORSET
Viele Elfenbeinschnitzereien der Dorset-Kultur haben ein menschliches Thema, wie etwa diese Frau mit ihrem Haarknoten. Diese seltene, lebensgroße Holzmaske mit Tätowierungen auf den Wangen und einem Schnurrbart aus Karibuhaut stammt von Bylot Island.

INDEPENDENCE I
Parallele Steinwände mit Feuerkästen in der Mitte sind typisch für die Häuser von Independence I. In diesen früher als »Mittelgänge« bezeichneten Räumen wurde vermutlich das Essen aufbewahrt und zubereitet.

ILLUSTRATIONEN: STEVE TREVASKIS

△ Ein typischer früher Dorset-Harpunenkopf mit einer Endklinge aus Hornstein. Er gehörte zu dem Typ, der sich in der Beute verkeilt. Ein im Inneren geschnitzter Sockel (nicht zu sehen) faßte über einen Vorderschaft aus Karibugeweih.
MOREAU MAXWELL

▷ Ein elfenbeinerner Fischspeer aus einem Dorset-Fundort im Norden von Baffin Island. Derartige Speere wurden für die Saiblinge gebraucht, die aus dem Meer flußaufwärts schwimmen, um im späten Frühjahr zu laichen.
MOREAU MAXWELL

▽ Diese typischen Harpunenköpfe aus Elfenbein und Geweih stammen aus der mittleren Dorset-Zeit. Der kleine, aus Elfenbein geschnitzte Jagdfetisch hing vermutlich einst an der Kleidung eines Jägers.
MOREAU MAXWELL

bung bejagt, vielleicht mit Ausnahme des Beluga- und des Narwals, die für ihre Jagdwaffen zu groß waren. Kaum noch sichtbare Spuren von Zeltringen, häufig um einen flachen Stein herum angeordnet, auf dem man Robbenfett zum Heizen verbrannte, sind grundsätzlich die einzigen Hinweise darauf, wie sie gewohnt haben. An der Küste von Labrador entdeckte man dagegen an einigen Stellen die Überreste von Häusern mit zentral gelegenen, parallel angeordneten Steinplatten, die an die Verhältnisse der Independence-I-Komplexe erinnern. Eine Datierung der Prä-Dorset-Fundorte mit Hilfe der Radiokarbon-Methode ist nicht einfach. Zwar ermittelte man aus den Überresten von Meeressäugern ein Datum von etwa 2000 vor Christus, was im wesentlichen dem Alter der Funde von Independence I und Sarqaq entspricht, doch erlauben diese keine präzisen Altersangaben. Das fossile Meerwasser, das sie offenbar aufgenommen haben, kann nämlich zu Datierungen führen, die einige Jahrhunderte zu hoch liegen. Andere Bestimmungen, die an Holz vorgenommen wurden, führen — was wahrscheinlicher ist — zu einem Datum von 1800 vor Christus.

Von der Sarqaq/Prä-Dorset- zur Dorset-Kultur

Der kulturelle Übergang von der Prä-Dorset- zur Dorset-Zeit (oder, auf Grönland, von der Sarqaq- zur Dorset-Kultur) stellt uns vor ein ähnlich verzwicktes Datierungsproblem. Während einige Fachleute in den Werkzeugtypen einen weichen Übergang von einer Kultur zur anderen sehen, der irgendwann von 900 bis 500 vor Christus erfolgte, halten andere die Dorset-Objekte für hinreichend andersartig, um für eine Kulturveränderung größeren Ausmaßes zu plädieren. Dazu kommen mehrere Fundstellen aus den südlichen Bereichen Labradors und Neufundlands, die das Problem noch komplizierter machen. Die hier gefundenen Steinwerkzeuge unterscheiden sich nämlich deutlich von der arktischen Kleinwerkzeug-Tradition obwohl sie noch immer dazugehören. Dieser sogeannte Groswater-Dorset-Komplex scheint von seiner Radiokarbon-Datierung her sowohl mit der späten Prä-Dorset- als auch mit der frühen Dorset-Kultur zeitlich zu überlappen.

Frühe Dorset-Siedlungen kennt man von Baffin Island und aus dem nördlichen Labrador seit dem Einsetzen des Permafrostes, etwa 600 oder 700 vor Christus. Gleichzeitig tauchen hier Gegenstände auf, die sich bei der Jagd auf dem Treibeis einsetzen lassen. Dazu gehören etwa kleine Schlitten, Schneeschuhe aus Elfenbein, Schneemesser (mit deren Hilfe man Blöcke aus dem Schnee schneidet, um Iglus zu bauen), sowie schließlich sogenannte Eisstollen, die aus Geweihstücken bestehen, die man beim Gehen auf dem Treibeis unter die Stiefel band. Die Tatsache, daß diese Gegenstände aus Geweihen und Elfenbein, aber auch aus Knochen und Holz, an diesen Orten nachgewiesen wurden, verrät uns aber lediglich, daß diese organischen Materialien im Permafrostboden erhalten blieben, während sie vor Beginn des Permafrostes vergangen wären. Da der Permafrost sogar Haut und Federn erhält, wissen wir über Dorset wesentlich mehr als über die vorangegangenen Kulturen.

Die Dorset-Kultur (sie trägt ihren Namen nach Cape Dorset auf Baffin Island) bietet einen interessanten Gegensatz zur Prä-Dorset-Kultur. Zwar wohnten die Dorset-Jäger an denselben Küsten wie ihre Prä-Dorset-Vorfahren, doch findet man von der Dorset-Zeit an in der gesamten weiten Region nur noch einen Typ von Harpunenkopf. Wann immer ein neuer Typ aufkam, taucht er an allen Fundorten dieses Gebiets gleichzeitig auf, so daß wir verläßlich zwischen einer frühen, einer mittleren und einer späten Dorset-Phase unterscheiden können. Obwohl die Löcher für die Leinen in den Dorset-Harpunenköpfen häufig rund aussehen, wurden sie nicht, wie zu Prä-Dorset-Zeiten, gebohrt, sondern mit feinen Feuersteinspitzen hineingeschabt.

Dorset-Steinwerkzeuge sind mit ihren zahlreichen Mikroklingen und Schabern grundsätzlich typisch für die arktische Kleinwerkzeug-Tradition. In mehreren Gegenden jedoch zeichnet sich die frühe Dorset-Kultur durch das Auftauchen verschiedener Typen von Schiefermessern aus, die an den Seiten nahe der Basis gekerbt sind, so daß sie sich an hölzerne Griffe binden lassen. Dazu kommen meißelähnliche Werkzeuge aus poliertem Feuerstein, Chalcedon (einer Art durchsichtigen Quarzes) und Nephrit (einer Art von Jade), die die früheren Spaltwerkzeuge verdrängten. Aus unbekannten Ursachen sind Pfeil und Bogen, Bohrer und Jagdhunde, die in der Prä-Dorset-Kultur so verbreitet waren, während der Dorset-Zeit vollständig verschwunden.

Zu den Gegenständen aus organischem Material, die von den Dorset-Jägern benutzt wurden, gehören verschiedene Harpunenköpfe für die Jagd auf Robben und Walrosse, Lanzenköpfe aus Geweih, mit denen man Karibus und Eisbären nachstellte, sowie Griffe aus Knochen, Geweih, Holz und Elfenbein, die für Messer, meißelähnliche Werkzeuge und Mikroklingen vorgesehen waren.

Obwohl die Haut des Karibu für die Winterkleidung unverzichtbar war, blieb die Jagd auf dieses Tier schwierig und gefährlich. Diese wachsamen Tiere hören ausgezeichnet. Daher erfordert es eine ungewöhnliche Geschicklichkeit, sich über die baumlose Landschaft an sie heranzuschleichen und so nahe heranzukommen, daß es gelingt, eines davon nur mit einer geworfenen Lanze zu erlegen. Den Frauen im Lager fiel dann die langwierige und beschwerliche Aufgabe zu, die Häute vom Fett freizuscha-

ben und zu gerben, Schnittmuster mit rasiermesserscharfen Mikroklingen zu schneiden und das Material schließlich mit so dichten Stichen zusammenzunähen, daß die Säume wasserdicht blieben.

An den Küsten Labradors und Neufundlands bildeten die Dorset-Häuser klar umrissene Strukturen, häufig mit einem zentralen Durchgang von Steinplatten, wie man sie von den Häusern von Independence I und einigen Wohnstätten der Prä-Dorset-Kultur kennt. Nördlich der Hudson-Straße entdeckte man einige kleine, nur wenig in den Boden eingelassene Grubenhäuser, von denen einige ein Dachgerüst aus Treibholz besaßen. Bei den meisten Unterkünften handelte es sich jedoch um einfache Zelte aus Tierhäuten, auf die nur noch die Steine hinweisen, mit denen man die Häute am Boden hielt.

Dorset-Kunst

Der faszinierendste Aspekt der Dorset-Kultur ist ihre Kunst. Es wurden, insbesondere aus den späten Dorset-Fundstätten, Hunderte winziger Schnitzereien aus Elfenbein, Geweih und Holz geborgen. Darunter befanden sich naturalistische bis impressionistische und schematische Darstellungen der örtlichen Säugetiere und Vögel. Die häufigsten Motive waren Menschen und Bären. Sie wurden meistens mit Gravuren ihres Skelettes an der Oberfläche abgebildet – wie Röntgenbilder. Häufig sind in diesen Darstellungen Kehle und Bauch sowohl der Menschen als auch der Bären aufgeschlitzt und mit rotem Ocker gefüllt, was auf eine Form von Zauberei gegen Feinde schließen läßt. Hin und wieder findet man kleine menschliche Holzpuppen mit abnehmbaren Armen und Beinen. Die einzigen bisher bekannten lebensgroßen Schnitzereien sind eine vollständige und zwei fragmentarische Holzmasken aus Button Point auf Buyot Island erhalten.

Kulturelle Entwicklungen im Westen

Während sich in der östlichen Arktis der Übergang von Independence I über Sarqaq und Prä-Dorset nach Dorset ereignete, erfolgten ähnliche kulturelle Veränderungen auch in Alaska und den westlich gelegenen Inseln im Beringmeer. Bis etwa 700 vor Christus veränderte sich der Denbigh-Komplex in den meisten Gebieten seiner Verbreitung kaum, sieht man einmal davon ab, daß die Steinwerkzeuge aus der späten Denbigh-Zeit im allgemeinen weniger sorgfältig zugehauen sind als die der »klassischen« Denbigh-Periode. An der Küste siedelte man nur im Sommer, und den größten Teil der täglichen Nahrung holte man nach wie vor im Landesinneren.

Nördlich der Beringstraße, von Kotzebue bis zum Firth River, tauchte etwa um 1600 vor Christus eine neue Form, der sogenannte Choris-Komplex, auf. Die hier gefundenen Gegenstände aus Steinplättchen sind im Prinzip Weiterentwicklungen der Denbigh-Typen, sie sind allerdings größer. Man entdeckte hier neue Typen von Projektilspitzen, die für die Spitzen oder Seiten von Lanzen und Pfeilen aus Geweih vorgesehen waren, wogegen einige wenige andere Typen von Steinwerkzeugen auffälligerweise fehlen. Töpfereiprodukte mit linienförmigen Mustern und Lippenplöcke (Schmuckstücke, die man in einem Schlitz der Unterlippe trug) tauchen zum ersten Mal auf. Es scheint, daß Choris einen flexibleren Ansatz zum Leben im Landesinneren und an der Küste bildete und dabei mehrere regionale Varianten aufwies. So findet man Schiefermesser, mit denen der Blubber der Robben vom Fleisch getrennt wurde, häufig an Küstenfundorten, während die großen Feuersteinmesser zum Zerlegen der Karibus eher im Landesinneren vorkommen. Dort, wo sich Gemeinschaften an der Küste niedergelassen hatten, fand man große Häuser, deren Fläche 12,5 mal sieben Meter maß. In den La-

△ Weibliche Figuren, wie diese Gruppe aus Holz geschnitzter Thule-Figuren aus einem Fundort bei Angmagssalik (Ost-Grönland), sind typisch für Siedlungen der Thule-Kultur.

△ Diese oberflächlich geschnitzte menschliche Dorset-Figur stammt von der Knud-Halbinsel auf Ellesmere Island. Die offene Brust war mit rotem Ocker gefüllt.

△ Kompliziert geschnitzte Knochen- und Elfenbeinsegmente bedeckten die Gesichter der Schädel einiger Ipiutak-Leichen. Die Augen bestanden aus Elfenbeinscheiben, die Pupillen aus schwarzer Pechkohle.

A. ANIK UND J. BECKETT/COURTESY DEPARTMENT OF LIBRARY SERVICES, AMERICAN MUSEUM OF NATURAL HISTORY

▷ Dieser elfenbeinerne Ipiutak-Drehzapfen wurde in einen Sockel aus Holz- oder Geweih geschraubt. Die kunstvollen Elfenbeinschnitzereien der Ipiutak wurden vermutlich erst durch Werkzeuge möglich, die aus importiertem sibirischen Eisen bestanden.

RAINEY, 1940/COURTESY DEPARTMENT OF LIBRARY SERVICES, AMERICAN MUSEUM OF NATURAL HISTORY

gern des Hinterlandes lebte man dagegen in Zelten.

Als Kulturkomplex verschwand Choris ungefähr um 700 vor Christus. Danach klaffte offenbar eine kulturelle Lücke, denn sowohl Choris im Norden als auch die späte Denbigh-Kultur im Süden waren von dem anschließenden Norton-Komplex um 200 Jahre getrennt.

Die Norton-Kultur, die sich von Alaska aus zum Firth River ausbreitete, existierte etwa zu der Zeit, in der sich im Osten der Übergang von der Prä-Dorset- zur Dorset-Kultur vollzog. Es wurden allerdings keine Kontakte zwischen den Völkern von Dorset und Norton nachgewiesen. Statt dessen waren in Norton zahlreiche Charakteristika aus dem Süden und dem Westen vereinigt. So fand man Öllampen und geprägte Töpfereiprodukte aus Sibirien (sie entstanden dadurch, daß man den feuchten Ton mit hölzernen Brettchen bearbeitete, in die man Schachbrett- oder Kurvenmustern geschnitzt hatte) sowie Steingefäße und geschmirgelte Schieferwerkzeuge aus anderen Kulturen südlich der Halbinsel Alaska. Verglichen mit den vorangegangenen Kulturen waren die Norton-Siedlungen größer und stabiler gebaut, und die Menschen nutzten das Meer viel intensiver. Die an der Küste gelegenen Grubenhäuser waren groß, etwa einen bis zwei Meter tief in die Erde versenkt und besaßen einen zentralen Herd sowie einen Tunneleingang, der zwischen zwei und 3,5 Meter lang war. Viele Steinwerkzeuge sind nur Weiterentwicklungen von Denbigh-Typen. Bohrer, die in der Dorset-Kultur nicht vorhanden waren, sind häufig.

Die Rentierjäger des Nordens

Als sich die Norton-Kultur in ihren letzten Stadien befand, etwa zu Beginn des christlichen Zeitalters, tauchte nördlich der Beringstraße eine ganz eigene, faszinierende Kultur auf. Es war die Ipiutak-Kultur, die man am besten von einem Fundort bei Point Hope kennt. Während gewisse Teile ihrer Steinwerkzeuge ihre Wurzeln in Norton haben, fehlen hier jedoch Töpfereiprodukte, geschmirgelte Schieferwerkzeuge, Öllampen und Häuser mit tunnelartigen Zugängen. Obwohl die Ipiutak-Fundstelle von Point Hope direkt an der Wanderroute der Bartenwale liegt, fanden sich erstaunlicherweise keine Hinweise auf Walfängerei. Zwar erlegten diese Menschen Robben und Walrosse, doch hatten sie sich offenbar nicht ernsthaft einem Leben an der Küste angepaßt. Dagegen beweisen zahlreiche Tierknochen und Waffen, die der Jagd auf Karibus dienten, daß diese Tiere die wichtigste Jagdbeute bildeten. Sollte die erhebliche Zahl von mehr als 600 kleinen, quadratischen Grubenhäusern bei Point Hope jemals gleichzeitig bewohnt worden sein, wäre dies die umfangreichste prähistorische Siedlung der Arktis.

Bisher wurden 138 Ipiutak-Gräber freigelegt, und sie bargen Indizien dafür, daß es in dieser Kultur Standesunterschiede gab und Schamanen eine große Macht besaßen. Den Toten wurden viele Waffen, Schnitzereien und Werkzeuge mit in die Gräber gegeben, und in einzelnen Gräbern fand man manchmal mehr als hundert Pfeile. Einige Schädel waren mit kunstvollen Knochenmasken bedeckt: Die Augen bestanden aus Elfenbein, die Pupillen aus Pechkohle. Nasenpfröpfe aus Elfenbein hatten die Form von Vogelköpfen, und ebenfalls aus Elfenbein gefertige Lippendeckel verdeutlichen die Versiegelung der Lippen. In anderen Gräbern fand man Sammlungen von Kettengliedern, Drehzapfen und brezelförmigen Objekten aus Elfenbein. Alle diese Gegenstände waren wohl nur für den Zweck gefertigt, die Geschicklichkeit beim Schnitzen unter Beweis zu stellen. Etliche Elfenbeinschnitzereien von Tieren und Menschen waren in einem sogenannten scytho-sibirischen Stil verewigt. Außerdem wurden eiserne Werkzeuge, die den Künstlern der Ipiutak ein bei weitem größeres Betätigungsfeld verliehen als Schnitzwerkzeuge aus Stein, zum ersten Mal hier in der Arktis entdeckt. Nach dem Jahre 800 unserer Zeitrechnung verließen die Iputiak-Jäger die Küste und zogen in kleinere Jagdlager, die sie im Hinterland in der Nähe der Seen aufschlugen.

Im Gegensatz dazu stellten zur gleichen Zeit die Bewohner von St. Lawrence und der Punuk Islands im Beringmeer den riesigen, zwischen dem Treibeis schwimmenden Meeressäugern – Walrossen und Bartenwalen – mit Erfolg nach. Zudem entstanden zu Beginn des christlichen Zeitalters auf St. Lawrence Island zwei unterschiedliche Stile in der Herstellung von Objekten, die als Old Bering Sea und als Okvik bekannt sind. Obwohl Gegenstände beider Stile bereits 1937 von Experten beschrieben wurden, streitet man noch immer darüber, ob sie als neue Kulturkomplexe oder nur als stilistische Varianten einer einzelnen Kultur gelten müssen.

Ihre Objekte, in erster Linie Harpunen, weisen reiche, komplizierte Gravuren auf. So waren Harpunenköpfe, Flügel für die Harpunenschäfte, Harpunensockel und mehrere andere Objekte, deren Gebrauch man nicht identifizieren konnte, mit geometrischen, gebogenen und kreisförmigen Mustern verziert, die vermutlich eine ideologische Bedeutung besaßen. Der Old-Bering-Sea-Stil ist stärker asiatisch orientiert als Okvik. Auf der sibirischen Halbinsel von Chukchi legte man Gräber frei, deren Gegenstände mit denen von St. Lawrence Island identisch waren. In einem späteren Kulturkomplex, der nach einem Fundort in der Beringstraße nach der Insel Punuk benannt wurde, wurden Meeressäuger sogar noch intensiver bejagt. Daher waren die Siedlungen größer und dichter bevölkert, einige sogar mit mehreren hundert Menschen.

Die Vorfahren der heutigen Inuit

Zwischen 500 und 800 nach Christus kam eine Kultur auf, die unter dem Namen Birnirk bekannt ist. Dieser Komplex, dessen genaueste Kenntnis von einem Grabungsort bei Point Barrow stammt, ist mit Sicherheit wenigstens einer der Vorläufer der modernen Inuit-(Eskimo-)Kultur, wenn wir den Ursprung auch nicht bis zur Denbigh-Kultur zurückverfolgen können. Offenbar repräsentiert Birnirk eine Kombination von Ipiutak-Traditionen und Jagdtechniken, die von den Menschen des Beringmeeres stammen. Sie war entlang der Küste von Alaska und im Westen bis zum Kolyma River verbreitet. Um das Jahr 1000 waren die Kulturen von Birnirk und Punuk verschmolzen und entwickelten sich zur Thule-Kultur, die vollständig dem Leben in der Arktis angepaßt war. Thule brachte dann die mit Häuten überzogenen Kajaks und Umiaks, die Hundeschlitten und die Jagd auf dem Treibeis in die östliche Arktis, alle die Dinge, die wir heute mit den traditionellen Eskimos assoziieren. Zu den wichtigsten dieser Techniken gehörte die Jagd auf die Eismeer-Ringelrobbe durch die Atemlöcher, die sie in der Eisdecke des Meeres offenhalten. Diese Technik, die sich vermutlich um das Jahr 1200 entwickelte, erlaubte den Menschen, während der langen Wintermonate mehr Wild zu erbeuten. Der Jäger mußte an dem Loch lange und geduldig ausharren, bis das Flattern eines Büschels von Entendaunen, das er darüber aufgestellt hatte, ihm signalisierte, daß eine Robbe im Wasser unterhalb des Loches Atem holte. Daraufhin mußte er rasch seine Harpune schleudern.

Als die Walfänger der Thule-Kultur etwa um 1000 und 1200 nach Christus in die östliche Arktis einwanderten, verschwand die zeitlich vorangegangene Dorset-Kultur. Vermutlich wurde sie durch die Technologie der Thule-Jäger mit ihren wirkungsvolleren Jagdwaffen verdrängt. Einer anderen Ansicht zufolge war die Dorset-Bevölkerung bereits ein oder zwei Jahrhunderte vor dem Auftauchen der Thule-Kultur ausgestorben.

Obwohl noch immer vieles davon unklar ist, wie sich frühe Menschen dem Leben in der Arktis anpaßten, ist eine Schlußfolgerung ganz klar: Daß sie die Gefahren und Widrigkeiten dieser extrem lebensfeindlichen Umgebung überlebten, war zweifellos eine der bemerkenswertesten Leistungen der Menschheit.

▽ Ein elfenbeinerner Hutschmuck aus der Old-Bering-Sea-Periode. Die Augen waren Einlagen aus Pechkohle, und die Löcher an den Seiten nahmen Haare und Holzpflöcke auf. Solche Schmuckstücke zum Schutz der Augen wurden an hölzernen Mützenschirmen befestigt.

SMITHSONIAN INSTITUTION/ COURTESY MUSEUM OF ANTRHOPOLOGY AND ENTHNOGRAPHY, ST. PETERSBURG

▷ Bei diesen Gegenständen aus der Punuk-Kultur handelt es sich um einen rechteckigen Handgelenkschützer und ein nicht identifiziertes Objekt aus Elfenbein, das vermutlich einen Bezug zur Jagd mit Pfeil und Bogen nachweist. Ersterer schützte das Handgelenk des Jägers vor der zurückschnellenden Sehne des Bogens. Als es durch die Zunahme der Punuk-Bevölkerungen zu sozialen Spannungen kam, erlebten Pfeil und Bogen und andere Kriegswerkzeuge eine Blüte.

SMITHSONIAN INSTITUTION/COURTESY MUSEUM OF ANTHROPOLOGY AND ETHNOGRAPHY, ST. PETERSBURG

Ein rechteckige, fünf Meter breite und 45 Meter lange Mauer umfaßte ungefähr 18 Zelte, in denen jeweils einzelne Familien schliefen und aßen. Jenseits einer engen Öffnung boten eine Reihe von Herdstellen jeder Familie eine Kochgelegenheit und Plattformen zur Speicherung von Lebensmitteln.

EIN DORSET-LAGER

MOREAU MAXWELL

ILLUSTRATIONEN JOHN RICHARDS

Dieses 1200 Jahre alte Dorset-Lager auf der Halbinsel Knud, unmittelbar südlich der Halbinsel Bache an der Ostküste von Ellesmere Island, ist einzig in seiner Art, obwohl vielleicht noch weitere wie dieses im Reich der Dorset-Jäger existieren mögen. Hier grub Dr. Peter Schledermann mit seinen Assistenten ein Lager aus, an dem sich die Dorset-Menschen im späten Frühjahr versammelten, nachdem sie den Winter, voneinander isoliert, in Jagdlagern auf dem Eis verbracht hatten. Die Lage war ideal. Die Siedlung befand sich in der Nähe einer eisfreien Stelle im Meer, die im Frühjahr die luftatmenden Säugetiere unwiderstehlich anzog. Die Grabungsmannschaft zählte an dieser Stelle 300 Walrosse.

Der Überschuß an jagdbaren Tieren, der zu dieser Jahreszeit herrschte, ermöglichte der ganzen Gruppe von etwa hundert Menschen, hier ihren sozialen und religiösen Verpflichtungen nachzugehen. Hier wählte man auch seinen künftigen Lebensgefährten, heiratete und vertiefte die verwandtschaftlichen Bindungen. Es scheint, daß viele der wunderschönen Elfenbein-Schnitzereien von Dorset eine magisch-religiöse Bedeutung besaßen. Und zu dieser Zeit wurden zweifellos religiöse Zeremonien vollzogen – vielleicht eine Feier für den bevorstehenden kurzen Sommer.

Hier errichteten die Leute aus hüfthohen Steinen eine rechteckige Umfriedung. Die Verteilung der geborgenen Gegenstände und Tierknochen spricht dafür, daß jede Familie innerhalb dieser fünf Meter breiten und 45 langen Mauer ihr eigenes Zelt aus Tierhäuten bewohnte, in denen sie schlief und aß. Gekocht wurde jenseits einer engen Lücke auf einer 32 Meter langen Reihe einzelner Herdstellen, neben denen sich jeweils eine Steinplattform befand, um Nahrung (etwa Robbenkadaver) unterzubringen. An der Küste bemühen sich mehrere Männer, ein Walroß an Land zu ziehen, das über eine Tonne gewogen haben mag.

Zu dieser Zeit erweiterte sich das Nahrungsangebot durch die Ankunft der Zugvögel – Enten und Gänse. Hin und wieder wurden vielleicht im hügeligen Hinterland Karibus erlegt, doch sind die Tiere im Frühjahr schlecht genährt, und ihre Häute sind für die Bekleidung praktisch wertlos. Vielleicht blieb die Gruppe, wenn genügend Nahrung vorhanden war, über den Sommer bis zu den gemeinsamen Karibu-Treibjagden zusammen, die im Herbst stattfanden. Dann waren die dicken Felle ideal, um Kleidung daraus zu machen. Es ist anzunehmen, daß die Dorset-Jäger (wie es auch die Menschen der Thule-Kultur und die noch moderneren Inuit taten) die Rentiere durch V-förmige Zäune trieben, an denen Felshaufen standen, die wie Menschen geformt waren. Hinter jedem Felshaufen konnte dann ein mit einer Lanze bewaffneter Mann vorbeilaufende Tiere töten.

▷ Radiokarbon-Datierungen, die Dr. Karen McCullogh an dem Holz vornahm, das von den Herdstellen stammt, ermittelten ein Datum zwischen 800 und 900 nach Christus.

▽ Dr. Peter Schledermann legt mit seinen Assistenten das Gebiet innerhalb der Umfriedung frei. Den Gegenständen und Tierknochen nach zu urteilen, wurde diese Siedlung von den Menschen der späten Dorset-Kultur im späten Frühjahr und im Frühsommer bewohnt.

MARTHA COOPER/NATIONAL GEOGRAPHIC SOCIETY

MARTHA COOPER/NATIONAL GEOGRAPHIC SOCIETY

Glossar

Handschablone

Abfallschichten
Eine umfangreiche Ablagerung von Siedlungsabfällen, etwa Reste von Muschelschalen. Knochen, Asche und fortgeworfenen Gegenständen. Abfallhaufen bilden sich normalerweise im Laufe vieler Jahre und bezeichnen die Standorte ehemaliger menschlicher Wohnorte.

Abri
Französisches Wort für »Unterstand«. Man bezeichnet damit die natürlich entstandenen paläolithischen Felsüberhänge, die so typisch für die Kalksteinregion Südfrankreichs sind.

Abschlagwerkzeug
Ein Werkzeug, das aus dem dünnen, scharfkantigen Bruchstück eines größeren Steins (des Rohlings) gefertigt wurde.

Absolute Datierung
Eine Datierung, die sich in Kalenderjahren ausdrücken läßt. Sie basiert auf meßbaren physikalischen und chemischen Konstanten oder auf geschichtlichen Verbindungen wie Münzen oder schriftlichen Dokumenten. Siehe auch *Relative Datierung*.

Acheuléen
Eine Werkzeugindustrie des unteren Paläolithikum. Sie ist mit den Erectinen verbunden, die erstmals Werkzeuge beidseitig bearbeiteten und Splitterwerkzeuge und Faustkeile herstellten. Der Name leitet sich von dem nordfranzösischen Dorf St. Acheul ab, wo die ersten Objekte dieser Art gefunden wurden.

Adze
Ein schweres Schneidewerkzeug mit breiter Klinge, das rechtwinklig an einem Holzgriff befestigt ist. Man glättete damit Baumstämme oder höhlte Einbäume aus.

Arche-Noah-Modell
Die Theorie, nach der moderne Menschen in einem einzigen afrikanischen Gebiet entstanden und sich über die ganze Welt ausbreiteten, wobei sie andere, ursprünglichere Menschentypen verdrängten. Sie ist auch als die Verdrängungshypothese bekannt. Diese Ansicht wird von der sogenannten »Eva«-Theorie gestützt, die postuliert, daß alle modernen Menschen von einer gemeinsamen Mutter abstammen. Die Gegenhypothese wird häufig als »Kandelaber«-Modell bezeichnet.

Arktische Kleinwerkzeug-Tradition
Eine unverwechselbare Gruppe von Steinwerkzeugen und Waffenspitzen aus der frühen arktischen Denbigh-Kultur, die an der Küste Alaskas und in östlicher Richtung bis Grönland verbreitet war. Mit Ausnahme der Adzes waren alle Gegenstände winzig klein – daher der Name.

Arroyo
Ein steilwandiges, ausgetrocknetes Flußbett. Die Paläoindianer nutzen diese Landschaftsteile als natürliche Fallen, in denen sie Mammute und Bisons fingen.

Atlatl
Eine neuweltliche Ausgabe der Speerschleuder. Ein am äußersten Ende sitzender Haken greift in eine Vertiefung am proximalen Ende des Speers und verlängert auf diese Weise den Wurfarm.

Aurignacien
Die früheste technologische Phase des oberen Paläolithikum in Westeuropa. Dieser Abschnitt fiel in die Zeit von 38 000 bis 22 000 Jahren. Typisch waren der Gebrauch von Knochenwerkzeugen und eine Klingensteintechnologie mit Schabern und Meißeln. Die Menschen dieser Zeit waren die ersten Künstler. Man findet Aurignacien-Industrien überall in Europa und Westasien, und die Fundstellen liegen häufig in tiefen, geschützten Tälern. Ihren Namen verdankt diese Kultur dem südfranzösischen Dorf Aurignac, in dessen benachbarten Höhlen die ersten dieser Objekte entdeckt wurden.

Ausgekehlte Projektilspitze
Eine steinerne Projektilspitze, die für die nordamerikanischen Clovis- und Folsom-Kulturen typisch war. Die Auskehlungen entstanden dadurch, daß man durch Schlag oder Druck Steinsplitter von der Basis zur Spitze hin entfernte. An der Basis der Spitze waren die scharfen Kanten der Auskehlung glattgeschmirgelt. So konnten die Bindungen, mit denen die Spitze an einem gekerbten Vorderschaft befestigt wurde, nicht beschädigt werden.

Australopithecinen
Ein Entwicklungsstadium ausgestorbener Hominiden (dazu gehört auch *Australopithecus* selber) mit geringem Hirnvolumen, gewaltigen, vorstehenden Kiefern und aufrechtem Gang. Die Australopithecinen lebten vor vier bis einer Million Jahren in Afrika. Das Wort Australopithecus bedeutet »Südaffe«. Die ersten Fossilien stammen nämlich aus Südafrika.

Azilien
Die erste oberpaläolithische Kultur Südwestfrankreichs und Nordspaniens. Sie hielt sich von 9000 bis 8000 vor Christus. Typisch sind flache Harpunen, aus Hirschgeweih geschnitzte Speerschleudern und mit geometrischen Mustern bemalte Kieselsteine. Die Kultur erhielt ihren Namen von der massiven Höhle von Le Mas d'Azil in den französischen Pyrenäen, wo die Werkzeuge erstmals entdeckt wurden.

Baumgrenze
Eine in der Arktis gedachte Linie, nördlich derer kein Baum wächst, weil der Boden ständig gefroren ist. Siehe auch *Permafrostlinie*.

Beidseitige Bearbeitung
Die beidseitige Bearbeitung von Steinwerkzeugen war typisch für die Faustkeil-Tradition des unteren Paläolithikum.

Beringia
Der Teil des Kontinentalschelfs, der Nordostasien mit dem heutigen Alaska verbindet. Als dieses Gebiet am Höhepunkt der letzten Eiszeit, vor 18 000 Jahren, freilag, war es eine große, ebene, bewachsene Landmasse.

Bipedie
Aufrechter Gang auf zwei Beinen. Die frühen Menschen hatten dadurch den Vorteil, die Hände frei zu haben.

BP
Abkürzung für »before present« (vor unserer Zeit). Dieser Begriff aus der Radiokarbon-Datierung bedeutet »vor dem Jahre 1950«, dem standardisierten Bezugsjahr für diese Datierungsmethode.

C 14
Das Radioisotop Kohlenstoff 14. Seine bekannte Zerfallsrate bildet die Grundlage der Radiokarbon-Datierung.

Chatelperronien
Ein Kulturabschnitt des oberen Paläolithikum, der in die Zeit vor 36 000 bis 32 000 Jahren fiel. Typisch waren Knocherwerkzeuge und Waffen aus Elfenbein oder Rentiergeweih sowie Feuersteinmesser. Die Kultur wurde nach dem französischen Fundort von Châtelperron benannt.

Cro-Magnon
Die frühesten bekannten modernen Menschen in Europa. Sie zeichneten sich durch eine hohe Schädelform, eine große, aufrechte Figur und durch den Gebrauch von Stein- und Knochenwerkzeugen aus. Sie gehörten zur Kultur des Aurignacien, die die Anfänge der europäischen Kunst hervorbrachte. Der Name stammt von einem Felsüberhang im Südwesten Frankreichs, wo man zum ersten Mal im Jahre 1868 Überreste von *Homo sapiens* zusammen mit Werkzeugen des oberen Paläolithikum entdeckte.

Dendrochronologie
Die Schaffung von Chronologien mit Hilfe von Jahresringen. Dabei werden die Jahresringe der Bäume eines Fundorts mit einer anerkannten Folge von Jahresringen verglichen, die bis zu 9000 BP zurückreicht.

Diprotodon
Ein großes, pflanzenfressendes australisches Beuteltier. Dieses heute ausgestorbene Tier gehört zu der gleichen Gruppe wie Känguruhs, Koalas und Wombats. Es zeichnete sich durch zwei vorstehende Schneidezähne im Unterkiefer aus.

DNA
Die Grundbausteine der Chromosomen und der Gene. Durch die DNA-Analyse verschiedener Primatengruppen wurde versucht, die Entwicklungslinie des modernen Menschen nachzuvollziehen. Zudem dienten DNA-Techniken dazu, aufzuzeigen, wie lange die verschiedenen regionalen Populationen voneinander getrennt waren. Die DNA-Analyse von menschlichen und tierischen Blutresten auf prähistorischen Werkzeugen und Waffen kann uns eines Tages verraten, wie bestimmte Tierarten sowie prähistorische und moderne Menschen entwicklungsgeschichtlich zusammenhängen.

Druckbearbeitung
Die Technik, Steinsplitter durch Druck zu entfernen, den man mit einem steinernen oder knöchernen Werkzeug auf einen bestimmten Punkt des Rohlings ausübt.

Eiszeit, Höhepunkt der
Derjenige Zeitabschnitt einer Eiszeit, in der die Eisdecken ihre größte Ausdehnung besitzen und die Temperaturen am niedrigsten sind. Der letzte derartige Höhepunkt ereignete sich vor 22 000 bis 18 000 Jahren.

Endklinge
Ein kleines Klingenwerkzeug. Zweispitze Endklingen bildeten die Spitzen von Pfeilköpfen, die aus Knochen oder Geweih gefertigt waren. Dreieckige Endklingen saßen vermutlich als Spitzen auf Harpunenköpfen.

Endschaber
Ein Klingenwerkzeug mit einer Kante, die am Ende der Klinge in einem steilen Winkel gefertigt war. Man brauchte sie, um harte Materialien zu bearbeiten und Häute zu gerben. Sie kamen im oberen Paläozän Europas auf.

Eozän
Die geologische Epoche vor 55 bis 38 Millionen Jahren. Sie lag im Tertiär zwischen Paläozän und Oligozän. Während dieser Zeit festigten die Säugetiere ihren Status als führende Landwirbeltiere.

Erectinen
Heute ausgestorbene Vertreter der Gattung Homo, einschließlich des Homo erectus, der im unteren und mittleren Pleistozän Afrika, Asien und Europa bewohnte. Die Erectinen gingen aufrecht, benutzten möglicherweise das Feuer und werden häufig mit den Werkzeugindustrien des Acheuléen, insbesondere den Faustkeilen, assoziiert.

Ethnographie
Das Sammeln und Analysieren von Grundlagenforschungsmaterial, wie künstlich hergestellte Objekte, zur Erforschung sozialer und kultureller Strukturen und Vorgänge.

»Eva«-Theorie
Die Hypothese, nach der sämtliche moderne Menschen von einer gemeinsamen Urmutter abstammen, die vor 200 000 Jahren in Südafrika lebte. Sie ist dem Arche-Noah-Modell ähnlich und basiert auf dem genetischen Befund, daß sich moderne Menschen, als sie sich über die Welt ausbreiteten, nur selten, wenn überhaupt, mit ursprünglicheren Menschen, wie den Neandertalern, vermischten. Die »Eva«-Theorie hat nichts mit einer creationistischen Sichtweise zu tun, sieht man einmal davon ab, daß zufällig eine einzige Entwicklungslinie mitochondrialer DNA überlebt hat.

Faustkeil
Der Typ eines Steinwerkzeugs, das für die Tradition des Acheuléen charakteristisch ist. Im wesentlichen fand man es bei den Erectinen Afrikas, Europas, Indiens und Südwestasiens. Ein Faustkeil besteht aus einem beidseitig bearbeiteten Stein. Zwar sind Größe und Form durchaus uneinheitlich, doch läuft ein Ende zumeist spitz zu. Der Faustkeil wurde vermutlich für zahlreiche Aufgaben eingesetzt, etwa zum Schneiden, Graben und Schaben.

Foramen magnum
Die Öffnung an der Schädelunterseite, durch die das Rückenmark eindringt. Seine Lage verrät etwas über die Körperhaltung. Befindet sich das Foramen magnum weit vorn an der Schädelunterseite, weist dies auf eine aufrechte Körperhaltung, wie bei Menschen, hin, wobei der Kopf auf der Wirbelsäule balanciert wird.

Genom
Der vollständige Satz des genetischen Materials – dazu gehören alle enthaltenen Chromosomen und Gene – das jede Zelle bildet und erbliche Merkmale festlegt.

Geschlechtsdimorphismus
Unterschiede in Form, Größe oder Farbe, die in jeder Population zwischen Männchen und Weibchen vorkommen. Obwohl die Männchen gewöhnlich größer sind, trifft manchmal auch das Gegenteil zu.

Gravettien
Eine Kulturtradition des oberen Paläolithikum vor 29 000 bis 22 000 Jahren. Sie schloß sich an das Aurignacien an und zeichnete sich durch das Auftauchen von Venus-Figurinen, kleinen Klingenspitzen, Meißeln und knöchernen Speerspitzen aus. Die Industrien des Gravettien wurden in Frankreich und Spanien und über Mitteleuropa bis Südrußland nachgewiesen. Ihren Namen verdankt diese Kultur dem südfranzösischen Fundort La Gravette.

Grubenhaus
Eine Behausung, deren Boden unter dem Erdniveau angelegt wurde, um sie gegen den Wind leichter sichern zu können. An archäologischen Fundstätten bleibt davon häufig nichts weiter als eine große, flache Grube erhalten.

Habilinen
Frühe Vertreter der Gattung *Homo*, einschließlich *Homo habilis*. Sie sind aus der Zeit vor 2,4 bis 1,5 Millionen Jahren fossil aus Afrika bekannt. Die Habilinen stellten einfache Steinwerkzeuge her und sind die Vorläufer von *Homo erectus* und der Erectinen.

Handschablone
Der Abdruck einer Hand, der dadurch entstand, daß man eine gegen den Fels gepreßte Hand durch ein Blasrohr mit dickflüssiger Farbe (aus weißem Ton, aus rotem oder gelbem Ocker) besprühte.

Harpune
Ein speerähnliches Wurfgeschoß mit rückwärts ausgerichteten Widerhaken. Ihr Heft ist nur lose befestigt, doch ist die Spitze mit einer Leine verbunden. Wird mit der Harpune ein Meeressäuger - etwa eine Robbe – getroffen, löst sie sich vom Schaft, und die Widerhaken verhindern, daß sie wieder herausgezogen wird. Mit der Leine wird die Beute eingeholt. Die Entwicklung der Harpune hängt besonders mit der Kultur des Magdalénien zusammen. Diese Menschen stellten sorgfältig aus Geweih oder Knochen geschnitzte Harpunenköpfe mit einfachem oder doppeltem Widerhaken her.

Heft
Der zum Griff gehörende Teil einer Axt oder eines Messers.

Heftzapfen
Die schmale Verlängerung eines Werkzeugs, die häufig in einen Griff oder Schaft eingefügt wird.

Hirnabguß
Ein Kunststoff-Ausguß der Hirnschädelinnenseite.

Hohlkehle
Die seichte Längsrinne, die nach der Entfernung einer Kanalklinge an einer Projektilspitze entsteht.

Holozän
Die gegenwärtige erdgeschichtliche Epoche, die vor 100 00 Jahren begann. Sie liegt im Quartär und folgt auf das Pleistozän. Das Holozän zeichnet sich durch global steigende Temperaturen und den Rückgang der Eisdecken aus. Während dieser Zeit wurde die Landwirtschaft zur gängigen Ernährungsweise des Menschen.

Hominiden
Vertreter der Hominidae, der Familie, die sowohl ausgestorbene als auch moderne Menschenformen sowie – jedenfalls in den meisten modernen Klassifikationen – auch die großen Menschenaffen umfaßt.

Hominoiden
Vertreter der Primatenfamilie, die Menschen, Menschenaffen und deren ausgestorbene entwicklungsgeschichtliche Vorläufer umfaßt.

Isotherme
Eine Linie auf einer Landkarte, die zu einer bestimmten Zeit oder in einem bestimmten Zeitabschnitt Orte gleicher Temperaturen verbindet.

Kanalklinge
Eine lange, dünne Steinklinge, die durch Schlag oder Druck von der vorderen oder hinteren Mittellinie einer Projektilspitze entfernt wurde. Die dabei enstandene flache Rinne ist als Kehlung bekannt.

Kandelaber-Modell
Eine der drei Hypothesen über die Entwicklung des Menschen, auch als »Theorie der regionalen Kontinuität« bekannt. Danach stammt der moderne Mensch von Homo erectus ab, der in Afrika, Europa und Asien lebte. Die unter dem Namen »Arche-Noah-Theorie« bekannte Gegenhypothese geht davon aus, daß der moderne Mensch aus einem einzigen Gebiet Afrikas stammt.

Klinge
Ein langer, schmaler Steinsplitter, der – häufig aus Feuerstein - wegen seiner Brucheigenschaften ausgewählt wurde. Entweder diente die Klinge selber als Werkzeug, oder sie war das Ausgangsmaterial für die Herstellung weiterer Werkzeuge. In Europa tauchen Klingen und Klingenwerkzeuge zu Beginn des oberen Paläolithikum auf. Sie fallen mit der Kultur des Aurignacien und der Ankunft moderner Menschen zusammen.

Kordilleren-Eisdecke
Die Eismassen, die die Küstengebirge entlang der nordamerikanischen Pazifikküste vom Norden des Staates Washington bis nach Südalaska bedeckten. Zur Zeit ihrer größten Ausdehnung, vor 20 000 Jahren, hing sie im Osten mit der Laurentischen Eisdecke und im Westen mit dem Pazifischen Ozean zusammen. Das Eis erreichte eine Stärke von drei Kilometer.

Kulturkomplex
Ein Sortiment von Gegenständen und anderer physischer Indizien, die in einem begrenzten Gebiet regelmäßig zusammen vorkommen und die wahrscheinlich die Hinterlassenschaften einer besonderen Menschengruppe, möglicherweise über mehrere Generationen, repräsentieren.

Kulturschicht
Materialablagerungen aus Siedlungen oder anderen prähistorischen Lebensbereichen, die sich über einen relativ kontinuierlichen Zeitraum angesammelt haben. Mehrere solcher Lagen bilden eine stratigraphische und chronologische Folge.

Lanzenkopf
Eine große, flache Geschoßspitze aus Stein, Knochen oder Elfenbein. Der Lanzenkopf wurde auf einem langen Schaft befestigt und bildete so eine leichte Wurflanze oder einen Speer, der im Krieg oder bei der Jagd gebraucht wurde. Ein Lanzenkopf ist größer als ein Pfeilkopf, aber kleiner als ein Speerkopf.

Laurentische Eisdecke
Die Eismasse, die einst den größten Teil Kanadas und Teile der Vereinigten Staaten, einschließlich des Gebiets der Gro-

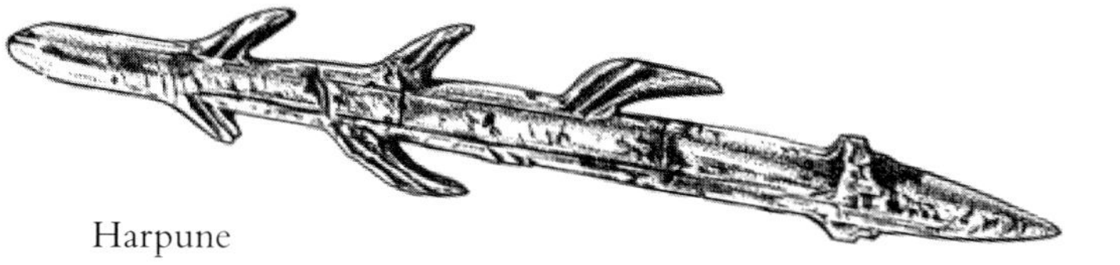

Harpune

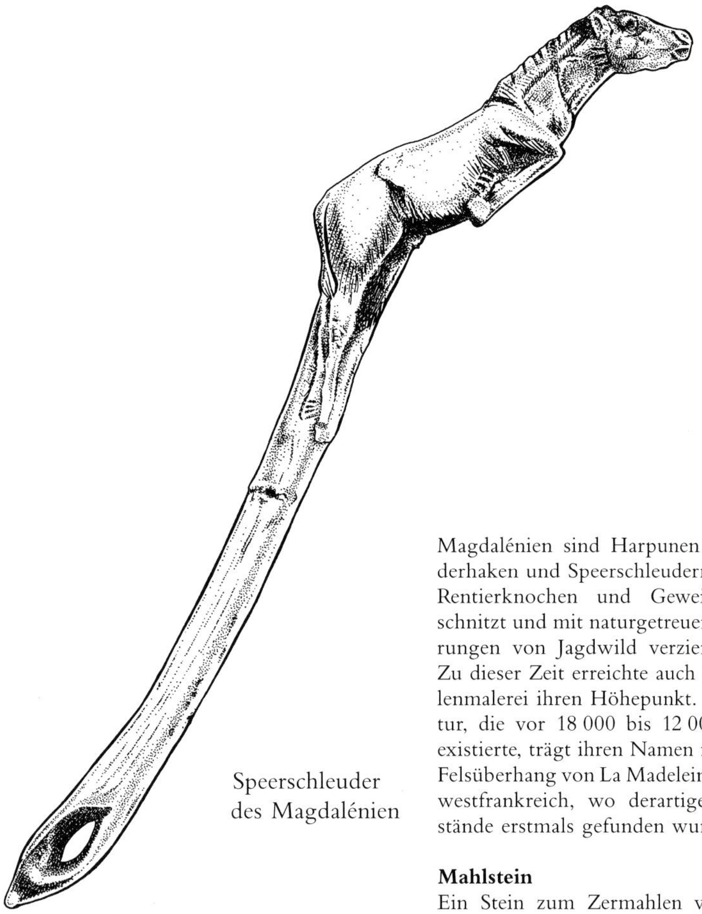

Speerschleuder des Magdalénien

ßen Seen und des nördlichen Neuengland, bedeckte. Zur Zeit ihrer größten Ausdehnung, vor 20 000 Jahren, ging sie im Westen in die Kordillieren-Eisdecke über.

Levallois-Steinschlagtechnik
Eine Technik, mit der Steinsplitter in einer berechneten Form geschlagen werden konnten. Dabei gab man dem Rohling eine bestimmte Form, ehe die Splitter abgehauen wurden. Anschließend wurde der Rohling fortgeworfen. Ein Splitter des Levalloisien zeigt auf der einen Seite noch Spuren der vorbereitenden Arbeit, ist auf der anderen jedoch vollkommen flach. Diese Technik kam im mittleren Paläolithikum Europas auf.

Lippenschmuck
Ein dekorativer Stöpsel aus Molluskenschalen, Knochen, Elfenbein, Metall oder gebranntem Ton, der durch ein Loch in die Lippe eingesetzt wird.

Macropode
Ein weidendes australisches Beuteltier mit kurzen Armen, langen, zum Springen geeigneten Beinen und einem langen, muskulösen Schwanz. Beispiele sind die Känguruhs, Wallabies und Baumkänguruhs.

Magdalénien
Die letzte große Kultur im oberen Paläolithikum Europas. Sie hatte sich dem kalten Klima der letzten Eiszeit angepaßt und auf die Jagd von Hirschen spezialisiert. Typisch für die Kultur des Magdalénien sind Harpunen mit Widerhaken und Speerschleudern, die aus Rentierknochen und Geweihen geschnitzt und mit naturgetreuen Gravierungen von Jagdwild verziert waren. Zu dieser Zeit erreichte auch die Höhlenmalerei ihren Höhepunkt. Die Kultur, die vor 18 000 bis 12 000 Jahren existierte, trägt ihren Namen nach dem Felsüberhang von La Madeleine in Südwestfrankreich, wo derartige Gegenstände erstmals gefunden wurden.

Mahlstein
Ein Stein zum Zermahlen von Nahrungsmitteln (etwa Getreide), Arzneimitteln und Farbstoffen zur Körperbemalung und zur Dekoration von Felswänden.

Mastodon
Eine von mehreren, heute ausgestorbenen großen elefantenähnlichen Säugetierarten. Das Amerikanische Mastodon (*Mammut americanum*), eine ausgestorbene Form der Familie Mammutidae, zeichnet sich durch die niedrigen Kronen seiner Zähne als Blattfresser aus. Dagegen wird das Kältesteppenmammut (*Mammuthus primigenius*) aus der Familie Elephantidae wegen seiner hochkronigen Zähne als Grasfresser eingeordnet.

Megafauna
Die großen, heute ausgestorbenen Säugetiere des späten Pleistozäns. Dazu gehören Mammut, Mastodon, Riesenformen von Bison, Faultier und Kamel sowie das Diprotodon. Unter diesem Begriff werden aber auch ausgestorbene größere Formen relativ kleinerer Arten zusammengefaßt.

Mesolithikum
Wörtlich »Mittelsteinzeit«. Diese Übergangszeit zwischen dem Paläolithikum und dem Neolithikum zeichnet sich durch den Rückzug der pleistozänen Gletscher und das Auftauchen moderner Pflanzen-. und Tierarten aus. Die Menschen jener Zeit waren Jäger und Sammler, deren Feuerstein-Industrien sich insbesondere durch Mikrolithen auszeichnen. Der Begriff Mesolithikum ist auf den europäischen Raum beschränkt.

Mikroklinge
Eine sehr kleine, schmale Klinge von unter zehn Millimeter Breite, die durch Abpressen von einem präparierten Kernstein erzeugt wird. Häufig wurden Mikroklingen in verschiedene Formen von Mikrolithen verarbeitet.

Mikrolith
Ein sehr kleiner Pfeilkopf, Widerhaken oder anderer Gegenstand, zumeist aus Feuerstein, der durch Entfernen eines dreieckigen, trapez- oder parallelogrammförmigen Teils aus einer Mikroklinge erzeugt wird. Mikroklingen wurden auf hölzernen oder knöchernen Schäften als Pfeilspitzen befestigt. In anderen Fällen setzte man sie auf einer oder beiden Seiten eines Schaftes ein und erhielt so einen mit Widerhaken besetzten Speer, oder sie wurden in Reihen an Sicheln eingesetzt. Mikrolithen waren typisch für das Mesolithikum der Alten Welt.

Miozän
Die geologische Epoche des Tertiärs vor sieben bis 2,6 Millionen Jahren, die auf das Oligozän folgte und dem Pliozän voranging. Während dieser Zeit entwickelten sich zahlreiche moderne Säugetierformen wie Hunde, Pferde und die menschenähnlichen Menschenaffen.

Mittleres Paläolithikum
Der mittlere Abschnitt des Paläolithikums, der vor 150 000 Jahren begann und mit dem Aussterben der Neandertaler vor etwa 33 000 Jahren endete. Es war das Zeitalter der Neandertaler und der Abschlagwerkzeuge. Das mittlere Paläolithikum entspricht der mittleren Steinzeit in der afrikanischen Region unterhalb der Sahara.

Molekulare Uhr
Eine Methode zur Analyse entwicklungsgeschichtlicher Linien. Sie basiert auf langfristigen Veränderungen der Eiweißstruktur und der DNA lebender Organismen. Indem man den Umfang der Unterschiede zwischen den Proteinen zweier Arten bestimmt, kann man errechnen, wie lange es zurückliegt, daß sie einen gemeinsamen Vorfahren besaßen.

Moustérien
Eine über ganz Europa verbreitete Kultur des mittleren Paläolithikums, die in der letzten Zwischeneiszeit begann und vor etwa 33 000 Jahren endete. Typisch für diese mit den Neandertalern verbundene Kultur ist das Auftauchen von Feuerstein-Schabern und -Spitzen. Die Menschen des Moustérien lebten in Höhleneingängen und Felsüberhängen und schützten sich mit Tierhäuten gegen die Kälte. Ihren Namen verdankt diese Kultur Le Moustier, einem Felsüberhang im Südwesten Frankreichs, wo erstmals Gegenstände dieses Typs gefunden wurden.

Neandertaler
Eine ausgestorbene Form früher Menschen, die vor 100 000 Jahren während des oberen Pleistozäns auftauchte. Sie existierte im gesamten unvereisten Bereich Europas, im Osten sogar bis nach Usbekistan. Die Neandertaler besaßen vorstehende Überaugenwülste, eine fliehende Stirn und ein Gehirn, dessen Volumen dem des heutigen Menschen ähnlich war. Sie stellten Abschlagwerkzeuge in Form von Schabern und Spitzen her. In Europa sind sie mit der Moustérien-Kultur verbunden. Die Neandertaler überlebten bis in das obere Paläolithikum vor 33 000 Jahren. Ihren Namen verdanken diese Menschen dem Neandertal bei Düsseldorf, wo man im Jahre 1856 erstmals auf ihre Knochenreste stieß.

Neutronenaktivierungs-Analyse
Eine Methode zur Herkunftsbestimmung von Gegenständen aus Feuerstein. Dabei vergleicht man die Konzentration der Spurenelemente mit der verschiedener bekannter Rohstoffquellen.

Oberes Paläolithikum
Der letzte Abschnitt des Paläolithikums, der vor 40 000 Jahren begann und im Verlaufe dessen der moderne Mensch die Neandertaler verdrängte. Typische Erscheinungsformen sind die Klingentechnologie, menschliche Gräber und die Kunst.

Obsidian
Ein schwarzes, glasartiges Vulkangestein, das häufig zur Herstellung scharfkantiger Werkzeuge verwendet wird.

Oldowan
Ein Begriff, mit dem die ältesten bekannten paläolithischen Gegenstände Süd- und Ostafrikas bezeichnet werden, die aus einfachen, behauenen Steinen bestehen, Das Wort leitet sich von der Olduvai-Schlucht ab, jenem bedeutenden paläolithischen Fundort in Tanzania, wo man fossile Überreste früher Menschen gemeinsam mit derartigen Gegenständen entdeckt hatte.

Oligozän
Die geologische Epoche des Tertiärs vor 38 bis 28 Millionen Jahren, die dem Eozän folgte und dem Miozän voranging. Während dieser Zeit starben viele Säugetierformen aus, und die ersten Menschenaffen tauchten auf.

Östrus
Der regelmäßig wiederkehrende Fortpflanzungszyklus weiblicher Säugetiere. Er zeichnet sich durch eine Reihe physiologischer Veränderungen der Genitalien und anderer Organe aus, die signalisieren, daß das Tier für eine bestimmte Zeit paarungsbereit ist.

Paläoanthropologie
Die Wissenschaft vom prähistorischen Menschen anhand fossiler Überreste.

Paläobotanik
Die Wissenschaft alter Pflanzen aufgrund fossiler Überreste und anderer Indizien, wie etwa pflanzlicher Stoffe, die durch Verkohlung, Austrocknung oder in wasserdichten Ablagerungen konserviert wurden. Die Paläobotanik liefert Informationen über Klima und Umwelt vergangener Zeiten sowie über das Material, das damals als Nahrungsmittel, als Brennstoff, für Werkzeuge und den Hüttenbau zur Verfügung stand.

Paläoeskimo
Die frühesten prähistorischen Eskimos, die noch keine Wale jagten. Die späteren Eskimos, die den Walfang betrieben, werden als Neoeskimos bezeichnet.

Paläoindianer
Die amerikanischen Großwildjäger von den frühesten Anfängen vor 12 000 Jahren bis zu der Zeit vor etwa 8000 Jahren. Einige Forscher beziehen diesen Ausdruck auf alle Jägergruppen, die von heute ausgestorbenen Säugetieren lebten. In diesem Fall wären auch die Völker, die den vor etwa 6500 Jahren ausgestorbenen Riesenbison jagten, zu den Paläoindianern zu zählen.

Paläoklimatologie
Die Wissenschaft vergangener Klimaverhältnisse. Sie nutzt Informationen aus Belegen früherer Vegetationen und Ablagerungen, aus der Geomorphologie und der Verbreitung von Tieren.

Paläolithikum
Wörtliche »Altsteinzeit«. Es begann vor zwei bis drei Millionen Jahren mit dem Auftauchen des Menschen und der frühesten Formen geschlagener Steinwerkzeuge und dauerte während der pleistozänen Eiszeit an, bis sich die Gletscher vor 12 000 Jahren zurückzogen. Das Paläolithikum entspricht der Steinzeit im afrikanischen Bereich südlich der Sahara.

Paläontologie
Die Wissenschaft von den Lebensformen früherer geologischer Epochen, die als pflanzliche und tierische Fossilien vorliegen.

Paläozän
Die geologische Epoche des Tertiärs vor 65 bis 55 Millionen Jahren, die dem Eozän voranging. Während dieser Zeit setzte eine starke Entwicklung primitiver Säugetiere ein. Auch die frühesten bekannten Primaten stammen aus dem Paläozän.

Palynologie
Die Analyse alter Pollenkörner und Sporen von Moosen und Flechten. Man erhält dadurch ein Bild von der Umwelt vergangener Zeiten.

Panaramitee-Stil
Felsengravuren mit Kreisen und dreizackigen Gebilden (möglicherweise Spuren von Känguruhs und Emus), die man in vielen Teilen Australiens findet. Viele davon stammen vermutlich aus dem Pleistozän.

Permafrost-Linie
Eine Linie, die die Gebiete abgrenzt, deren unterer Boden permanent gefroren ist. Sie hängt mit der Baumgrenze zusammen, denn der gefrorene Boden verhindert einerseits, daß die Baumwurzeln tief in den Boden eindringen und andererseits, daß das unter der Oberfläche geschmolzene Wasser abfließen kann.

Petroglyph
Ein Bild oder Symbol, das in einen Stein eingraviert oder eingemeißelt wurde.

Plattform-Begräbnis
Die Praxis, Leichen auf einem künstlich über dem Boden errichteten Gestell abzulegen. Manchmal holte man die Leiche später wieder herunter, um sie beizusetzen.

Pleistozän
Die erste geologische Epoche des Quartärs, die dem Holozän (der Jetztzeit) voranging und vor zwei Millionen Jahren begann. Sie grenzt sich durch das Vordringen der Eismassen über Nordeuropa und Nordamerika aus. Während dieser Epoche lebten riesige Säugetiere, und im späten Pleistozän tauchte der moderne Mensch auf.

Pliozän
Die geologische Epoche des Tertiärs vor sieben bis zwei Millionen Jahren, die dem Miozän folgte und dem Pleistozän voranging. Während dieser Zeit erreichten die modernen Säugetiere eine dominierende Stellung, und in Afrika tauchten menschenaffenähnliche Menschen auf.

Polygynie
Die Paarung eines Männchens mit mehr als einem Weibchen.

Projektilspitze
Eine Waffenspitze aus Feuerstein, Geweih oder Knochen.

Proteinsequenzierung
Analyse der Aminosäure-Sequenzen, die ein Protein bilden. Der Vergleich von Sequenzen verschiedener Arten bietet eine Möglichkeit, deren Verwandtschaftsverhältnisse zu bestimmen.

Protowelt-Sprache
Eine einzige, hypothetische Ursprache, die den ersten modernen Menschen Afrikas unterstellt wird und von der alle modernen Sprachen abstammen sollen. Nach Ansicht einiger Fachleute haben sich Spuren dieser Sprache bis in die Gegenwart erhalten.

Quartär
Die jüngste geologische Epoche, die vor zwei Millionen Jahren begann. Sie wird in Paläozän und Holozän unterteilt.

Relative Datierung
Eine Datierungsfolge, die das relative Alter verschiedener Proben zueinander bestimmt. Dabei berücksichtigt man entweder bei Ausgrabungen ihre Lage in einer Schichtenfolge, oder man vergleicht ihre relativen Anteile an zeitempfindlichen Materialien. Die relative Datierung gibt keine exakten Angaben in Kalenderjahren.

Sagittalkamm
Der Knochenkamm, der über den Scheitel eines Schädels verläuft, wo die Kaumuskeln ansetzen. Man findet ihn nur bei Arten mit sehr großem Unterkiefer, etwa bei Gorilla- und Orang-Utan-Männchen sowie bei der Australopithecinengattung *Paranthropus.*

Schaber
Ein Kernstein, ein Splitter oder eine Klinge mit einer steil bearbeiteten Kante, die entweder seitlich (Seitenschaber) oder endständig (Endschaber) angelegt ist. Schaber wurden benutzt, um Felle zu bearbeiten und Gegenstände aus Holz, Knochen und Elfenbein zu formen.

Schamane
Eine Person, der übernatürliche Kräfte zugeschrieben werden. Bei Krankheit, Verknappung des Jagdwildes oder irgendeiner anderen Bedrohung für die Gemeinschaft wird der Schamane beauftragt, im Namen der Gemeinschaft mit der Geisterwelt in Kontakt zu treten. Der Schamane führt den Vorsitz bei Ritualen und ist manchmal auch für die Einhaltung von Gesetzen und die Fortführung von Traditionen verantwortlich. In der Religion der meisten bekannten Jäger-und-Sammler-Gesellschaften des arktischen und subarktischen Bereichs sowie der nordostasiatischen Rentierjäger ist der Schamanismus das beherrschende Element. Schamanen sind meist Männer.

Schlagbearbeitung
Die Bearbeitung eines Rohsteins mit einem Hammer aus Stein oder Knochen.

Seitenklinge
Eine schmale Klinge mit einer scharfen Kante an einer Seite. Häufig wurden solche Seitenklingen in knöcherne Pfeil- und Speerköpfe eingesetzt, um den Blutverlust einer getroffenen Beute zu vergrößern und sie so rascher niederzubringen.

Seitenschaber
Ein Abschlagwerkzeug, dessen eine Seite zu einer steilen Kante verarbeitet wurde. Er diente zur Bearbeitung harter Materialien und von Tierhäuten, aus denen Kleidung hergestellt wurde.

Solutréen
Eine oberpaläolithische Kultur, die dem Magdalénien Westeuropas voranging. Sie hatt ihre Blütezeit vor 22 000 bis 18 000 Jahren. Typisch ist der Einsatz der Druckbearbeitung von Steinen, um große, dünne, blattförmige Spitzen herzustellen, die beidseitig bearbeitet waren. Besonders verbreitet war die Lorbeerblatt-Spitze, die als Lanzenkopf Verwendung fand. Einige wurden jedoch so fein bearbeitet, daß sie vermutlich weniger der Jagd oder dem Krieg dienten, sondern als Schmuckstücke vorgesehen waren. Auch mit Ösen versehene Knochennadeln tauchten zu dieser Zeit auf. Die Kultur verdankt ihren Namen der Fundstätte von Solutré im Südosten Frankreichs.

Speerschleuder
Ein Stock mit einer Kerbe an einem Ende, in die das Ende eines Speers hineinfaßte. Damit erreichte der Jäger beim Wurf eine bessere Hebelwirkung und konnte auch Tiere aus größerer Entfernung erlegen. Speerschleudern aus Geweihen waren typisch für das europäische Magdalénien. Ähnliche Waffen waren auch in der Arktis und in der Neuen Welt bekannt, wo sie als Atlatls bezeichnet werden. In Australien nennt man sie häufig Wumeras.

Steinbock
Ein Wildziege mit großen, nach hinten gebogenen Hörnern. Er ist in den Gebirgen Europas, Mittel- und Westasiens noch verbreitet. Steinböcke wurden von den Künstlern des oberen Paläolithikum häufig abgebildet.

Steinkern
Ein Stein zur Herstellung von Steinwerkzeugen. Klingen und Splitter wer-

Venus-Figurine

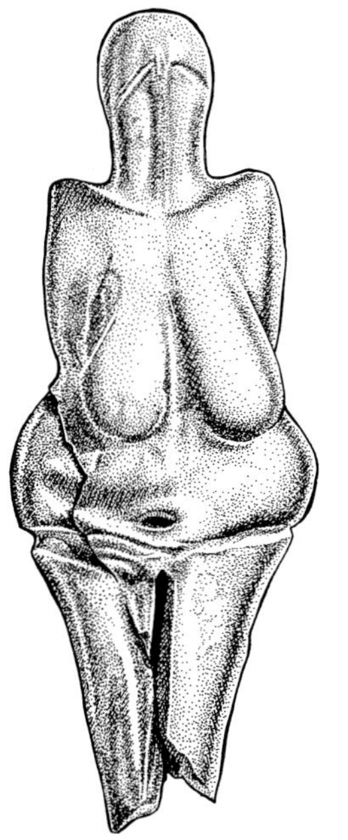

den durch gezielte Treffer mit einem Kiesel oder einem Knochen vom Rohling abgehauen. Dieser konnte auch selbst zu einem Werkzeug werden, etwa zu einem Spalter oder Schaber.

Steinschlagtechnik
Die Technik, Splitter oder Klingen von einem größeren Stein (dem Rohling) loszuschlagen und diesen mit den Splittern zu Steinwerkzeugen zu verarbeiten. Am häufigsten wurden Feuerstein und Hornstein verwendet (die in Kalksteingebieten als Knollen vorkommen). Es handelt sich um harte, spröde Steine, die mit einem conchoidalen Verlauf zerbrechen und nicht entlang berechenbarer Bruchebenen. Auch Obsidian, Basalt und Quarz wurden schon zu Werkzeugen verarbeitet. Das Steinschlagen begann damit, daß man einfach zwei Steine gegeneinanderschlug. Später wurden auch Hämmer aus Holz und Geweih für direkte und indirekte Schläge eingesetzt, und mit diesem Material preßte man auch Splitter durch Druck heraus.

Steinzeit
Der früheste Technologieabschnitt der menschlichen Kultur. Damals wurden Werkzeuge und Waffen aus Steinen, Knochen und Holz hergestellt. Die Steinzeit umfaßt das Paläolithikum, das Mesolithikum und das Neolithikum (wörtlich die Alt-, Mittel- und Jungsteinzeit). Im Bereich Afrikas unterhalb der Sahara entspricht die Steinzeit dem Paläolithikum.

Stichel
Ein kurzes, spitzes Klingenwerkzeug mit einem meißelförmigen Ende. Es diente dazu, Holz und Knochen zu schnitzen und zu gravieren (insbesondere wurden damit Geweihe zu Speerköpfen und Harpunenspitzen verarbeitet). Die am weitesten verbreitete Form besitzt eine scharfe, durch Kreuzung zweier Klingenstücke gebildete Spitze. Der Meißel gehört zu den Kulturen des oberen Paläolithikum, insbesondere dem Magdalénien.

Stratigraphie
Ein aus der Geologie entlehnter Begriff, um die Schichten menschlicher Gegenstände und anderer Überreste in aufeinanderfolgenden Besiedlungsschichten zu beschreiben, wie sie sich im senkrechten Ausschnitt einer archäologischen Ausgrabung zeigen. Da sich eine obenliegende Schicht in späteren Zeiten angesammelt haben muß, als eine weiter unten liegende, läßt sich - falls es keine Störungen gab — eine relative chronologische Schichtenfolge erstellen.

Taphonomie
Die Wissenschaft von den natürlichen Vorgängen, die nach dem Tod einer Pflanze, eines Tieres oder eines Menschen auf die Überreste einwirken, ehe diese Teil einer archäologischen oder paläontologischen Ablagerung werden.

Tertiär
Die dem Quartär vorangehende geologische Periode, die die Epochen des Paläozäns, des Eozäns, des Oligozäns, des Miozäns und des Pliozäns umfaßt. Sie begann vor 65 Millionen Jahren und endete vor ungefähr zwei Millionen Jahren.

Totem
Ein Objekt der natürlichen Welt, in der Regel ein Tier, mit dem ein besonderer Clan oder Stamm aus eigener Überzeugung in besonderer Weise verwandt (häufig blutsverwandt) ist.

Umiak
Ein großes, offenes Boot der arktischen Völker. Es besteht aus einem Holzrahmen, der mit Fellen überspannt wird.

Unteres Paläolithikum
Der erste Abschnitt des Paläolithikum, der vor etwa zwei Millionen Jahren begann. Dies ist die Zeit der frühesten Menschenformen und Werkzeugherstellung.

Venus-Figurinen
Kleine geschnitzte oder geformte Figurinen nackter Frauen, in der Regel mit übersteigerten Merkmalen wie einem großen Gesäß, schwellenden Brüsten und Hüften und deutlichen Genitalien. Diese Figurinen, die im Gravettien vor 29 000 Jahren auftauchten, wurden aus den verschiedensten Materialien hergestellt, etwa aus Geweihen, Knochen, Stein und Ton. Figuren mit einer standardisierten Erscheinungsform wurden über mehr als 2000 Kilometer Entfernung gefunden, von der Atlantikküste im Westen bis nach Rußland im Osten.

Wallacea
Das mit Inseln übersäte Meeresgebiet, das vor 70 Millionen Jahren Australien von Südostasien trennte. Es bezeichnet die Grenze zweier bedeutender Faunengebiete: der orientalischen Tierwelt (mit Elefanten, Tigern und Menschenaffen) und der australischen Tierwelt (mit Känguruhs, Wombats und den Kloakentieren). Es wurde nach dem britischen Naturforscher A.R. Wallace benannt, der seine Bedeutung als erster erkannte.

Zwischeneiszeit
Ein zwischen den Vereisungen liegender Zeitabschnitt, der sich durch mildere Temperaturen und einen vorübergehenden Rückgang der Gletscher auszeichnet. Die letzten 10 000 Jahre (das Holozän) bilden möglicherweise eine Zwischeneiszeit, da deren Temperaturen und pflanzliche Verbreitung denen früherer Zwischeneiszeiten ähnlich sind.

Index

D

E

F

◁ Diese Gravur eines Wisents wurde an dem oberpaläolithischen Felsüberhang von La Madeleine in der Dordogne (Frankreich) entdeckt. Einstmals zierte sie eine Speerschleuder.

R.M.N.

S

T

U

V